中国石化数据应用优秀案例集
（2024 年）

王子宗◎编

中国石化出版社
·北京·

图书在版编目（CIP）数据

中国石化数据应用优秀案例集（2024年）/ 王子宗编 .—北京：中国石化出版社，2024.4
ISBN 978-7-5114-7484-1

Ⅰ.①中… Ⅱ.①王… Ⅲ.①石油化工企业 - 工业企业管理- 数据管理- 案例- 中国 Ⅳ.① F426.22

中国国家版本馆 CIP 数据核字（2024）第 068355 号

中国石化出版社出版发行

地址：北京市东城区安定门外大街 58 号
邮编：100011　电话：(010)57512446
发行部电话：(010)57512575
http://www.sinopec-press.com
E-mail：press@sinopec.com
北京科信印刷有限公司印刷
全国各地新华书店经销

*

787 毫米 ×1092 毫米 16 开本 22.5 印张 439 千字
2024 年 4 月第 1 版　2024 年 4 月第 1 次印刷
定价：218. 00 元

编 委 会

FOREWORD

序言

当前，我们正在经历一场由数字技术驱动的变革，其核心特征是数据成为新的生产要素，数据管理和应用能力逐步成为重要生产力。这场数字化革命，可以说是源于美欧而兴于中国，中国正走在数据要素化、资产化理论和实践的最前沿，特别是“数据二十条”的出台和国家数据局的成立，标志着中国数字经济进入新的发展阶段。

中国数字经济发展取得了举世瞩目的成效，得益于习近平总书记长达20余年战略性、系统性、全局性的部署。21世纪以来，习近平总书记深刻洞察时代之变、世界之变，亲自部署、亲自擘画了数字经济发展的蓝图，从“数字福建”“数字浙江”到“数字中国”，一步步推动中国数字经济发展从局部走向全域、从地方走向全国，形成了以信息化数字化驱动中国式现代化的中国方案。2023年12月31日，国家数据局发布《“数据要素×”三年行动计划（2024—2026年）》，提出要“聚焦重点行业和领域，挖掘典型数据要素应用场景”，打造一批“示范性强、显示度高、带动性广的典型应用场景”，以促进和完善数据产业生态发展。

近年来，中国石化深入学习习近平总书记网络强国重要思想，贯彻习近平总书记视察胜利油田、九江石化重要指示精神，坚决扛起保障国家能源安全、引领我国石化工业高质量发展、担当国家战略科技力量的“三大核心职责”，将数字化转型视为提升核心竞争力的关键，积极推进数据治理、数据应用。目前，中国石化已基本建立了数据治理体系，通过了数据管理能力成熟度（DCMM）5级认定，制定了一系列的数据标准，并发布了中国石化数据资源目录(1.0)，支撑了一批创新能力突出、应用效果良好的数据应用。为积极响应国家《“数据要素×”三年行动计划（2024—2026年）》的号召，结合中国石化产业链特色，前期我们开展了数据应用优秀案例的征集工作，旨在共同探索数据应用新场景，分享数据应用新实践，发挥数据要素新价值，赋能石化业务新发展。

此次征集活动得到集团各单位广泛关注和积极配合，不到两周时间共收到来自82家单位的144个数据应用案例。我们组织专家进行了多轮次评选，甄选出74个典型案例，展现了在不同应用场景下，尤其是跨业务域的数据创新应用。这些案例充分体现了“数业深度融合”，大多采用了大数据算法而不仅是数据的简单统计分析，同时也具备较好的复制和推广价值。

希望通过本次案例集的发布，能够推广一批企业数据应用的典型做法及经验，为各单位解决数据应用过程中的难点、痛点、堵点问题提供参考，共同营造数据应用的良好氛围，加快集团公司数字化转型进程，为中国石化的高质量发展贡献力量。

CONTENTS

目录

第一篇　总部部门

第二篇　专业公司

第三篇　油田企业

第四篇　炼化企业

第五篇　销售企业

第六篇　科研单位

第一篇　总部部门

深化数据分析　助力主题教育走深走实

——党群工作部

案例综述：为推动学习贯彻习近平新时代中国特色社会主义思想主题教育在集团公司走深走实，中国石化党建信息化平台（以下简称“石化党建平台”）充分发挥数据支撑、信息助力作用，做到线上线下同步发力，通过精准用户分析、精准业务分析、精准资讯分析，在主题教育组织运行、宣传引导、整改整治等各方面发挥了积极作用，切实把“篝火学两论”的优良传统延伸到掌上指尖，得到中央主题教育第20巡回指导组、中央联络三组充分肯定，基层普遍欢迎。

一、背景情况

习近平总书记指出，谁掌握了互联网，谁就把握住了时代主动权。石化党建平台作为集团公司党组抓党建工作的“智慧党建平台”，充分发挥信息化、数字化、智能化优势，按照“平台+数据+应用”模式深耕细作，成为员工爱用的学习助手、数据权威的决策助手、提质增效的管理助手，平台用户超60万人，月活跃度700万人次，承载业务数据1300余万项。运用信息化、数字化手段，推动党内教育提质增效是大势所趋、现实所需。集团公司开展学习贯彻习近平新时代中国特色社会主义思想主题教育期间，石化党建平台充分发挥直通基层、直达党员、全面覆盖优势，深入挖掘平台数据价值，实现以智慧党建助力主题教育走深走实。

二、主要建设内容、实施方法及创新点

（一）精准用户分析，推动教育有效

结合各版块业务特点，重点围绕党员使用时段、党员调动情况、党组织驻地信息

等分析党员学习行为，通过分析发现，上游板块党员流动性强、中游板块党员倒班多、下游板块党员工作地点分散，均不同程度存在线下学习集中难、纸质资料到手慢等问题，石化党建平台第一时间开设主题教育专栏，上传学习书目，及时发布权威资讯，实现学有可看；通过分析党员学习习惯，70%以上的党员更喜欢“听”资讯，平台进一步丰富学习形式，上线语音播报功能，整合网络朗读资源，每篇资讯既有文字又有语音，实现学有可听；分析问答热点，针对党务工作者普遍关注的如何开展好主题教育、如何讲好党课等，录制5门系列视频培训课程、精选20篇优秀党课文稿，精准推送到人，实现学有可导（图1）。

图1　石化党建平台主题教育专栏

（二）精准业务分析，推动督导有效

第二批主题教育涉及的单位和人员范围广、类型多、规模大，情况复杂，为服务保障主题教育督导工作，石化党建平台依托现有数据，结合日常掌握情况，深入分析，提出建议，形成“督导地图”（图2），为督导工作靶向治疗提供有力保障。从党员总量及分布、党组织管理层级、企业党建水平、党组织书记任职年限等9个维度进行面上统计分析，为督导提供基本数据；深入分析各单位在生产经营、安全环保、党建工作等方面存在的突出问题和可能制约主题教育高质量开展的薄弱环节，为督导提供精准定位；及时掌握各督导组数据应用情况，结合反馈意见，修正分析模型，同时总结分享各组应用经验，为督导提供学习参考。

图2　“督导地图”

（三）精准资讯分析，推动纠偏有效

防范“低级红”“高级黑”是主题教育加强意识形态管理的重要内容，石化党建平台作为集团公司主题教育宣传主阵地，是各级党组织和广大党员了解掌握主题教育要求、部署、落实、成效的主渠道，发挥着示范引领作用。为确保各类资讯文章内容符合总体要求，平台采取“线上+线下”方式，运用RPA机器人辅助巡检工具，对平台各级门户资讯中可能存在表述不规范、内容泛化、表述错误等问题的进行全天候、全覆盖检查；发现问题推送人工二次核查，针对查明问题，督促企业整改落实；对核查中发现的新问题，持续完善RPA机器人检查内容和逻辑，实现从检查到核查到完善的闭环管理，助力主题教育纠偏正向。

三、主要价值和成效

通过精准分析，在主题教育过程中，切实发挥石化党建平台数据支撑、信息助力作用，有效推动主题教育在组织运行、宣传引导、整改整治等方面走深走实。一是发布各类相关学习资源4000余项近500万字，精准推送培训资料超过2.5万人次，总浏览量超1.1亿人次，切实把“篝火学两论”的优良传统延伸到掌上指尖。二是持续跟踪分析各级党组织重点工作、重要环节落实情况，先后形成17份督导分析报告，为巡回督导督得准、导得实提供有力数据保障；各级党组织通过石化党建平台，对所属党组织重点工作及时掌握、关键数据一键提取，切实减轻基层填表报数负担，提高了工作督导的及时性。三是对153家直属单位党委各级门户资讯进行全面检查，发现问题及时反馈，督促整改。中央第20巡回指导组在基层调研期间，对石化党建平台在主题教育中发挥的保障支持作用给予充分肯定，11月23日在中央联络三组组织召开的企业巡回督导座谈会上做交流发言。

四、展望

通过数字化赋能主题教育，充分验证了石化党建平台的功能实用性和现实契合性，下一步，将继续发挥平台作用，不断优化完善功能，切实围绕数字化做好党内教育“大文章”。一是深入分析不同类型用户学习习惯和学习需求，优化智能提醒、智能推送等功能，实现“点对点”学习引导；二是深入总结党内教育各方面各环节线上线下作用发挥情况，实现统筹推进、优势互补；三是丰富拓展资讯集成、学习教育、业务管理、交流互动等多元化应用场景，推动平台不断向智慧化发展。

联系人：于　川　邮箱：yuchuan@sinopec.com

建设异常贸易智能监测模块
创新虚假贸易风险信息化管控手段

——集团财务部

案例综述：2022年，集团公司利用大数据、人工智能等信息技术手段，率先开发上线了异常贸易智能监测模块。通过对内外部数据的深度挖掘，将业财数据一体打通，智能筛查问题线索，率先在央企中实现了虚假贸易业务的监测与预警，是集团公司建设世界一流财务管控体系的积极探索。

一、背景和目标

（一）案例背景

1. 国家层面

中央和国资委高度重视虚假贸易业务管理，2022年国资委部署了中央企业虚假贸易业务专项整治行动，反复强调要用信息技术手段防控各类虚假贸易业务。

2. 集团公司层面

2017年以来，集团所属各级子公司上报虚假贸易业务规模804亿元，涉及多家销售和贸易企业。其中，最长诉讼时间超过12年，最大经济损失超过50亿元。

3. 风险管控层面

以往对虚假贸易业务管控上，通常依靠内外部审计检查发现问题，虚假贸易识别过程中存在“业务发生频繁、风险类型繁多、风险识别效率低”的管理痛点。

（二）建设目标

针对虚假贸易业务风险，利用大数据、人工智能等技术，建立一套基于石油石化产品销售贸易业务的专业化合规监测系统，有效提升异常贸易业务管控能力，提升虚假贸易风险防控水平。

二、主要建设内容、实施方法及创新点

（一）主要建设内容

利用大数据、人工智能等信息技术手段，集成合同、订单、出入库、发票等内部业财数据与关联关系等外部数据，通过搭建跨系统多要素关联异常贸易线索自动识别模型，实现对贸易业务事前、事中、事后的全流程全方位监控。

1. 事前风险检索

合同签订前，业务人员可通过交易对手关联查询或业务模拟验证全面了解交易合规风险，从源头上排除具有明显特征的业务风险（图1）。

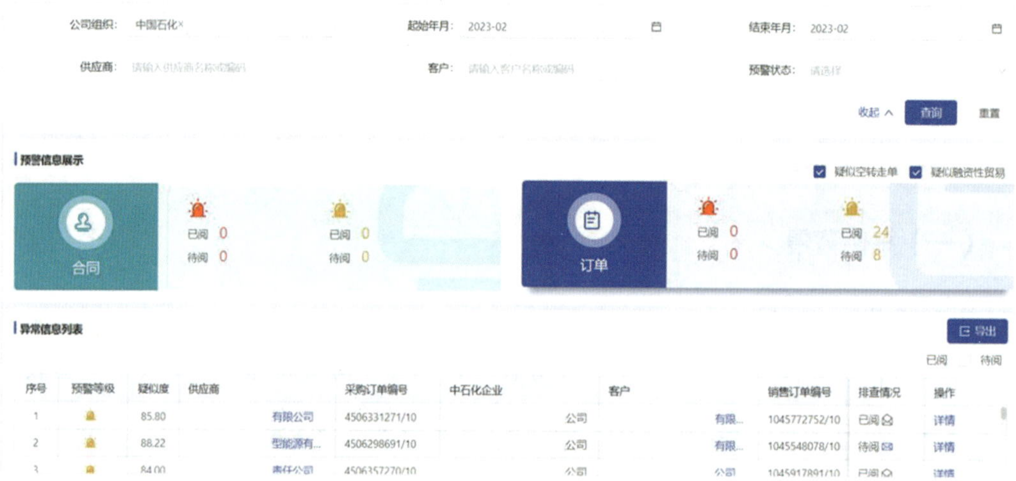

图1　异常贸易监测预警功能

2. 事中监测预警

合同签署后，系统根据更新的业务数据逐日进行风险筛查，判断可疑贸易，并进行预警。企业可针对有问题的业务及时采取暂停发货、中止付款等措施。

3. 事后审查分析

针对已完成的贸易业务，系统每月对贸易链进行全量排查，生成疑似线索清单（图2）。企业可对分析结果详情和图表分析进行查看，及时对发现问题进行查证处置。

图2　企业日常系统线索识别分析功能

4.事后自助分析

内部审计、财务稽核、纪检巡视等人员可以根据掌握的线索，通过个性化配置识别标签、指标阈值灵活配置模型，有效拓展系统使用边界（图3）。

图3　监督检查部门线索自助识别分析功能

（二）实施方法

1.搭建贸易链识别模型

通过中国石化数据服务平台集成海量合同、订单、发票等贸易数据，通过DFS（深度优先搜索）算法等大数据技术，突破系统间数据壁垒，实现一对一、一对多、多对多、封闭环等多种贸易链识别，形成“采+销”一体的贸易链库（图4）。

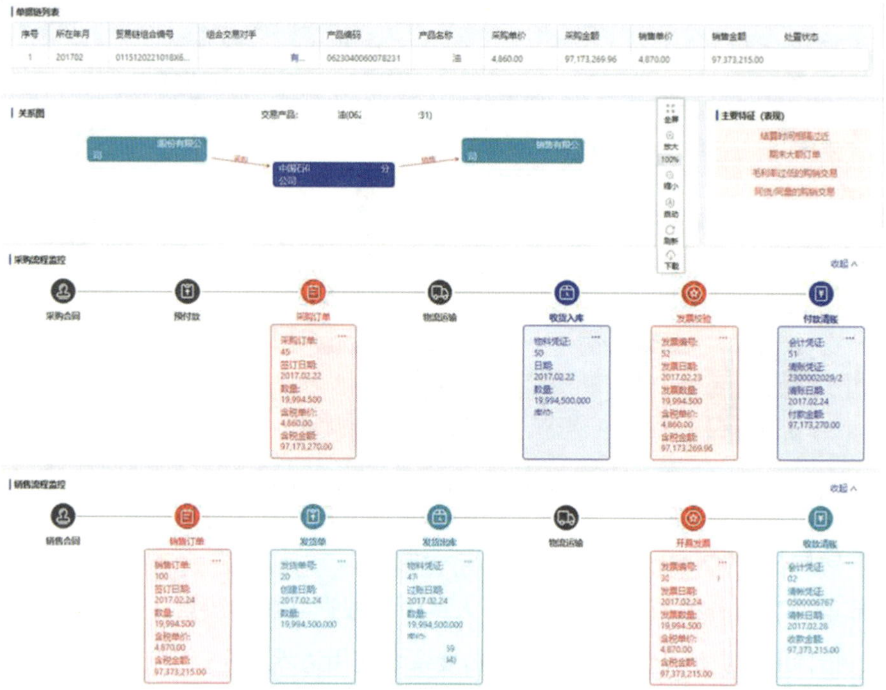

图4 贸易链信息直观展示

2.搭建异常标签模型体系

从交易对手、合同、订单、货权转移、结算方式五大维度出发，建立5大类9中类25小项的异常贸易特征指标体系（图5）。同时串联多维度数据，如组合采销结算时间、信用证等数据计算资金占用规模，全方位挖掘数据价值，实现对贸易业务精准“画像”。

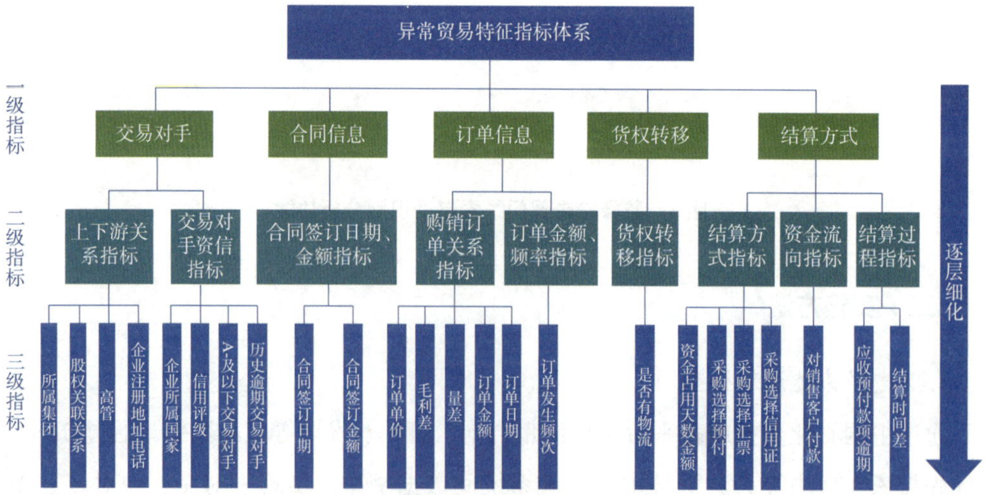

图5 异常贸易特征指标体系

3.搭建异常贸易识别模型

根据过往案例，通过指标阈值范围设定及组合建立异常贸易排查模型（图6），实现不同维度数据的综合考量，有效发现疑似异常贸易线索。

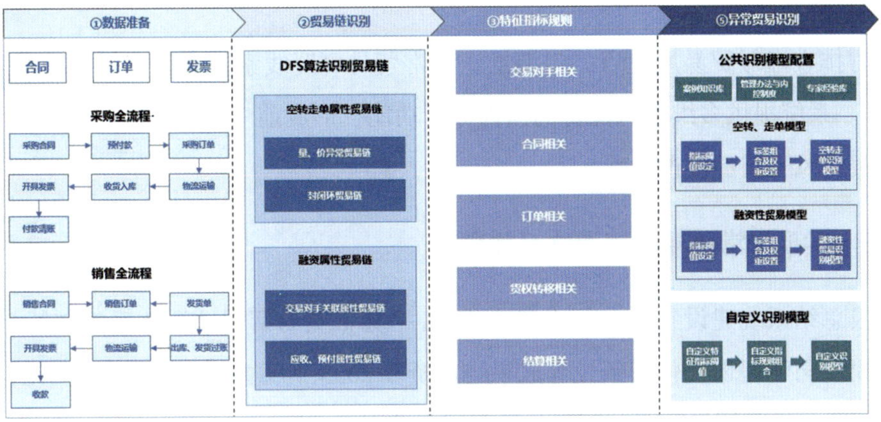

图6　异常贸易排查模型建设思路

经验证，模块自动筛查提交复核的线索可以覆盖绝大部分过往已确认为虚假贸易的案例。

（三）创新点

1.大数据技术助力跨领域数据集成

通过中国石化数据服务平台，模块对内外部数据深度挖掘，将业务全流程数据、财务数据、风险信息数据、外部市场信息等一体打通，在此基础上通过DFS算法等大数据技术实现多种贸易链匹配，做到每笔贸易业务均“可视、可溯、可控”。

2.业财融合拓展数据应用场景

借助信用风险管理系统异常预警、联动控制等功能，异常贸易智能监测模块可以突破财务和业务边界，在发现事中风险预警时，反向将信息推送至合同、ERP、TMS等业务系统，阻断订单签订、发货、预付款等关键业务节点，有效降低虚假贸易业务风险损失金额，切实做到虚假贸易业务风险早发现、早预警、早处置。

三、主要价值和成效

（一）实现异常贸易的在线监测

利用信息化手段对贸易业务进行智能监测，对具有虚假贸易特征的业务及时排查，有效提升管理效率。自2022年11月模块上线以来，累计完成对961万笔采购、销售业务的排查，累计识别异常贸易链线索483条，系统线索排查率达到100%。

（二）实现异常贸易的协同监督

实时排查虚假贸易风险点，定期推送异常贸易可疑线索，确保虚增贸易收入“应抵尽抵”。系统提供多维度可配置的监控分析功能，形成前中后台结合、线上线下互通的异常贸易风险监督检查体系。

（三）实现异常贸易的管理体系共享

积极总结系统建设经验，形成理论成果，“异常贸易智能监测体系的创新与实践”获评集团公司管理现代化创新二等成果与国资委2023年度智能监管业务模型创新活动卓越应用奖，异常贸易智能监测产品被多家企业引进。

四、展望

下一步，集团财务部将坚决落实新发展格局，谋求高质量发展，扩大数据接入范围，丰富数据分析应用手段，进一步提高异常贸易智能监测模型识别精度，同时结合国资委贸易业务“十不准”管理禁令要求，持续完善系统功能，提升对财务管理、风险防控的预判力，为建设世界一流企业集团保驾护航。

联系人：王　爽　邮箱：wangs727@sinopec.com

完善司库预警考评体系　构筑资金风险防范屏障

——集团财务部

案例综述：集团公司根据国务院国资委加快司库体系建设要求部署，细化顶层设计，规范数据标准，坚持“数据+平台+应用”建设模式，司库管理信息系统（以下简称“TMS系统”）战略决策支持深度、经营活动分析精度、财务风险管控力度不断提升。本案例主要围绕TMS系统预警考评管理体系，介绍了建设背景和建设目标，体现必要性；从监测预警、预警推送、预警销警、考核评价4个方面介绍了该体系的数据应用和实施情况，体现实用性；介绍了该体系下风险防控取得的成效，体现价值性。最后提出将持续深化该体系建设，为构建世界一流财务管理体系保驾护航。

一、背景和目标

（一）案例背景

近年来，世界政治、经济格局发生重大变化，各类风险不断显现，资金风险防控压力与日俱增。内外部环境复杂多变。在TMS系统1.0阶段，一方面资金业务风险关键数据要素控制标准和控制措施尚未嵌入系统，资金风险管控目标和配套措施不能及时传达给企业资金业务人员，沟通成本较高；另一方面资金业务开展过程中风险数据监控结果未设置预警参数和控制阈值，导致管理重点不突出，跟踪处置基本在线下进行，无法实现闭环式管理。通过信息化手段不断提升风险防控能力迫在眉睫。

（二）建设目标

为填补系统功能空白，及时堵塞管理漏洞，按照国务院国资委通过司库系统全面防范资金各类风险相关要求，2022年以来，总部在加强数据治理的同时，积极着手

TMS系统资金风险管控与考核评价管理模块搭建，并纳入年度司库提升项目可行性研究报告，通过定量与定性数据分析、软性与硬性控制，建立“业务–风险–管控–考评”关联关系，形成实时监测、自动预警、监督整改的预警考评管理体系，加大风险识别力度、规范资金业务运行、强化资金集中管控、防范资金损失风险，进一步构筑资金风险防范屏障，提升财务资金风险防控水平（图1）。

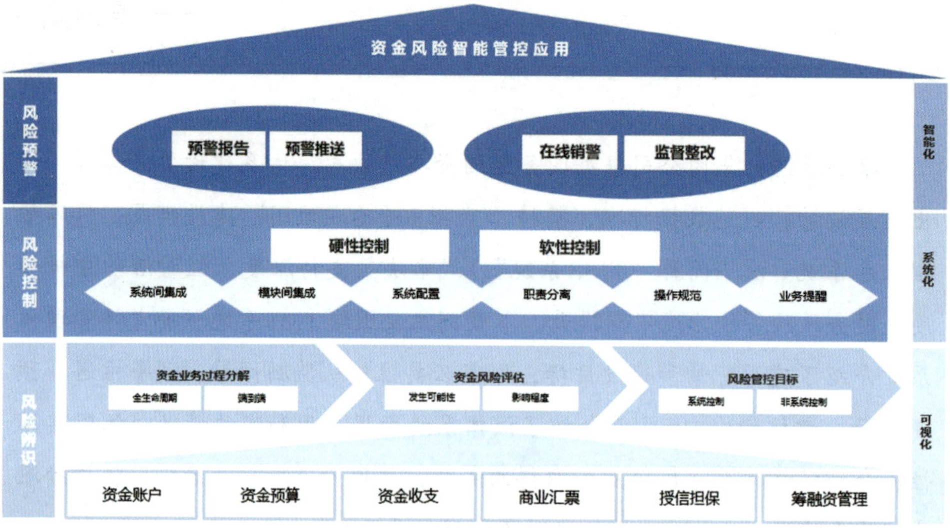

图1　资金风险智能管控应用

二、主要建设内容、实施方法及创新点

（一）主要建设内容

在统一TMS系统账户、结算、票据、担保等资金关键数据标准，与国务院国资委监管数据要求紧密衔接的基础上，完成资金运行过程中异常业务监测预警、预警推送和销警功能建设，联动考核评价功能，构建预警考评管理体系。共部署风险控制点298个，控制流程节点1300项，设置预警事项39个。加强总部对企业资金业务的动态管理和实时管控能力，丰富资金运行风险控制手段，提升资金运作规范化、安全性水平，初步形成事前指引、事中监控、事后追踪问责的风险防控体系。

（二）实施方法及创新点

1.潜在风险智能化预警

根据总部资金管理办法及配套实施细则，在TMS系统中嵌入关键资金数据要素的控制标准、规则和阈值，同时提供资金业务各类预警指标、考核指标配置功能，对异常资金业务及时进行预警管控，实现了“用数据”和“管业务”的有效结合（图2）。主要包括资金账户、资金计划、资金收支、账户对账、票据管理等30多项风险监测预警，如久悬账户、资金计划执行符合率、大额对私付款、长期未达账项等。

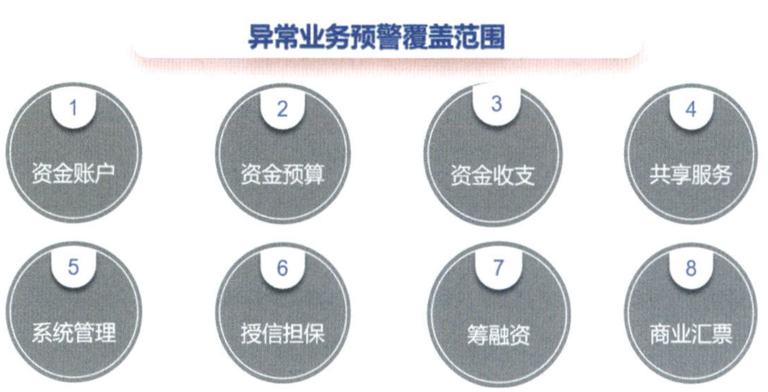

图2　异常业务预警覆盖范围

2.预警信息时效化推送

TMS系统中的预警事项在配置提醒方式及提醒频率后，每日进行系统弹窗提醒，每月定期由系统自动通过邮件或短信形式向各企业总会计师或分管领导、财务经理发送预警信息，督导企业及时发现和处理潜在风险，实现了数据的时效性价值与针对性应用。2022年以来，累计向218家企业发送近5000条预警信息、涉及预警内容10000余项（图3）。

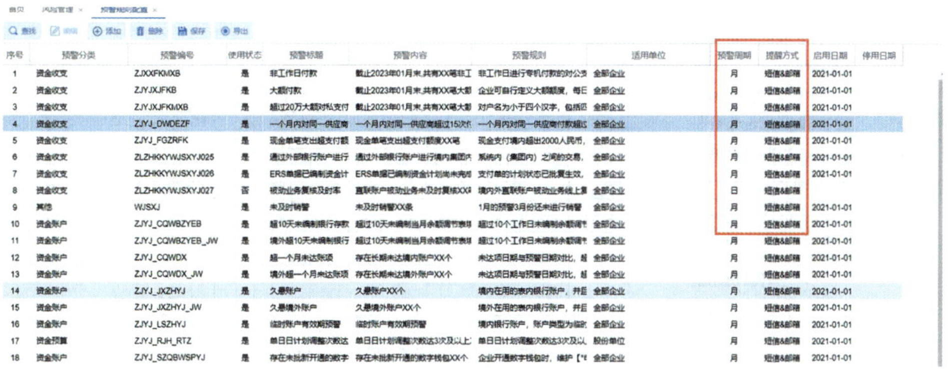

序号	预警分类	预警编号	使用状态	预警标题	预警内容	预警规则	适用单位	预警周期	提醒方式	启用日期	停用日期
1	资金收支	ZJXXFKMXB	是	非工作日付款	截止2023年01月末,共有XX笔非工	非工作日进行专机付款的对公支	全部企业	月	短信&邮箱	2021-01-01	
2	资金收支	ZJYJXJFKB	是	大额付款	截止2023年01月末,共有XX笔大额	企业可自行定义大额额度，每E	全部企业	月	短信&邮箱	2021-01-01	
3	资金收支	ZJYJXJFKMXB	是	超过20万大额对私支付	截止2023年01月末,共有XX笔大额	对户名为小于四个汉字，包括匹	全部企业	月	短信&邮箱	2021-01-01	
4	资金收支	ZJYJ_DWDEZF	是	一个月内对同一供应商	一个月内对同一供应商超过15次f	一个月内对同一供应商付款超过	全部企业	月	短信&邮箱	2021-01-01	
5	资金收支	ZJYJ_FGZRFK	是	现金单笔支出超支付额	现金单笔支出超支付额度XX笔	现金支付境内超出2000人民币，	全部企业	月	短信&邮箱	2021-01-01	
6	资金收支	ZLZHKKYWJSXYJ025	是	通过外部银行账户进行	通过外部银行账户进行境内集团内	系统内（集团内）之间的交易，	全部企业	月	短信&邮箱	2021-01-01	
7	资金收支	ZLZHKKYWJSXYJ026	是	ERS单据已编制资金计	ERS单据已编制资金计划尚未完成	支付单的计划状态已批复生效，	全部企业	月	短信&邮箱	2021-01-01	
8	资金收支	ZLZHKKYWJSXYJ027	否	被动业务复核及时率	直联账户被动业务未及时复核XX	境内外直联账户被动业务线上复	全部企业	日	短信&邮箱		
9	其他	WJSXJ	是	未及时销警	未及时销警XX条	1月的预警3月份还未进行销警	全部企业	月	短信&邮箱	2021-01-01	
10	资金账户	ZJYJ_CQWBZYEB	是	超10天未编制银行存款	超过10天未编制当月余额调节表	超过10个工作日未编制余额调节	全部企业	月	短信&邮箱	2021-01-01	
11	资金账户	ZJYJ_CQWBZYEB_JW	是	境外超10天未编制银行	超过10天未编制当月余额调节表	超过10个工作日未编制余额调节	全部企业	月	短信&邮箱	2021-01-01	
12	资金账户	ZJYJ_CQWDX	是	超一个月未达账项	存在长期未达境内账户XX个	未达项目日期与预警日期对比，超	全部企业	月	短信&邮箱	2021-01-01	
13	资金账户	ZJYJ_CQWDX_JW	是	境外超一个月未达账项	存在长期未达境外账户XX个	未达项目日期与预警日期对比，超	全部企业	月	短信&邮箱	2021-01-01	
14	资金账户	ZJYJ_JXZHYJ	是	久悬账户	久悬账户XX个	境内在用的泰内银行账户，并且	全部企业	月	短信&邮箱	2021-01-01	
15	资金账户	ZJYJ_JXZHYJ_JW	是	久悬境外账户	久悬境外账户XX个	境外在用的泰内银行账户，并且	全部企业	月	短信&邮箱	2021-01-01	
16	资金账户	ZJYJ_LSZHYJ	是	临时账户有效期预警	临时账户有效期预警	境内银行账户，账户类型为临时	全部企业	月	短信&邮箱	2021-01-01	
17	资金预算	ZJYJ_RJH_RTZ	是	单日日计划调整次数达	单日日计划调整次数达3次及以上	单日日计划调整次数达3次及以	股份单位	月	短信&邮箱	2021-01-01	
18	资金账户	ZJYJ_SZQBWSPYJ	是	存在未批新开通的数字	存在未批新开通的数字钱包XX个	企业开通数字钱包时，维护【*	全部企业	月	短信&邮箱	2021-01-01	

图3　预警信息发送

3.预警销警闭环式管控

企业在接收并分析预警信息后，结合业务实际，在TMS系统中提交异常业务销警申请，高风险等级预警事项异常销警须经总部审核，形成全过程预警销警台账和处置报告，异常销警记录用于跟踪整改进度，并设定整改期限，实现了数据的灵活转换和分析应用。2022年以来，200余家企业在线上完成30000余笔预警事项的销警（图4）。

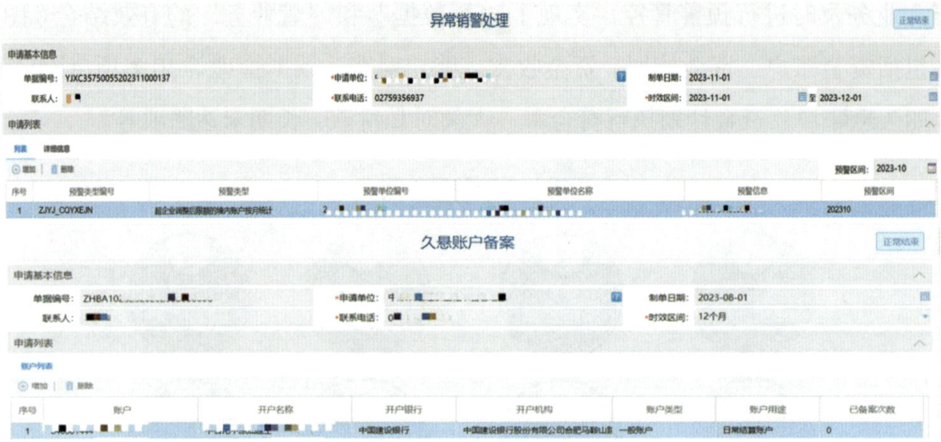

图4　预警事项销警

4.预警考评一体化运行

依托TMS系统预警销警数据仓库，对企业司库运行管理情况实行月度量化考核评价，实现了数据的分析挖掘和融会贯通。聚焦资金业务上线覆盖率、资金收支集中度、资金预算符合率、对账制度落实率、资金基础工作规范化5大类14小类考核指标，设定不同的权重及评分标准，通过系统自动计算打分，形成考评成绩及排名，企业逐级进行自查、联查和穿透查询扣分明细项，及时定位并修补管理漏洞（图5）。

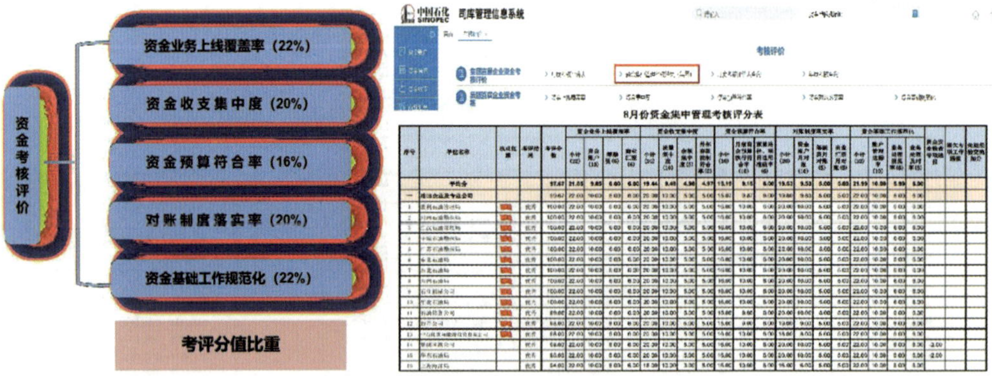

图5　资金考核评价指标

三、主要价值和成效

（一）异常监测预警效果明显，资金运行风险总体受控

该体系功能模块上线运行以来，企业长期未达账项、非工作日付款、直联账户线

下付款、对私大额付款、日计划频繁调整现象基本消除；剔除备案账户后久悬账户数量较2022年末下降23%；企业未再发生频繁调整日资金计划等现象，未发现预算外资金列支等问题，也未发生影响较大的资金风险事件。

（二）信息化手段持续助力，“三基”工作质效不断夯实

该体系应用紧紧围绕“夯三基、强三基”任务目标，聚焦资金运行过程中关键业务，助力总部资金安全检查及考评工作，提高发现问题隐患线索的精度和准度，切实提高工作效率，持续发挥“以查促管”效能，资金“三基”工作质效不断提升，推进资金安全防控长效机制走深走实。

（三）预警考评体系不断完善，风险防控意识持续提升

该体系强化了资金安全检查与月度考评常态化震慑，充分调动了财务资金管理人员的主观能动性，发挥好不同层级、不同资金岗位人员在风险管控中的监督作用，推动资金风险防控工作向基层单位和业务单元延伸，及时排查问题症结，剖析问题根源，落实整改举措，确保风险可控在控。

四、展望

下一步，总部将持续把防范资金风险作为司库体系建设的重中之重，完善资金管理制度体系，加大制度与系统嵌入衔接力度，通过TMS系统固化和规范资金管理内控流程，逐步扩大资金业务预警监测覆盖范围，丰富异常预警内容，强化风险提示，细化考核评价，夯实系统数据质量和企业资金基础管理，加快系统集成，打破数据壁垒，消除信息孤岛，全面实现全过程资金业务信息监控和全级次穿透式监测，进一步优化和完善风险管控和考核评价机制，切实提高财务资金风险防控水平，为构建世界一流财务管理体系保驾护航。

联系人：张国庆　邮箱：zhangguoqing@sinopec.com

推行合同履约自动集成　提升财会监督效能

——股份财务部

案例综述：为贯彻落实“两办”《关于进一步加强财会监督工作的意见》的具体要求，优化完善战略型集约化财务管控体系，推进财务审核标准化，强化财务审核风险管控，推动合同履约自动集成，推进财务审核移交共享，促进企业财务转型，进一步提升财务监督效能。选取齐鲁石化作为试点企业，完成修理费、运输费、煤炭采购、进口原油、大宗物料采购杂费5类业务合同履约付款审批单自动集成，提升业务提报效率，提高审核质量。

一、背景和目标

（一）案例背景

合同履约自上线以来，合同付款业务流程得到了规范，风险防控得到了有效的控制和保障。但在应用过程中也存在企业审核标准不一、质量参差不齐、深化应用不足等问题。

1.合同履约报销审核质量参差不齐

合同履约报销各企业附件格式及种类各异，手工填报工作量大。企业财务人员对合同履约报销业务审核标准不统一，部分企业未进行审核，或者只进行形式审核，容易造成企业效益流失。

2.合同履约审查尚未开展深化应用

现有合同系统与费用报销系统集成接口不支持条款化合同信息集成，无法实现基于合同付款条款发起报销等功能，后续审核环节只能通过查阅合同文本方式进行人工核对，出错概率高，审核效率低。

3.共享端全面承接会计审核难度大

合同履约会计审核工作专业性强，需要在熟悉企业业务实质的基础上，结合财务专业知识做出综合判断。在审核业务未标准化且无系统支撑的情况下，共享端承接合同履约会计审核工作，面临成本高、难度大等困难。

（二）建设目标

深化合同履约与合同管理信息系统、费用报销系统间集成，优化提升合同管理和费用报销系统功能，规范企业合同履约填报，完善合同履约流程，识别和规避合同履约风险，提高履约审核工作质量，提升风险防控能力，防范合同违约风险。

二、主要建设内容、实施方法及创新点

（一）主要建设内容

对炼化板块的修理业务、运输业务等5类业务展开分析，梳理需求，重点对合同履约发起、履约审核环节进行系统功能提升和流程优化改造，加强合同管理系统与费用报销系统的协同应用，推进合同文本标准化、结构化建设，借助信息化手段自动集成合同履约付款审核确认表、实现合同履约智能审核，提升会计审核质效。

（二）实施方法

1.统一标准化模板，筑牢规范履约根基

结合会计审核概论和凭证标准附件模板，全面梳理差异，统一合同履约标准化模板，逐项落实各单元格取数逻辑及自动集成方式。以标准合同文本为切入点，完成55份“标二”合同标准文本结构化、标签化，统一规范各业务场景关键要素，助力合同履约自动集成。

2.组建跨系统团队，集智集力联动推进

协调合同管理、费用报销、智能审核、OCR识别项目组组建合同履约自动集成专项团队，开展技术方案设计工作，基于财务域和风险监督域的顶层设计，从全局角度分析合同履约自动集成业务流程，确定系统开发实施方案。

3.整合系统间功能，数据互联共用共享

梳理试点业务关系，建立映射标准，实现合同三级类型与业务报销情景自动推荐对应。优化合同系统与费用报销系统集成接口，实现基于合同付款条款发起合同履约报销。同步优化移动端功能，实现《合同履约付款审核确认表》及风险预警结果的移动端在线查阅，提高审批效率。

（三）创新点

1.引入自动化技术，实现审批单自动集成

应用OCR识别、对象检测、NLP等自动化技术，通过发票、入库单、验收单、结算单等附件运用OCR识别技术自动集成履约执行情况，通过合同文本集成合同主要条款内容，自动生成《合同履约付款审核确认表》（图1），两者比较差异，对不能完全履行合同条款的执行扣款，维护企业利益。

合同履约付款审核确认表（修理费/安全生产费）

年　月　日　　　　　　　　　　　　　　　　金额单位：元（保留两位小数）

<table>
<tr><td>合同名称</td><td>合同系统自动取值</td><td>合同序号</td><td colspan="3">合同系统自动取值</td></tr>
<tr><td>合同类型</td><td>合同系统自动取值</td><td>合同编号</td><td colspan="3">合同系统自动取值</td></tr>
<tr><td>合同主办单位</td><td>合同系统自动取值</td><td>合同金额</td><td colspan="3">合同系统自动取值</td></tr>
<tr><td>对方单位</td><td>合同系统自动取值</td><td>是否暂定总价</td><td colspan="3">合同系统自动取值</td></tr>
<tr><td>合同订立日期</td><td>合同系统自动取值</td><td>合同终止日期
（合同履行期限）</td><td colspan="3">合同系统自动取值</td></tr>
<tr><td>序号</td><td>合同履约付款条件确认要点</td><td>合同中条款的描述</td><td colspan="3">合同履约付款条件确认结果</td></tr>
<tr><td>1</td><td>合同约定付款时间</td><td>合同系统自动取值</td><td colspan="3">报销日期+各公司自定义配置日期</td></tr>
<tr><td>2</td><td>结算依据（价款计取方式）</td><td>合同系统自动取值</td><td colspan="3">报销单影像中OCR识别的所有标准附件名称</td></tr>
<tr><td>3</td><td>交工日期</td><td>合同系统自动取值</td><td colspan="3">板块信息化模板中增加“交工日期”字段</td></tr>
<tr><td rowspan="2">4</td><td rowspan="2">合同金额（含税）</td><td rowspan="2">合同系统自动取值</td><td>本次入账金额</td><td>包含本次累计入账金额</td><td>包含本次累计入账金额与合同金额的比率（%）</td></tr>
<tr><td>报销单报销金额</td><td>合同管理系统推送的累计报销金额+本次入账金额</td><td>包含本次累计入账金额/合同金额</td></tr>
<tr><td rowspan="2">5</td><td rowspan="2">税务条款</td><td rowspan="2">合同系统自动取值</td><td>税收分类编码</td><td>税率</td><td>发票类型</td></tr>
<tr><td>发票货物或应税劳务、服务名称中的税收分类编码（**间内容）</td><td>发票税率</td><td>增值税发票类型</td></tr>
<tr><td rowspan="2">6</td><td rowspan="2">质保金</td><td rowspan="2">合同系统自动取值</td><td>质保金保留期限</td><td colspan="2">质保金比例</td></tr>
<tr><td>报销单费用明细行中付款条件的月份</td><td colspan="2">报销单质保金金额/报销金额</td></tr>
<tr><td rowspan="2">7</td><td rowspan="2">本次履约考核评价结果</td><td rowspan="2">合同系统自动取值</td><td>计算过程</td><td colspan="2">考核结果（金额）</td></tr>
<tr><td>《业务完成情况确认书》应付金额-加扣款合计数</td><td colspan="2">《业务完成情况确认书》加扣款合计数</td></tr>
<tr><td>8</td><td>农民工工资</td><td>合同系统自动取值（取值为空时不显示此行）</td><td colspan="3">板块信息化模板中增加“农民工工资”字段</td></tr>
<tr><td colspan="2">输出判定结果</td><td colspan="4">自动校核结果</td></tr>
</table>

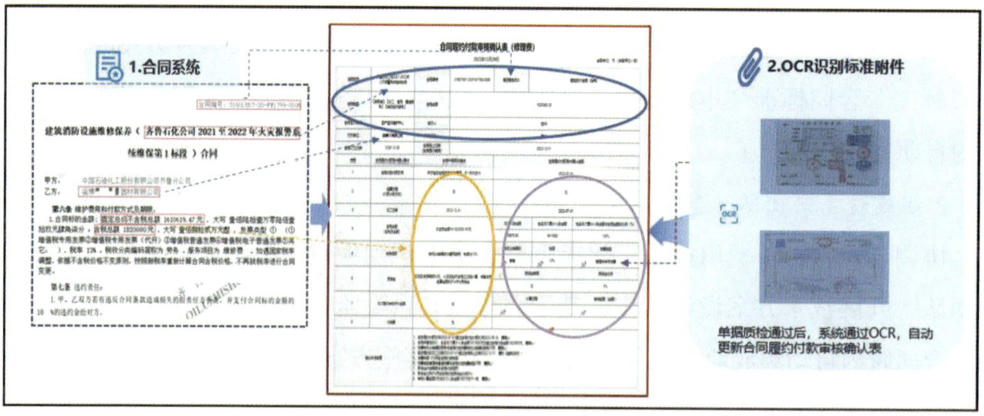

图1　自动集成《合同履约付款审核确认表》

2.应用智能审核，防范合同履约风险

应用智能审核系统，固化企业会计审核规则，有效发挥错误提示、风险预警等功能作用（图2），在业务提报及会计审核环节自动预警，提高审核工作效率，防范会计审核风险，解决合同管理中“重签订、轻履行”的问题，为企业端会计审核全面移交共享提供了数智支撑。

合同履约付款审核确认表（煤炭采购）

2023-10-25

单位：元、吨、元/吨

合同名称	贫瘦煤煤炭采购合同	合同编号	31600000-23-MY0405-0009
合同类型	货物贸易类/煤炭/动力用贫瘦煤	合同主办单位	齐鲁石化
对方单位	淄博小米科技集团	结算数量	3692.28
订立日期	2023-10-23	合同价（包干价、指导单价）	845
煤炭种类	贫瘦煤	奖惩单价合计	45.24
合同价款形式	包干价	其他单价（杂费）	150.15
		结算总单价	890.24
合同约定付款时间	结算方式：煤炭经甲方验收合格，乙方开具合规发票后付款，支付方式：报销入账后6个月内，以银行转账或银行票据方式支付 。	结算金额	3287029.84

序号		合同中条款的描述	执行情况	合同履约付款条件确认结果（奖惩金额）
1	热值	煤质调价规定： 在本合同有效期内，卖方每月所供煤炭执行价格F根据煤质情况按照以下规定进行调整：2.1低位发热量Qnet，ar：5000千卡/千克≤Qnet，ar≤5700千卡/千克，执行价格F即为结算价格H，即H=F，5700千卡/千克封顶；4800千卡/千克≤Qnet，ar＜5000千卡/千克，执行价格F下调0.004元/[吨·（千卡/千克）] 作为结算价格H，即H=F-0.004；4500千卡/千克≤Qnet，ar＜4800千卡/千克，执行价格F下调0.006元/[吨·（千卡/千克）] 作为结算价格H，即H=F-0.006Qnet，ar＜4500千卡/千克，首先执行价格F下调0.01元/[吨·（千卡/千克）] 作为单位热值结算价格H，再以4500千卡/千克为基准，Qnet，ar每降低10千卡/千克，吨煤价格下调3元/吨结算，不足10千卡/千克不下调。2.2挥发分Vdaf： Vdaf＜10%，执行价格F换算为吨煤价格后下调30元／吨结算；10%≤Vdaf＜13%，以13%为基准，Vdaf每降低0.01个百分点，执行价格F换算为吨煤价格后下调0.05元/吨结算；13%≤Vdaf≤27%，执行价格F不作调整；Vdaf＞27%，以27%为基准，Vdaf每提高0.01个百分点，执行价格F换算为吨煤价格后下调0.1元/吨结算；2.3全硫分St，d：0.8%≤St，d≤1.0%，执行价格F不作调整；1.0%＜St，d≤1.2%，以1.0%为基准，St，d每提高0.01个百分点，执行价格F换算为吨煤价格后下调0.3元／吨结算；1.2%＜St，d≤1.5%，以1.2%为基准，St，d每提高0.01个百分点，执行价格F换算为吨煤价格后下调0.6元／吨结算；St，d＞1.5%，原则上作拒收处理。已经卸车的，以1.5%为基准，St，d每提高0.01个百分点，执行价格F换算为吨煤价格后下调2.0元／吨结算；以上各区间价格调整累加计算。当Qnet，ar≥5000千卡/千克且St，d＜0.8%时， St，d每降低0.01个百分点，执行价格F换算为吨煤价格后上调0.7元/吨结算。2.4灰分Ad：Ad≤25%，执行价格F不作调整；25%＜Ad≤30%，执行价格F换算为吨煤价格后下调1元/吨结算；Ad＞30%，执行价格F换算为吨煤价格后下调2元/吨结算。2.5全水分Mt：Mt≤8%，执行价格F不作调整；Mt＞8%，以8%为基准，Mt每提高1个百分点，扣过衡量1%，同时低位发热量Qnet，ar补加40千卡/千克；不足1个百分点的，按比例计算。以上各区间价格调整不累加计算。2.6卖方所供煤炭数量、质量以收货单位计量、检验结果为准。如果中央或地方政府提高煤炭相关环保指标要求，买方有权相应调整相关的煤质验收结算标准2.7有2.7有掺配煤泥及明显不符合煤炭品质的、来煤中出现夹杂大石块和草根等杂物较多的、来煤出现灰尘污染环境及设备的情况的，由甲方使用单位以及中国石油化工股份有限公司齐鲁分公司物资装备中心接卸人员共同确定，并在卸车记录中备注清楚扣罚的车数、吨数或金额，扣罚的吨数按照合同价计算金额，作为结算的依据 。 2． 煤炭数量验收标准： 煤炭数量验收以甲方过衡数据为准 。	5159.0~5240.0	127673.52
2	硫份		0.55~0.64	47362.45
3	挥发分/灰熔点		32.12~32.9	0
4	灰分		24.85~25.88	-3550.85
5	水份		7.2~7.4	0
6	数量		3692.28	0
7	途耗索赔		/	
8	违约扣款		/	
输出判定结果			1.25%<灰分<=30%，动力煤《煤炭结算单》灰分奖惩校验一致 ✓ 2.硫分<8%且结算发热量>5000，动力煤《煤炭结算单》硫分奖惩校验一致 ✓ 3.5000<=结算发热量<=5700时，动力煤《煤炭结算单》热值奖惩校验一致 ✓	

图2 《合同履约付款审核确认表》风险预警

三、主要价值和成效

合同履约自动集成推进了结构化文本的深化应用，强化了合同履约执行闭环管理，提升了业务提报效率，提高了审核质量，为企业财务审核移交共享提供了支撑。

（一）创新手段，合同履约确认自动集成

实现15类标准附件关键信息的自动获取，5类业务场景《合同履约付款审核确认表》141个字段的自动填写。《合同履约付款审核确认表》由手工填写30分钟缩短至自动生成2.2分钟，效率提升92%以上，为企业端会计审核全面移交共享提供了数智支撑。

（二）智能审核，自动比对防控合同风险

将齐鲁石化的煤炭热值、灰分、挥发分/灰熔点奖惩等37项复杂检查规则在系统中进行固化，审核时效从原有10—20分钟，减少至5分钟，效率提升50%以上。

（三）求同存异，统一合同履约审核模板

坚持“同类趋同、个性存异”原则，按照“固定+变动”模式统一合同履约模板，

完成12项合同履约付款审核确认模板。通过规范各业务场景结算依据、合同金额、履约考核等关键要素，强化合同履约付款审核，防范合同违约风险。

（四）优化提升，强化履约执行闭环管理

深化合同履约与合同系统、费用报销系统间集成，优化提升系统功能，规范企业合同履约填报，新增12项合同文本标签，完善合同履约流程，识别和规避合同履约风险，提高履约审核工作质量，提升风险防控能力，助力会计审核标准化工作落地。

四、展望

加快推进凭证附件标准化和情景化配置落地，为合同履约自动集成后续的推广和应用提供支撑。全面总结试点经验，不断完善系统功能，在齐鲁石化继续试点开发工程投资、租赁费、其他费用等业务场景合同履约自动集成功能；在油田、炼化、销售板块选取典型企业推广应用修理费、运输费等业务场景，争取2—3年建设完善合同履约自动集成系统，促进合同经济性审查质量整体提升。

联系人：顾　能　邮箱：gun.ssc@sinopec.com

深入挖掘数据价值　拓展数据应用场景

——企改和法律部

案例综述：企改和法律部组织业务专家和技术专家对日常法律管理中的合同等业务数据进行数据治理、数据整合、数据建模，深入挖掘数据价值，并拓展了合同数据可视化大屏，合同查询报表，搭建数据服务平台，提供API数据服务等数据应用场景，为企业合同数据分析提供平台和途径，为企业的合同管理降本增效，为企业管理者提供决策辅助支撑。

一、背景和目标

（一）案例背景

企改和法律部在日常法律管理工作中，在使用信息化系统过程中，积累了大量的合同等业务数据。随着时间推移和企业规模扩大，各类业务数据还在增加，业务复杂性也在加大。为了能更好地应用业务数据，方便用户对数据进行查询、统计、分析，企改和法律部组织企业业务专家和石化盈科技术专家通过数据盘点、数据抽取、数据建模等数据治理工作，深入挖掘数据价值。

（二）建设目标

通过法律管理方面的合同等业务数据挖掘和应用，发现隐藏在数据背后的知识和规律，支持企改和法律部的日常管理，支撑企业决策和预测。

二、主要建设内容、实施方法及创新点

（一）主要建设内容

数据治理：通过数据治理七步法，对企改和法律部域内合同等关键业务进行数据

治理工作。在梳理业务对象、逻辑实体和元数据的基础上，制定主数据标准并检查数据贯标情况，以确保数据的准确性、一致性和可追溯性，提高部门决策效率和业务操作质量。检查数据贯标情况可以确保数据的规范化和标准化，避免出现数据不一致或重复的情况。通过制定主数据标准和检查数据贯标情况，可以进一步推动企改和法律部域内的数据治理工作，提高部门的数据管理水平。

数据整合：在数据盘点的基础上，通过数据服务平台接入多个业务系统的数据，包括合同业务系统、法治合规平台业务数据、法律共享平台业务数据、司法大数据（外部数据）等，并对数据格式进行转换和清洗，确保数据的准确性和一致性，解决不同系统之间的数据异构问题，实现数据的统一管理和访问，从而构建统一的数据仓库。

数据建模：创建HANA和BW模型，满足用户的业务需求，同时提高数据的可访问性和可理解性。这些模型可以是通用模型或针对特定领域的模型，可以更好地组织和展示数据，使其更易于理解和使用。

（二）实施方法

制定数据治理标准：总部统一对法律数据治理的目标和范围进行梳理，制定梳理治理的组织和流程，制定数据治理的质量标准和控制措施。

专业化的数据治理：通过专业的数据治理团队对数据进行治理、整合和建模，使复杂的业务数据更容易理解、更容易使用。同时遵循总部指定的数据治理的标准，确保数据安全和合规。

数据应用场景落地：业务专家对相关领域的业务数据进行分析，并和各类业务场景进行对接，落地数据的应用场景。

（三）创新点

经过前期的数据治理，目前已落地多个数据应用场景，特别是合同数据可视化大屏和合同灵活查询报表，为企业数据分析提供平台和途径，为企业的合同管理降本增效。

合同数据可视化大屏：根据用户的合同数据应用场景构建了合同数据大屏模式，目前已完成指标评价、合同总览数据两个数据展示屏，大屏模式可以在电视上提供更加震撼的视觉效果，并可以进行触屏操作，适合在会议、展示等场合使用。

灵活查询报表：通过BW Query开发支持灵活数据查询的合同报表，用户可以通过简单的拖拽操作，自定义查询条件和展示方式。并且可以自定义格式和导出数据以更好地支持决策和业务操作。目前，已开发合同台账主题、合同应用主题、合同规范主题、合同效率主题等报表36张。

三、主要价值和成效

通过数据服务平台建立的模型除了满足域内数据分析应用，还通过平台API的方式提供数据查询服务，供有需要的中国石化的其他系统调用。合同系统经过前期的数据治理、整合、盘点后，已发布资源67个，发布数据服务81个，并且已经应用到中国石化内部的税务系统、物流平台、招投标系统等10多个系统。工程招投标系统集成合同运行数据，为工程招投标系统实现对中国石化建设工程交易过程进行闭环跟踪提供了重要的数据支撑。税务系统集成合同金额、签署情况等信息，为税务系统实现按含税总金额交税，细化税费管理提供了重要的数据依据。通过挖掘合同数据价值，为企业提供强大的支撑，高效助力企业提高收入、控制成本和管理风险。

四、展望

随着企业业务的拓展和数据量的增加，对数据价值的挖掘还存在很大的空间。下一步，将继续在现有的数据应用场景上进行深化应用，除合同数据，继续在纠纷、工商等数据方面拓展应用场景，为管理者提供决策辅助支撑。同时通过数据资产化工具将现有数据进行资产化，在保障数据安全的基础上，实现与外部同类企业的数据共享，进一步带来经济效益。

联系人：管利军　邮箱：guanlj@sinopec.com

打造作业风险数智化分析模式
加固施工作业安全管控堡垒

——健康安全环保管理部

案例综述： 施工作业过程安全管控通过信息化手段实现电子作业票的线上开具，提升施工作业过程管理能力，实现高危作业流程信息化控制、作业过程可视化管理、作业归档数字化留痕。通过数据共享，实现集中集成，打破管理瓶颈，消除信息孤岛。实现制度流程化、流程信息化，线上线下融合，数据集成化，指标定量化，避免人为侥幸心理，提升风险分析能力，降低事故发生概率，夯实本质安全。

一、背景和目标

石化行业因涉及大量的易燃易爆、有毒有害等危险化学品，现场直接作业环节的安全问题一直都是危化品生产经营行业的管理难点、痛点和堵点，现场各类检维修和施工作业体量巨大，地点零散、不确定性高，一旦管控不力极易发生中毒、窒息、着火、爆炸等安全事故，如何系统化地将施工作业过程有效地管控，成为当前化工企业的重要探索方向。

中国石化《作业许可管理规定》对作业人员管理、特殊作业及非常规作业许可申请、风险辨识、作业监护等环节均提出具体要求。2021年5月8日，集团公司印发了《关于推体系夯基础控风险全力筑牢新时期中国石化安全新防线的指导意见》(总经理2号令)，明确要求“严控作业许可，企业落实作业计划审批、预约报备管理，现场签票，各级管理部门实施动态监控；建立作业许可电子管理系统，将关键措施纳入程序管理，签票人员不到现场、措施不落实的不得开展作业；建立高风险数据库，帮助企业提高作业JSA分析质量，完善风险防范措施”。

二、主要建设内容、实施方法及创新点

（一）主要建设内容

通过建设作业预约、JSA分析、气体分析、措施落实、票证签发、作业过程、验收归档等功能，建立作业全流程安全监管模式。实现作业票证电子化管理，随时随地通过网络查看作业票证、办理进度签批过程保留完整痕迹，使用电子签名，记录签批操作时间、作业所在位置。支持现场定位签发，督促人员在作业现场落实安全措施，不到现场不能开票。并通过移动终端，实现现场安全工作确认，整个直接作业环节处理过程完全受控，无管理死角。实现管理制度有效落地、确保作业环节中责任到人、降低人为因素造成的风险。避免作业不连贯、代签、改签、统计分析烦琐等现象。加强作业票证办理人员的责任感，确保办理人员现场确认，各尽其责。

（二）实施方法

2022年，安环部依托中国石化“工业互联网+安全生产”试点项目，在炼化板块28家企业建设电子作业票系统，依托“工业互联网+安全生产”平台，在风险对象、业务对象、逻辑数据实体等标准化基础上实现作业票信息采集。作业信息通过定义作业申请、作业开票、JSA分析、措施落实、票证签发、安全交底、作业验收7个业务对象和JSA分析结果、措施落实结果等9个逻辑数据实体实现将作业内容、作业类型、作业级别、施工单位、作业时间、风险因素、管控措施、风险等级、风险值、签发人等40余项核心属性字段集成至总部。截至目前共从企业收集100多万张历史作业票，其中已分析完成的风险信息及对应措施信息为风险库的建立提供了坚实的数据保障。

（三）创新点

针对高风险作业的JSA分析，梳理行业标准、历史作业、事故案例资料，将风险管理知识沉淀为作业步骤风险库、机具风险库、人员风险库、作业环境风险库，在JSA分析环节，基于作业信息中的风险因素，通过风险大数据模型智能判断并推送作业风险清单供基层管理人员参考补充，提高作业风险辨识科学性、准确性、全面性。对风险分析提供规范性风险清单并提供JSA在线分析功能，生成推荐风险清单，为措施控制提供数据依据。

对现场措施落实和签发运用北斗、蓝牙、GPS等定位技术实现；对各级管理、施工

人员实现电子签字确认信息，提供刷卡、二维码、人脸识别等多种识别技术，有效避免代签、补签等情况；管理风险的分析有效性和施工异常实时监管、作业风险公开公示、业务数据统计分析，实现安全工作要求的刚性执行，全面提升施工管控水平。

三、主要价值和成效

安环部组织专家团队深入分析海量历史作业信息，结合标准规范、事故案例、管理制度、历史教训等知识经验，总结作业类型、采用机具、作业区域、涉及介质等风险要素，固化为作业步骤、施工机具、作业环境3个作业风险知识库。目前已沉淀751条作业风险，包括作业步骤类145项、施工机具类50项、作业环境类556项。

在风险知识库建立的基础上，构建了基于风险因子的作业风险模型。可分别通过作业类型、作业环节、采用的机具、车辆、现场涉及有害介质、环境等维度综合研判作业风险，推送风险等级、风险值、危害描述、危害后果、控制措施等核心风险要素信息。企业用户通过电子作业票开展在线JSA分析时，给予风险识别辅助推送服务，提高施工作业事前风险识别分析质量。

四、展望

利用前沿、先进技术实现AI智能监护，在企业安全生产过程区间，利用AI视频识别技术，对作业过程中的防护面罩佩戴、劳保着装穿戴、安全带按规范佩戴、火灾识别、场地施工用电、临边洞口防护、高空抛物违章及吊装防碰撞等场景进行识别及异常报警，帮助管理人员对施工管理人员及时发现问题和隐患，加快问题解决的速度，进一步提高施工作业安全管控水平。

联系人：程敬博　邮箱：chengjb@sinopec.com

基于固废数据一张网　打造行业无废企业标杆

——健康安全环保管理部

案例综述：“无废集团”信息化建设试点是中国石化大力实施世界领先发展方略和高质量发展的重要举措，也是国内首个经生态环境部复函同意开展的“无废集团”示范典型。试点方案在12家直属企业先行先试，探索政企数据共享，建成1套危险废物全过程信息化管控平台，实现集团固体废物产生量最小化、资源化利用充分化、最终处置规范化、企业监管信息化、政企数据共享化，引领绿色低碳可持续发展。

一、背景和目标

（一）案例背景

中国石化固体废物特别是危险废物存在产生量大、利用处置不畅、跨省转移难、管理成本高、政府监管系统多等难点、堵点。固废管理业务涉及数据来源广、类型多、融合难，随着智能化应用发展，“数据孤岛”问题凸显，传统数据收集填报信息系统已无法满足企业对固废利用处置的多样化及业务应用智能化需求。试点建设危险废物管控平台，实现重点固体废物在线监管。

（二）建设目标

运用大数据、物联网等前沿技术，实现对重点固体废物全过程流向跟踪，实现所属企业危险废物产生、贮存、运输、利用、处置等全生命周期环境管理、预警与防范，开创性地打通与政府平台之间的信息共享，推动建立全国危险废物环境管理信息“政企”一张网。

二、主要建设内容、实施方法及创新点

（一）主要建设内容

“无废集团”试点项目采用“数据+平台+应用”信息化建设新模式打造危险废物全过程信息化管控平台，通过数据治理挖掘固废管理各环节数据要素价值潜力，实现内外部跨域数据融合，为业务赋能。以物联应用为基础，以固废全面监管、数据共享、预测预警等能力为着力点，建设贮存点智能监控、全环节预警管理、固废健康诊断等功能，实现固废管理一码溯源、智能出入库、运输监管，形成固废内部智能监管和“政企”一张网创新应用。

（二）实施方法

1.创新物联编码模型

研究并参照《固体废物信息化管理通则》、《危险废物管理计划和管理台账制定技术导则》（HJ 1259—2022）、《危险废物识别标志设置技术规范》（HJ 1276—2022）等国家标准，搭建数据模型和元数据库。构建了符合危险废物管理台账制定要求和危险废物标签二维码的编码数据结构（图1）。

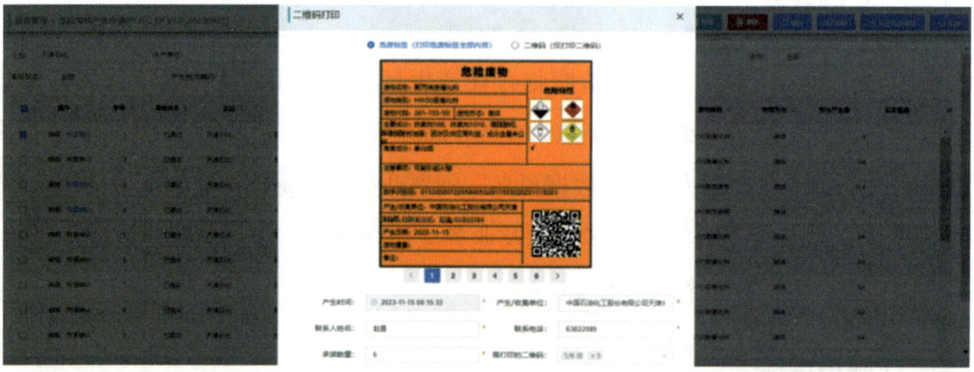

图1　创新物联编码模型

2.构建全流程固废设施数字化

建立装置、站场、加油站等固废源的产生源二维码，通过手持终端扫描产生源二维码快速申报登记，跟踪固废产生流向信息。建立固废贮存设施二维码，实现快速出入库，用于查询危废贮存和进出库数据。建立利用处置设施二维码，实现废物接收、处理过程凭证上传，确保危废利用处置的合法合规（图2）。

图2　全流程固废设施数字化

3.智能AI识别预警

开展不同区域视频实时监控，对危废产生环节，电子磅秤称重、贮存仓库等收集贮存环节，厂区出入、运输路线等运输环节，设施主体等利用处置环节的视频进行实时分析，并获取危废运输车辆位置信息，实时查看外委危废运输轨迹，提高监控效率，减轻人工值守负担。利用视频识别技术，实现危废贮存违规堆放、错误混存等异常情况的预警报警，实现固废管理全过程可视、数据可追踪（图3）。

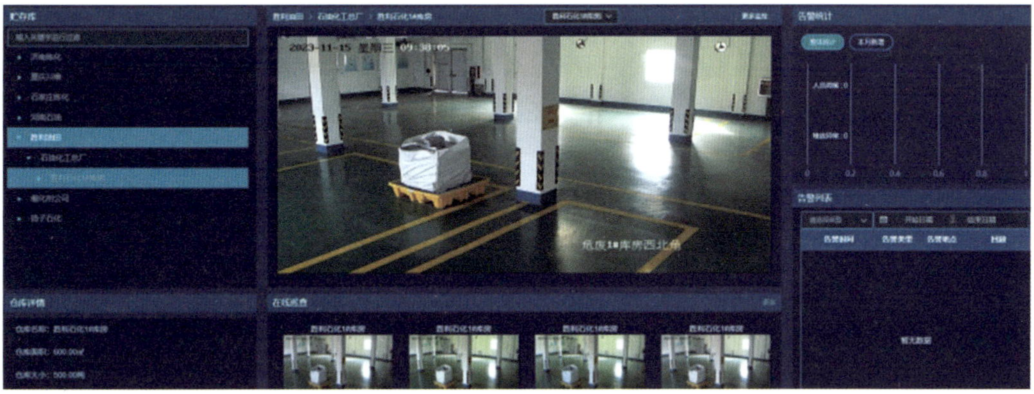

图3　固废管理全过程监控

4.打通全流程一码溯源

利用移动手持终端获取智能磅秤的称重数据，从国家固废系统获取危险废物唯一编码。通过唯一编码，记录并获取危险废物产生、贮存、转移、利用处置全过程信息，实现危险废物全生命周期“二维码”管理，打通全国固废环境管理信息“政企”一张网数据流，实现危险废物“一码走天下”（图4）。

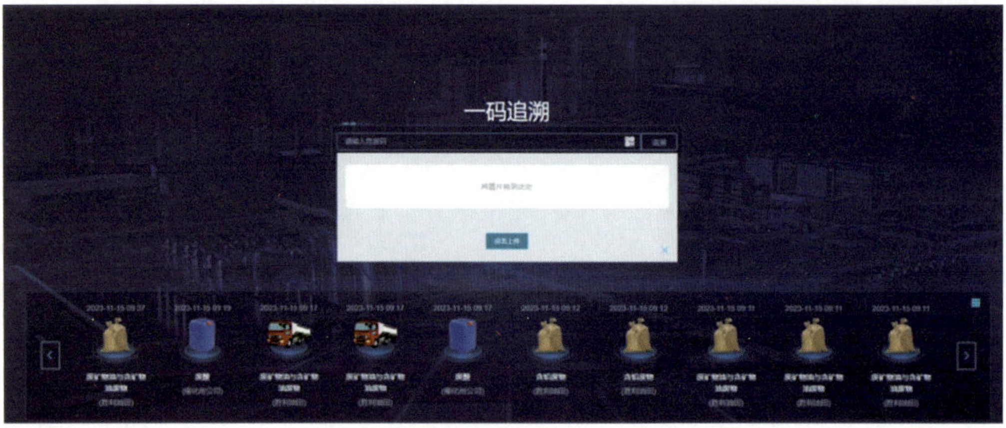

图4 一码追溯

5.跨域数据集成互通

集成总部端工业视频、物流、合同等系统，接入监控视频、运输车辆、外委合同等数据。集成企业门禁系统、衡器/地磅系统、实时数据库等系统，获取固废称重数据、进出厂数据。建立与全国危险废物环境管理信息互通的数据环境，实现管理计划、危废转移联单等数据在“企业-国家-省市”之间审批流转和数据分析（图5）。

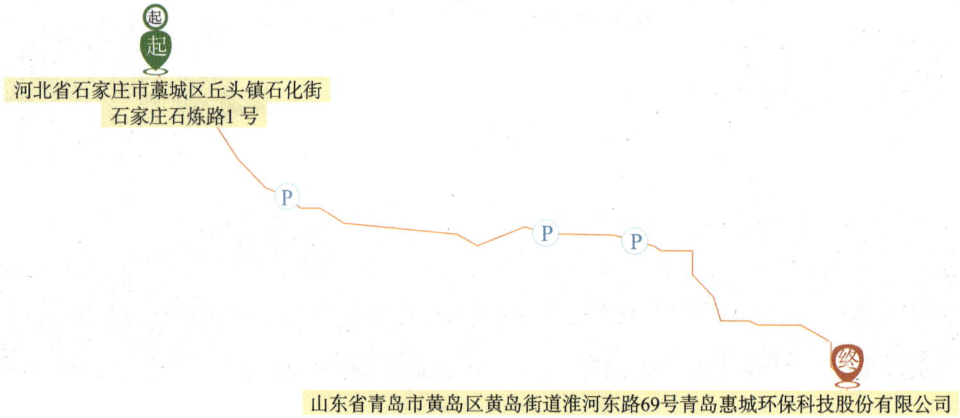

图5 跨域数据集成互通（有修改）

（三）创新点

创新融合二维码电子标签、智能视频识别、移动应用、物联网等技术，开创性打通内外数据链，初步实现“政企”一张网。

国内首个“无废集团”建设试点。为国家固体废物信息化管理通则调整、危险废物标签二维码标准的扩展，提供了技术支持，促进了固废管理新标准的更新发布。

三、主要价值和成效

1.全生命周期一码管理

从产生源开始赋码，对收集、贮存、运输、利用处置全生命周期建立标准规范的“二维码”管理，提升了企业固废管理智能化和精细化水平。

自2023年7月上线试运行，12家试点企业共创建19557个固废产生源二维码，36878个危废标签二维码，产生8442条产废申请、出入库等流转数据。

2.拓展危废全面监管能力

建立固废产生、贮存、运输、利用和处置等环节共15个预警模型，对183个外委单位资质进行监管，对195个贮存设施和27个利用处置设施进行规范健康诊断，促进固体废物内部循环和外部资源化利用，减少固体废物处置量。

3.“政企”一张网数据共享

政府、集团、企业危废管理平台“一次登录”，数据“一次填报”多个平台共享应用，减少多套系统，数据重复多次录入，累计获取9873条国家危废转移联单。

四、展望

督导企业加强履行生产者责任延伸制，提升完善国内首创建立的政企固废信息共享机制。与国家生态环境部互联互通中心充分对接，凝练示范试点模式与经验，建立以“无废集团”为桥梁的固废管理新标准，推广建设固废全过程信息化，助力集团绿色发展，全力打造行业无废标杆。

联系人：罗东宁　邮箱：luodn@sinopec.com

深化业审融合　挖掘数据价值 赋能新时代审计数字化转型升级

——审计部（党组审计办）

案例综述：依托信息和数字化管理部建设的经营管理数据服务平台，针对审计所需内外部数据跨领域、跨系统、跨层级的特点，结合中国石化信息化应用体系架构，2022—2023年组织建设的业审融合大数据审计平台，夯实数据底座、挖掘数据价值、深化数据应用，促进了审计项目管理和作业模式的转型升级，提升了审计人员大数据审计应用能力，取得良好成效。

一、背景和目标

（一）案例背景

坚持与时俱进，全力紧盯信息技术发展趋势和强国战略，跟进集团公司信息和数字化发展战略的必须之举。

坚持守正创新，全速推进集团公司审计工作转型升级，践行审计工作“四大理念”“四个转变”“四项职能”的必然选择。

坚持科技强审，全力适应审计资源环境变化，利用“信息化、数字化、网络化”赋能审计高质量发展的必由之路。

（二）建设目标

坚持传承创新，按照“数据+平台+场景+应用”的信息化建设应用新模式，以审计工作数字化、网络化、智能化为发展目标，建成一个平台，形成“审计数据资源和审计数智模型”两大体系，通过“审计数据、审计作业、审计管控”三个专区，为数智化赋能审计业务提供基础支撑保障；积极践行数智化审计模式，持续提升审计人员的“审计查证、数据分析、模型研发、动态监督”四大能力。

二、主要建设内容、实施方法及创新点

（一）主要建设内容和实施方法

1.固化数据分析逻辑，建设问题线索模型

利用NLP、OCR、聚类分析等大数据算法，运用一系列统计分析、机器学习、深度学习、强化学习等方法，固化审计发现问题的查证逻辑，对业务数据进行全量分析，提高审计效率和质量。开发投用了涉及财务审计、采购审计、销售审计等领域的99个审计问题线索模型（图1），有效提升业务覆盖面和精准度。

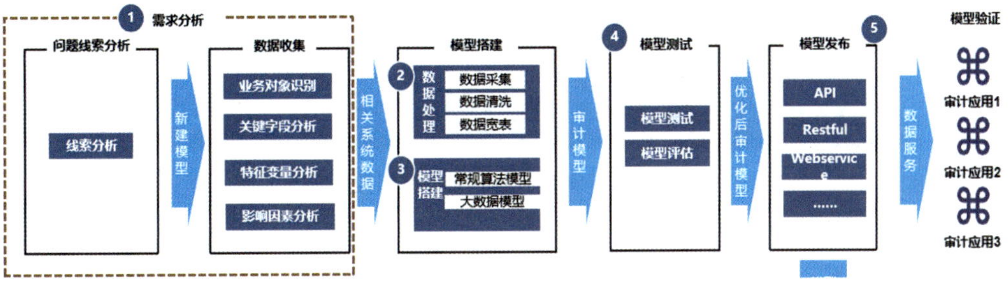

图1　问题线索模型建设方法

2.自主分析数据，搭建审计模型实验室

模型实验室借助自主研发的报表分析工具，引入Python（计算机编程语言）、SQL（结构化查询语言），开展单表查询分析、多表关联分析和复杂建模分析，审计人员可以通过图形化界面，使用拖拽组件和专业代码开发建模工具进行模型开发，结合自身的业务经验和技术能力进行不同审计场景的模拟仿真（图2）。

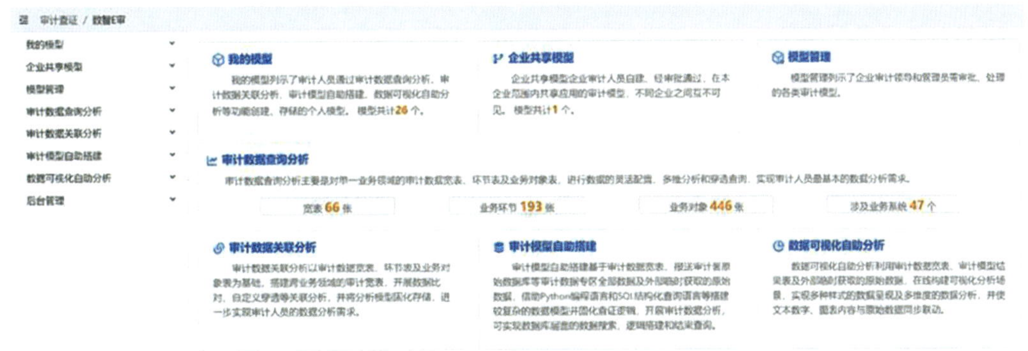

图2　模型实验室

3.数据可视化应用，审计管理分析指标展示

结合审计管理要求和项目应用实际，搭建审计管理分析指标功能，通过数据可视化分析展示，监控集团公司审计项目的运行动态，实时展示审计项目成效等3大类10小类审计管理分析指标（图3）。

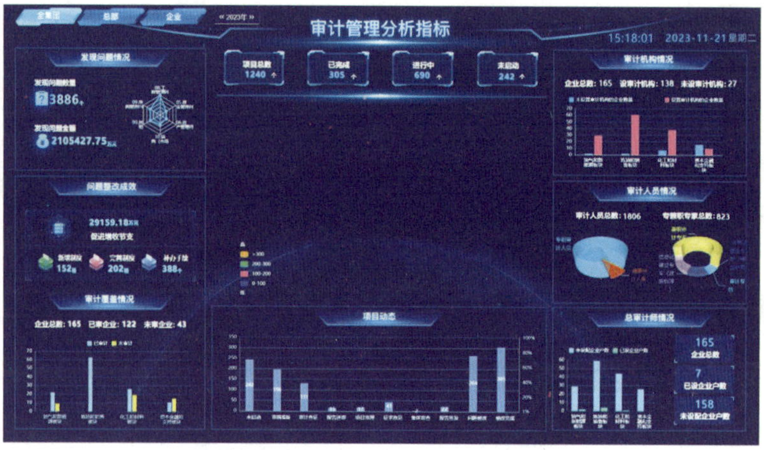

图3　审计管理分析指标（有修改）

（二）创新点

创新提出了具有中国石化特色的“数据需求梳理、业务系统调研、业务对象匹配、数据标准化、数据模型设计、数据采集、数据处理、‘宽表’建设”审计数据资源体系建设方法论；探索构建了中国石化审计数据资源专区，推动业务部门数据治理和上云上平台，夯实了审计转型升级数字底座，实现审计工作数字化转型。

1.数据需求梳理

根据业务与内控流程梳理审计关注事项，形成审计场景清单，最终明确相关业务系统与对象信息，形成审计所需业务数据需求（图4）。

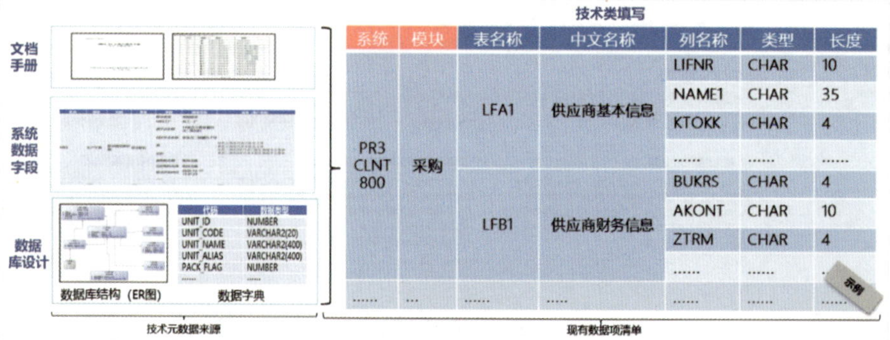

图4　数据需求梳理

2.业务系统调研

共涉及内外部69个业务信息系统，调研业务范围、业务流程等业务信息和数据字典、底表清单、组织架构对应关系、已有监管模型、数据存储情况等（图5），明确系统间关联关系、形成系统集成关系图谱（图6）。

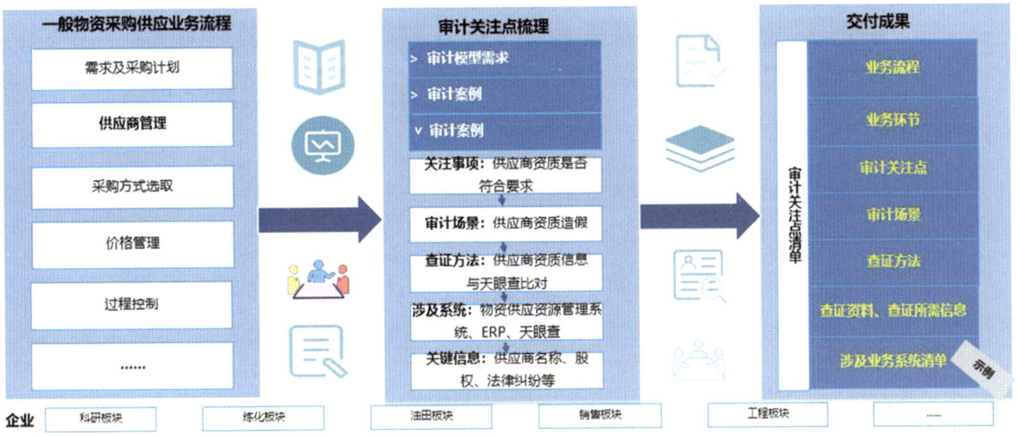

图5　业务系统调研

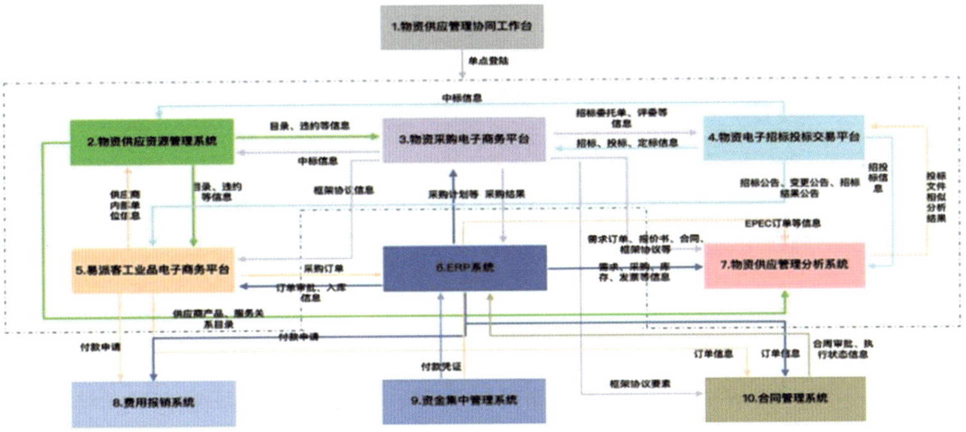

图6　系统关系图谱

3.业务对象匹配

通过对业务流程进行细化分解，结合系统数据流向分析业务流程，对同一业务对象（审计数据）在不同系统中的信息进行收集、整理和归纳，形成业务对象完整的数据属性（字段）清单和信息流向（字段关联关系）。

4.数据标准化

针对同一业务对象（审计数据）的属性在不同业务系统中不一致的现象，进行数据标准化设计（图7），统一业务数据含义，形成审计可用数据。

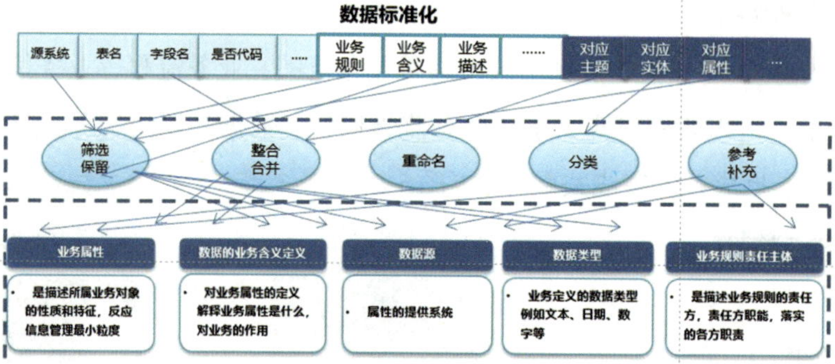

图7　数据标准化

5.数据模型设计

基于业务流程进行业务数据的审计业务化，设计相应的业务对象数据（即被审计单位业务数据）逻辑模型（图8）；利用数据主键将数据表进行串联，实现跨业务、跨系统、跨层级的数据关联，支持审计业务横向贯通、纵向深挖。

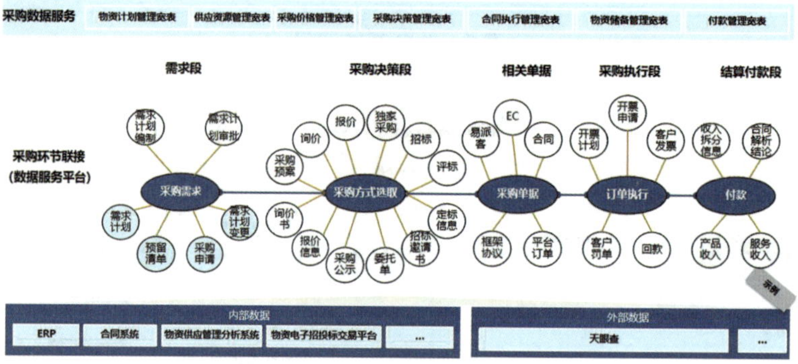

图8　数据模型设计

6.数据采集

优先使用实时集成工具，遵循标准采集流程，根据接入数据源的不同结构类型、接口方式及实时性要求，选择最合适的工具进行数据集成（图9、图10）。

采集场景	采集工具	工具描述
总部ERP大集中系统实时复制底表到平台	SLT	SAP的数据实时复制工具
总部ERP大集中系统实时复制底表到平台	PLT	基于SLT底层API自开发的数据实时复制工具
总部ERP大集中系统通过BW数据源定时抽取至平台	ODP	SAP BW的抽取工具
MySQL数据实时同步	DTS	基于Otter的自开发数据集成工具，可实时同步MySQL数据
非SAP系统、非MySQL系统的实时抽取	SDI	集成在HANA中实时同步工具
非SAP系统的定时抽取	DXS	基于Kettle的自开发数据集成工具，用于系统间流程集成及传统数据库数据抽取

图9　数据采集

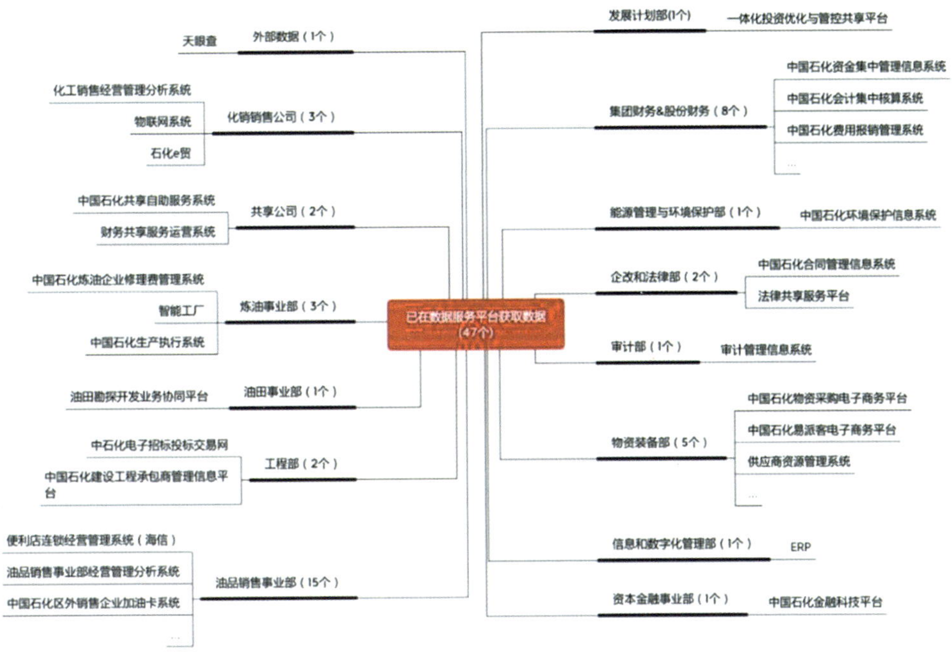

图10　已接入业务系统

7.数据处理

对来自不同业务系统的同一业务对象信息数据进行关联，按统一的数据标准，对结构化或非结构化的数据进行清洗转换，同时对原始数据进行校验，确保结果数据真实、完整、可用（图11）。

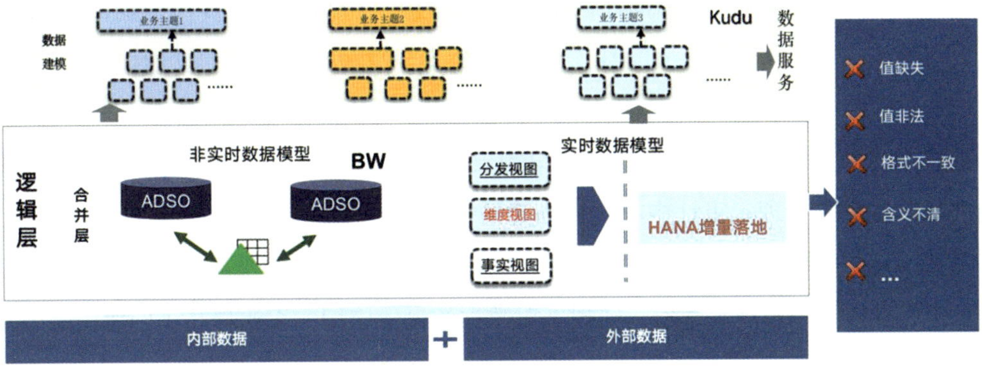

图11　数据处理

8.审计数据模型建设

根据审计思路和逻辑，按照业务流程、业务环节、业务对象等将数据串联，整合业务系统数据，形成审计数据模型，有利于进行综合分析和洞察分析，共搭建66个审计数据关系模型、193个审计业务环节模型、446个审计业务对象模型（图12）。

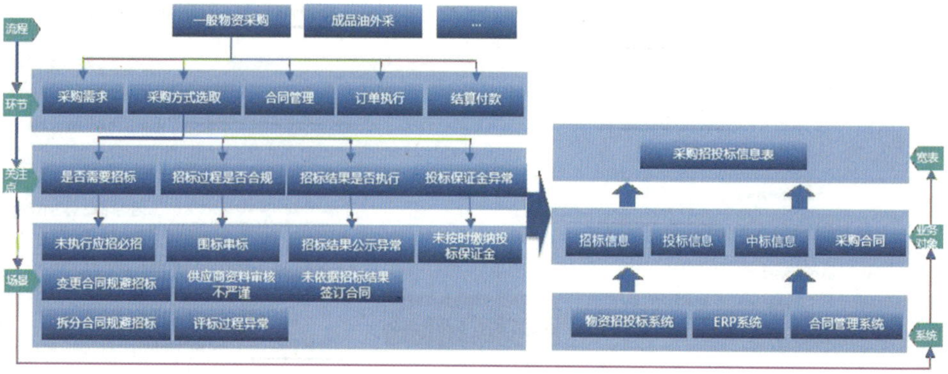

图12　审计数据模型建设

三、主要价值和成效

2023年，全面支持集团公司1200余个审计项目动态监控管理，开展“远程在线+”审计。共计梳理、发现疑点线索484条、确认问题475个，对项目质量和风险控制形成高效保障，进一步拓展了审计监督的广度和深度。

（一）审计查证方面

1.应用问题线索模型

应用物资采购未执行能招尽招审计模型查证发现46份合同、886.5万元存在拆分合同规避招标、应招未招、能招未招等问题；应用烟品销售异常审计模型查证违规批发香烟问题。

2.应用模型实验室

应用“货币资金管理宽表”排查集团层面通过第三方平台开展业务的疑点线索，促进各单位完善管理；审计中心自助搭建的销售价格异常审计模型查证低于成本价格1078.63万元提供处理污水服务问题；自助搭建的企业承包商准入审计模型，查出26条承包商准入程序不规范线索，实现了对数据的灵活应用，大幅提高了问题定位效率，达到预期效果。

（二）审计管理方面

实时掌握审计项目发现问题情况、问题整改进度、审计人员信息、兼职专家管理等多方面指标数据。不定期向党组领导、总部相关部门、事业部（专业公司）推送审计发现的主要问题，可视化展示问题分布规律、板块分布情况。

四、展望

（一）全面开展业审融合平台（二期）建设

沿用“业务主导、技术统筹、协力推进”的信息和数字化建设模式，不断夯实审计数据基础；加速推动大数据审计技术方法创新，利用人工智能技术丰富审计查证手段，持续推进审计模型的迭代优化；持续提升审计管控专区智能化水平，创建审计专业大模型，提升专业化统筹管理能力和成果价值创造能力。

（二）协同推进数据治理，促进数据质量优化提升

坚持以数据为导向，验证源数据的真实完整性及数据逻辑搭建的正确性；持续关注数据治理情况，特别是业务数据缺失、数据错误等现象，常态化协同推动提升集团公司整体数据质量。

（三）全面深化大数据审计应用

推动全员深度应用信息化手段和数智化工具，不断夯实用数据说话、用数据审计的基本功，稳步提高审计查证的覆盖面和精准度，在审计数据灵活分析和审计模型自助搭建上取得实质性成效。

联系人：肖璐铖　邮箱：xiaolucheng@sinopec.com

视频数据分析助力工程质量管理提质增效

——工程部、质量监督总站

案例综述： 利用物联网、5G、音视频编解码和视频流媒体等新技术，实现工程建设作业现场可视化，通过“远程监督”“远程会诊”等手段，持续提升工程建设质量监督管理水平，全力保障优质工程、精品工程建设，有效助力中国石化工程建设信息化、数字化高质量转型发展。

一、背景和目标

（一）案例背景

中国石化工程建设项目施工难度大、质量要求高、安全监管严格。质量管理一线人员常年奔波在项目施工现场，主要靠人工检测，缺少信息化、智能化管控手段，受时间、地域、天气等不可抗力等因素影响，存在监督难点和盲点。如建构筑高处施工、混凝土浇筑等人力不易到达的关键场景，以及管道和钢结构预制等连续作业的场景，急需借助新技术，提高工程质量建设的信息化、数字化和智能化管理水平。

（二）建设目标

利用人工智能、5G、物联网、图像识别、视频分析等新技术，实现在建重点工程项目现场可视化，通过“远程监督”“远程会诊”等手段，提高质量监督工作效率；通过对采集的视频数据的智能识别和建模分析，达到违规行为自动预测预警功能，实现“智能监督”，并通过各参建单位间数据共建共享，提高数据价值，推进工程建设数字化转型发展。

二、主要建设内容、实施方法及创新点

（一）主要建设内容

基于石化智云工业互联网平台，采用“数据+平台+应用”模式，利用新技术和智能装备，建立统一的工程建设可视化、智能化管理平台，实现重点工程项目作业现场的视频数据采集，辅助传统监督实现“三位一体”全覆盖、无死角的可视化监督，并实现各参建单位间的数据共建共享，提高数据价值；对采集的视频数据进行智能识别、分析建模，自动判断人员、环境、工序的质量隐患，监控手段从“事后追查”转向“事前预防”，实现“智能监督”，推进“互联网+质量监管”建设。

（二）实施方法

利用物联网、5G、音视频编解码和视频流媒体等新技术，实现作业现场可视化，平台有视频预览、录像回放、视频轮巡、视频共享等功能，用技防协助人防，通过“固定+移动”方式提高质量监督的信息化水平；通过搭建RTSP流媒体，对视频进行标准码流转换，对外发布标准RTSP视频格式；利用图像识别、视频分析等技术，对采集的视频数据进行智能识别、分析建模，实现现场违规行为的自动预警预测。目前，可视化平台已实现在建重点工程项目100%全覆盖，成功建立了焊条筒未封闭、法兰未保护、管口未封闭等12个质量模型并投用，进一步助力推进工程建设数字化转型发展建设。

（三）创新点

1.业务场景创新

基于集团公司对现场作业建设质量的监管要求，结合项目实际，逐步开发训练工程项目的质量管控视频分析模型，有效降低现场监管成本及工作强度，持续提高工程项目质量监管效率。智能识别示例如下：

（1）某项目预制场场景（管口未封闭），如图1所示。

（2）某项目空气压缩单元场景（法兰未保护），如图2所示。

图1　管口未封闭

图2　法兰未保护

2.模型算法创新

利用生成对抗网络和感知损失算法提升施工图像增强预处理方法，实现对不均衡样本的有效增强，持续扩充缺陷样本库。定制化识别异常事件的结构特征，选取适合石油石化施工现场环境下的深度学习算法，综合运用深度学习加速库处理以及多进程、多线程等技术，以现场实用化为约束条件，定制适合业务场景模型优化训练策略，提升模型识别性能和算法准确性。

3.管理模式创新

创新利用远程监督辅助传统监督的工作方法，通过固定摄像头、移动布控球、无人机等多种方式，实现作业现场视频实时回传、技术专家远程会诊，提高质量监督工程师的工作效率，减少异地调配资源成本，加大质量监督力度和深度。

三、主要价值和应用成效

该平台在集团公司内全面推广，已实现重点工程建设项目的重点管控区域、关键工序可视化100%全覆盖，通过工程可视化和智能识别应用，完善了对工地制高点（或塔吊处）、危大工程的施工作业区、施工活跃区、动土施工区、预制场、检试验中心等施工现场重点区域的集中管控，有效打造“现场监督+远程监督+智能监督”的新工作模式，进一步规范了文明施工管理、有效减少了“低老坏”问题，形成了业主、承（分）包商、监理单位、质监总站等齐抓共管新局面，助力推进中国石化工程建设高质量发展（图3）。

图3　中国石化建设工程可视化管理平台

四、展望

一是发挥监测数据对工程实体质量“体检”的作用。在关键工序、关键部位开展可视化监督和检测监测数据采集，为质量监督提供准确数据，打击编造数据、出具虚假报告违规行为。

二是通过可视化与智能识别、北斗、无人机、传感器、二维码、人工智能、智能装备等先进技术的综合应用，让现场施工可视化，质量管控数据化，提高技术人员劳动生产力，提升质量精准化控制和在线实时监测能力。

联系人：吕　田　邮箱：lvtian@sinopec.com

基于大数据智能化的采购全流程监管应用

——物资装备部

案例综述：中国石化物资装备部聚焦采购业务的重大风险和内审外查反馈的重大问题，通过对采购全流程业务环节进行数据采集和分析，应用大数据分析工具进行结构化数据加工，建立了采购风险监督总指标库和专题指标库，在采购业务环节中实时进行风险预警、异常提示和监督管理，实现从需求提报、采购寻源、合同签订到合同执行的采购全流程监控和管理。

一、背景和目标

（一）案例背景

近年来，国资委多次强调“强化监督监管、推动依法规范采购、防范采购领域国有资产流失和廉洁风险”的工作要求，集团公司在2023年物资工作会议上对加强采购全流程数字监管提出了“精准监督、智慧监管”的具体部署。为贯彻落实国资委和集团公司采购监管要求，全面提升采购供应链风险管控能力，物资装备部针对目前业务系统中风险监控功能存在的全面性、科学性和合理性不足等问题，借助信息化手段建立大数据智能化监督指标模型，构建一套完整、准确、全面的采购管理监督指标体系，实现指标体系创新、监督工具创新、应用管理创新，切实推进采购全流程监管智能化建设。

（二）建设目标

聚焦采购管理关键环节，着力风险防控重点问题，借助采购全流程智能化监管，做到业务部门管理工具更丰富、管理处室业务监控更便捷、监督部门监督来源更清晰。

二、主要建设内容、实施方法及创新点

（一）主要建设内容

遵循“数据+平台+应用”建设模式，借用大数据技术，按照“1+N+1”的整体建设思路（图1），建立“1”个采购全流程风险监督总指标库、“N”个专题指标库、“1”个统一的管理监督应用，建设采购业务风险事前预警、事中提醒、事后监控等功能，大幅提升采购合规性，增强采购风险防控能力。

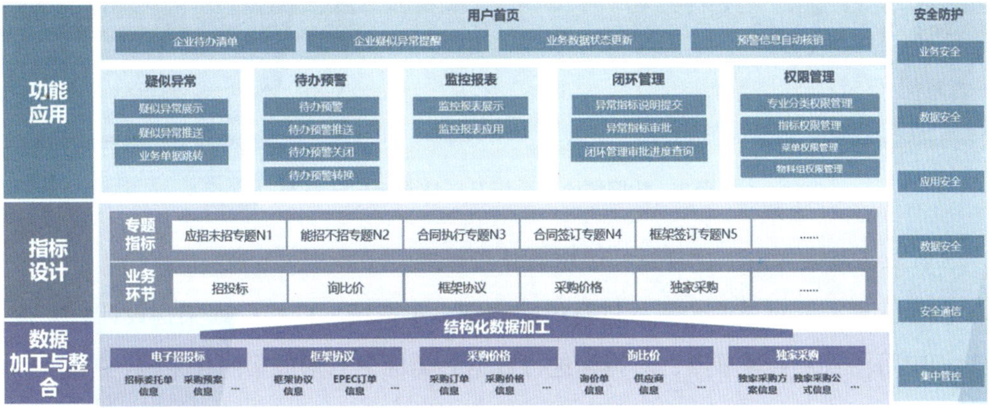

图1 “1+N+1”建设思路示意图

（二）实施方法

1.以业务需求为导向，扎实推进数据治理

严格遵循集团公司数据治理七步法（图2），结合采购业务管理重点，建立物资域信息化建设数据规范，形成114个业务对象，139个数据模型，1777个数据元标准，提升数据资产利用价值。

图2 数据治理推进方法示意图

2.充分运用大数据技术，开展数据结构化分析与应用

综合内部采购系统订单数据和外部司法、资信、发票税务等数据，利用信息化手段对采购业务数据进行加工分析，并结合采购管理重点环节，深挖数据价值，为指标库建设奠定数据基础（图3）。

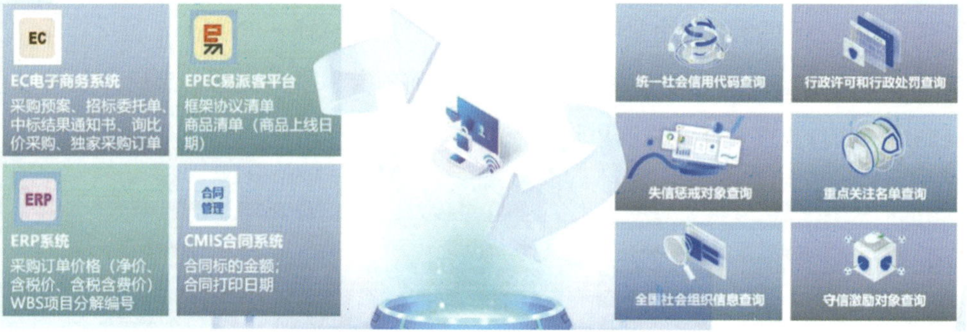

图3　数据结构化分析及新技术运用示意图

3.按业务场景分类，建设统一管理监督指标库

结合管理需要对采购全流程进行风险识别，形成统一的指标库架构设计，并按不同功能应用场景及管理重点，对指标进行数据分类标记，形成集团化采购、招标合规、框架协议签订等“N”个专题指标库（图4）。

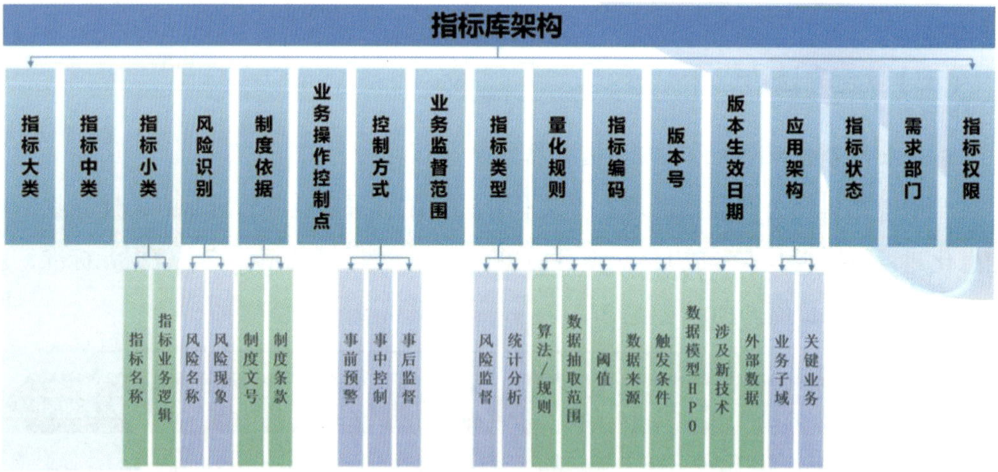

图4　指标库框架示意图

4.基于用户岗位差异化，实现风险分级处置、闭环管理

以指标库建设成果为基础，在业务应用环节，设计风险处理流程，开发待办预警、异常提示、监控报表、风险核查处理等功能，在“1”个统一管理监督应用上根据用户岗位特性展示风险异常，并实现线上分级处置和闭环管理（图5）。

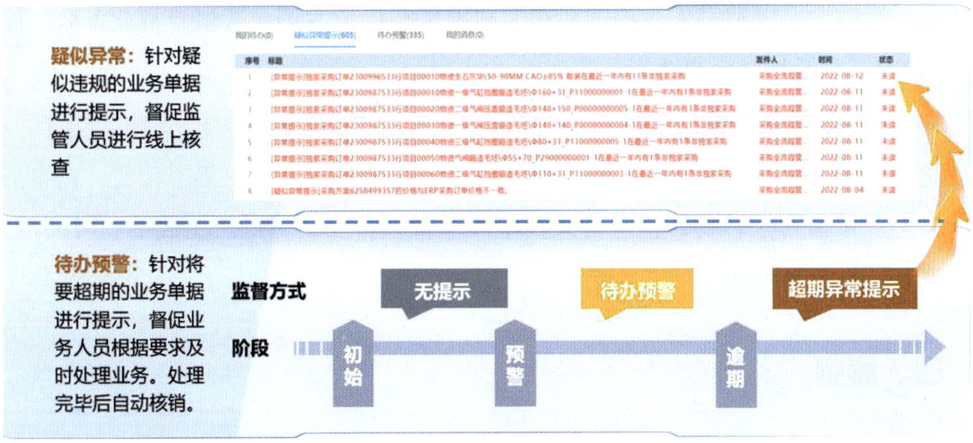

图5　按岗位待办预警示意图

（三）创新点

优化采购监管流程，推进由事后分析纠偏向事前、事中管控转变。应用实施前，业务部门在采购订单形成后，多通过手动报表，分析采购价格执行异常，事后解决问题；应用实施后，指标模型自动抓取采购模式不合规、采购价格不合理、供应商资信不良性等异常数据，在事前、事中形成疑似异常预警，并自动推送到业务和管理人员端，协助其及时处理风险业务，有效排除采购风险隐患。

充分运用大数据和人工智能技术，推进由人工监管向系统智能监管转变。一是利用聚类分析，及时识别通过非自然合同拆分规避招标的行为；二是利用NLP自然语言文本识别，通过比较投标文件相似度检测围标串标情况；三是利用社群分析，构建社群网络，识别具有围标串标嫌疑投标人和中标人，及时做出异常提示，提升物资采购和招投标管理智能化水平。

三、主要价值和成效

1.提高了采购过程透明度

截至2023年12月底，采购全流程管理监督应用开发上线32个指标，覆盖了供应商选择、采购合同签订、订单执行等采购业务环节，涉及供应商管理、招投标管理、框架协议管理、价格管理等重点管理专业，实现采购全流程数字化监管。

2.增强了采购风险控制能力

通过疑似异常分析核实和闭环管理，各采购主体逐步规范采购行为，疑似异常业务数量逐渐减少，以独家采购物资存在非独家采购记录为例，疑似异常业务数量同比下降62.8%，风险防控效果逐渐凸显。

3.提升了采购监督管理效率

通过采购全流程在线管理监督，推进风险防控由系统分散向集中转变，由事后分析向事中、事前管控转变，推进由人找事向事找人转变，降低人工成本和时间成本，有效提升采购管理效率。

四、展望

1.持续完善指标库建设

根据管理要求和业务实际，不断丰富指标应用场景，完善内外部数据库，提升异常行为识别能力，实现指标模型应用精准有效。

2.加大疑似异常核实力度

定期收集企业意见和建议，持续优化平台疑似异常分析查询、反馈、核销等功能，定期发布异常核实通报，推动疑似异常核实和问题整改。

3.持续健全采购全流程监管体系

引入合规风控审计管理要求，将事前、事中控制嵌入物资供应关键环节，实现跨系统协同闭环管理，深入推进采购供应规范化、流程化、标准化。

联系人：符昆江　邮箱：wzfukj@sinopec.com

加快数据治理与共享应用　推动国内上游数字化转型

——油田勘探开发事业部

案例综述：近年来，油田勘探开发事业部坚决贯彻集团公司数字化转型战略部署，全面落实“域长”负责制和《国内上游数字化转型“十四五”实施方案》，聚焦勘探开发数据资源统一管理和共享应用，加强顶层设计，强化组织领导，抓源头、强治理、建中心、定标准、重质量、快应用，以数据治理为主线、以应用服务为导向、以平台为支撑，围绕勘探开发数据全生命周期管理，厘清数据资源现状、完善数据管理制度、发布数据资源目录和数据标准，持续推进数据开放共享，为国内上游数字化转型奠定了坚实基础。

一、背景和目标

（一）案例背景

国内油气勘探开发分域主要涉及油气勘探、油气开发、矿权储量等9大类业务，包括一级业务31项、二级业务134项，主要包括结构化数据以及纸质文档、电子文档、图像、音视频数据、体数据等非结构化数据，具有数据种类多、体量大、结构复杂等特点。

自2015年起，油田勘探开发事业部在江苏油田EDIBC系统的基础上，历经8年组织建成了国内首个具有自主知识产权的勘探开发业务协同平台（EPBP），完成了在全部油气田企业推广应用，覆盖岗位用户4.2万人、日活跃用户7000余人，做到了数据源头一次采集、全局共享，岗位业务操作规范一致、标准一致，实现了勘探开发业务统一管控和数据集中管理，为国内上游数据治理奠定了坚实基础（图1）。

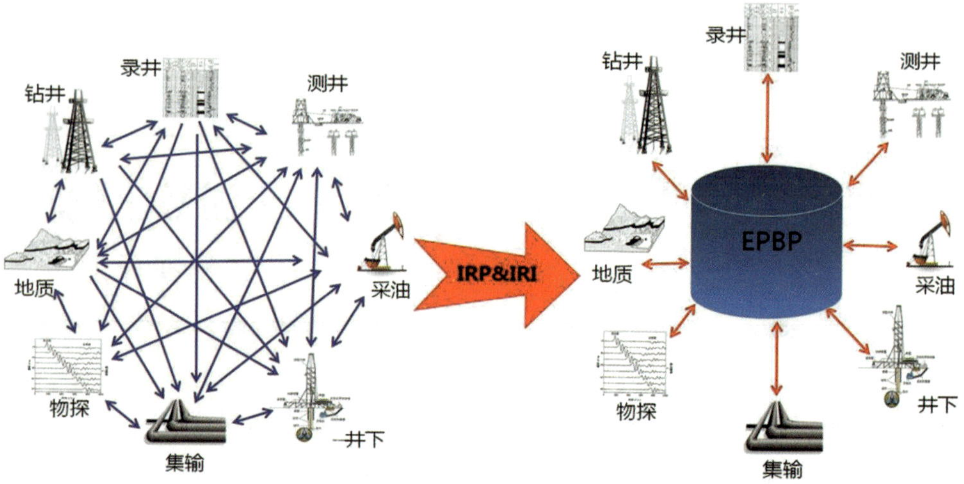

图1　EPBP支撑勘探开发业务统一管控和数据集中管理

（二）建设目标

按照集团公司数字化转型战略部署，基于石化智云工业互联网平台及“多湖一中台”体系，遵循“数据+平台+应用”模式，充分利用EPBP、油气生产信息化平台（PCS）等建设成果，建设中国石化勘探开发数据资源中心（EPDC），实现勘探开发数据资源的统一管理和共享应用，打造敏捷、高效的数据服务能力，支撑跨企业、跨专业、跨地域的业务协同，以高水平数据共享推动国内上游一体化管理、数字化转型。

二、主要建设内容、实施方法及创新点

（一）主要建设内容

1.加快勘探开发数据资源中心（EPDC）建设

2022年，为实现勘探开发数据资源的统一管理和共享应用，打造敏捷高效的数据应用服务能力，支撑跨企业、跨专业、跨地域的业务协同，油田勘探开发事业部启动EPDC建设，全面盘点EPBP、PCS、石油工程、地球物理、实验分析等数据，反复对接数据应用需求，基于EPDC进行数据资源动态扩充汇聚，支撑数据的分类存储、快速检索及高效应用（图2）。

2.建立并发布国内油气勘探开发域数据标准

2023年以来，油田勘探开发事业部组织110余名勘探开发业务专家开展集中办公，历时4个月编制了涵盖油气勘探、开发等9大业务的国内油气勘探开发域数据资源目

录，形成规则一致、定义统一、归属明确的勘探开发数据标准3733个（图3）。基于数据资源目录和数据标准，按照集团公司主数据梳理原则与方法，识别包括矿权、工区、井等7个主数据对象，完善相关属性331项。目前，勘探开发数据标准1.0版已由集团数据治理委员会办公室审查并正式发布。

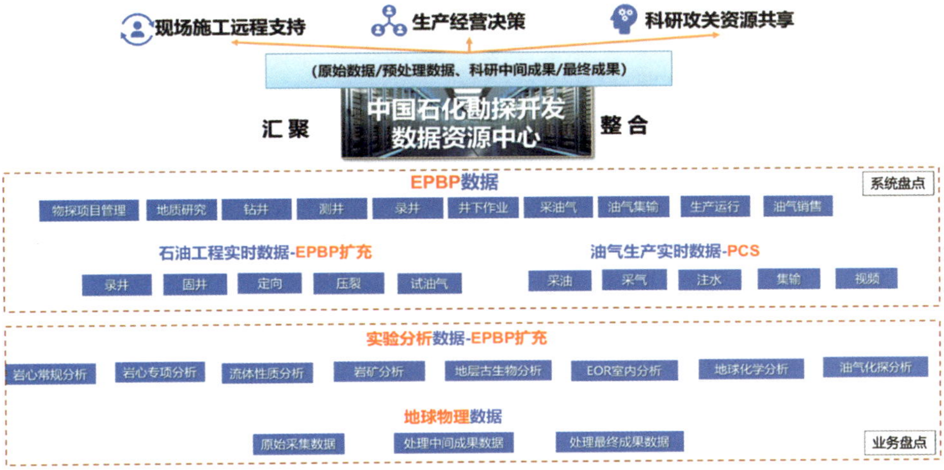

图2　EPDC实现勘探开发数据资源统一管理和共享应用

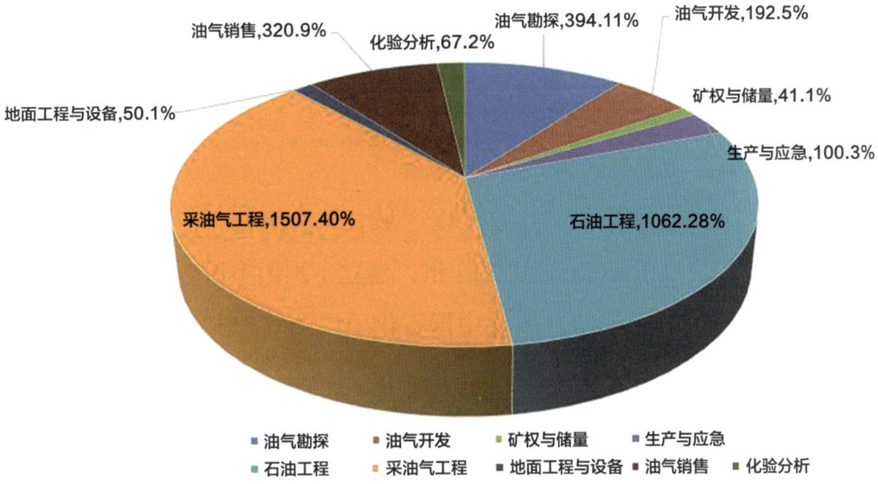

图3　完成了勘探开发数据资源盘点与标准发布

3.完善了国内上游数据共享应用体系

在数据资源层基于EPDC进行数据资源动态汇聚，通过统一的数据中台，打造敏捷高效的数据应用服务能力，立足PCS作为油气生产现场全流程全过程的实时管控平台、EPBP作为国内上游统一的岗位和业务管控平台的定位开展应用建设，基于EPDC为各类应用提供高质量数据支撑（图4）。

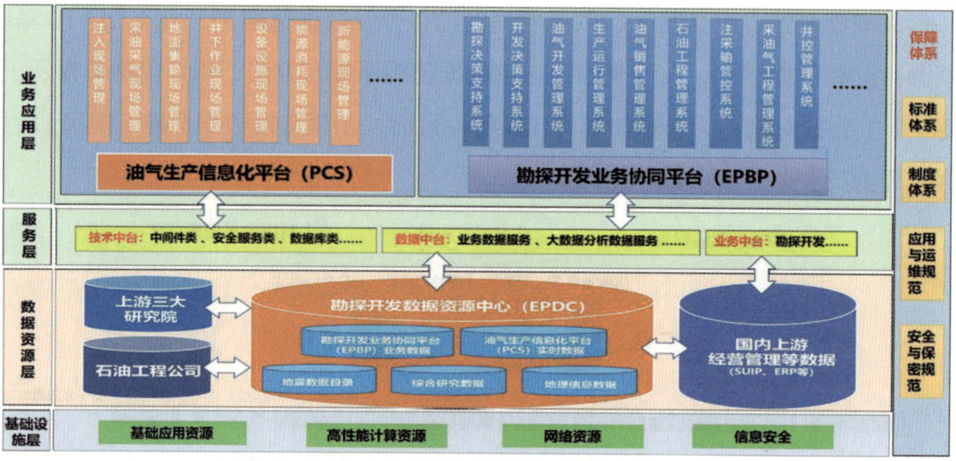

图4　国内上游数据共享应用架构

（二）实施方法

2022年，集团公司发布《中国石化数据治理工作指南》与《中国石化数据治理白皮书》，为全面开展数据治理工作提供了方法和遵循。油田勘探开发事业部认真贯彻落实集团公司数据治理整体要求，在信息和数字化管理部的大力指导和支持下，按照数据治理“七步法”，建立组织、明确职责、分析现状、制定计划，规范开展国内油气勘探开发分域数据治理工作。

1.建立完善的数据治理组织体系

按照业务域“域长”负责制，建立了以“域长”为组长、各单位分管领导为成员的领导组，各单位均成立了EPDC建设工作组，建立了国内上游数据治理专家库，定期召开例会、专题会，同时，编制发布《中国石化国内油气勘探开发数据资源管理实施细则》，确保数据治理高效有序运行。

2.全面分析数据资源现状

遵循信息资源规划（IRP）方法论，组织分专业集中办公，完成了油气勘探、油气开发、矿权储量等8类业务的业务流程梳理，围绕业务、应用和数据开展现状调研，梳理EPBP、PCS等统建系统对业务的支撑情况，分析数据管理及应用情况，明确数据治理需求。

3.科学谋划数据治理工作计划

按照整体规划、分步实施、急用先行、建用结合的原则，编制并下发EPDC建设实施方案，明确责任分工、细化工作安排，加强数据治理工作的整体统筹。

4. 细致做好数据资源盘点

组织各统建系统项目组及有关业务专家，按照系统盘点、业务盘点两种方式，全面完成EPBP、PCS等国内上游统建系统以及实验分析、地球物理等业务的数据资源盘点。

5. 制定并发布数据标准

按照“自下而上”和“自上而下”相结合的方式，编制形成国内上游勘探开发数据资源目录，在此基础上，对数据项进行整合、去重，删除引用项，共形成3733项数据标准，为数据质量控制提供了规范依据。

6. 推动数据资源高效入湖

畅通汇聚链路，目前已实现EPBP、PCS等统建系统数据的实时全量向EPDC汇聚，共汇聚EPBP、PCS、石油工程、分析化验、地球物理资源目录等数据75TB。

7. 加强数据资源共享应用

目前国内上游勘探开发数据资源目录已在EPDC应用，各类数据均可按目录进行检索、展示，基于EPDC建立了数据申请审批流程，支撑跨单位、跨区域、跨专业的数据共享应用。

（三）创新点

建立了常态化的数据质量管控机制，基于EPDC搭建起统一的数据管控服务平台，按照“以用促建”原则，开展了测井、录井、数字岩心、成果报告、实验分析等业务数据质控工作，梳理形成了1036项数据质控规则，对2019年以来各企业录入的3255万条数据进行质检，并督促整改，实现数据质量达标率99%以上（图5）。加强数据考核评价，在《中国石化国内上游信息化考核评价细则》中增加EPDC数据质量的考核指标，并将数据齐准率指标纳入国内上游年度绩效考核，为科研、生产、管理提供高质量的数据资源。

业务分类	数据表中文名称	规则类别	规则描述
录井	岩心丈量	业务完整性	单井基础信息中，2019年及以后开钻且完井的井，同时岩心长度或取心进尺不为空、不为0，且属于录井业务的井
录井	岩心描述记录	业务完整性	2019年及以后开钻且已完井的井，且单井基础信息中的取心进尺或者岩心长度非0非空，且有录井业务，则必须录入；
录井	岩心图像资料	业务完整性	2019年及以后开钻且已完井的井，有录井业务，且在单井基础信息中岩心长度或取心进尺不为空、不为0，取心井必须录入该扫图像
录井	色谱分析	业务完整性	2019年及以后开钻且已完井的井需录入，且录井基本信息中录井仪名称非空且非“未上综合录井仪”需录入
录井	岩屑描述	业务完整性	2019年及以后开钻并已完井的井，且有岩屑录井要求，则需录入
地质研究	地层信息	业务完整性	2019年及以后开钻且完井的井，有录井业务需录入录井分层,不考核短半径标识井；完井30天，需录入地质研究分层，不考核短半径标识井（只考核探井）；
测井	测井解释成果表	业务完整性	2019年及以后开钻且已完井的井，有测井业务，且测井施工中必须包含裸眼井测井项目组合测井。
测井	常规测井成果曲线	业务完整性	2019年及以后开钻且已完井的井，有裸眼测井施工记录，且测井项目为标准测井、组合测井需录入
……			

序号	油田名称	数据总量	整改后达标率
1	胜利	6333616	100.00%
2	中原	1688220	100.00%
3	河南	1092812	99.98%
4	西南	3552716	100.00%
5	华东	1742450	99.99%
6	江苏	1350554	100.00%
7	江汉	3537616	100.00%
8	勘探	585473	100.00%
9	西北	3159671	100.00%
10	华北	8529930	100.00%
11	东北	964158	100.00%
12	上海	15492	99.95%

图5　勘探开发数据质检规则与问题整改

三、主要价值和成效

支撑了勘探开发业务数据应用需求，一是目前EPDC已支撑了中国石化生产管理、天然气管理、开发部署管理等上游统建系统，并为企业勘探开发生产相关应用提供数据服务2400余项。以石油工程业务管控平台（IPPE）为例，全部数据基于EPDC提供，有效支撑了国内上游石油工程数据同平台运行、前后方专家同平台办公、全流程实时跟踪监控、技术方案智能动态优化，目前正在上游企业全面推广。二是支撑了综合研究业务应用，结合科研单位研究人员需求，建成圈闭评价、钻井工程设计、实验室、开发生产等6大专业应用场景、85个业务组件及图版服务（图6），有效支撑了东部页岩油、准噶尔盆地等油气增储上产重点区域科研课题。

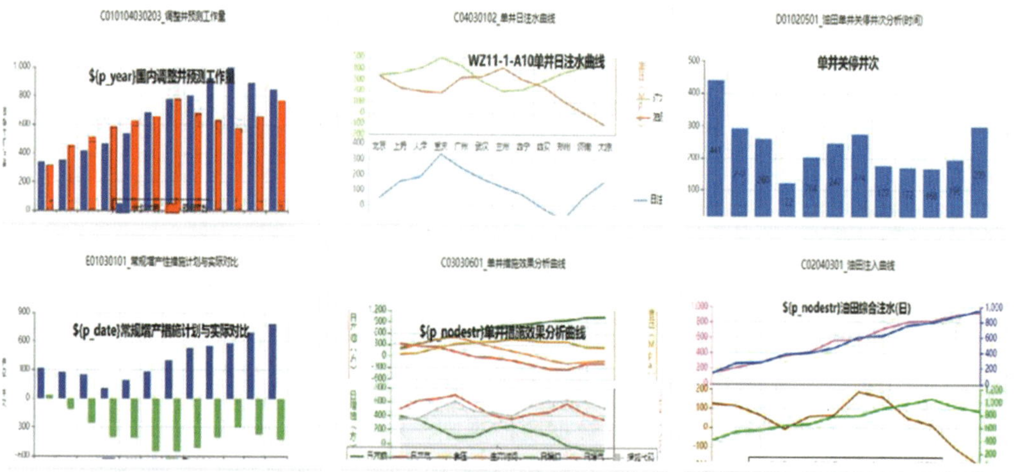

图6　结合科研单位需求支撑综合研究业务应用

四、展望

下一步，油田勘探开发事业部将树牢数据资产理念，坚决贯彻落实集团公司数据治理部署，加快制定勘探开发数据资源管理制度，统筹推进历史数据补录及治理，力争“十四五”末全面完成各油气田企业历史数据补录工作，严把数据质量，严抓数据安全，完善数据标准，坚定不移为各类应用提供高质量数据支撑，以高水平数据共享推动上游一体化管理、数字化转型。

联系人：张志强　邮箱：zhangzhq007@sinopec.com

炼化板块数据治理助力炼油能效分析提升

——炼油事业部

案例综述：炼油事业部通过数据治理和应用建设，实现了炼油能效业务溯源，疏通了从采集计算到比对分析的数据链路，填补了炼油能效对标信息化空白，为炼化板块提供了全面的能效数据支持，助力了炼油板块节能潜力的挖掘和能效管理水平的提升。

一、背景和目标

（一）案例背景

为响应国家节能低碳和循环经济发展，推进石油和化工行业绿色发展和转型升级，石化企业纷纷开展炼油企业能效对标，持续提升能源利用效率，充分挖掘企业生产节能潜力，推动企业节能降耗工作。

炼油事业部作为中国石化炼油生产管理单位，长期面临着企业能效数据分散、指标计算不规范、数据质量参差不齐、业务决策支持不足等挑战，制约了炼油板块能效管理水平的提升。

（二）建设目标

按照“数据+平台+应用”信息化建设和应用理念，开展炼油能效业务及数据的盘点、汇聚、发布和共享，打造炼油能效分析应用，实现事业部对各企业主要生产和辅助装置的节能业务过程跟踪和管控，提升企业能效管理水平，助力数字化转型。

二、主要建设内容、实施方法及创新点

（一）主要建设内容

1.通过业务溯源，明晰流程，确定管理权责

借助总部数据治理指南提供的方法论，经过业务分析设计，对10类板块综合指标、15类全厂综合指标和199类企业装置过程指标等三个层面指标进行溯源分解，实现从业务消费端（能源）向生产端（工艺、设备、财务）溯源，并与业务域负责处室完成了业务确认和数据授权。

2.疏通数据链路，打通断点，实现数据共享融合

基于统一的指标业务定义，进一步与炼油板块29家企业541套生产及辅助装置生产实际结合，打通与现场业务系统的数据链路。

通过对各企业现有数据溯源分析，能效分析指标主要来源于实时数据库、能源管理系统、MES、LIMS等企业端系统，其中通过企业实时数据库采集计算、通过业务系统采集计算和手工填报各占指标总量的三分之一，企业计算和提报工作量大。为解决指标计算采集和计算难题，采集了29家企业3079个位号数据，支撑了指标的自动采集与计算，实现了能效对标业务从季度数据填报向月度过程跟踪的提升。

3.分层分类对比，开展分析，支撑能效持续改进

分层分类建立对比分析工具，通过在板块层面对标先进行业，在企业层面对标各企业分组排名，在装置层面对标能耗、物料、工艺、设备等关键业务，在燃动费用方面对标费用结构和预算占比，实现与炼油企业内外能效标杆进行对比分析，为业务处室寻找差距、制定改进方案、实施改造、持续改进等实践活动提供量化依据。

（二）实施方法

在炼化数据运营业务平台项目建设过程中，按照“数据+平台+应用”模式开展建设，立足业务需求，基于炼油事业部数据治理试点成果，采用先试点后推广的模式，快速推进项目建设，实现了炼油板块能效对标业务企业全覆盖。

业务方面，业务处室基于行业规范统一指标定义，细化业务模版。技术方面，在信息和数字化管理部指导下，项目组依据集团数据湖技术栈，采用虚拟入湖方式，实现各企业现场数据的统一、有序采集和规范使用。组织方面，选取试点单位，先行验证业务和技术模版，简化实施模版，集中开展培训和测试，发动企业用户自主建模验

证。运行保障方面，建立数据管理责任追溯机制，进一步明确事业部、企业、项目组职责及流程，及时适应企业生产变化，及时反映装置能耗运行水平。

（三）创新点

借助集团数据治理工作，厘清数据资源，基于石化智云提供的统一数据服务，持续助力炼油能效业务过程优化管控能力提升。

三、主要价值和成效

该案例的成功实施，不仅填补了炼油板块能效对标业务信息化建设的空白，提高了炼油企业的能效管理水平，还为企业的数字化转型提供了有益的探索和实践经验。

借助集团数据治理指南提供的方法论，通过业务溯源，建立了板块、企业和装置三层224类能效对标指标，实现了能效过程业务逐层分解，确定业务的管理权责；疏通29家企业541套生产及辅助装置数据链路，打通断点，通过3079个现场数据采集，支撑了2108个指标实例的自动采集与计算，提高数据提报规范性、及时性、准确性，减少人工干预，减轻企业负担，借助板块、企业、装置、燃动费用四类对比分析工具，实现了炼油板块能效对标业务从季度数据填报向月度过程跟踪的提升，为业务处室寻找差距、制定改进方案、实施改造、持续改进等实践活动提供量化依据。

四、展望

下一步，依托炼化板块数据湖建设，基于能源、碳资产等业务数据治理成果，进一步打通各业务数据链路，进一步挖掘能效相关业务数据共享价值。同时进一步优化完善能效指标体系，持续助力炼油能效业务过程优化管控能力提升。

联系人：贺宗江　邮箱：hezj@sinopec.com

乙烯、EO/EG 装置操作评价与远程诊断项目

——化工事业部

案例综述：依托国产实时数据库系统（PRASS），采集企业数据，搭建实时数据平台，充分发挥集团公司科研、设计和企业专家的技术优势，组织开展乙烯和EO/EG装置的实时数据远程诊断和关键操作稳定性评价，定期向企业提供竞赛结果及优化运行建议。督促和引导企业规范化、精细化操作，最大限度避免波动、降低系统性影响，引领企业扎实开展岗位练兵和技能培训，全面提高操作工职业素养和技能水平，做好工艺平稳性管理支撑。

一、背景和目标

（一）案例背景

2021年，国产实时数据库系统（PRASS）在系统内企业的广泛应用，为总部端提供了分析应用企业实时数据、对比同类装置运行水平的可能性。

为优化提升中国石化化工业务核心竞争力，实现乙烯等基础化工高质量发展，积极推动“两化融合”工作，深入挖掘生产实时数据应用场景，开展装置的实时数据远程诊断和关键操作稳定性评价。

（二）建设目标

以乙烯装置、EO/EG装置关键操作平稳性为试点，通过评价重点控制参数及其变化趋势，以竞赛为载体，引领企业扎实开展岗位练兵和技能培训，全面提高操作工职业素养和技能水平，做好工艺平稳性管理支撑，打通生产装置两化融合最后一公里。

二、主要建设内容、实施方法及创新点

（一）主要建设内容

通过深入挖掘生产实时数据应用场景，选取系统内装置套数较多、优化空间大的乙烯和EO/EG两类装置，抽取关键操作参数，量化考评操作的平稳性，开展装置操作评价与远程诊断，组织关键操作晒曲线竞赛，督促和引导企业规范化、精细化操作，最大限度避免波动、降低系统性影响。

（二）实施方法

依托国产实时数据库系统，搭建实时数据平台，建立常态化竞赛评比模式（图1）。通过选取关键参数、建立评分规则、集成生产实时数据库，搭建模型、规则库等自动进行计算竞赛排名，形成常态化的竞赛评比模式，并可实现装置的实时数据远程诊断。

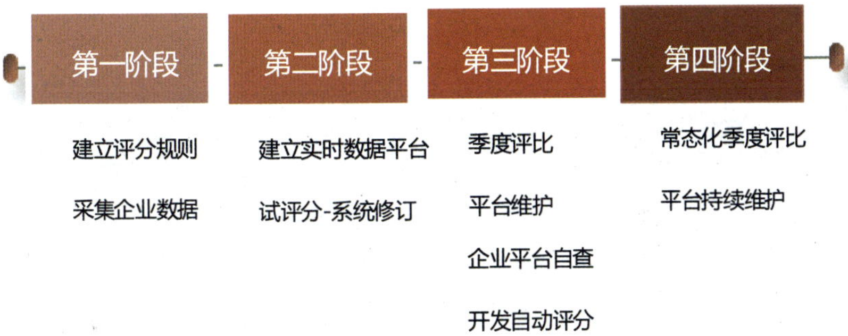

图1　评比模式的建立

（三）创新点

乙烯装置关键操作晒曲线竞赛。紧贴乙烯行业特点和生产一线难点、痛点和薄弱环节，着眼操作技能提升，开展关键操作晒曲线竞赛。建立由设计、科研及部分企业专家组成的竞赛评委会，研究确定竞赛范围、评分规则，确定竞赛使用数据的位号需求，形成竞赛评分规则（图2）。通过采集企业数据，建立实时数据平台开展评比，该平台集成了12家企业、16套装置、裂解/压缩/干燥/加氢/分离5大版块的9000余个实时位点数据。主要评价内容涵盖裂解炉退料烧焦及超高压蒸汽并网、裂解气压缩系统、裂解气干燥器切换、碳二加氢反应器、丙烯精馏塔等关键操作。结合装置运行优化评比内容，持续做好平台维护，实现“评分规则修订–企业位号修订/增补–实时数据库更新”的动态管理提升。竞赛评委会定期反馈关键操作稳定性评价结果及装置优化运行建议（图3、图4）。

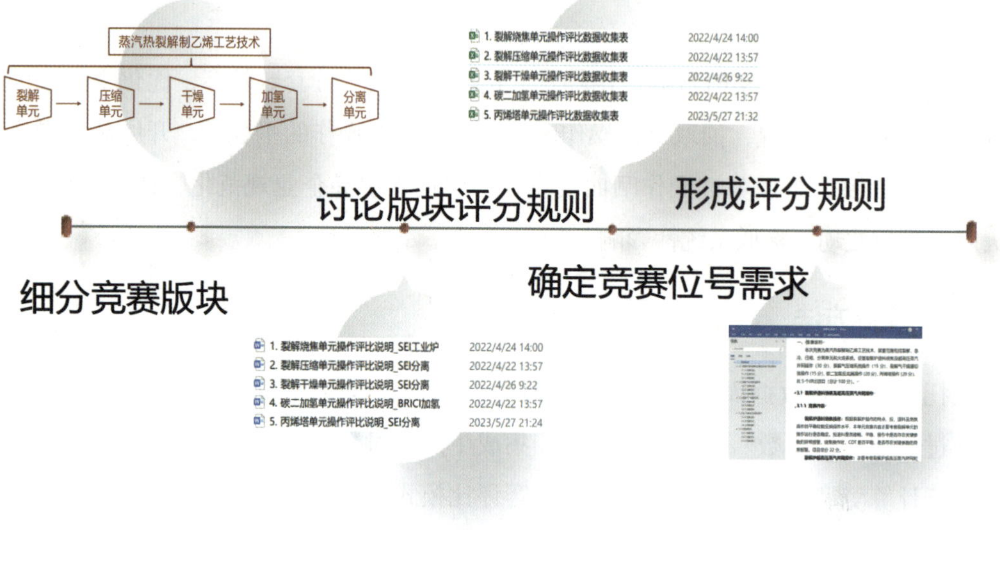

图2　评比规则的确立

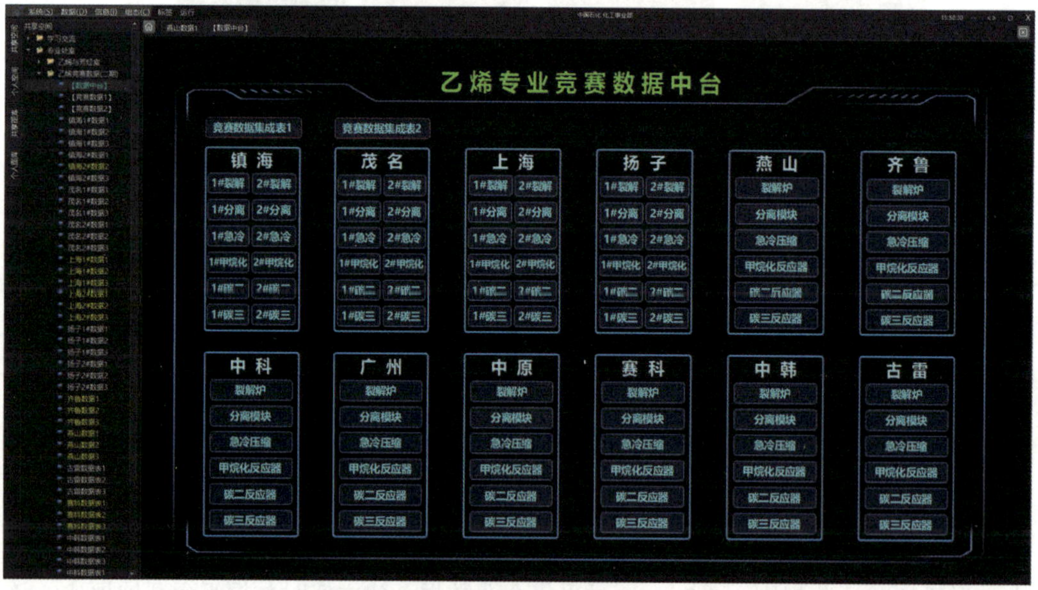

图3　乙烯专业竞赛数据平台中台

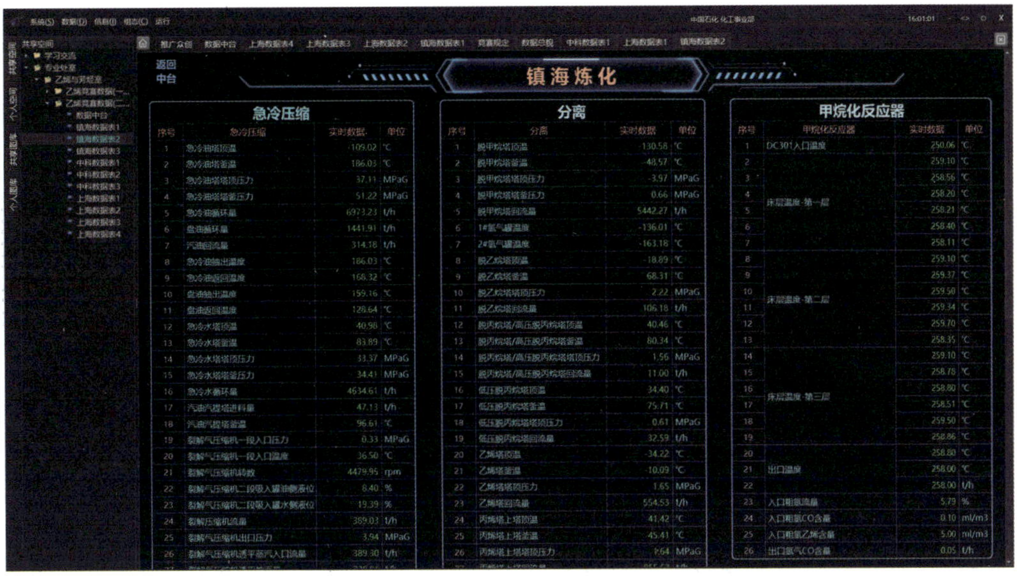

图4 乙烯专业竞赛数据平台实时数据（以镇海为例）

EO/EG装置关键操作晒曲线竞赛。在乙烯装置关键操作晒曲线竞赛顺利开展的基础上，以提升产品质量、提高装置的竞争力、实现效益最大化为目标，组织开展EO/EG装置关键操作晒曲线竞赛。竞赛主要考核环氧乙烷反应单元、吸收及精制单元和乙二醇单元运行操作平稳性，EO/EG产品质量、环保控制情况和EO产能占比等内容（表1）。通过数据收集整理，研究优化提高EO、EG产品质量主要的控制参数及其变化趋势，形成优化控制操作建议，提升装置安稳优运行水平。

表1 2023年三季度部分EO/EG装置考评排名及得分

排　名	装　置	总　分	EO反应器	产品精制	产品占比	产品质量	环　保
1	中韩	92	18	25	10	30	9
2	扬子	91	19	23	10	30	9
3	镇海	88	17	23	8	30	10
4	上海	86	14	23	10	30	9
5	中科	81	12	26	6	28	9
…	…	…	…	…	…	…	…

三、主要价值和成效

通过开展装置的操作评价与远程诊断，促进了数据的流通、共享，发挥了数据要素的价值作用，为远程数据处理、远程指导操作优化、技术服务及推进，提供了保障和思路。

乙烯、EO/EG装置操作评价与远程诊断工作开展两年多以来，装置运行平稳性明显提升，参评企业积极调整、优化工艺操作，其中乙烯装置2023年3季度平均分较一季度提高了11.7分，形成了良好的“比学赶帮超”氛围；通过数据积累，丰富了科研、设计单位的数据储备，有效促进了科研水平提升，在开展EO/EG装置操作评价与远程诊断的基础上，实现了原料中乙烷含量、反应器洁净度等方面对产品质量影响由定性到定量的认识提升，优化了国产催化剂月平均温升速率（由原设计1.3℃调整为0.7℃），为国产化催化剂的研发应用提供了数据支撑和改进方向。

四、展望

下一步，将在乙烯、EO/EG装置操作评价与远程诊断工作的基础上，结合业务管理需要，进一步补充完善评价指标，并延伸评价装置种类，逐步涵盖重点化工装置。依托工艺管理系统，持续做好平台维护，引领企业扎实开展岗位练兵和技能培训，全面提高操作工职业素养和技能水平，不断夯实安稳优运行根基，做好工艺平稳性管理支撑。

联系人：张　燕　邮箱：yan.zhang@sinopec.com

基于优化 K-means 算法的全国尾气液基地选址模型

——油品销售事业部

案例综述：本案例利用大数据和人工智能技术，按照“全国一盘棋”的思想对潜在尾气液基地进行优选。通过对销售板块多个系统和国家统计局、中国氮肥工业协会等共计百万余条数据进行联动分析，实现了基于优化K-means聚类算法的全国尾气液基地选址模型，并优选出尾气液基地34座，达到了降低运费、提高效益的目标。以2023年销量测算，实现后可节约1亿元，直接创效1亿元。预计未来每年直接创效2亿—3亿元，带动尾气处理液增效50.89亿元。

一、背景和目标

（一）案例背景

随着“双碳”目标的逐步推进以及柴油车国六B排放标准等逐步落实，柴油的市场竞争愈加激烈。同时，集团公司党组有关“绿色低碳发展”的要求和销售公司打造“油气氢电服”综合能源服务商的目标，使得柴油车尾气处理液销售变革工作成为销售板块实现高质量发展的重要举措之一。

因此，计划通过科学严谨的方法，在全国范围内对尾气处理液生产基地进行布局，完成尾气处理液门店销售从包装向散装的迭代升级。

（二）建设目标

利用大数据和人工智能技术，打破省界，按照“全国一盘棋”的思想，对潜在的尾气液基地进行优选，实现降低运费、提高效益的目标。

二、主要建设内容、实施方法及创新点

（一）主要建设内容

通过对销售板块多个在用系统和国家统计局、中国氮肥工业协会等共计百万余条数据进行联动分析，提出并实现了基于优化K-means聚类算法的基地优选方法。

（二）实施方法

1.数据准备

加油站数据集Station，柴油年销量超1000吨的站点，共计10026条，字段：加油站编码、经度、纬度、柴油销量、尾气液储量、最近工厂编码、次近工厂编码、第三近工厂编码、最终匹配工厂编码（即聚类算法中的聚类中心）。

工厂数据集Factory，现有合成氨尿素工厂，约90条，字段：工厂编码、经度、纬度、最小签约量、人工干预标识、经纬度（约90条）。

2.限制条件

配送车辆从尾气液生产基地出来后经多次卸货后返厂，总里程小于300公里（可调）；液体中约32%的成分来源于合成氨尿素，故选址要尽量靠近合成氨工厂；运输车辆为罐车，载重32吨；每家尾气液工厂都有其最低的签约供应量。

3.优化模型逻辑

主要步骤如下：导入站点和工厂信息；通过公式计算所有站点到工厂的距离；通过得出的工厂找到前X个结果，计算和站点之间的距离总和并计算“行驶距离×柴油销量”总和；根据“行驶距离×柴油销量”总和，倒序找到前N个工厂；找到不与前N个工厂关联的站点信息；通过公式计算出站点和前N个工厂的距离；通过得出的工厂，找到前X个结果计算和站点之间的距离；合并前N个工厂结果得到非前N个工厂关联的站点，计算到前N个工厂的距离信息。

4.优化结果

选址标的分为以下两类。

一类：没有合成氨工厂或合成氨工厂数量较少而可能无法合作的省份，包括广东、广西、福建、湖南、浙江、黑龙江、吉林、辽宁、宁夏、陕西、贵州、海南等区域，共涉及120个地级市。

对上述区域，根据地级市经纬度进行处理。最终筛选出符合条件的41个选址，结果如下：

二类：有合成氨工厂且存在合作可能性的省份，包含山西、河北、重庆、云南、四川、湖北、河南、山东、江苏、江西、安徽、天津等区域。

根据K-means聚合算法比较，确定加油站、待选地级市、合成氨工厂位置。

通过对地级市选址结果、合成氨工厂选址结果及加油站分布情况进行比对和综合讨论，得出34个最终选址结果。

（三）创新点

研究团队利用大数据和人工智能技术，打破省界，按照“全国一盘棋”的思想对潜在的尾气液基地进行优选。通过对销售板块多个系统和国家统计局、中国氮肥工业协会等共计百万余条数据进行联动分析，提出并实现了基于优化K-means聚类算法的基地优选方法。即同时利用K-means+初始聚类中心优化算法提高聚类精度、Mini Batch K-means小批量优化算法提高收敛速度，以充分结合二者的强互补性，提高算法的分析处理能力。

三、主要价值和成效

（一）经济效益

1. 直接经济效益

自2023年实施以来，尾气处理液销售额8.2亿元，同比增长23.0%，营业利润2.8亿元，同比增长58%。结合实践中的各项增量增效拓市举措，预计全年实现尾气处理液销售额44亿元，同比增幅38%，毛利额17亿元，同比增幅54%；毛利率39%，同比提升5个百分点。项目实施前后直接效益增加12亿元，创效超5亿元；国内市场占有率由2022年的32%一跃提升至45%。随着尾气处理液市场规模的持续扩大及销售体系变革的不断推进，预计未来10年内，可实现尾气处理液增量将达到150亿元，创效超60亿元，并问鼎国内尾气处理液榜首。

2. 间接经济效益

项目实施后，尾气处理液市场的逐步扩大，间接促进柴油销量的提升，预估将带动7%的柴油销售。按照2023年1—5月柴油基础量测算，预计产生经济效益38.89亿元。

综上，项目经济效益为12亿元+38.89亿元=50.89亿元。

（二）管理效益

全国散装尾气液加注站已建成6000座，25座中转库，散液销售占比达到39.2%，部分省市散液销售占比达到了70%以上，进一步完善了散装加注布局，落实了销售重心由桶装尾气处理液向散装尾气处理液转型发展的工作目标，为尾气处理液销售格局转变提供了有力支撑。

四、展望

下一步，研究团队将继续依托集团公司数据应用服务平台等资源，按照“数据+平台+应用”新模式，深耕油品销售企业在客户服务、商品服务等业务领域的大数据应用，推动数字化转型的落地实施。

联系人：王晨光　邮箱：wangchg@sinopec.com

第二篇　专业公司

数字赋能助力LNG贸易运输优化智能决策

——联合石化公司

案例综述：在数字化转型浪潮下，联合石化公司以LNG业务贸易、运输管理为场景，采用“数据+平台+应用”的数字赋能新模式成功实施LNG智能贸易优化系统项目建设。系统通过数据分析、算法建模、混合整数规划求解引擎等技术，制定LNG贸易和船舶运输的全局最优计划，建立贸易与物流部门之间的协同反馈机制，提升船舶利用率、降低海运物流费用、增强中长期贸易计划和船舶运输计划合理性等，保证LNG的业务运营及营收情况处于较为稳定且动态平衡的水平。系统通过调用数学规划模型统筹优化，求解出多版本贸易运输计划，有效提升工作效率，助力LNG贸易运输一体化协同发展。

一、背景和目标

（一）案例背景

当前公司LNG进口业务贸易和物流计划主要基于人工经验，为落实公司LNG一体化发展要求，加强LNG船货协同统筹管理，提高贸易计划和运输计划协同效率，在数字化转型浪潮下，联合石化公司以LNG业务贸易运输管理为场景，借助数字化平台探索通过数字赋能助力LNG贸易运输优化智能决策。

（二）建设目标

在市场存在较大不确定性和LNG船舶资源有限的情况下，提升自有船舶利用率、降低运输成本、增强中长期、短期贸易计划和船舶运输计划合理性，是LNG贸易物流优化的主要目标。LNG智能贸易运输决策平台基于运筹学理论，通过内外部数据分析，整合LNG贸易需求，从而制订中长期贸易计划、短期调整计划，优化运输计划并建立上下游协同反馈机制，搭建LNG贸易智能决策技术平台。通过算法建模、混合整数规划求解引擎等技术力量，制订LNG贸易和船舶运输的全局最优计划，建立高效智能的反馈机制，形成优化调度闭环，实现业务智能辅助决策，加强船货协同一体化发展。

二、主要建设内容、实施方法及创新点

（一）主要建设内容

LNG智能贸易运输决策平台由数据预处理模块、滚动贸易运输计划优化模块、业务协同模块及最终校验模块组成（图1）。

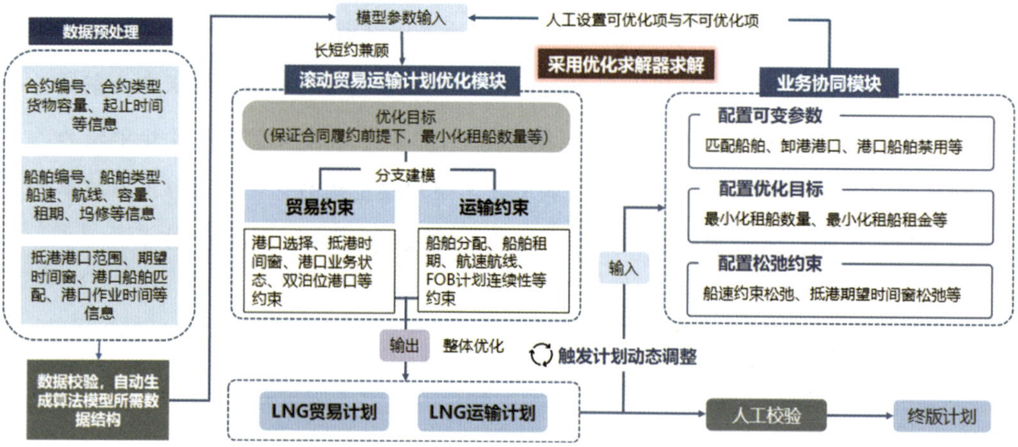

图1　LNG智能贸易运输决策平台应用架构图

滚动贸易运输计划模块侧重解决由于长约合同起始时间各不相同，现货需求时间及数量波动大引起的计划调整能力问题。该计划允许用户独立配置船舶、港口、航道、航线、节点、合同等多项数据。在运用模型的过程中可根据业务需求实时配置参与或不参与整体优化的细分项。业务协同模块是对滚动计划模块进行重新配置，为达成安全性及成本最优的目标，依照贸易需求和新版优化船期计划，指导贸易运输计划的调整。同时也可人为指定部分计划的调整范围进行计划迭代，输出全局最优的贸易运输计划。LNG智能贸易运输决策平台基于运筹学理论，通过内外部数据分析，整合LNG贸易需求，从而制订中长期贸易计划、短期调整计划，优化运输计划并建立上下游协同反馈机制，满足LNG贸易物流优化需求。通过智能辅助决策，在满足贸易及运输业务的前提下，最小化LNG租船天数，降低租船成本，实现降本增效。

（二）实施方法

在数字化转型浪潮下，LNG智能贸易运输决策平台采用“数据+平台+应用”的数据应用新模式（图2），将历史LNG数据沉淀积累并形成数据资产，充分发挥数据价值，并在应用层建立可视化分析工具，为业务决策提供数字化支持。

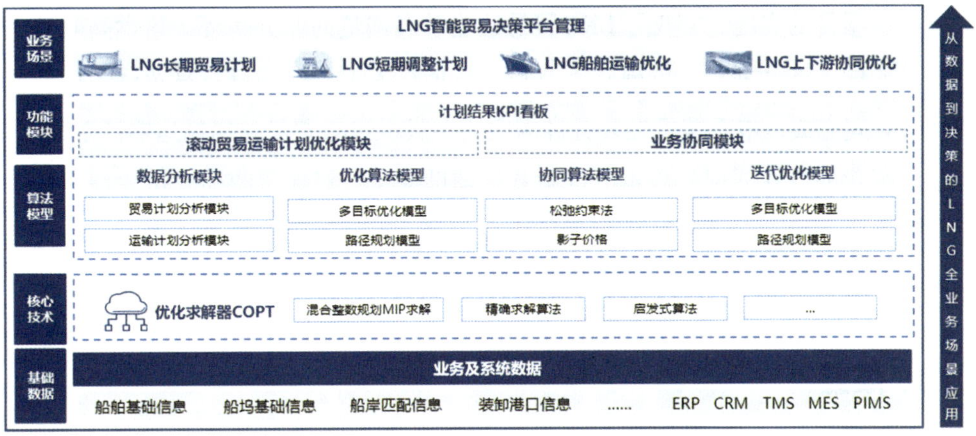

图2　LNG智能贸易运输决策平台架构图

原始数据通过PLT技术同步数据服务平台，算法求解器从数据服务平台中读取输入数据，并将计算结果返回数据服务平台，应用调用API服务获取算法结果，保障系统中数据的完整性、可用性和安全性。LNG智能贸易运输决策平台采用具备国产自主知识产权的数学规划求解器算法，基于混合整数规划模型，调用数学规划求解器进行计算求解，针对不同业务场景计算并输出优化方案，提供智能辅助决策支持。

（三）创新点

数据处理设计方面，数据模型设计以业务信息、临时调整信息、业务约束、优化目标等信息作为输入变量，建立创新混合整数规划模型，输出贸易运输计划，并基于双向调整后整体最优的贸易运输计划。

优化算法方面，采用运筹学方法，根据业务规则，构建全流程优化模型，以LNG供给需求数据、船舶数据等为输入，以最大化船舶运输利用率为优化目标，建模侧涉及船型组合、航线组合等多种决策，实现了供需、泊位、坞修等复杂约束，实现算法自动生成LNG船舶运输计划。

依据2023年全年所有实际LNG航次154个（合约情况FOB：107个、DES：47个）进行测算对比，通过本系统的优化决策算法的结果与实际情况对比如下。在2023年度的实际业务中，原计划中共有8个航次无法通过计划的排布使用自有船舶完成，通过本系统的算法结果中仅有4个航次无法利用自有船舶；可以看出项目对于降低额外租船成本存在较为明显作用。

三、主要价值和成效

通过本项目的实施，实现了LNG贸易运输动态调整的业务闭环，科学高效生成贸易计划与船舶运输计划。传统模式下业务人员依靠人工经验制订贸易及运输计划需要耗费几天时间完成，本系统可在几分钟内完成多版本LNG贸易与船舶运输计划的制订，并通过可视化的方式展现各版本的优劣势供辅助决策，对比传统模式可大幅提升工作效率，特别是当LNG需求及相关因素发生变化时，有效加强应急调整能力，助力实现LNG船货协同一体化发展，实现降本增效。

四、展望

智能辅助决策相关应用在LNG业务贸易运输场景下取得了良好的成效，为其拓展至其他业务场景打下坚实基础。原油业务相比LNG的业务场景更为复杂，涉及油种、品质等更复杂的约束条件，即更多的计划决策影响因素。引入多维度因素进行全局最优求解，旨在降低原油进口贸易运输成本，可重点提升船舶利用率和降低不必要的滞期费，为公司原油贸易运输协同一体化发展带来更大的经济价值。

联系人：毛森毅　邮箱：maosenyi@unipec.com.cn

柱塞泵状态监测及诊断系统

——中石化石油机械股份有限公司

案例综述：本案例主要是通过物联网数据采集、数据分析应用等IT新技术应用，提升油气田生产过程中的核心压裂装备故障诊断与状态预警能力，支撑用户逐渐由“状态维修”向“预测性维修”的模式转变，降低设备故障率，减少非计划停机时间，提高用户满意度。

一、背景和目标

（一）案例背景

为满足客户提出的高压力、大排量、稳运行的压裂作业需求，其核心装备压裂机组的连续作业能力变得尤为重要，为此石化机械公司所属赛瓦公司通过对压裂装备的关键部件柱塞泵运行参数进行实时采集，实现远程运行状态监测及预测性故障诊断分析，实现装备的预测性维修，提升设备运行效率。

（二）建设目标

开发柱塞泵在线监测与诊断系统，通过对柱塞泵的转速、压力、温度、振动等运行参数进行采集，实现对关键零部件的监测，使用关键部件诊断模型，对实时数据分析应用，及时对设备可能发生的故障进行告警和预判，为设备维修部门预测性维修提供支撑依据，从而减少非计划停机时间，降低生产运行成本。

二、主要建设内容、实施方法及创新点

（一）主要建设内容

1.传感器部署与参数采集系统

在柱塞泵的动力端和液力端部署各类传感器，用于实时采集关键运行参数，如转

速、压力、温度、振动等，构建实时数据采集的基础。

2.数据分析模型建立

利用采集到的实时数据和专家诊断库，建立数据分析模型，通过机器学习、深度学习等人工智能技术应用，预测设备可能发生的故障，并提供维修建议。

3.实时数据分析与应用系统

建立实时数据分析与应用系统，对采集的实时数据进行持续分析，预测设备可能发生的故障并进行告警预判，提供及时的反馈和决策支持依据。

4.优化与改进

通过对系统的实时监控及应用，及时对分析结果及设备现状进行比对，不断优化和改进数据分析模型、诊断库及预测性维修策略，以适应设备运行状态的变化和新的维护需求。

（二）实施方法

柱塞泵状态监测系统设计为五个相互连接的层次，从上到下分别是：设备层、传感器层、采集层、计算层和应用层（图1）。

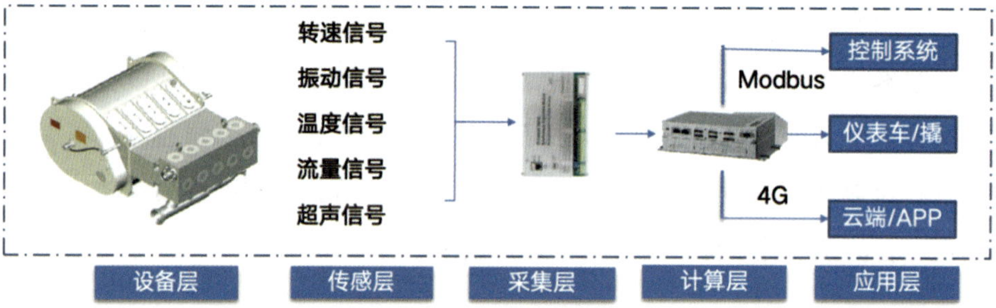

图1　柱塞泵状态监测系统

1.设备层

依据以往故障诊断记录，明确系统监测对象为柱塞泵的关键结构，包括柱塞、缸体、阀门、齿轮、轴承、曲轴等。

2.传感层

针对关键结构加装转速、温度、振动、压力等传感器，将柱塞泵运行状态物理量转换为模拟量，传输至采集层。

3.采集层

针对采集到的柱塞泵温度、振动、转速、压力等信号，将模拟量转换为数字量，通过边缘侧技术进行数据梳理，将原始数据通过物联网传输到计算层。

4.计算层

对从采集层传来的数据进行分析，具备实时数据清洗、数据分析等功能。在计算层对数据进行特征提取，如振动有效值、曲轴相位，振动包络值等，通过内置算法，例如支持向量机等机器学习算法及神经网络等深度学习模型，对柱塞泵运行状态进行评估，为预测性维护提供可靠的数据支持。

5.应用层

应用层可以通过可视化技术，如曲线图、表格等将柱塞泵关键参数的分析结果直观呈现给用户，用户能及时发现柱塞泵运行异常，有力支持运维决策(图2)。

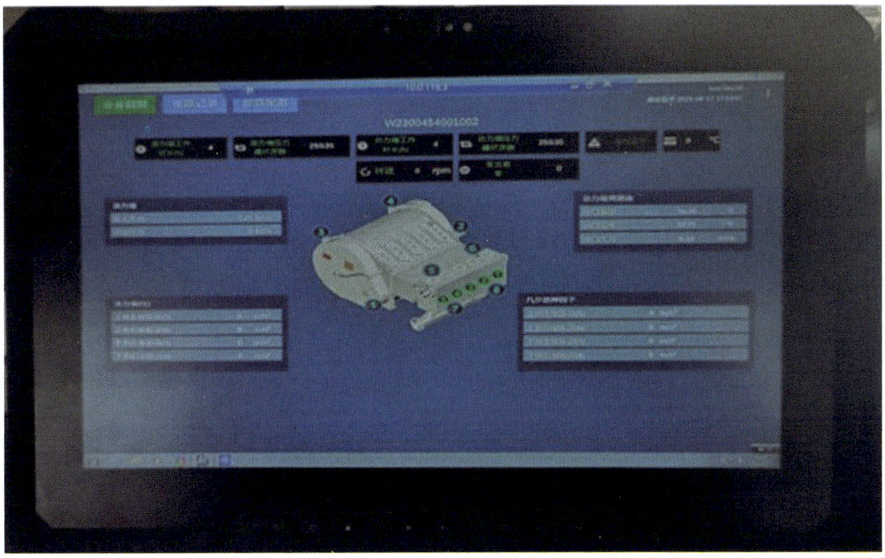

图2　可视化技术应用

(三)数据可视化界面创新点

凡尔泄漏监测算法在原来单个监测指标的基础上增加了12个指标(见智能监测模型)来衡量液力端的泄漏故障，通过对不同工况下数据的收集，以及通过机器学习进行训练，得到液力端泄漏智能监测的诊断模型，加强设备安全管理和监测，避免干扰及异常信号对监测结果的干扰。

例如在克拉玛依某井场，系统实时发出报警信息，提示1号缸发生泄漏故障，通过客户计划性停机拆卸后确认凡尔座发生刺漏(图3)。

3	凡尔故障因子-上端左侧振动(5)	Discharge cylinder#1	2023-08-21 18:48:00	2023-08-21 19:05:30	一级报警	详情
4	凡尔故障因子-上端左侧振动(5)	Discharge cylinder#1	2023-08-21 18:14:40	2023-08-21 18:17:56	一级报警	详情

图3　泄漏智能监测

三、主要价值和成效

截至目前柱塞泵状态监测及诊断系统已在国内大庆、西南、新疆等3个井场进行测试，共测试135段压裂，面对井场恶劣环境均运行稳定，在17次液力端泄漏故障中，有15次做出预警，准确率88.2%。相比于传统的检泵维修方式，降低劳动强度约60%，得到已交付用户及测试用户的充分肯定及好评。

四、展望

下一步工作计划主要是提高监测诊断系统的精度和可靠性，全面实现对泵头开裂、动力端齿轮轴承等故障的监测诊断。一是对现有的故障诊断模型进行持续优化和改进，以使模型能够更准确地识别泵头开裂、动力端齿轮轴承等故障模式；二是将实时监测系统与设备的控制系统集成，实现对泵头开裂、动力端齿轮轴承等故障的实时监测和响应，提高系统对突发性故障的应对速度，减少停机时间；三是将应用成果向钻井、固井等作业装备推广应用，实现油气田作业装备在线状态监测及故障诊断，助力实现用户设备资产数字化、智能化管理。

联系人：冉 翔 邮箱：ranxiang@sjs.servacorp.com

构筑业财融合平台　助力公司转型提升

——中国石化长城能源化工（宁夏）有限公司

案例综述：按照“数据+平台+应用”的模式，依托中国石化数据服务平台，集成ERP、TBM、FIRMS、MES等企业核心业务系统数据，搭建宁夏能化业财融合数据应用，对企业日常的采购、销售、生产、投资等生产运营各环节进行全方位跟踪和监控，发挥数据资源价值，推动业财深度融合，促进公司财务管理业务域数字化转型，增强经营分析诊断和决策支持能力，全面提升企业经营管理水平，为公司实现可持续高质量发展增添新动能。

一、背景和目标

（一）案例背景

业财融合是新时代财务转型的方向，也是新形势下国有企业改革发展对财务从业人员的迫切要求。为深入贯彻集团公司“两个三年、两个十年”战略行动规划，全面落实炼油化工业务提质增效各项任务，加快推进财务转型，推动信息系统一体化建设，提高信息标准化和质量，开放数据共享，提升管理效率。建立互联互通、融合集成、一体化运作的信息管理平台。

（二）建设目标

以炼化板块考核指标体系为指导，深入挖掘煤化工企业生产经营活动个性需求，通过业财融合数据应用平台建设，提升企业经营管理决策分析深度、精度和实时性，挖掘数据价值，提升战略决策，提高企业整体一体化优化水平。

二、主要建设内容、实施方法及创新点

（一）主要建设内容

1. 建设煤化工领域特色业财融合平台

围绕炼化业财融合数据应用的共性资源池和宁夏能化个性化功能，建立煤化工企业指标体系，形成采购、生产、库存、资产及销售等12大主题，实现经营绩效分析、企业对标分析、边际效益分析、煤炭采购分析、煤矿成本分析、煤矿库存变动和煤炭运费监控等72项分析功能，解决了实时获取生产经营和财务管理分析数据的痛点。

2. 打通数据壁垒

依托中国石化数据服务平台打通系统间壁垒，构建业务与财务协同关系，在财务与业务间构建“共同语言”的桥梁，形成财务管理“业务思维驱动”和业务管理“价值牵引机制”，促进业务与财务融合，为实现管理型财务转型提供系统支持。

（二）实施方法

1. 部署共性功能资源池，建立业财资源基础库

基于中国石化数据服务平台，依托ADATA进行页面灵活组态，在HANA端建立统一业务分析模型，快速部署核心经营指标、企业对标、费用专项分析、资产专项分析、销售专项分析等模块，以历史数据为基础与相关指标的变化进行对比，总结规律、提炼有效信息，通过业财融合共性功能资源池提前介入和充分沟通，用数据的形式体现整个价值创造过程和结果，为个性化业务开展提供控制依据和标准。

2. 开发移动端数据看板，促进掌上办公提质增效

通过石化办公APP随时随地让掌握企业的主要财务指标、资金指标、一利五率指标、吨指标，化工板块产量、销售量，煤矿板块产量等数据和分析结果，降低了沟通成本，促进工作减负增效。

3.系统搭建宣传到位，确保达到预期目标

业财融合搭建不是只围绕财务专业开展，而是面对采购、生产、销售、设备、投资等生产经营活动各业务环节实时分析和监控，及时发现效益流失点，准确把握效益提升点，提升经济活动分析水平，增强决策支撑力。在深刻理解系统内涵的基础上，成立了攻关小组，生产、计划、信息等部门及基层人员积极、深度参与，确保了系统推动的力度和广度，实现了业务和财务数据互联互通。

（三）创新点

夯实“数据+平台+应用”模式，增强数据赋智能力。通过“24个共性+48个性”功能开发，夯实经济分析数据基础，解决了业务人员花费大量时间查询系统加工数据的弊端，从而腾出大量时间更专注于数据结果应用及数据溯源深化分析，有更多精力去挖掘数据资源的价值，更好地提供决策支撑，实现价值引领。

三、主要价值和成效

1. 搭建管理会计模型，促财务深度转型

一是实现了边际贡献自动取数计算，通过边际贡献模型测算，引导有限资源向高附加值产品排产。尤其是建立了上游资源乙炔气同时供BDO链、PVA链资源不足情况下的资源优先走向决策模型，是否需要外购电石提高VAC负荷决策模型，醋酸甲酯是否水解决策模型等；二是实现了高质量发展运营评价指标自动取数，通过平台实时监控指标完成情况，夯实高质量发展工作根基；三是实现了系统内对标，围绕产品对标（甲醇、醋酸乙烯、聚乙烯醇等产品销售价格、单位生产成本）、绩效指标对标（资产负债率、成本费用占营业收入比重、两金占用等）两大方面进行对标，找差距明确努力方向。

2. 财务数据业务化，促业财双向融合

一是财务分析围绕成本动因开展，夯实战略成本工作根基。为满足公司战略成本管理推进需要，围绕“费用专项分析、生产效益分析”等方面，切实将财务指标转化为业务指标进行溯源分析，深挖管理漏洞，推进公司上下协同运作，促进经营管理提升。费用专题分析中，修理费、环保支出、劳务费、运输费等通过梳理重点成本费用历史线性关系，将“关联因素”维护至费用报销系统情景化报销必输字段等，进一步夯实成本费用业务分析的基础；二是通过向“业务归口管理部门”开放系统权限，各业务归口部门实时监控下达指标执行情况并实施有效管控，有效避免了业务部门还要通过财务部门获取大量的管理数据。

四、展望

宁夏能化业财融合数据服务平台实现不同专业数据共享和数据的挖掘，激发了业务人员使用数据、挖掘数据、管理数据的热情，在财务与业务间构建“共同语言”的桥梁，形成数据深化应用于生产经营的良好氛围。下一步，将继续完善数据深度对标、日边际贡献测算、装置日负荷效益分析、生产排产自动优化、经济分析材料PPT图表自动生成、下达指标预警功能等系统数据，建立完整的业财融合实时数据中心，完全满足全价值链精益管理和业财融合的需要。

联系人：郭　磊　邮箱：guol.nxnh@sinopec.com

数据治理赋能管道数字化交付全流程管理公司智慧工地建设迈出坚实步伐

——中石化炼化工程（集团）第十建设有限公司

案例综述：十建公司管道数字化交付全流程管理涉及深化设计、管道施工管理、过程材料管控、施工人员管理、质量管理、文档管理、工效分析、分包结算、数字化交付等多个环节，需要满足多层级、多项目、多业务即时统计汇总要求，公司结合业务域建设要求认真开展数据治理工作，标准化的WBS、OBS及业务数据为多系统间数据互联、共享奠定基础，为管道数字化交付全流程管理赋能。

一、背景和目标

（一）案例背景

十建公司是中国石化大一型施工企业，年建成工业装置70余套，有着丰富的项目管理经验，根据炼化工程域统筹安排，十建公司承接了炼化工程施工建造领域相关业务系统的数据治理及系统开发工作。

因石化行业特点，管道施工体量巨大，深化设计、管道施工管理、过程材料管控、施工人员管理、质量管理、文档管理、工效分析、分包结算、数字化交付等多个环节，是公司专业施工管理的关键节点，对数字化管理要求较高。在以往的管理中，前期现场管理团队需要线下进行管道施工图焊口的标注、焊接数据库、材料数据库的建立、试压包的划分等工作；中期需要进行管道焊接、热处理、无损检测、质量管理、物资管理、人员管理等工作；后期需要进行管道试压扫尾、工程验收、数字化交付等工作，需要耗费现场技术人员大量的时间和精力，虽然部分环节可以依托管理系统来完成，但这些系统大都独立运行，存在数据孤岛，难以实现数据价值创效，不符合集团公司和炼化工程施工建造业务领域的数据治理要求。

（二）建设目标

按照集团公司“数据+平台+应用”的设计模式和炼化工程业务域建设要求，认真开展数据治理工作，研发集深化设计、数据采集、施工管理、质量管理、物资管理、人员管理、可视化施工、数字化交付于一体的管道数字化交付全流程管理系统。

二、主要建设内容、实施方法及创新点

（一）主要建设内容

构建管道数字化交付全流程一体化管控系统，包括三维模型轻量化转换、基于平台WBS的三维元件架构重构、PCF/IDF文件生成、管道深化设计、管道施工管理、支架施工管理、物资管理、可视化施工管理、质量管理、现场人员管理、文档管理、数字化交付等子系统。实现多层级、多项目、多业务管控，支持解析PCF/IDF文件进行深化设计，快速准确地生成带有焊口标注的施工轴测图，以及材料数据库、支架数据库、焊口数据库、延长米数据库、试压包数据库等，深化设计数据自动流转至管道施工管理系统、支架施工管理系统和物资管理系统。数据采集系统和施工管理系统过程产生的数据又通过平台自动流转至文档管理系统和可视化施工管理系统，同时数字化交付管理系统又可以直接从施工管理系统、文档管理系统、可视化施工管理系统获取各类结构化和非结构化数据，可支持施工数据交付、施工资料交付和施工模型交付（图1）。

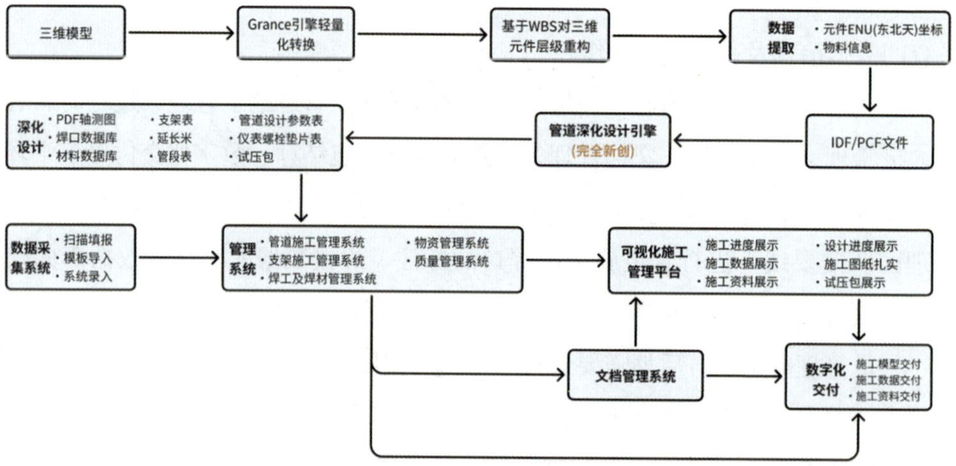

图1　管道数字化交付全流程一体化管控

（二）实施方法

1.三维模型轻量化转换

公司自研的模型轻量化转换模块，可将桌面端建模软件生产的模型成果转换为可在网页浏览的轻量化格式，由于模型文件往往较大，通过网页端整体加载困难，模型轻量化模块基于分块加载技术，可以实现大模型按专业和单元快速分割和加载。

2.基于WBS对三维模型节点层级重构

图2左侧是模型原始层级结构、右侧是融合平台WBS信息后重构的层级结构。模型原始层级结构难以实现和平台数据进行融合，不利于数据查询。经过重构之后的层级结构，数据结构和系统配置保持一致，为施工数据的融合和流转打下良好的基础。

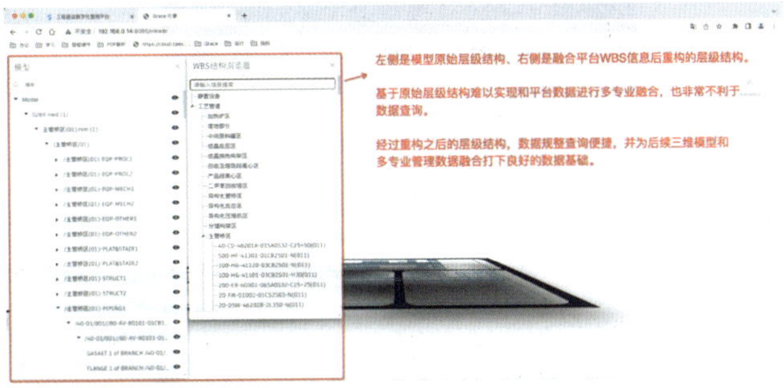

图2　模型原始层级结构和重构的层级结构

3.管道深化设计

管道深化设计平台支持批量导入IDF、PCF文件进行深化设计，生成管线轴测图、焊口数据库、试压包数据库、材料数据库、焊口左右材料清单、延长米、管段表、支架表、仪表件螺栓垫片表等数据（图3）。

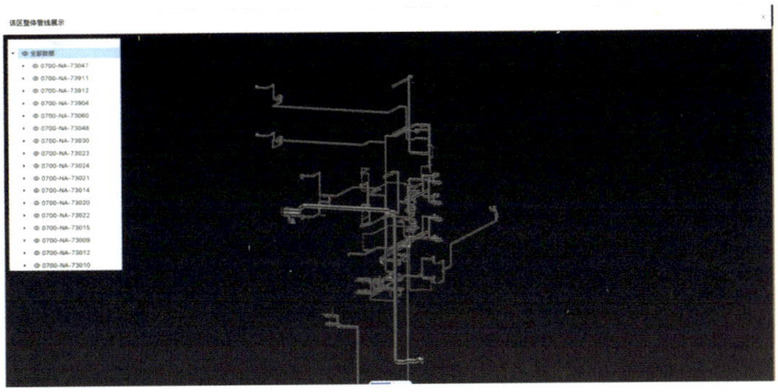

图3　管道深化设计

4.焊口东北极坐标转化为模型坐标

设计院提供的三维模型中管件位置POS使用的是东北极坐标，例如图4的三通其中一个端的坐标为 E75100mm、N19735mm、U82.35mm（这也是管道二次设计和PDF管道轴测图中的坐标），而三维模型内实际读取的坐标 *X*-49.286897098525124、*Y*-3.7113394268075304、*Z*-12.132579064241632，两者相距甚远，要实现管道焊接管理系统中的焊口和三维模型建立关系，需要将原始东北极坐标转换为模型基准坐标，然后将模型基准坐标转换为模型轻量化坐标。

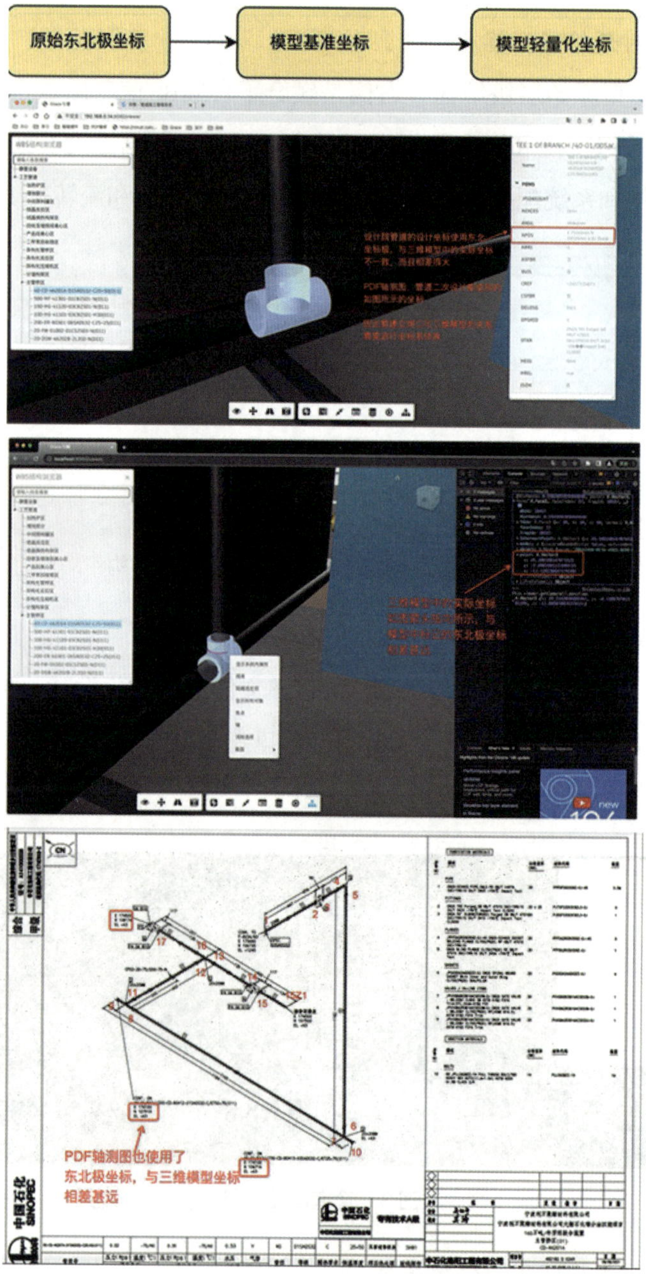

图4　东北极坐标转化为模型坐标

经过转换完坐标系的焊口被成功地从管道焊接管理系统展示在三维模型中，如图5所示。

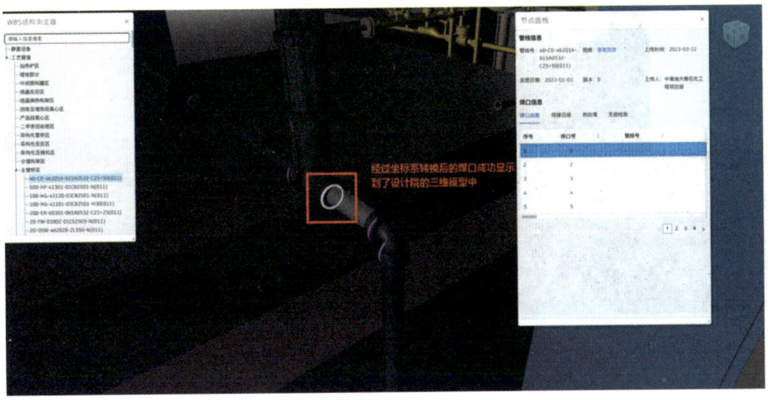

图5　焊口在三维模型中展示

5.可视化施工

系统支持将管道施工管理系统中的焊口、焊接、无损检测和热处理等数据与三维模型互联互通，平台关联文档管理系统，支持数据下钻调取管道轴测图、施工验收记录、交工资料等。可以提取管道施工管理系统中的试压包数据，查询到所有试压包及管线信息、焊接信息、热处理信息和无损检测信息等，点击试压包可以和三维模型产生数据联动，实现管道施工可视化管理（图6）。

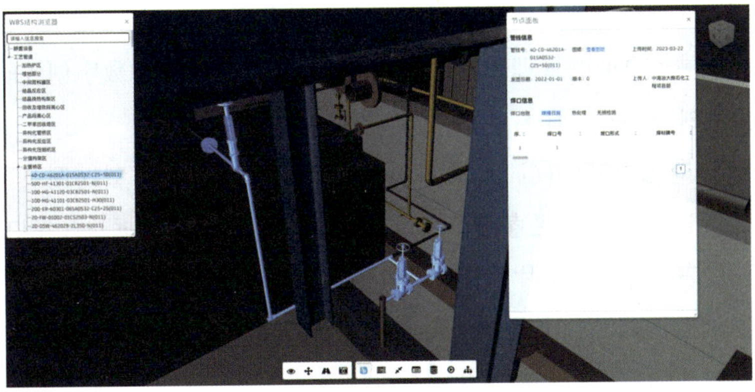

图6　管道施工可视化管理

6.数字化交付

数字化交付管理系统可以直接从施工管理系统、文档管理系统、可视化施工管理系统中获取各类结构化和非结构化数据，支持施工数据交付、施工资料交付和施工模型交付（图7）。平台具有灵活的数字化交付功能架构，同时支持中国石化、中国石油的多个版本交工资料的一键生成。

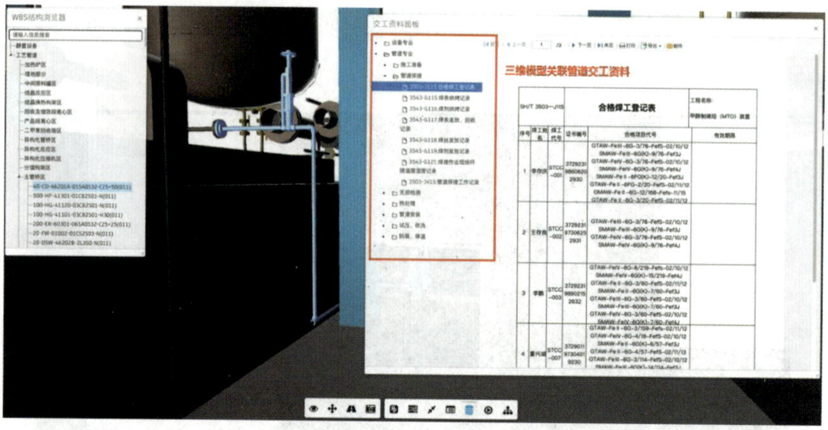

图7　资料数字化交付

（三）创新点

1.重视数据治理和数据标准化，优化业务系统功能，实现数据互联互通

一是优先考虑与集团公司统一部署系统间的数据集成，在WBS、OBS、合同等关键主数据构建时保持与集团系统的统一和对接。二是基于数据标准化要求，在系统中内置管理规定、材料标准、焊接规程、管道等专业施工管理规范、质量、安全检查大纲等技术要求和验收标准，对系统功能模块、字段进行标准化设计，为管道全流程管理的数据采集、处理、分析、汇集、联动创造了基础。数据只需采集一次，相关各子系统相互调用，实现管道施工大数据互联互通，促进项目在施工、进度、质量、安全、人员、材料、机械等方面的管理和控制，提升项目数字化管理和数字创效能力。

2.坚持技术创新引领、自主可控

利用自研轻量化引擎可同时开展多项目在线深化设计、模型处理及可视化施工，可视化施工使管道施工管理更直观、高效，在线设计使设计数据（含焊口、材料、支架、试压包、仪表、螺栓、垫片、延长米等信息）可即时输出到管道施工管理的各个环节，确保数据的数据同源和准确性，管道施工实现从设计数据、可视化施工管理、相关物资管理、过程质量监控和数字化交付的全流程管控，打通管道设计、施工、交付等相关数据流，有效实现数据互联。

三、主要成效

（一）行业引领

公司开发的模型轻量化转换工具，使用户查看管道设计及施工模型更加便捷，实现施工数据与模型的无缝对接，向施工可视化迈向重要一步。

公司首创利用平台GRACE引擎自动实现东北极坐标系和模型内部坐标系的转换，为焊口在三维模型上展示打下基础。

系统内置自研的管道深化设计系统，可摆脱原线下使用单机版第三方软件开展二次设计带来的不便，大幅提升管道二次设计效率。基于统一平台的一体化深化设计可以保证设计与施工数据的即时流转，做到设计与施工数据的无缝集成，确保数据的准确性和一致性。

公司可视化施工及数字化交付系统，可将施工数据即时反馈到设计模型，实现施工数据、进度、材料信息的直观展示，助力项目管理团队进行施工组织与决策，可以为数字化交付及后续的生产和检维修工作提供数据支撑。

（二）管理效益

1.提高管理效率和准确性

主要给公司带来六大改变：一是支持超前、高标准完成技术准备工作；二是保证数字化车间智能制造的持续运转和产能提升；三是精准动态反映项目成本，风险预警提示；四是及时准确提取造价数据，提高结算效率；五是推进管道施工精度和深度，提高施工质量，降低安全风险。

2.实现信息共享和协同办公

基于同一平台的各子系统数据自动流转，使得数据只需采集一次，即可实现全平台各专业系统数据相互调用，减少信息传递的延误。提高项目管理团队沟通效率、工作效率和协同效能。

3.数据分析和决策支持

通过数据治理和数据建模，实现标准化的数据采集、可视化的数据分析，为管理层提供决策支持。基于数据的深度挖掘和分析，可以发现问题、优化流程，提高决策的准确性和科学性。

联系人：梁　涛　邮箱：liangtao1@sinopec.com

百元收入营业成本指标分析与管控应用案例

——中石化炼化工程（集团）股份有限公司

案例综述：百元收入营业成本指标分析与管控应用以ERP项目成本精细化核算应用数据为基础，兼顾了境内、境外业务数据源，分解建立多层次、多维度的全成本管控分析体系。一方面通过数据分析，实时监控各成员单位及重点项目的管理成本指标，有效识别成本管控风险，落实管理责任。另一方面基于业财融合平台建立管控支撑点，落实财务目标在业务执行过程中的管理措施，实现成本指标事前预算科学、事中控制到位、事后分析合理。

一、背景和目标

（一）案例背景

为应对工程建设企业面临的项目建设目标高、核心技术突破难、系统集成创新难、工程建设管理难的“一高三难”新挑战，炼化工程按照集团公司提出的“必须持续降低百元收入营业成本”的要求，练内功、强三基、降成本，开展百元收入营业成本指标分析与管控应用建设，旨在通过信息化手段支撑全成本精细化管理，促进公司实现整体降本增效、健康发展的目标。

（二）建设目标

通过百元收入营业成本指标分析与管控应用，抓住企业项目重点成本内容和关键环节，强化项目过程管控，切实降低项目的营业成本。同时建立公司成本管控长效机制，将成本管控能力的提高作为实现公司全面可持续发展目标的重要支撑。

二、主要建设内容、实施方法及创新点

（一）主要建设内容

一是围绕公司全年预算管控目标，细化百元收入营业成本管控模型，按构成内容分解为分包、人工、采购、机械操作等成本，形成预算及统计指标体系，建设相应的成本分析报表，动态跟踪、分析和监控项目成本，精准地定位资源消耗与项目绩效的不符合项。二是按年度选取一定量的合同额较大的在建项目作为成本管控和分析的重点，落实应对措施或具体解决办法，实现项目全周期的成本过程管控，切实降低项目的营业成本，持续压降公司百元收入营业成本。

（二）实施方法

一是公司成立了成本管控工作领导小组，负责领导和协调公司成本管理工作，加强了成本管控组织领导。

二是开发了《单位层面汇总表》《单位层面–境内明细表》《单位层面–境外明细表》《重点项目明细表》《制造板块明细表》等5类百元收入营业成本管控明细表，共涉及总人工时、营业收入、生产成本、期初履约成本余额、主营业务成本、其他业务成本、营业税金及附加、百元营业成本、百元收入付现成本等在内的9大类42项指标，完善了成本管控指标体系（图1）。主要指标的计算公式为：

操作费用：外部加工劳务费+机械使用费+技术服务费+租赁费+差旅费+安全生产费+信息系统运行维护费+签证及劳工许可办理费。

百元收入营业成本：（主营业务成本+其他业务成本+营业税金及附加）×100/营业收入；

百元收入分包成本：（分包成本×生产成本占比）×100/营业收入。

生产成本占比：（营业成本–人工成本–折旧折耗摊销）/（生产成本–人工成本–折旧折耗摊销）。

百元收入人工成本：（人工成本）×100/营业收入。

百元收入直接材料成本：（直接材料成本×生产成本占比）×100/营业收入。

百元收入设备费成本：（设备费×生产成本占比）×100/营业收入。

百元收入其他业务成本：其他业务成本×100/营业收入。

公司代码		项目总体预计	上年开累数	上年实际发生	本年预算数	本年实际发生
▼广州（洛阳）工程公司	▼总人工时	0	0	0	0	0
	•其中：分包人工时	0	0	0	0	0
	▼一、营业收入	0	949,841,492.06 RMB	949,841,492.06 RMB	0	128,283,431.58 RMB
	▼其中：主营业务收入	0	949,841,492.06 RMB	949,841,492.06 RMB	0	128,283,431.58 RMB
	▼系统内收入	0	949,841,492.06 RMB	949,841,492.06 RMB	0	128,283,431.58 RMB
	•炼化工程内收入	0			0	
	•设计部分	0	82,017,000.00 RMB	82,017,000.00 RMB	0	
	•采购部分	0	476,267,175.56 RMB	476,267,175.56 RMB	0	27,474,166.78 RMB
	•施工部分	0	391,557,316.50 RMB	391,557,316.50 RMB	0	100,809,264.80 RMB
	▼二、生产成本	0	937,076,518.61 RMB	937,076,518.61 RMB	0	128,038,752.91 RMB
	▼其中：分包成本	0	455,480,307.69 RMB	455,480,307.69 RMB	0	111,029,629.86 RMB
	▼其中：系统内分包	0	323,968,149.15 RMB	323,968,149.15 RMB	0	52,705,270.04 RMB
	•炼化工程内分包	0	302,589,316.12 RMB	302,589,316.12 RMB	0	28,363,899.29 RMB
	• 系统外分包	0	131,512,158.54 RMB	131,512,158.54 RMB	0	58,324,359.82 RMB
	▼人工成本	0	2,735,758.50 RMB	2,735,758.50 RMB	0	1,518,193.85 RMB
	•其中：制造费用-职工薪酬	0	637,304.07 RMB	637,304.07 RMB	0	1,518,193.85 RMB
	•折旧折耗摊销	0			0	
	•直接材料成本	0			0	
	•设备费成本	0	476,267,175.56 RMB	476,267,175.56 RMB	0	9,299,497.24 RMB
	▼操作费用	0	1,928,524.17 RMB	1,928,524.17 RMB	0	3,905,615.57 RMB
	•外部加工劳务费	0	394,988.15 RMB	394,988.15 RMB	0	688,217.00 RMB
	•机械使用费	0			0	
	•技术服务费	0			0	278,273.87 RMB
	•租赁费	0	64,660.19 RMB	64,660.19 RMB	0	290,679.58 RMB
	•差旅费	0	1,468,875.83 RMB	1,468,875.83 RMB	0	2,648,445.12 RMB
	•安全生产费	0			0	
	•信息系统运行维护费	0			0	
	•签证及劳工许可办理费	0			0	
	•其他	0	664,752.69 RMB	664,752.69 RMB	0	2,285,816.39 RMB
	•四、主营业务成本合计	0	937,076,518.61 RMB	937,076,518.61 RMB	0	127,981,003.84 RMB
	•五、营业税金及附加	0	2,641,205.29 RMB	2,641,205.29 RMB	0	20,555.83 RMB
	▼六、百元收入营业成本	0	98.9342	98.9342	0	99.7803
	•生产成本占比	0.00	1.00	1.00	0.00	1.00
	•其中：百元收入分包成本	0	47.9533	47.9533	0	86.5107
	• 百元收入人工成本	0	0.2880	0.2880	0	1.1835
	• 百元收入折旧折耗摊销	0			0	
	• 百元收入税金及附加	0	0.2781	0.2781	0	0.0160
	• 百元收入直接材料成本	0			0	
	• 百元收入设备费成本	0	50.1418	50.1418	0	7.2459
	• 百元收入操作费用	0	0.2030	0.2030	0	3.0431
	•七、百元收入付现成本	0	98.9342	98.9342	0	99.7803
	•八、百元采购收入成本	0	100.0000	100.0000	0	33.8327
	•实物库存	0	0.00 RMB	0.00 RMB	0	0.00 RMB

图1　成本管控指标

三是基于ERP应用建立管控支撑点，加强了项目关键环节成本管控，按指标分析要求落实了合同签约毛利率指标、集约化采购成本量化指标、分包商资源配置预警指标等要求。

（三）创新点

通过数据分析，实时监控各单位及重点项目成本指标，有效识别成本管控风险，落实财务目标在业务执行过程中的管理措施，如采购价格分析以16位明细物资编码、中类、小类为维度，分析公司内物资采购的平均价、最低价、最高价等数据。由本部采购部将具备控制价值的数据进行整理上载，形成集团控制价，分别在采购申请和采购订单中进行显示控制，对高于控制价的采购订单物资予以提醒或控制，对相同或相近工程的自采物资推行由某一家子公司牵头进行协同采购，发挥集中采购降本增效的优势，降低采购成本（图2）。

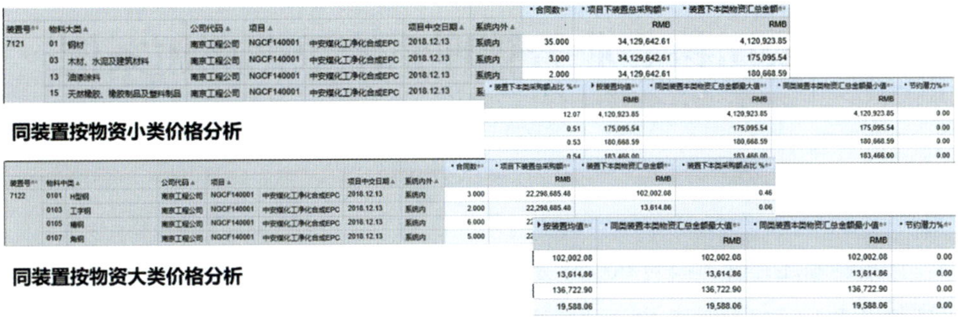

图2　采购成本控制

三、主要价值和成效

在管理效益上，创新了成本核算及管控手段，树立了工程公司“一切费用皆可控”的管理理念，推动了成本核算由粗放式管理向精细化管理的转变。在经济效益上，以公司年百元营业收入目标成本90元为基础计算，年实现收入523.5亿元，百元收入营业成本从目标成本降低至89元，年直接经济效益为：节约成本5.24亿元。

四、展望

下一步，将通过组织各单位整理分析成本管理经验，不断完善符合我公司改革发展的成本管理指标，并推广实施。同时加大百元收入营业成本指标在绩效考核中的比重，以此为依据，构建公司全员目标成本管理考核奖励体系，年末依据考评情况实施奖励，激发员工成本管理热情。为全面降低整体工程造价，提高企业管理水平，提升企业市场竞争能力，用信息化管理创新培育新亮点、形成新动能，为公司参与国际工程市场竞争，打造“国家名片”，为实现石化技术、装备、工程服务全面“走出去”做出新贡献。

联系人：梁　涛　邮箱：liangtao1@sinopec.com

资本公司核心业务管理系统数据应用案例

——中国石化集团资本有限公司

案例综述： 资本公司核心业务管理系统是为提升资本公司投研工作效率、风控水平、管理效益而建设的业务管理系统。系统运用大数据及人工智能技术，以更高效、可靠的方式获取动态资讯信息，同时采用文本分析、数据挖掘及机器学习等技术实现投资标的筛选，助力业务投资分析及风险管控。

一、背景和目标

（一）案例背景

资本公司聚焦新能源、新材料、节能环保、高端智能制造、大数据和人工智能等战略性新兴产业，发掘战略投资机会，通过股权投资为被投企业赋能，实现投资收益。

资本公司通过对内外部数据进行分析，可有效判断标的投资价值，提高投资回报，降低投资风险。资本公司运用大数据及人工智能技术，以更高效、可靠的方式获取动态资讯信息，同时采用文本分析、数据挖掘及机器学习等技术实现投资标的筛选，助力业务投资分析及风险管控。

（二）建设目标

一是降低人工成本。通过系统辅助投资决策，提升工作效率。

二是提升管理效益。通过多维数据分析及可视化展示，提高资本公司管理层对公司整体运营的把控及管理。

三是降低投资风险。通过对内外部数据的应用，对风险进行分析、预测、监控和预警，助力业务人员及时发现并解决问题，降低投资风险。

二、主要建设内容、实施方法及创新点

（一）主要建设内容

一是实现投资业务项目入库、立项、尽调、投决、实施等全生命周期管理。

二是对投后管理计划、人员委派、三会管理、财务数据收集、投后管理报告等工作进行信息化支撑。

三是支持项目投后重大事项的上报审批，对项目关键指标进行偏离度监控，形成项目红绿灯。

四是搭建投资数据大屏，可视化展示业务投资运营情况。

五是构建文档管理模块，对项目、合同等文档进行集中管理。

六是集成集团统一身份认证平台、资本公司协同门户系统，便捷用户登录、查阅待办信息，自动抓取财务信息，提升工作效率及系统连通性。

七是同步构建APP端及英文版本，提升系统使用率，贴合资本公司海外端客户语言环境。

（二）实施方法

系统核心组件包含系统权限设置、用户配置、规则设置、报表设置、流程引擎等。采用J2EE架构、MySQL数据库、B/S浏览器三层结构设计开发，分布式应用，API接口，具有高拓展性、高可用性、灵活部署等特点。

（三）创新点

资本公司核心业务管理系统运用大数据、人工智能技术，充分应用集团内部数据及外部数据，提升投资业务收益，降低投资风险。

1.数据收集与整合

核心业务管理系统通过构建研报数据分析模型，提取行业研究报告，搭建研报知识库，从公司内部及多个外部数据源自动搜集、整合数据，并通过文本挖掘和语义分析，将不同文本格式的研报数据进行整合、标准化，以便下一步处理和分析，提升投研人员工作效率（图1）。

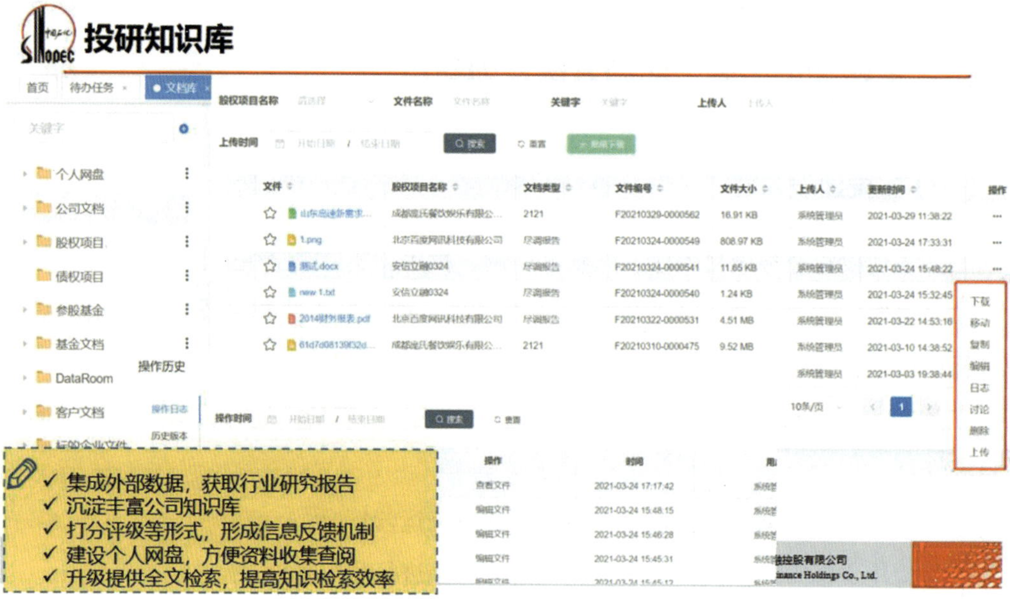

图1 搭建研报知识库

2. 多维数据分析及可视化展示

资本公司核心业务管理系统通过对公司业务数据及外部数据的整合，构建管理驾驶舱，通过大数据技术分析市场趋势、行业动态、公司财务数据，并运用可视化技术将投资数据进行图形化展示，便于决策者更加直观地了解市场趋势和投资风险，提升决策效率（图2）。

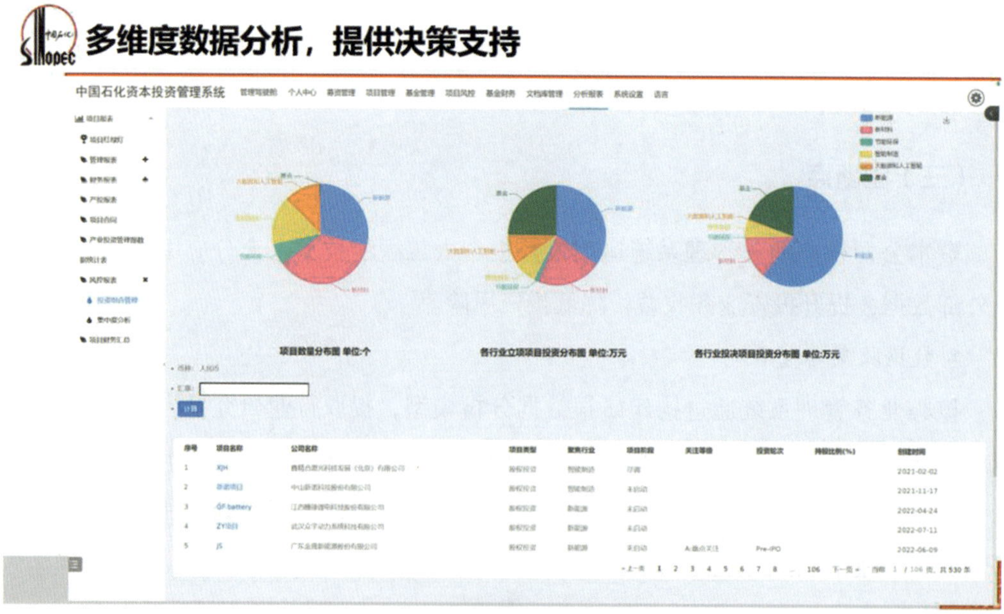

图2 投资数据可视化

3.数据引擎，降低风险

资本公司核心业务管理系统构建项目风险管理看板，利用大数据技术对投资项目进行风险评估和预测，发现潜在风险。系统集成业务投后数据，对投资项目投后阶段进行实时监控及预警，助力业务人员提早发现被投企业潜在风险，规划风险预案（图3）。

图3　风险评估和预测

三、主要价值和成效

通过对集团内部及外部数据的应用，资本公司业务人员可以更好地优化投资策略、提升管理效益、降低投资风险，具体体现在以下几个方面：

1.提高经济效益

提高工作效率，降低人工成本。自动化整合与标准化处理可以大幅减少人力和时间投入，研报整合功能能够大大减少人工处理可能出现的遗漏、错误等情况。2022年，资本公司全年投资交割金额达到31.94亿元，实现利润总额16.94亿元，资本公司核心业务管理系统可提高信息查找效率1倍以上，平均业务流程操作效率提升约10%以上，人工成本降低至少40万元。

2.提升管理效益

通过构建管理驾驶舱，以及多维数据分析及可视化展示，极大提高资本公司管理效益。以2023年一季度为例，新增入库项目187个、新增立项项目8个、新增投决项目4个，新增完成投资计划下达并交割直投项目1个，另有待交割项目5个共计4.3亿元。

3.降低投资风险

资本公司可以通过对业务数据及外部数据的应用及时调整投资组合，降低投资风险，并可实现投资项目的投后实时监控和预警，及时发现并解决问题。

四、展望

一是加强业务流程优化和应用建设。根据当前业务情况，优化“研–投–管–退”流程，构建知识共享信息化手段。

二是强化数据管理，深化数据应用，挖掘数据价值。夯实数据治理，积累数据模型资产，结合业务需求构建数据应用，为投资研究、风险管理等提供坚实的数据基础。

三是构建数字化投研能力。实现线上化、自动化、智能化的外部机构投研报告解析与分析，建立智能、高效的投资标的筛查工具，提高投研人员工作效率。

四是提升数字化风控水平。优化风险预警机制，建立数字化投后风险信息推送机制，将风险管理规则内嵌至业务环节和系统，实现线上化业务风险管理。

联系人：陈腾飞　邮箱：chentf.capital@sinopec.com

基于集团内外部数据交叉分析的潜客挖掘应用

——中石化产融数字智能科技有限公司

案例综述： 为满足企业拓客需求，中石化产融数字智能科技有限公司（以下简称“产融数智公司”）依托数据服务平台金融服务域数据建设成果，为集团企业提供潜客挖掘分析服务。产融数智公司围绕企业目标客户特征，通过集团内外部交易数据、合作情况、财务数据、企业信息数据等进行交叉分析，向企业提供符合业务拓展特征的潜在客户名单，从而使企业可以聚焦资源拓展名单中的客户，提升企业拓客效率。

一、背景和目标

（一）案例背景

金融服务域A企业在拓展新客户时，由于没有数据支撑，通过传统的客户清单联系客户，业务资源分散投入，拓展成功率低，运营成本高。为提升企业的有效拓客率，数智公司依托金融服务域数据建设成果，通过对集团内部核心企业上游供应商的交易数据、合作数据、供应商基本信息数据等进行交叉数据挖掘，支撑企业新客户业务开展。

（二）建设目标

利用产融数智公司提供的潜客清单，企业可聚焦投入业务资源，提升有效拓客率，提升投入产出比，降低运营成本，提高企业利润。

二、主要建设内容、实施方法及创新点

（一）主要建设内容

通过对集团核心企业与上游服务商的交易数据分析，寻找并圈选潜在业务客户

（以下简称“圈选潜客”）。再通过对圈选潜客的历史相似业务情况开展分析，辅助决策业务推广基础和可行性。最后通过对圈选潜客的生产经营情况分析，为业务推广提供事前业务风险提醒。

（二）实施方法

1.通过交易数据分析圈选潜客

通过对核心企业的总体交易规模、不同渠道交易规模、不同服务商交易规模等多维度分析，圈选潜在客户（图1~图3）。经分析，圈选潜客1、潜客2、潜客3作为潜在客户。

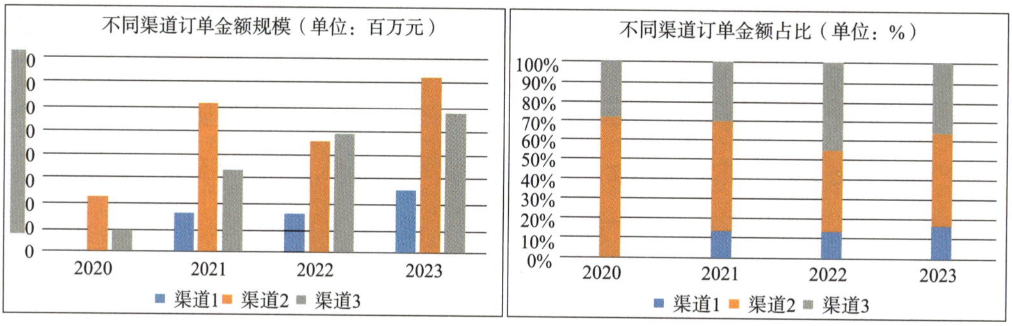

图1　不同渠道订单金额构成及趋势图

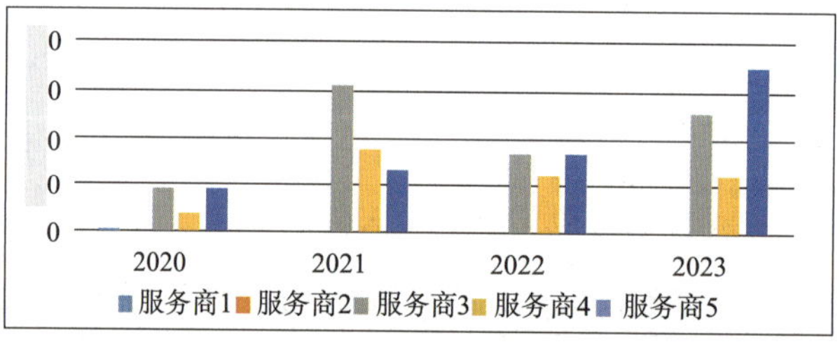

(a) 渠道1服务商订单金额构成图（单位：百万元）

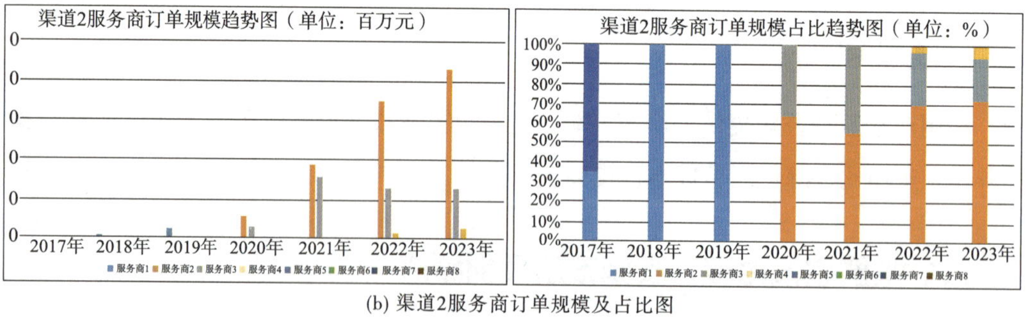

(b) 渠道2服务商订单规模及占比图

图2　渠道1服务商订单金额构成图和渠道2服务商订单规模及占比图

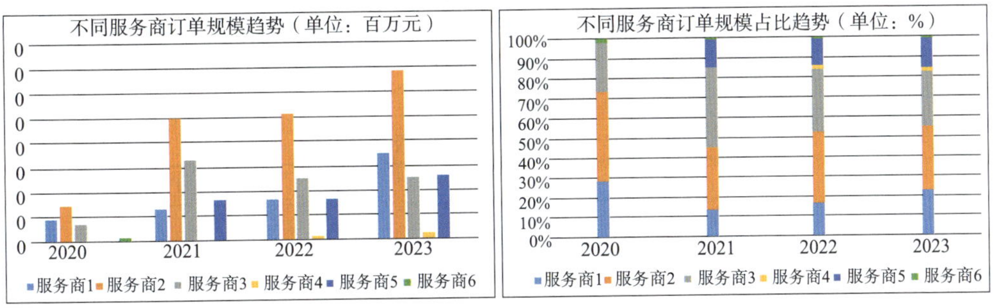

图3　不同服务商订单规模及占比图

2.圈选潜客业务拓展辅助性分析

一是通过分析圈选潜客前期是否做过A企业相似业务，可以辅助分析圈选潜客的业务拓展可行性，包括融资业务意向更强、有熟悉该业务的人力资源、完整的业务流程等业务拓展基础。二是通过对圈选潜客进行交易风险分析，从企业经营状态、失信情况、抵押出质等方面进行综合分析，提前识别交易风险。

1）与集团企业合作情况分析

一是结合合同管理系统CMIS信息，分析圈选潜客与集团企业历史合作情况；二是结合财务相关数据，分析潜客交易结算金额及账期分析等。

2）圈选潜客交易风险分析

（1）经营风险分析。依托产融数智平台，对圈选客户进行经营风险分析，从企业经营状态、失信情况、抵押出质等方面进行综合分析，提前识别交易风险（表1）。

表1　圈选客户交易风险命中情况

	潜客1	潜客2	潜客3
非正常经营状态（清算、吊销、注销、迁出）	无	无	无
严重违法	无	无	无
失信被执行	无	无	无
与中国石化存在违约	无	无	无
动产抵押	无	无	无
股权质押	无	无	√
债券违约	无	无	无
商票逾期	无	无	无

注：√表示历史曾命中。

（2）圈选潜客信息评估。对圈选潜客进行与石化合作情况分析，并采用数智平台信评报告产品对其进行企业信息评估。该产品分通用产品和定制产品，通用产品适用于评估与石化已有合作的交易对手，注重与石化合作情况评估；对于与石化还未开展合作的交易对手，可根据集团企业的业务特点，调整相关评估指标，定制集团企业特色评估模型（表2）。

表2　圈选客户评分评级情况

	潜客1	潜客2	潜客3
数智平台信息评估（分数）	563	450	450
数智平台信息评估（等级）	A	B	B
评分评级说明： 目标企评分为563.00分，定级为：A。 企业市场竞争力较强，发展前景较好，较好的净现金流量，偿债能力较强，如与中国石化发生过交易，则对中国石化交易贡献较大，信誉状况较好。 目标企评分为450.00分，定级为：B。 企业市场竞争力很弱，发展前景很差，很差的净现金流量，偿债能力很差，与中国石化无交易或存在异常交易，可能有很高违约风险。			

3）辅助分析小结

以上对3家圈选潜客从历史业务和交易风险两方面进行业务拓展可行性辅助分析。其中潜客1和潜客2与前期有相关业务，且未触发交易风险预警，业务拓展可行性较大；潜客3交易金额逐年递增，但历史存在股权质押，保理业务拓展有一定可行性。

（三）创新点

通过对交易、合作、财务、经营情况等数据交叉分析，可以在拓展客户前更全面地了解客户，促进合作达成，降低交易风险。

三、主要价值和成效

分析结果以报告形式呈现（图4），明确提供3家推荐潜客清单。A企业集中投入业务资源，与其中2家开展了业务合作，业务拓展成功率显著提升。

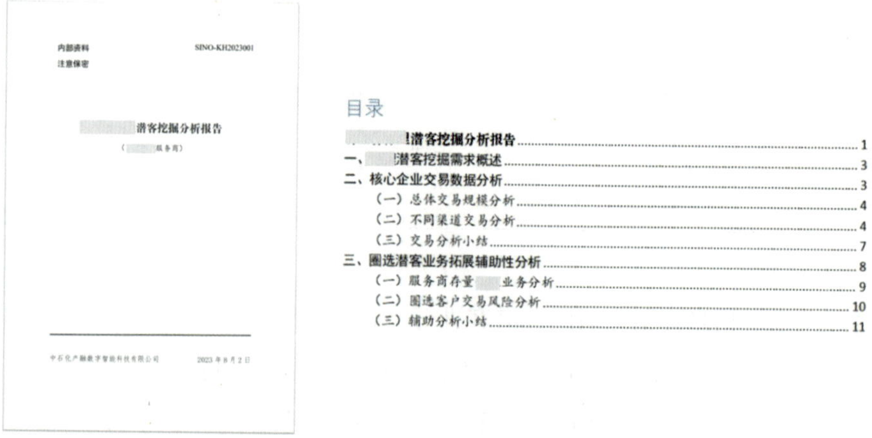
内部资料　　SINO-KH2023001
注意保密

潜客挖掘分析报告

（服务商）

中石化产融数字智能科技有限公司　　2023年8月2日

目录

图4　潜客挖掘分析应用交付物

四、展望

产融数智公司通过集团内外部数据交叉分析，为A企业进行潜客挖掘的模式，获得了显著成效，也为A企业业务推广至集团其他板块持续服务。对存在客户拓展需求的其他集团企业，产融数智公司也可通过该分析模式，为集团企业挖掘符合业务拓展特征的潜客清单。

联系人：欧阳行艳　邮箱：ouyxy.sifh@sinopec.com

用数据分析方法“读懂”数据背后的审计价值

——审计中心

案例综述：中央审计委员会第一次会议指出，“要坚持科技强审，加强审计信息化建设，增强大数据审计能力”，《“十四五”国家审计工作发展规划》要求，要“加强数据资源分析利用，促进审计工作从现场审计为主向后台数据分析和现场审计并重转变”。审计中心践行“数据+平台+应用”模式，坚持数据审计思维，借助审计宽表和模型等工具，运用Python、SQL等数据分析方法，跨领域挖掘数据价值，提升审计覆盖面、精准度和时效性，助推审计数字化转型。

一、背景和目标

（一）案例背景

1.国家层面

2023年5月，习近平总书记强调，要构建集中统一、全面覆盖、权威高效的审计监督体系，做到“如臂使指、如影随形、如雷贯耳”。

2.集团公司层面

集团公司党组多次提出，审计工作要“全力推进审计数智化转型”“提升审计发现问题的精准性，提升审计预警的能力”。

3.审计工作层面

需要持续推动“现场分散”审计向“远程集中”转变，推动“抽样”审计向“全样本”转变，推动“事后”监督向“实时”转变。

（二）建设目标

促进审计由“用系统”向“用数据”转变，助力业审融合平台建设和完善；完善审计模型体系和质量，提高远程作业覆盖面和精准度；探索数据即时建模，提升审计覆盖面和时效性。

二、主要建设内容、实施方法及创新点

（一）主要建设内容

为加强研究型审计，审计中心印发《典型审计案例征集实施办法》《审计查证方法冠名实施办法》，推动经验传承和创新引领，提升审计履职能力和工作质效。借助审计宽表、审计模型等工具形成了53项数据分析案例；创新运用Python、SQL等形成了11项数据分析模型。

（二）实施方法

典型审计案例征集工作，按项目批次总结提炼、季度推荐申报和复盘审核推广、年度集中评选"十佳"案例和优秀案例。审计查证方法冠名工作，按季度推荐申报、年末组织专家组审核，经总经理办公会审议公示后，予以表彰和冠名推广应用。

（三）创新点

1.审计宽表和模型应用案例

（1）应用审计数据宽表检查第三方支付平台业务。应用"货币资金管理"数据宽表，对"付款账户"筛选京东、淘宝、财付通、支付宝等第三方平台业务线索（图1）。发现某单位2022年"加油APP"和"支付宝"分别发生交易2.30万笔和1.11万笔，金额92.28亿元和25.8亿元。

（2）应用审计数据宽表检查套开发票问题。应用"成品油零售管理"宽表的普通

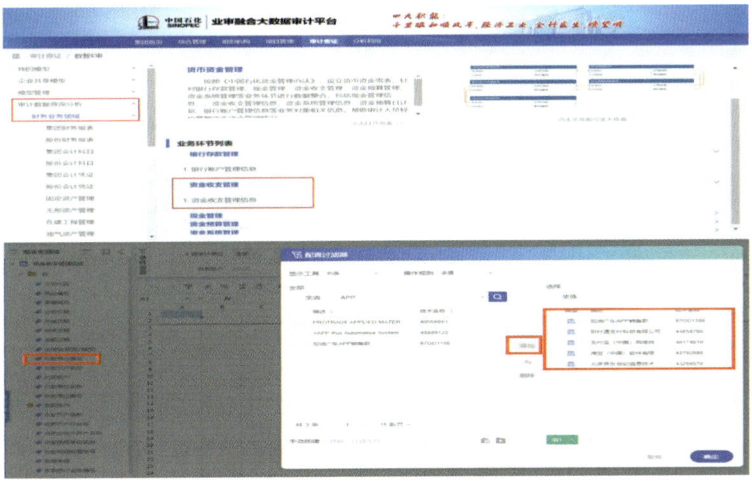

图1 应用审计数据宽表检查第三方支付平台业务

发票开票数据，分析开票量异常客户，排查短期大量开票、同时异地开票等异常行为，借助视频监控发现套开发票问题（图2）。

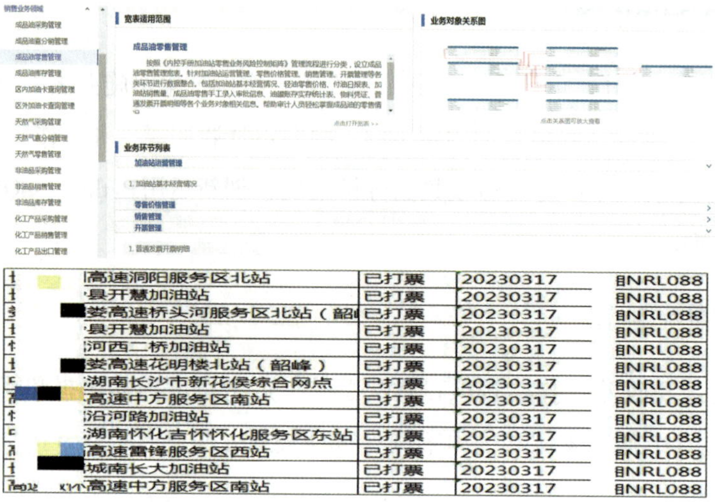

图2　应用审计数据宽表检查套开发票问题

（3）应用数据宽表和审计模型检查多计固定资产问题。对比分析“长期未清理应付款”审计模型“项目过程管理”宽表，检查长期挂账项目结算情况。分析发现，某单位2019年末暂估入账工程款1000万元，实际已计入在建工程完成了结算，造成多计固定资产（图3）。

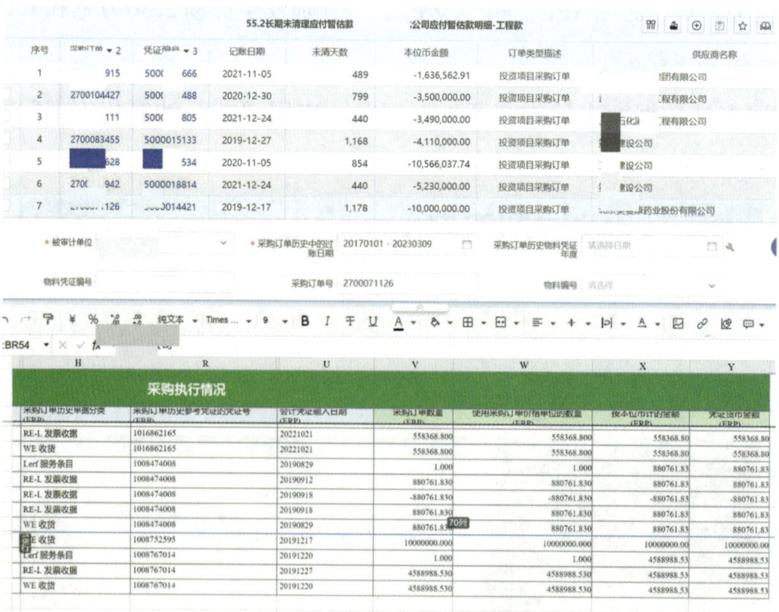

图3　应用数据宽表和审计模型检查多计固定资产问题

2.Python、SQL等数据语言应用案例

（1）应用审计模型和Python审计物资积压问题。应用“积压物资责任追溯及形成原因分析”审计模型，并利用Python 分析同一物资编码下积压、采购、特储状态的异常情况，排查重复采购造成物资积压的问题（图4）。

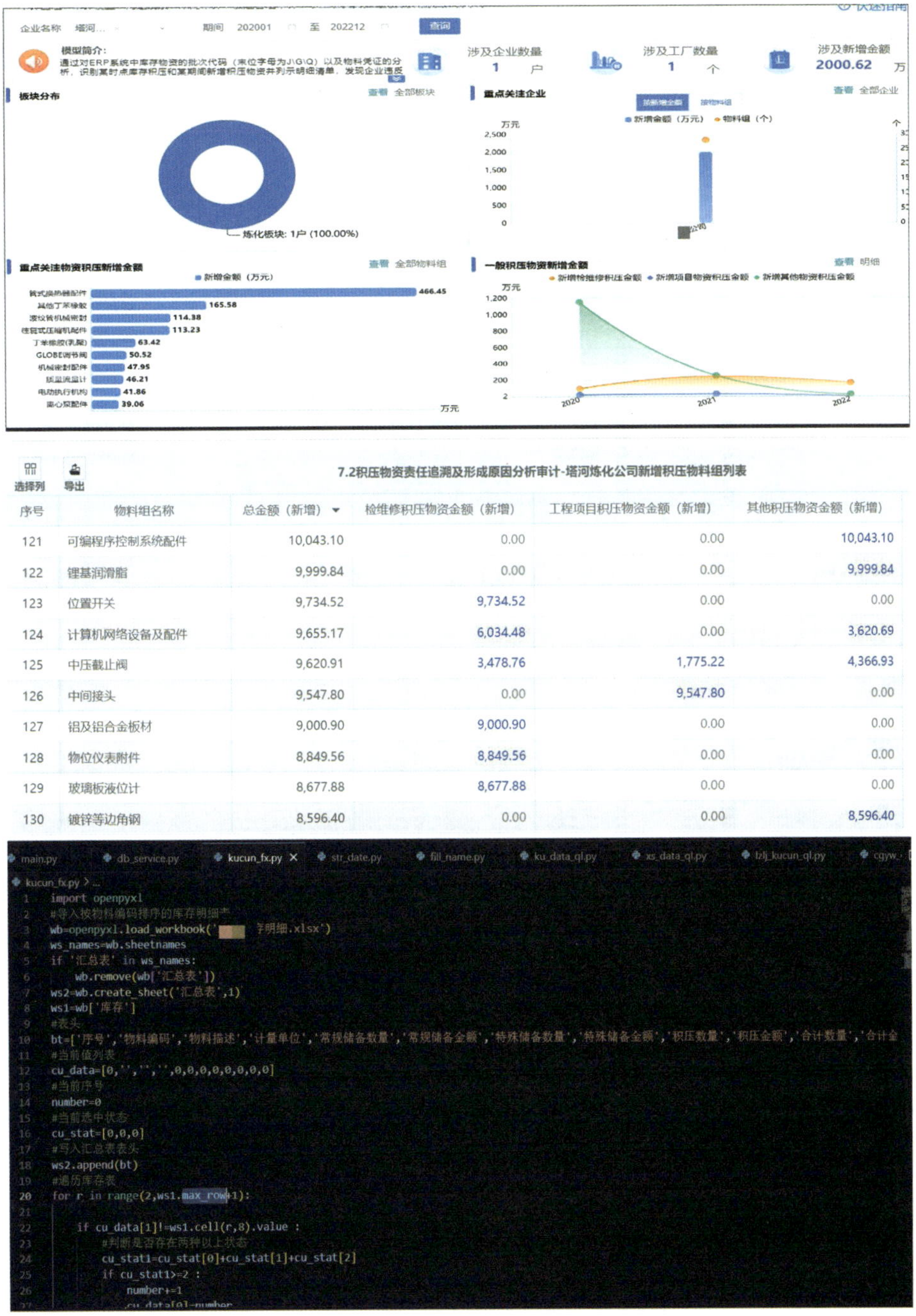

序号	物料组名称	总金额（新增）	检维修积压物资金额（新增）	工程项目积压物资金额（新增）	其他积压物资金额（新增）
121	可编程序控制系统配件	10,043.10	0.00	0.00	10,043.10
122	锂基润滑脂	9,999.84	0.00	0.00	9,999.84
123	位置开关	9,734.52	9,734.52	0.00	0.00
124	计算机网络设备及配件	9,655.17	6,034.48	0.00	3,620.69
125	中压截止阀	9,620.91	3,478.76	1,775.22	4,366.93
126	中间接头	9,547.80	0.00	9,547.80	0.00
127	铝及铝合金板材	9,000.90	9,000.90	0.00	0.00
128	物位仪表附件	8,849.56	8,849.56	0.00	0.00
129	玻璃板液位计	8,677.88	8,677.88	0.00	0.00
130	镀锌等边角钢	8,596.40	0.00	0.00	8,596.40

图4　应用审计模型和Python审计物资积压问题

（2）应用SQL审计信息系统账户管理问题。应用神通数据库SQL交互工具，查询被审单位统一身份账户一个身份关联多个AD账户、离职人员账号未禁用等异常数据，排查信息安全风险。如：通过SELECT*FROM SYSDBA.AD账号WHERE人员状态=‘启用’AND账号状态=‘禁用’，发现不规范记录72条等（图5）。

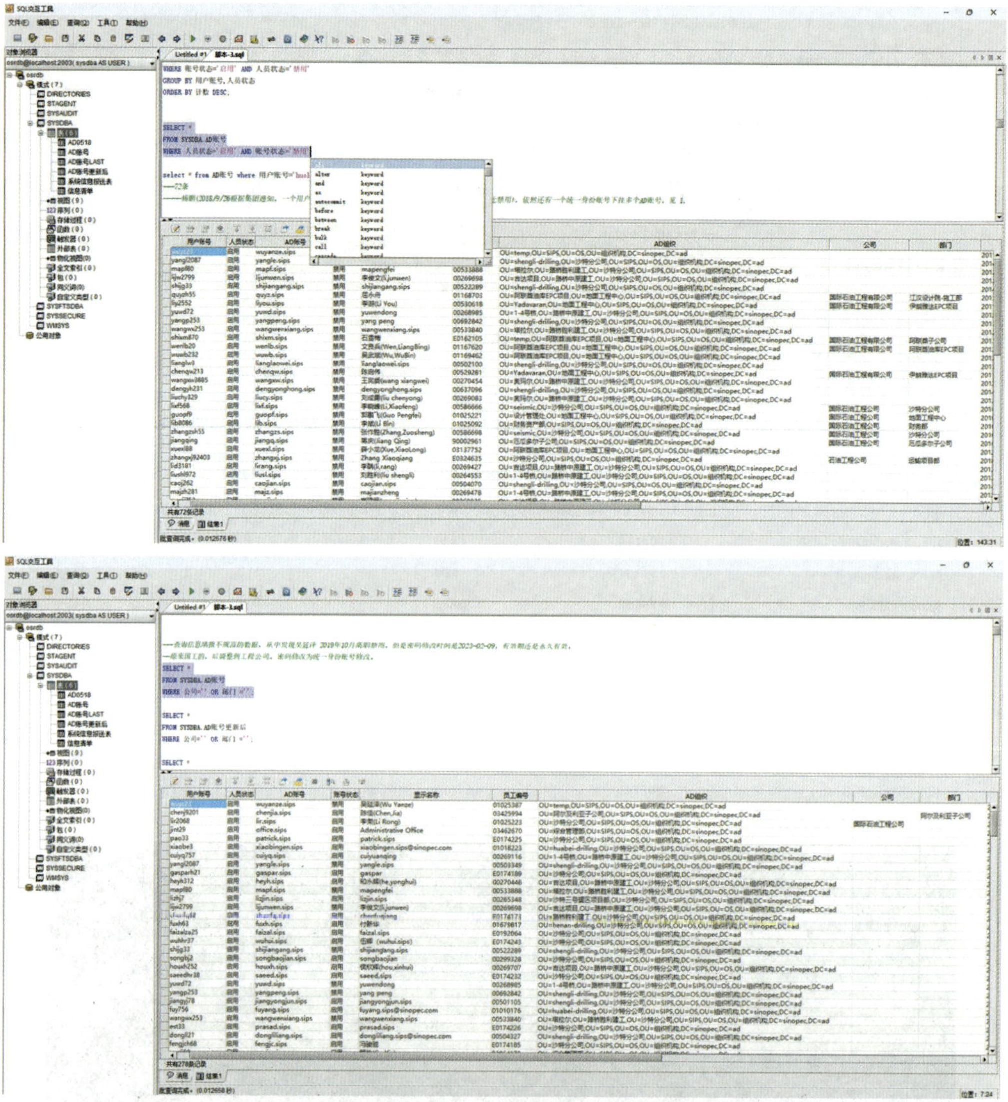

图5　应用SQL审计信息系统账户管理问题

（3）应用爬虫技术审计采购价格问题。应用爬虫技术获取中联钢电子商务平台（http：//custeel.com）各时期钢材行情和价格信息，按合同约定的价格定价公式，计算各型号钢材每天应执行的标准价格，与实际的采购订单价格进行对比，发现采购订单因调价不及时增加采购成本问题（图6）。

python > steel2.py > ...

```python
import requests
import json
url='https://www.custeel.com/reform/getSteelPriceChartsDat
header={
    'Cookie': 'JSESSIONID=30CD63152ED564B87A2A0D34D2329D11
    'Host': 'www.custeel.com',
    'Referer': 'https://www.custeel.com/reform/shuju.shtml
    'sec-ch-ua': '"Chromium";v="110", "Not A(Brand";v="24"
    'sec-ch-ua-mobile': '?0',
    'sec-ch-ua-platform': '"Windows"',
    'Sec-Fetch-Dest': 'empty',
    'Sec-Fetch-Mode': 'cors',
    'Sec-Fetch-Site': 'same-origin',
    'User-Agent': 'Mozilla/5.0 (Windows NT 10.0; Win64; x6
}

r=requests.get(url=url,headers=header)
data=json.loads(r.text)
print(data)
```

图6 应用爬虫技术审计采购价格问题

三、主要价值和成效

(一)提升远程审计能力和精准度

近两年审计项目平均现场审计时间下降了50%；审前调查发现的审计线索占比超过2/3，大数据团队为审计项目提供线索准确率达92%。

(二)促进信息化审计由"用系统"向"用数据"转变

利用审计宽表突破系统查询权限限制，在采购、销售等领域实现了数据关联应用，审计由"用系统"向"用数据"转变，提升了发现线索的能力。

(三)形成多项数字化审计研究成果和数据模型

近两年2项数字化审计成果获集团公司管理现代化创新二等奖，2篇数字化审计论文获集团公司审计理论研讨一等奖；促进建成审计模型99项，即时建模11项，形成信息化审计案例53篇等。

（四）促推大数据审计平台建设和数据治理

推动中国石化数据服务平台补充了资金集中管理系统等5项数据源，完善了200余个数据字段，形成了应付账龄信息等12项数据资产；揭示系统网络和信息安全、数据质量等问题，助力集团公司网信安全和数据治理工作。

四、展望

落实“科技强审”要求，运用“业审融合”大数据审计平台、内外部信息系统和各种数据分析工具等，探索开展销售板块平台式审计，切实提高审计质效。

（一）组建工作组开展总体分析

组建数字化审计工作组，全面复盘典型问题，建设数据分析方法体系，完善模型实验室数据和审计模型。

（二）优选审计对象推动实施应用

通过审计项目实践检验，运用数字化查证工具及数据分析方法全面剖析典型问题，优化调整数据分析方法和模型。

（三）聚焦重点领域探索平台式审计

针对问题频发和重要领域，组织常态化在线分析审计线索，尝试开展平台式审计。

联系人：卞　勇　邮箱：biany@sinopec.com

工程招标数据分析助力监督管理模式创新

——中国石化集团招标有限公司

案例综述： 为促进招标采购与互联网深度融合，提高招标采购效率和透明度，降低交易成本，充分发挥信用信息和交易大数据在监督管理中的作用，中国石化建设工程电子招标投标交易平台将分散在各个业务环节中的数据进行分析和挖掘，助力智慧监督建设。

一、背景和目标

（一）案例背景

为了防治招投标中的腐败问题，减少招投标领域人为因素的影响，同时随着计算机及电子通信技术的发展，国家有关部门、各地招投标监管等部门正在积极探索并推动电子招投标的建设和发展，拟对工程招标数据进行分析，并正确认识电子招投标手段以及该技术手段在监督管理中的作用具有极强的理论与实践意义。

（二）建设目标

收集整合交易数据、交易成果、各行业投资比例等，通过建立数据挖掘分析模型，还原交易项目全过程，并对各类历史交易信息进行量化分析，结合大数据深度分析和挖掘技术，有效提高违规监察的效率和精准度，保证了交易活动的公平、公正、有序进行。

二、主要建设内容、实施方法及创新点

（一）主要建设内容

1.数据总览

综合展示招标方式信息、招标组织信息等，为交易实时动态等提供参考（图1）。

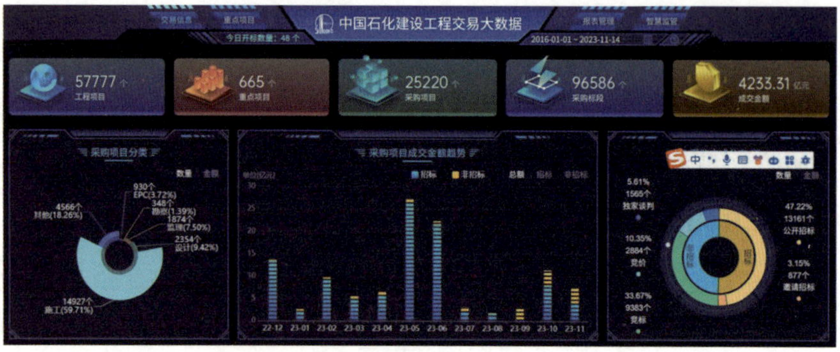

图1　中国石化建设工程交易大数据

2.数据服务

对交易过程中的评标办法设置、专家打分总体质量情况等进行深入分析，优化交易规则制定机制（图2）。

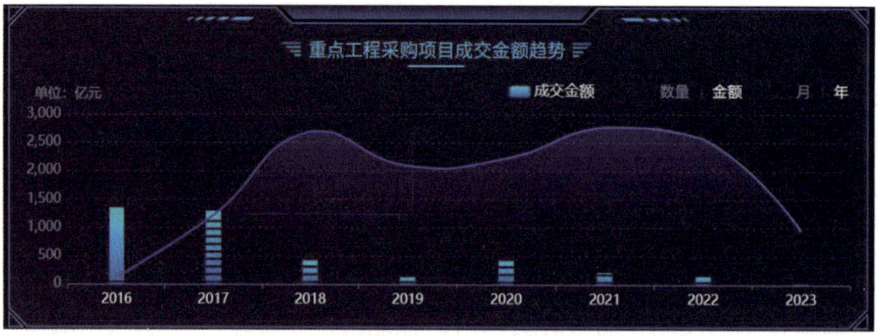

图2　重点工程采购项目成交金额趋势

3.数据监管

主要从交易关系、异常等主题对数据进行监管分析，反映出交易项目中是否存在违法、违规情况。

4.数据画像

包括主体画像、项目画像，数据分析对象包括：基本信息、地区分布、资质分布、重大项目情况、流标等。

5.全面数据管理

强化系统管理能力，制定资源目录，采集、归纳系统中各行为日志记录并进行清洗、融合等体系化治理。

（二）实施方法

利用大数据、云计算、人工智能等先进技术，完善监管平台功能，打通数据隔阂，将交易平台、合同系统等不同来源数据在监管平台融合汇总，并进行可视化呈现，对建设工程招投标项目进行实时智能预警，快速定位、处置项目风险及存在问题；利用数据画像技术，可对各主体行为进行分析和预测，从而为企业提供针对性服务；通过维护资源目录，采集和归纳系统行为日志，清洗和融合数据，建立起体系化的数据管理机制，保障数据安全、保密和准确；利用智能任务调度技术，采用“碎片化中台”的模式，实现了资源节约的需求。目前，中国石化建设工程电子交易平台大数据功能涵盖招标投标的全生命周期，设立了47个监督点，包括应招未招、专家行为异常等，满足了中国石化在招标投标等业务中对数据的需求，并助力企业提高监督管理能力。

（三）创新点

应用NLP语义分析，对关键环节中的文件进行智能化识别，包括对招标文件结构化信息与相关制度内容的语义关联，并实现招标文件内容多级溯源、文档差异对比等功能；通过分析标书的文本结构进行相似度计算，实现标书文件的雷同性分析。

一是对标书主要是技术标的文本结构进行相似度计算，通过使用停顿词库和结巴分词进行文本断句，形成分词模型，进行向量化操作。

二是通过系统辅助设定可分析关键指标信息，例如文件制作机器码、文件创建标识码等指标项，以标段为分析维度，分析投标人是否在上述指标中存在同标段雷同的记录，挖掘单位之间潜在的关系，展示存在异常的单位及标段信息。

三是依托招投标历史数据，运用聚合度分析算法，对投标人、招标人主体之间的关系分析，结合所有历史投标记录进行深度挖掘，发现市场主体之间的潜在关联，及时发现异常行为。

四是通过列表展现有对中标人打分倾向性的评委名称与其打分倾向性单位数量，按倾向性单位数量由多到少排序。

三、主要价值和成效

（一）提高建设单位工作效率

通过数据分析，可以更有效地处理采购过程中的问题，实现工作的规范化、网络化运作，将极大地减轻工作人员的压力，提高工作效率（图3）。

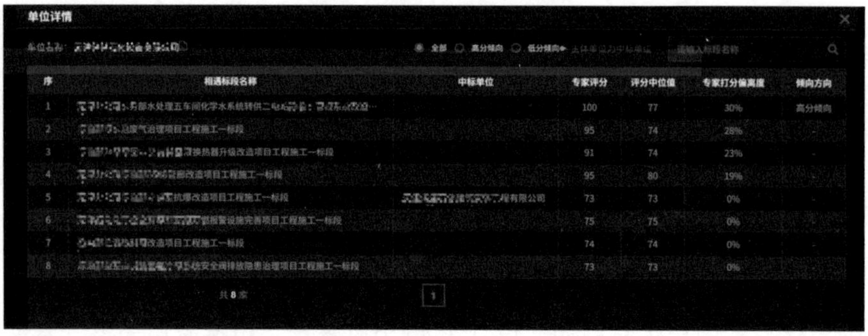

图3　数据分析提高工作效率

（二）提高业务监管水平

通过技术手段对围标、串标的行为进行识别分析，根据建立的围串标分析辅助模型结果，若分析结果中存在围标、串标行为，则自动向预警接收人发出提醒，接收人可对其进行核实并采取相应的措施。进一步维护电子招投标平台遵循的公正、公开和诚实信用的原则。

（三）提升供应商关系

通过识别和分析围标、串标行为，采购方可以更好地与供应商建立和维护关系，从而促进长期合作和共赢。

（四）辅助决策

通过主体关系分析、股权穿透分析、关键指标雷同、机器码/标识码、文件下载/标书上传/远程解密IP雷同、投标价格分析等维度，剖析围标、串标行为特征，实时监测串通投标数据痕迹，智能预警并生成串通投标线索分析报告，把握串通投标监管主动权。

四、展望

中国石化建设工程电子招标投标交易平台及时将违规行为进行预警，为监督管理部门提供查处围标、串标的数据支撑，有利于净化招投标市场环境，优化本地的营商环境，提升招投标的公平性，满足智慧监督的要求。

以大数据应用为核心，实现数据的流通共享和价值挖掘，在改善交易环境的同时优化了决策过程，助力工程建设招标采购交易机制和监督管理模式创新。

联系人：傅　淼　邮箱：fumiao@sinopec.com

第三篇　油田企业

“胜小利”大模型开创油田数据交互新形式

——胜利石油管理局信息化技术服务中心

案例综述：大模型技术突破为人工智能再次注入了一支强心剂，胜利油田作为国有大型油田，大力推进大模型技术在勘探开发领域研发和应用，攻克了“三级技术架构设计、小算力驱动大模型、知识解析自主学习”等多个行业难题，成功上线推广了“胜小利”智能助理，支撑了数万人安全使用，取得显著应用成效，不仅让人工智能成为企业内家喻户晓、有口皆碑的新型产能，还为油田企业数字化转型和智能化发展探索了新思路、新模式。

一、背景和目标

（一）案例背景

当前，人工智能已逐渐成为推动产业变革的核心力量，其强大的计算和深度学习能力为各行各业带来了前所未有的创新机遇。在油田勘探开发领域，传统的信息交互模式难以满足人工智能时代精准化、高效率的业务需求，宝贵的专业知识难以有效沉淀和传承。胜利油田率先推动油气行业大模型建设和应用，初步建成和推广了“胜小利”大模型智能助理，每天为各级用户节省数据检索、资料查询、文章写作时间超数百小时。

（二）建设目标

打造基于千亿级自然语言大模型的油田信息资产智能服务平台，实现数据应用的高效交互、专业知识的共享传承，培育“人人会AI、人人用AI”的生态。

二、主要建设内容、实施方法及创新点

（一）主要建设内容

1.组建AI团队，自主完成油气大模型设计开发

组建胜利油田大模型人工智能技术攻关团队，在L0模型的基础上，自主开展L1、L2级大模型设计开发、实施推广，掌握全栈关键技术。高质量完成了“千亿级参数油气大模型体系建设、知识图谱自动构建、文档智能解析自主学习、3D加速训练、自适应批量推理、大矩阵张量分解优化”等攻关工作，意图理解准确率超85%，大模型训练效率提升一倍、推理效率提升60%，实现了在低成本小微高性能集群上训练推理千亿级大模型，有力支撑了企业内上万用户使用（图1）。

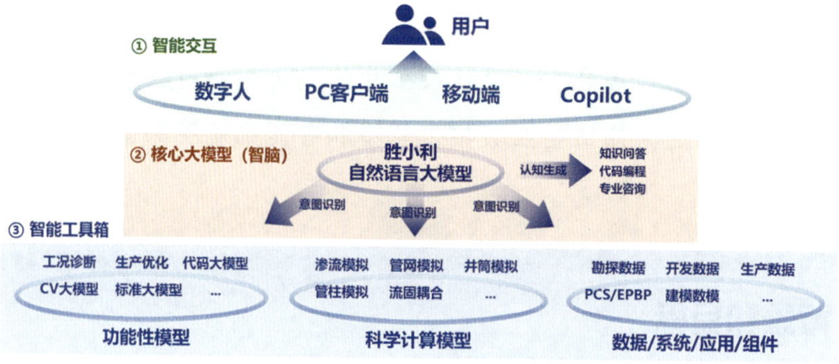

图1 “胜小利”油气大模型技术架构

组织勘探开发、财务经营、生产销售、安全环保等多专业部门开展油气专业语料和企业私有数据整理，利用“文档智能解析和自主学习”技术，快速完成了超过三百万语料整理。油田专业问题生成准确度超过国内外通用模型。

为了提供低成本、高质量的AI计算资源，胜利油田融合多种计算架构技术，建设了企业级多元异构大模型计算中心，实现了多品牌、多型号计算资源的池化共享、统一管理，通过计算资源动态调度，实现混合云互联互通、资源动态弹性伸缩、高效共享计算、全局优化监控分析等，大幅压减算力成本。

2.创新智能对话交互模式，大幅提升交互效率

传统图形用户交互模式下，用户常常在复杂工业系统中“找功能、找数据”，有时甚至需多次登录不同系统“查资料、做分析”，造成企业人力资源低效浪费。利用大模型的认知理解能力，构建油田信息超级“Agent”，帮助用户快速查询数据、指标、应用页面，完成业务分析计算，提出“为每次交互节省三分钟”响亮口号（图2、图3）。

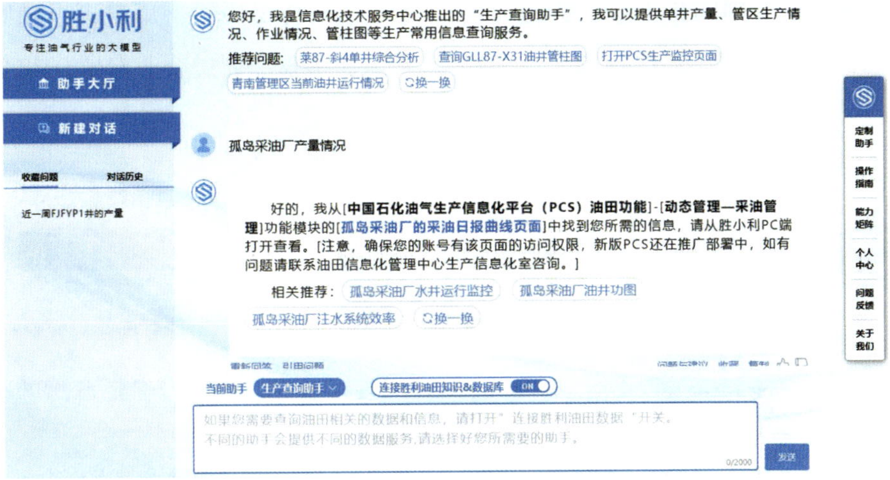

图2　查询和控制各种信息资源

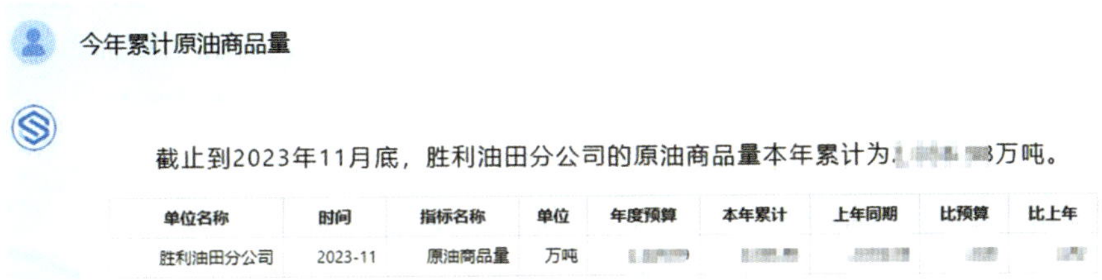

图3　经营管理者快速了解生产经营和财务动态

结合数据特征，自动选取适当的油田专用图表、图形，以图形化形式协助用户快速了解业务现状、分析运行问题。如用曲线展示运行情况、管柱图展示井底设备情况、测井图展示储层物性情况，目前已接入几十种图形化工具（图4）。

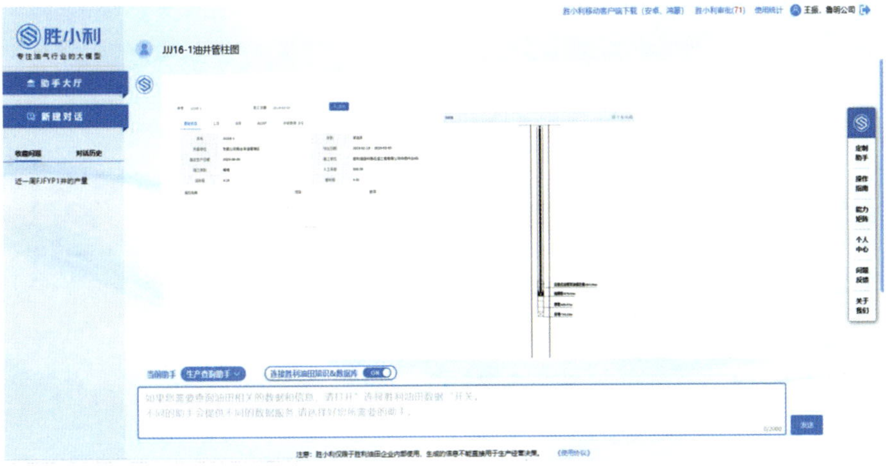

图4　绘制油井管柱图

PC端、移动端同步上线，无论是讲座学习还是会议研讨，用户可以随时随地打开手机，查询所需知识或数据。数据全部采用加密算法通过企业专属DMZ区开放（图5）。

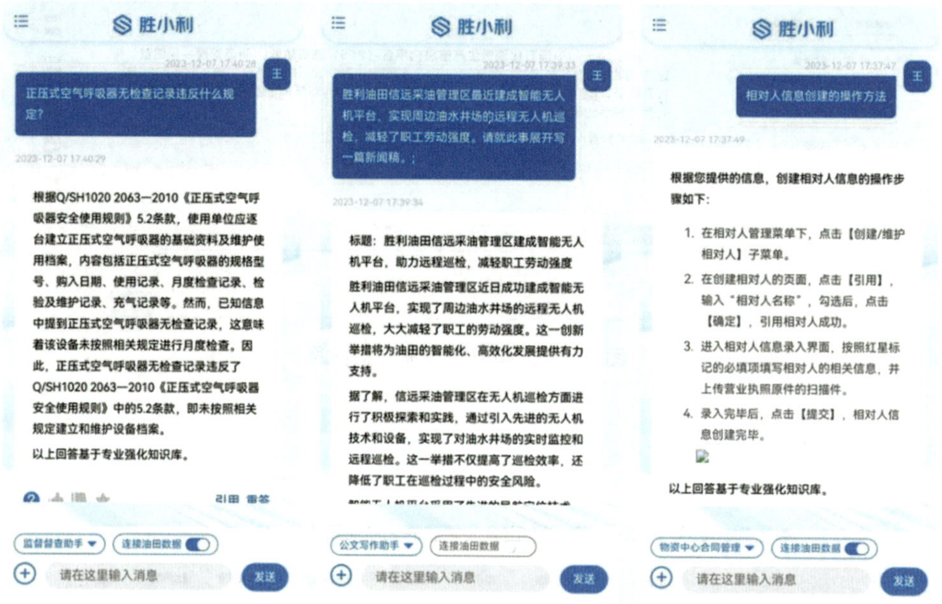

图5　“胜小利”移动客户端

3.创新知识管理模式，积累传承专家经验

建立大模型智能助手大厅，鼓励各部门、单位创建“专属大模型”，将私有的知识、经验沉淀到专属助手，通过大厅安全地分享给需要的人，实现了知识、数据、成果的分享流通（图6~图8）。

图6　大模型助手大厅

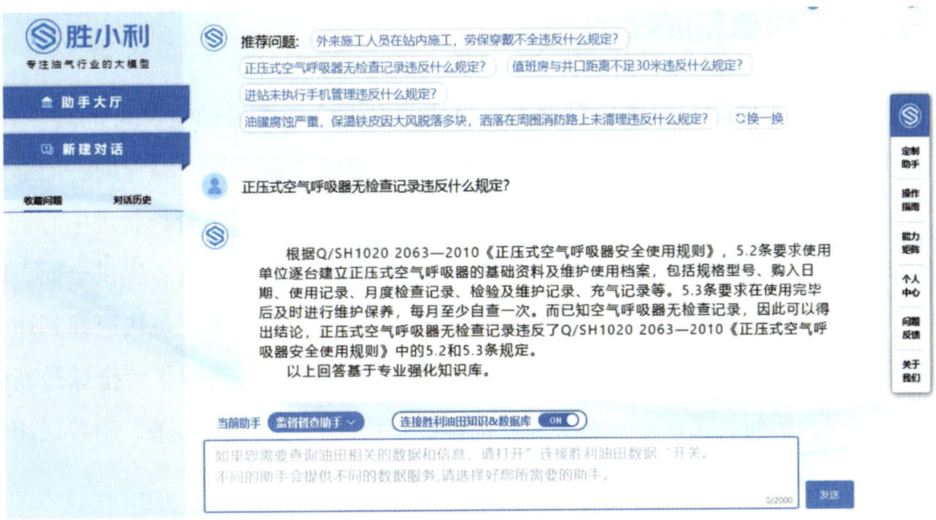

图7　用监督督查助手查标准和问题

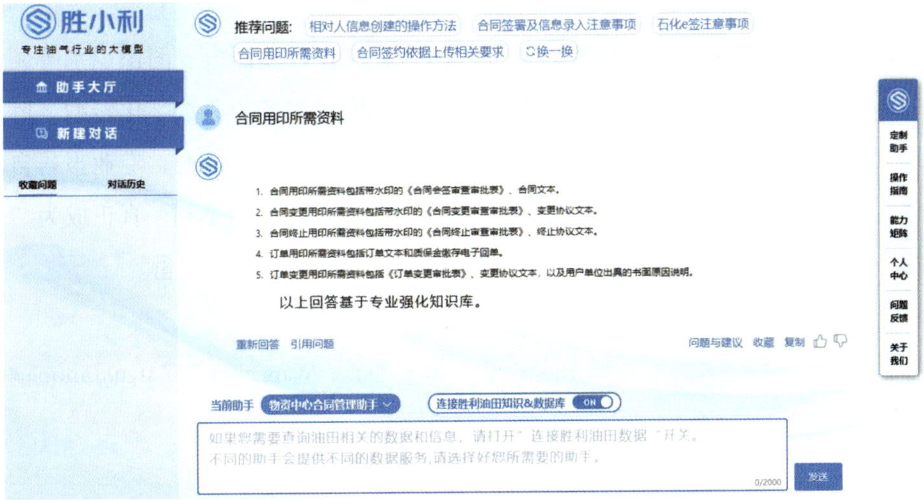

图8　用物资合同管理助手咨询相关制度

（二）实施方法

按照“数据+平台+应用”原则实施，将大模型打造成平台层的公共服务能力，面向各系统、助手应用开放接口，确保未来规模化推广的经济性。

（三）创新点

创新对话数据交互，提升信息协同效率。

创新经验分享模式，打造知识沉淀平台。

三、主要价值和成效

目前，具备各种专长的大模型助手，已成为企业全员喜爱的生产力工具。其中，公文写作助手帮助用户快速编写新闻稿、讲话稿、总结、制度等。编程助手能够嵌入开发人员自身IDE，提供代码编制、查错、解释等实用功能。财务资产管理中心创建的“财务助手”，可以查询和分析油田3000多项财务指标数据，为决策者提供全面、精准的信息。QHSE督查中心创建的“监督督查助手”，可以协助检查人员快速找到违章依据，精准判断违章问题和程度。科研人员用“油气情报助手”快速了解全球最新油气行业资讯，聚合新闻、文章、专利等专业知识。日均回答提问超500条，为各级用户节省了大量写作调研、查数据查系统的时间，工作效率显著提升。

四、展望

大模型的本质是新一代大规模人工神经网络，其在自然语言、图像识别等领域表现出的卓越能力，将在未来深刻影响通用信息交互模式和各产业数字化转型。胜利油田将继续在该领域深耕研发、做实应用，逐步实现“表格自动填充、专业报告自动编制”等实用功能，打造各领域百问不倒的“智能助理”，让“胜小利”真正成为“日常工作的小帮手、管理决策的智囊团”，为推动油田高质量发展贡献力量。

联系人：王　振　邮箱：wangzhen217.slyt@sinopec.com

大数据在中原油田文 51 块注水指标分析中的应用

——中原油田分公司

案例综述： 濮城油田文51块发现于1983年，是东濮老区一个有代表性的区块，经过40多年的开采，文51块产能逐渐下降、成本上升，组织效能指标落后，提升劳动效能迫在眉睫。注水开发是老油田提高采收率的一个重要手段，实时监测和分析注水指标的变化，可以及时发现注水工作中的异常情况和存在的问题，并针对性地采取相应的措施进行调整和修复。信息化管理中心与濮城采油厂结合，在2017年精细注水示范区建设成果基础上，引入大数据分析技术，为油田开发添加了新的信息化支撑。

一、背景和目标

（一）案例背景

针对注水指标计算复杂、考核周期长、未实现实时监测、异常原因或变化趋势分析工作复杂的问题，研发了油田大数据提取、清洗、转换工具，研发了注水指标大数据分析模型及智能化原因分析工具，实现了注水指标计算自动化，变化原因分析智能化。

（二）建设目标

该案例基于油田数据仓库（EPDW），集成勘探开发数据库（EPBP）、油气生产指挥数据库（PCS）、厂源头数据库等数据信息，从注水指标计算与变化原因分析入手，利用大数据时序分析，研究油水井连通关系并进行原油生产参数预测，形成了一套辅助地质、工程技术人员日常分析的软件工具。

二、主要建设内容、实施方法及创新点

（一）主要建设内容

1.数据提取、清洗、转换工具集

研发历史分水表文档的数据提取、入库工具，历史数据实现自动识别、提取，无须人工再次录入。

研发EPBP中存储的非结构化吸水、产出剖面文档的数据提取工具，拓展EPBP数据的应用方式，提升数据分析效率。

2.注水指标计算及影响因素大数据分析模型

研发集成了配注合格率、层段合格率、水井分注率（总分注率、机械分注率）、开井率、分层测试率、测试合格率、平均免修期（光管井、封隔器井）等七个注水指标的计算服务软件，技术人员打开页面就可以看到注水指标的实时变化情况。

研发各类注水指标的影响因素大数据辅助分析模型，实现指标变化原因快速分类、问题直接定位到单井，辅助地质、工程人员的快速决策。

（二）实施方法

系统梳理七大注水指标计算算法，共引用 4个数据库中的35类数据，同时基于油田数据仓库新建ODS层数据表6个。对不符合质量要求的“假、哑、空”数据，采用逻辑关系、BP神经网络等数据挖掘方法，一是进行智能识别，判断数据的真伪；二是通过大数据推算方法，补齐缺失数据，保障数据的完整性和准确性。

在软件实现方面，采用类微服务架构的方式将每天都需要执行的复杂计算独立成一套计算服务，将计算结果持久化到MySQL数据库，开发数据服务实现成果共享，降低了计算机的CPU开销，同时降低后续应用系统的开发复杂度。

计算服务基于Mybatis多数据源进行配置，展示软件采用主流的SpringBoot+Vue进行开发，计算模型采用大数据分析技术。

（三）创新点

数据提取、清洗、转换工具集，为解决面对海量数据，却又无数可用的尴尬现状探索了方法，解决历史非结构化数据提取、清洗、标准化的难题。

自动化的注水指标分析可以实现对异常情况和故障的即时诊断和自动报警，通过设定合理的阈值和规则，提醒操作人员采取相应的措施。

通过研究油水井的动态注采数据，以井间连通单元为对象，基于时序数据相关性算法，建立油水井连通性关系大数据计算模型，模型主要依据日常生产中的各种参数的波动关系，区别于数值模拟、示踪剂等常规方法，具有依赖参数少、计算速度快的特点，把目前定性的油水井对应关系分析提升为可定量化的注采对应关系计算，辅助制定精确的调配产方案。

三、主要价值和成效

自动化的注水指标分析通过建立模型和算法，对注水过程进行预测和优化，通过分析历史数据和实时数据，预测注水效果和产量变化，优化注水策略和管理措施：

（1）通过即时生成的注水指标曲线，及时发现注水井压力、瞬时流量（配注）、累计流量（注入量）等指标变化趋势，对注水指标变化原因进行精准分析。随机抽取应用期间分析的62口水井的数据进行统计，原因正确54口，准确率87.1%。

（2）通过指标的应用，发现部分井免修期异常，对长期未动管柱井进行针对潜力目的层的作业调配12口，累计增油309吨，达到了保护井筒、细分注水的效果。

目前，该软件工具已在中原油田濮城采油厂地质研究所、工艺研究所、采油区投入使用，满足油藏动态管理方面的应用需求，极大方便了地质工程人员日常分析。

四、展望

随着油田的信息化建设，多年来逐步积累了大量的数据资产，但数据应用不够、融合分析不够的状况还在很多领域广泛存在，如何应用大数据分析、人工智能技术，辅助进行数据价值的深度挖掘与应用，是摆在我们面前的机遇与挑战。信息化携手油田多专业科研人员，从油田开发的关键KPI指标入手，构建实时计算、智能分析、即时报警、辅助决策的闭环生态，是推动油田效益开发的一条成功之路，下步将会与地质、工程、生产、经营一体化协同并进，共创数字赋能型油田的美好前景。

联系人：高禄鹏　邮箱：gaolp3301.zyyt@sinopec.com

躺井故障井数据治理与共享应用

——中原油田分公司

案例综述：针对目前中原油田躺井占比较大，缺少油田层面统一的躺井数据库，无法进行快速地多角度、多维度的统计汇总及原因分析等问题。以EPBP、PCS等动、静态数据为基础，将躺井关键数据统一标准、统一存储、统一管理；进而对油水井指标多维度、多角度对比分析、报表优化研究；通过丰富的图表提供直观可视化的分析结果，为下步预测决策提供数据基础，预测单井躺井故障井的可能性，即可减少躺井、故障井，提高效益。

一、背景和目标

（一）案例背景

油田井况问题直接影响着油田的稳产，并且造成抽油井躺井和故障的因素复杂。目前，中原油田躺井占比较大，油田层面无统一躺井的数据库，无法进行快速地多角度、多维度的统计汇总及原因分析。为解决躺井、故障井数据管理无法统一、信息化单一、共享程度不高等方面的问题，开展了躺井与故障井的数据治理与共享应用工作。

（二）建设目标

以EPBP、PCS等动、静态数据为基础，基于各单位调研的躺井、故障井等工程关键数据业务分析，建立油田躺井、故障井业务数据管理规范；统一躺井、故障井数据实时采集入库，将躺井、故障井数据统一标准、统一存储、统一管理；加入现场躺井、故障井相关分析数据、常用工具、管杆泵等技术参数，再结合图片等资料形成专业躺井、故障井技术分析平台。最终实现躺井、故障井数据的统一管理、共享与应用。

二、主要建设内容、实施方法及创新点

（一）主要建设内容

1.故障井数据治理与应用

（1）制定数据故障井数据管理标准；提取历史资料并将数字化、图形化资料转换入库，将故障井数据与油田数据融合。

（2）实现故障井基本情况、故障类型等信息的查询；直观展示各单位油井工况情况，实现各级别数据的有效汇总及穿透查询；对油井工况变化历史进行查看分析，评价同类油藏整体管理水平的变化情况，实现多人协同分析与结果共享管理。

2.躺井数据治理与应用

（1）对躺井业务进行梳理，按照统一数据标准进行数据整合与清洗，建立躺井数据模型。

（2）研究混合异构数据在统一资源管理框架上的存储和管理，实现跨数据类型和数据存储引擎的并行计算。

（3）建设统一的躺井数据分析平台，对处于危险期的油井提前实施措施并将结果共享管理。

（二）实施方法

1建立躺井故障井数据模型

基于躺井故障井数据库，构建数据模型。从躺井基础数据、套管数据、躺井诊断等方面，以及从故障井基础数据、套管数据、落物数据等方面进行故障原因及类型分析。

2.研究应用数据治理技术

（1）对业务、图片等数据进行编码、分类和预处理，修复数据中的错误及缺失值，形成统一的数据标准。

（2）研究数字化高效转换技术，实现非结构化数据存储，便于图片等非结构化数据集中高效管理。

（3）与EPBP、PCS数据同步，实现躺井、故障井数据的自动提取。

（4）分析不同数据变量之间关系，实现对异常、错误、遗漏数据进行统计分析、跟踪和修复。

3.数据分析可视化

（1）应用可视化技术与平台数据联动，以直观的图表形式将业务数据显示给业务和管理人员，同时实现分级、分维度检索。

（2）通过对数据间的关系进行分析，发现故障井关键影响因素，对工况情况进行分析。

4.数据多角度、多维度对比分析

（1）横向对比：与油田、采油厂、管理区、区块等进行对比，掌握不同单元的相似和差异，明确自身优势和短板。纵向对比：将目前油井现状与历史数据进行对比，分析指标变化的主要原因及构成。

（2）多角度分析：跨单位、跨区块对油井现状、部位、类型及定性等进行多角度分析。多维度分析：对时间、区域等进行多维度分析。

（三）创新点

1.编制躺井、故障井数据管理技术规范与标准

实现了从数据分散缺失、难共享到全油田数据贯通、集中共享；从业务分散管理到实现一体化精细化管理；从线下上报、问题发现周期长到线上上报、实时督促整改；从依托人工经验、全局性分析难到大数据汇总分析、实现科学决策。

2.形成业务多选择性分析模型建立及多因素分析技术

油田某口井于2022年8月27日管漏躺井，免修期497天。本次作业全井管杆未发现腐蚀现象。但通过对躺井数据查询对比发现该井2021年及以前有腐蚀井史，平均免修期仅212天。调查后，原因是前期采取了优化药剂为抗CO_2缓蚀剂等控躺措施后，使免修期得到了延长。

根据上述情况，通过平台横向查询快速梳理出该区块16口油井有存在类似井史。采取优化防腐加药方案后，区块整体免修期得到延长，且目前持续有效。

三、主要价值和成效

通过工程关键数据统一规范和有效治理，为科学决策提供有力支撑，建立了业务可视化分析模型，实现油井工况智能监测与预警分析，提前预测躺井的发生、及时采取预防措施，同时为躺井发生后及时制定合理优化措施提供依据，减少故障井发生，降低躺井率；搭建了数字化平台，通过数字化手段与大数据分析技术建立油井智能间开策略方案，提升了工作效率。

自完成以来，躺井井次同比上年减少209口，检泵周期延长39天；故障井井次同比上年有所减少。项目实施以来，减少作业费用一千多万元，减少作业占产创效二百多万元，合计创效两千多万元。

四、展望

下一步，可通过工程业务数据的高效管理，使系统间数据全面融合，实现工程业务数据全油田范围内统一化、标准化、归一化高效管理，在躺井原因诊断分析、故障井现状及原因分析、节能降耗等方面提供数据服务支撑。通过大数据分析各类井况发生原因，为业务和管理人员数智化赋能，提高了科学决策能力，进而取得可观的经济效益。

联系人：任子瑞　邮箱：renzr0521.zyyt@sinopec.com

数据深化应用，单井全生命周期跟踪——单井360

——江苏油田分公司

案例综述：油田在勘探、开发过程中，大量的数据被产生和存储，这个时候如何处理这些数据、分析这些数据，运用生产经营管理的数字洞察和预测，实现辅助决策、自动决策和智能决策才是关键。做好了这一步，数据才能成为真正的资产，才能真正为企业创造价值，信息化的作用也才能更大程度地得到发挥。

一、背景和目标

（一）案例背景

油田勘探、开发是一个对地下油气藏不断进行数据采集、研究、处理并及时调整的过程。勘探开发研究人员向领导做汇报的时候，往往需要将多专业的数据综合展示，而且要简单、直观、明了，以便为领导决策提供及时、准确的依据。目前EPBP中积累的数据很丰富，但就单井而言，其数据分散，查找不便，为进一步挖掘数据的价值，方便开发人员获取数据，并将分析经验和方法通过标准分析模板记录下来，利用智能化手段快速定位分析问题井并给出下步调整对策，开发人员通过分析现象，认识本质，发现规律，找出存在的问题，提升油藏动态分析水平，有助于研究成果和经验的传承，有利于改善油田开发效果。

（二）建设目标

一是实现文件资料在线预览。基于EPBP汇总一口井的所有资料，收集在一起，分门别类地进行集中展示，并实现在线预览功能。

二是实现全方位、多维度展示。建立以综合柱状图为核心，动态与静态资料相结合，生产与分析相对应的方式，对地层、岩性及生产动态进行分析评价，方便基层人员及时掌握油水井动态。

三是实现图形化方式直观展示。通过自动成图，采用数据加图形的方式展示产液剖面、吸水剖面，分析层间非均质性；利用三维立体图形展示井轨迹，使井身结构一目了然以及在线查看录井草图、测井曲线等。

四是实现表格的形式展示数据并可下载。将井斜数据、分层数据、测试数据、生产数据等通过表格及图形化展示，并可分类导出到EXCEL文件，数据保存一挥而就。

二、主要建设内容及功能

以单井的全生命周期为主线，从地质研究提出井位开始，结合钻井、测井、录井资料、解释成果，测试曲线成果，以及射孔试油作业成果、采油动态数据、集输管线、视频等数据，通过将图形、表格、计算等功能集成在一起，综合展示一口井的全生命周期，进一步减轻研究人员的劳动强度，提升信息流转效率。

（一）以单井为主体展示

单井全生命周期数据主要包含基础静态数据和生产动态数据两部分。将一口井的所有资料收集在一起，分门别类地进行展示，对一口井的全生命周期清晰呈现。将之前都只能是CS成图的单井柱状图，通过PS的方式实时呈现给用户，柱状图中包含了测井曲线、录井成果、解释成果、射孔、井深等多专业信息。另外还清晰地展现了基础信息、地层信息、采油生产、历次试油作业等信息（图1）。

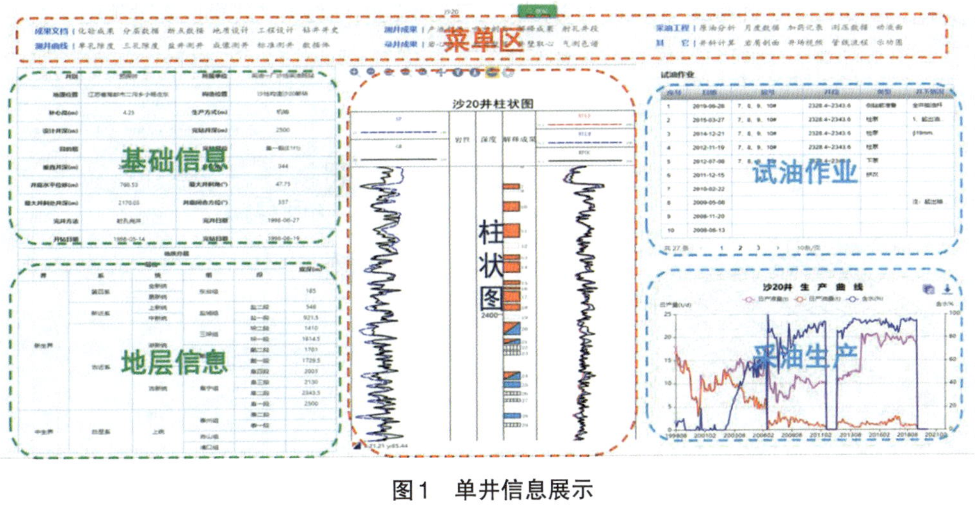

图1 单井信息展示

（二）全方位、多维度展示

以综合柱状图为核心，动态与静态资料相结合，生产与分析相对应的方式，对地层、岩性及生产动态等数据进行分析评价。静态数据涵盖设计、钻井、录井、测井、试油、投产等勘探开发各环节产生的数据。包括井史资料、油藏资料、录取数据、油井大事记，给每口井建立档案。基础静态数据在油井生产过程中随着修井各种作业措施的实施，有部分也是变化的需要及时进行数据完善。生产动态数据主要包括生产运行时的工况诊断信息、产液量、含水率、动液面、示功图等实时数据（图2）。

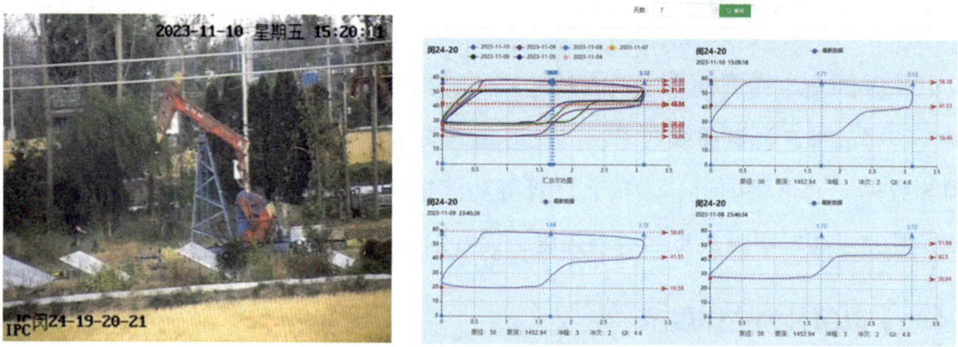

图2 数据全方位、多维度展示

（三）以图形化方式直观展示

通过自动成图，采用数据加图形的方式展示产液剖面、吸水剖面，分析层间非均质性；利用三维立体图形展示井身轨迹，使井身结构一目了然，另外成图的还有单孔隙测井、盐井测井、标准测井，以及采油、注水日数据曲线、月度曲线（图3）。

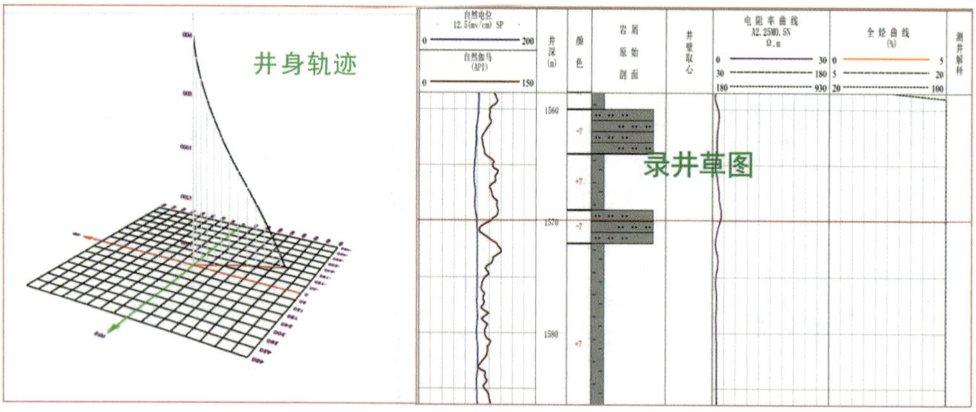

图3 数据加图形展示

（四）以数据表格的形式分类别进行展示

将井斜数据、分层数据、测试数据、生产数据等通过表格及图形化展示，并可分类导出到EXCEL文件，数据保存一挥而就，并可在线进行斜深与垂深的换算（图4）。

井斜计算

序号	井深(m)	井斜角(°)	方位角(°)	累计E轴分量	累计N轴分量	横坐标	纵坐标	垂深(m)
1	23.93	0.57	60.7	0.1	0.07	20705057.86	3644852	23.93
2	51.29	0.57	54.4	0.31	0.23	20705058.07	3644852.16	51.29
3	78.39	0.68	51.8	0.53	0.43	20705058.29	3644852.36	78.39
4	106.51	0.7	54.1	0.78	0.66	20705058.54	3644852.59	106.51
5	134.28	0.62	56.8	1.03	0.87	20705058.79	3644852.8	134.27
6	161.8	0.48	94.6	1.28	0.95	20705059.04	3644852.88	161.79
7	189.43	0.72	96.2	1.57	0.95	20705059.33	3644852.88	189.42
8	217.85	0.43	83.5	1.85	0.98	20705059.61	3644852.91	217.84
9	246.32	0.28	35.7	1.99	1.08	20705059.75	3644853.01	246.31
10	274.85	0.48	30	2.08	1.25	20705059.84	3644853.18	274.84
11	303.23	0.5	30	2.18	1.47	20705059.94	3644853.4	303.22
12	331.73	0.48	25.5	2.28	1.7	20705060.04	3644853.63	331.72
13	360.15	0.4	32.8	2.37	1.9	20705060.13	3644853.83	360.14
14	389.25	0.25	42.7	2.45	2.04	20705060.21	3644853.97	389.23
15	416.79	0.35	42.8	2.54	2.15	20705060.3	3644854.08	416.77
16	430.57	0.83	54.9	2.64	2.25	20705060.4	3644854.18	430.55
17	459.41	0.85	63.3	2.98	2.5	20705060.74	3644854.43	459.39
18	488.25	0.72	74.3	3.33	2.68	20705061.09	3644854.61	488.23
19	517.01	0.78	77.6	3.69	2.8	20705061.45	3644854.73	516.99
20	545.55	0.72	77.4	4.05	2.92	20705061.81	3644854.85	545.52

共56条 1 2 3 › 20条/页

图4 数据表格及图形化展示

（五）满足不同人员的需求

管理人员、科研人员、生产现场人员都可以查看自己所需的资料，地质、油藏、工艺、检泵修井作业、生产数据管理分析统计等分专业、分部门都一一展示（图5）。

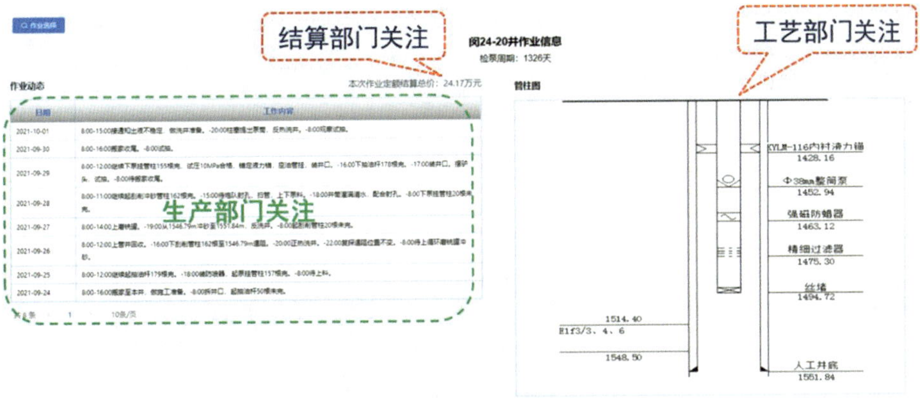

图5 数据分专业、分部门展示

（六）PC端和手机端互通共享

在手机智能化的时代，我们也将生产任务移到了手机上，无论你身在何地，随时都可以通过手机，查看所需的生产数据，实时监控生产情况，真正做到“运筹帷幄之中，决胜千里之外”（图6）。

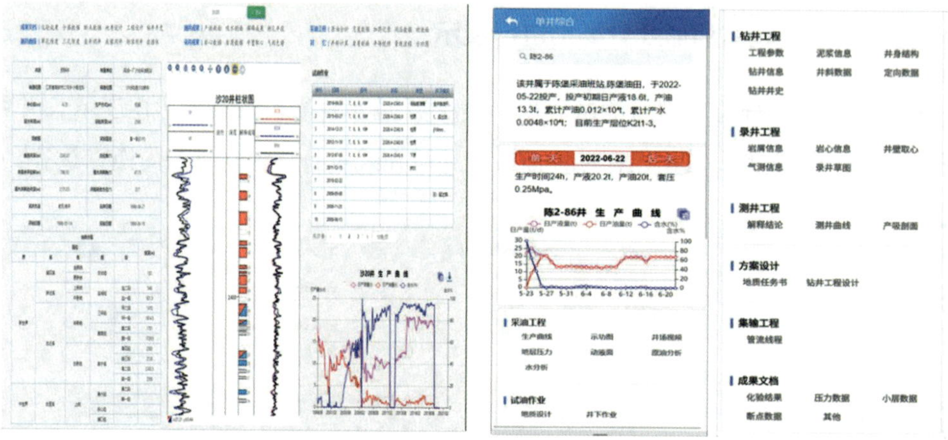

图6　PC端和手机端数据互通共享

三、主要价值及成效

单井360将复杂的计算、统计、成图通过系统处理，将繁杂的工序通过流程化精简，提升运行效率和管理能力，自2021年8月30日上线以来，PC端和移动端点击量累计达到了65000人次，日均90人次左右，不仅方便管理人员随时查看各项信息，也有效地提高了开发人的研究效率，充分发挥了数据的作用，更为数字化智能化油田建设奠定了基础。

四、展望

下一步，将根据研究人员的实际需要，完善更多的数据，进一步结合地质构造图展示相关数据的空间分布情况。

联系人：周　伟　邮箱：zhouw.jsyt@sinopec.com

单井主题库数据应用

——西北油田分公司

案例综述： 油气田勘探开发数据资源是认识油气藏、开发油气藏关键，单井全过程的数据作为认识油气藏的第一手信息资源，在油气田开发中占有重要的地位，和其他信息一样，需要经过规范的加工处理，变成可以帮助决策的信息，才能真正实现它的价值，成为盘活存量资产的基础，成为科学指导生产的依据。总部及分公司非常重视油气田数据库建设工作，投入了大量的人力物力开展该工作，对单井数据进行深度挖掘，为油气田开发决策和数据资源共享提供依据。

一、背景和目标

（一）案例背景

本案例以西北油田数据资源建设为基础。结合单井应用需求，进一步明确油井全生命周期数据“应该有哪些，缺哪些，在哪里”，开展主题库建设，建立单井全生命周期数据全集，并结合业务应用需求，开发数据可视化展示界面，支撑油气开发生产和综合研究数据应用。

（二）建设目标

从单井主题数据的可视化应用出发，明确单井各项应用数据指标数据来源，厘清数据血缘关系，按照单井全生命周期资料一体化管理思路，构建顺北单井信息数据仓库模型，以满足单井全生命周期基础数据、应用数据存储需求，支撑跨专业、跨部门数字化单井全过程数据的一站式协同共享，同时形成数据仓库技术成果可推广模板，为分公司数据治理及数据仓库建设提供指导。

二、主要建设内容、实施方法及创新点

（一）主要建设内容

按照业务需求和业务流程，确定了主题数据库建设方案，梳理完成业务数据清单和应用指标数据来源、算法公式，按照数据仓库模式设计并实现单井主题库功能、数据可视化模块开发界面等四个方面的内容。参考油气开发业务模型和源点数据采集规范，全面梳理分析每项业务过程产生的数据，实现了单井数据资源集中集成（图1）。

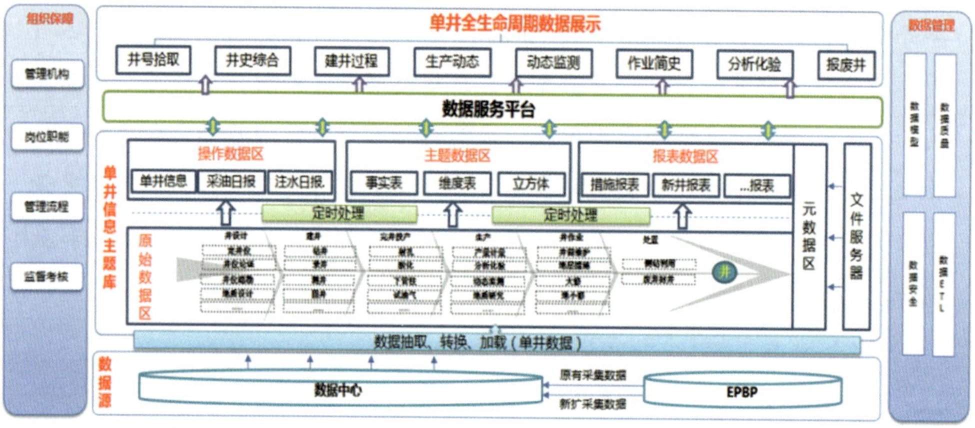

图1　总体设计

（二）实施方法

1.单井应用指标溯源与数据搜集

从应用角度出发，以勘探开发业务平台（EPBP）数据采集为主，结合在用信息系统中的数据，参考单井井史资料：一是明确单井各项应用数据指标数据来源，厘清数据血缘关系；二是通过示例井数据搜集，掌握EPBP单井应用指标数据采集情况，探索历史数据收集方法（图2）。

1）来源于EPBP指标

井设计、钻井、录井、测井、试油气、井下作业及采油气生产专业原始采集数据，共84类数据1174项应用指标数据，由EPBP数据服务接口定制。

2）来源于开发库指标

分析化验专业数据、采油气生产专业相关加工处理数据，共16类数据638项指标，从开发库找到相应指标数据来源。

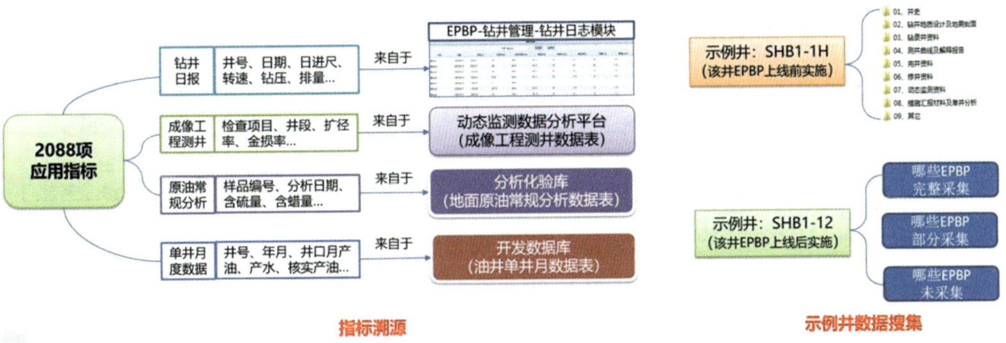

图2　单井指标溯源

3）数据搜集成果

一是对EPBP已有采集模块数据采集情况有了一定了解，为后续数据迁移入库提供参考；二是通过查阅大量的采油厂文档资料，对于单井各专业所需应用数据，出自哪类文档，存放在哪个目录，积累了丰富搜集经验。

2.单井数据建设方案

在单井信息主题库中，需要存储单井原始数据和应用数据两大类数据，所以采用数据仓库模式，按照“两层五区”架构，构建单井主题库数据模型（图3）。

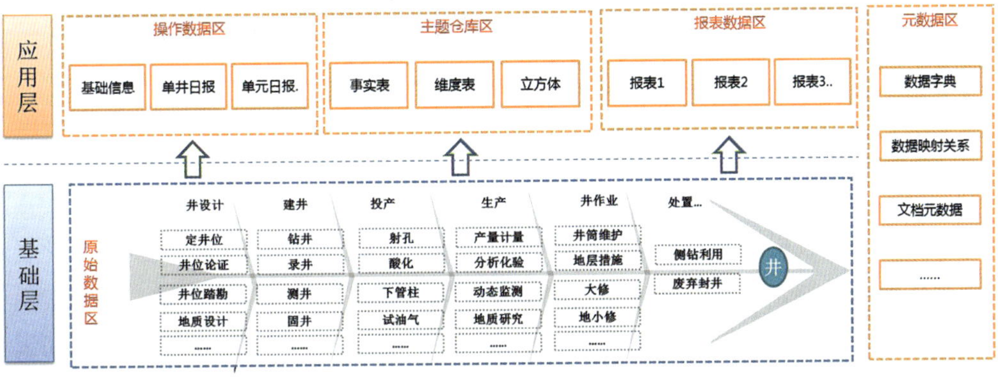

图3　单井主题库架构

1）单井数据清单准备

组织油田业务专家与数据管理专家，以单井为主线，以业务为导向，结合各专业单井数据应用需求，明确列举单井数据目录与数据指标，方便业务人员调研并进行查缺补漏。

2）单井数据调研

以业务部门为主导，开展单井数据调研。通过数据调研，对《单井业务数据清单》进行补充完善（图4）。

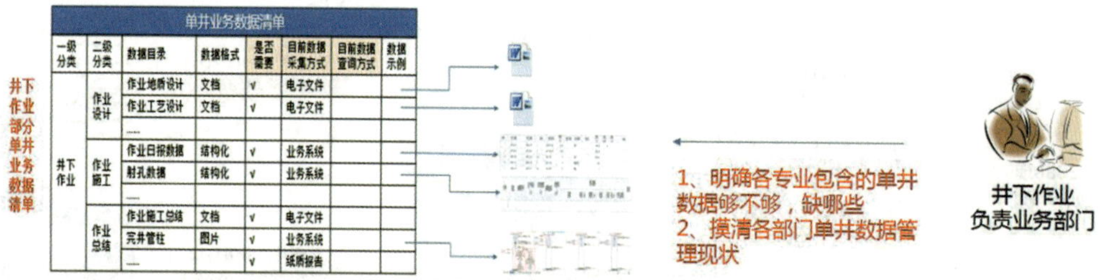

图4　单井数据调研

3）数据入库情况分析

对已入库单井数据的数据字典及数据附录编码，参照《单井业务数据清单》，分析油田单井生命周期数据（图5）。

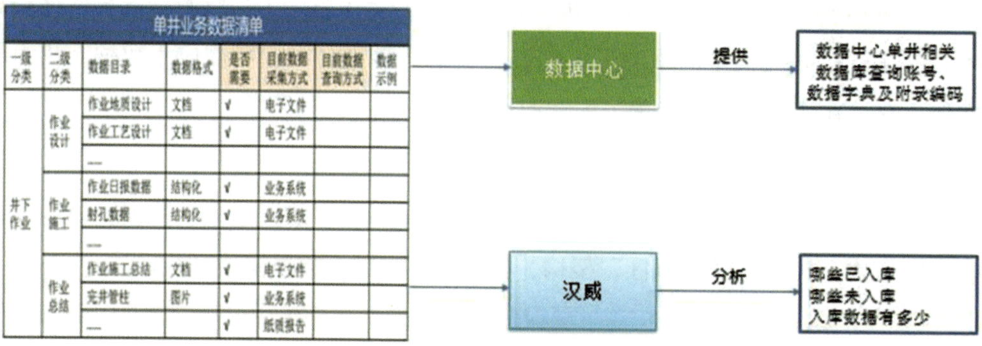

图5　单井数据入库分析

（三）创新点

实现一键式数据检索、单井不同阶段的信息资源可视化追踪对比、图表联动展示等可视化展示功能，用户能够快速组织单井全生命周期各阶段重点数据。同时实现单井与常用设计、总结、报告等文档资料相关联，方便用户一站式检索单井相关知识和下载应用，确保单井信息无死角的全景式应用。

三、主要价值和成效

（一）管理效益

（1）优化了单井生命周期数据应用模型，丰富了单井数据可视化的应用。

（2）通过单井数据在综合研究、生产经营中的应用，在促进开发决策质量提升的同时，确保油田企业取得更大的经济效益。

（3）改进了传统的数据应用模式，具备示范推广的价值。

（二）经济效益

（1）能够减少油田公司各采油厂技术员数据梳理的时间，每人每天节约1—2小时的工作时间。

（2）形成单井全生命周期数据应用模板，有力解决重复建设、无序建设的问题，减少重复开发、重复建设的工作量和资金投入。

（3）对油田数据的全面梳理、可视化应用，为提高油田产能建设质量、开发管理决策质量奠定了基础。

四、展望

单井主题数据库的建设，为油气田数据管理奠定了良好的基础，将进一步开展数据综合治理、跟踪分析和深度应用：

（1）数据治理：依托单井主题库形成的方法论，对勘探开发各专业数据进行深度治理，对专业软件数据格式自动转换和自动推送。

（2）跟踪分析：强化业务主题应用，对全区单井数据进行跟踪分析，通过多维度统计汇总，追踪指标变化趋势。

（3）深度应用：借助大数据等信息化新技术，解决油藏开发规律认识难度大的问题，驱动业务数字化转型。

联系人：石　锋　邮箱：shif.xbsj@sinopec.com

深化EPBP数据应用　服务油气生产主业

——西南油气分公司信息化管理中心（档案管理中心）

案例综述：EPBP作为国内上游统一的油气勘探开发业务协同平台，实现了油气勘探开发业务的统一管控和数据集中管理。西南油气分公司（以下简称“公司”）在落实集团公司数字化转型工作要求，受总部委托牵头建设气田PCS工作中，以EPBP为基础，系统整合气田生产业务所有信息资源，建设气田业务数据分中心，实现EPBP数据的深化应用，依托资源高质量共享，推进气田生产模式变革。

一、背景和目标

（一）案例背景

在气田生产信息与业务融合过程中，面临多源多类数据集成融合难、数据资源统一管控共享难及国内无成熟参考方案等问题，导致多套信息系统间互通不足、数据重复采集、增加基层负担等弊端。为解决上述问题，以承担总部气田PCS建设与推广为契机，坚持EPBP数据资源为基础，系统整合气田生产业务所有信息资源，建立气田业务数据分中心，实现企业数据资源高质量共享。

（二）建设目标

按照集团公司“数据+平台+应用”信息化建设新模式，由油田事业部统筹、公司牵头承担、统一推广，以EPBP数据资源为基础，以全面服务采气业务生产组织、运行管理为目标，系统整合气田生产业务所有信息资源，建立气田业务数据分中心，实现企业数据资源高质量共享，实现PCS与EPBP融合互通，推进气田生产模式变革和企业数字化转型。

二、主要建设内容、实施方法及创新点

（一）主要建设内容

按照“源头唯一、标准统一、集中管理、全局共享”数据建设总体要求，完善气田实时数据接入、EPBP业务数据管理与服务等数据标准，梳理并扩展EPBP业务，搭建上游PCS业务数据分中心，开展数据同步与服务建设，全力保障气田PCS建设应用。

（二）实施方法

具体实施步骤方法包括五部分：

1.数据标准编制

坚持标准先行，引用与编制《数据模型设计规范》《EPBP数据管理应用规范》《数据开发规范》《实时数据管理规范》等10余项。

2.EPBP与气田PCS融合互通

坚持数据源头唯一，气田PCS所需单井基础信息、站库基础信息、站库设备信息等4个专业65项基础数据均由EPBP提供。同时，为更好支撑气田PCS业务开展，EPBP扩展改造采油气、集输、油气销售等专业模块56个。气田PCS采用移动端实现EPBP数据现场采集，目前PCS日采集数据量超1.3万条（采油气、集输），占EPBP日要求采集数据的92%。

3.业务数据层设计与实施

通过梳理气田生产与管理业务，设计包含巡检管理、措施作业、产量管理、一般作业、油水拉运等25个业务主题、447张采集业务表。

4.应用数据层设计与实施

应用数据层按照分层设计原则，分为ODS、STG、FCT、RPT四层。其中，ODS层存储从EPBP等外部平台经过简单加工数据；STG层存储按不同维度汇聚业务数据；FCT层存储经过数据分析处理后数据；RPT则为报表层，存储从其他层汇聚直接满足应用需求的数据。通过数据分层设计，预先完成数据处理分析，显著提高数据应用效率。

5.数据同步与服务实施

业务数据分中心数据流通严格贯彻“收支两条线”思路。累计部署ETL任务465个，包括EPBP至气田PCS286个、气田PCS各层之间167个、气田PCS至EPBP12个，实现不同层之间数据的组合、汇聚和运算，沉淀数据量达9273万条。累计部署数据服务148个，支撑PCS气田功能数据应用，日调用近6000万次。

（三）创新点

建成集团级气田业务数据分中心，支撑上游采气生产多类型数据集成融合及统一管控。遵循企业数据“物理隔离、逻辑汇聚”原则，标准化统管上游6家气田企业业务数据、实时数据及视频数据，上游首次实现集团级生产系统数据分中心一级部署，践行气田PCS数据资源统一管控和高质量共享，全力保障气田PCS建设应用。

三、主要价值和成效

2022年，PCS正式上线后，在公司7家生产单位15个管理区先行投入使用，已累计发出巡检、措施及拉运等指令110万个，正常完成率99.71%，涵盖基层90%以上日常生产业务。上线异常模型291个，运行实例16198个，日均识别异常370余个，正常闭环率近99%。平台高峰时段在线用户过700人，日发出指令近4000个，应用效果显著，累计节省人工费用3510万元，节省作业运行成本174.44万元，创造增产增销效益3741.41万元，合计7425.85万元。

2023年，PCS完成上游6家气田企业21个采气厂推广应用，接入气井10151口、站库2232座、管线4779条，运行异常模型实例16421个；平台授权用户7830人，工作时段同时在线达1000人以上、日访问超万人次，累计派发各类任务指令近180万个，运行成效显著。

四、展望

进一步挖掘数据资产价值，提升EPBP数据应用能力。

（1）充分挖掘EPBP数据资产在公司各业务领域潜在应用场景并通过数据融合实现业务协同（如基于施工数据实现设计优化，基于设计数据实现物资利库等），实现EPBP数据资产价值最大化。

（2）加强人工智能算法在油气生产领域应用能力。利用先进的数据分析、机器学习和人工智能算法，开展EPBP数据资源及PCS生产数据挖掘，准确评价井底情况及现场措施作业效果，系统性提升油气采收率，达到降本增效目的。

联系人：肖维德　邮箱：xiaoweide.xnyq@sinopec.com

深化数据共享应用　提高油田数智化管理水平

——东北油气分公司

案例综述： 东北油气分公司（以下简称“分公司”）以“数据+平台+应用”为指导，强化数据采集与治理，深化数据共享与价值挖掘，夯实基础数据，拓展录井、压裂、定向实时数据，集成高清视频、GIS、AR等软硬件数据，支撑生产、管理与科研，形成了工程管理、生产指挥、业务流转等特色应用。建设输差预警模型，实现输差智能管控；深化工程现场数据共享和应用，实现现场与后方作战指挥室的实时交互；业务流程嵌入管理流程，推进勘探开发与其他业务域融合。

一、背景和目标

（一）案例背景

近年来，分公司夯实数据基础，强化数据采集，充分挖掘现场物联网数据、EPBP基础数据、语音数据、视频数据等，进行整合提升展示，实现对于油气田各类数据按层次化分析和应用。借助5G、大数据、边缘计算、AR+AI等前沿技术，解决传统的管理模式下油田管理运行效率不高、抗安全风险能力薄弱、智能化水平低及远程协同决策难度大等瓶颈问题。规范勘探开发生产关键业务的流程化、标准化、规范化管理，开展数智化改造，实现关键业务节点的动态、可视化的呈现，满足油田管理的决策运行的一体化需求，实现一体化运行监控和监督、远程专家会诊、异常快速决策的协同作战体系，推动油气田安全、有效和协同运行。

（二）建设目标

深度挖掘数据共享应用，实现业务信息化转型赋能，提高油气田管理效率、智能化水平及安全管理规范性，推动分公司智能化、绿色化发展，为智能油气田建设奠定基础。

二、主要建设内容、实施方法及创新点

（一）主要建设内容

建设输差数据预警模型，实现输差智能管控，减少天然气外输损耗，提高公司经济效益；深化工程现场数据共享和应用，建设5G智能指挥平台，实现前后方实时交互与智能指挥；推动业务流程与管理流程的有效融合，实现业务流向信息流的高效转化，拓展业务信息化应用范围，简化审批程序，提升业务管理审批效率。

（二）实施方法

1.优化生产数据预警模型，实现生产智能管控

为加强对天然气输差的监控和预警，及时发现并解决输差异常，借助EPBP数据、各场站实时数据、绘制输差管网图等手段，形成了集输差展示、查询、分析、异常处理于一体的管控体系，降低了天然气运输损耗，实现了全方位输差管控。

2.深化工程现场数据共享和应用，实现智能化管理

搭建5G智能作战指挥平台，借助高速传输网络、指挥室环境、融合通信系统、智能设备及物联网数据采集，集成了109个业务组件，实现了钻录井、定向、压裂等施工过程的实时跟踪与指挥、异常施工智能预警和诊断、指令及应急处置、线上巡回监督等功能。技术人员在指挥室即可监控现场施工参数、施工情况，辅助技术交流、指令下达，实现了现场与后方作战指挥室的实时交互，提高了远程诊断与辅助决策的水平。

3.促进业务流向信息流转化，提高管理的质量和效率

将业务流程嵌入管理流程，推进勘探开发与其他业务域融合。拓展业务信息化应用范围，实现检维修、井下作业等业务流程的信息化，实现项目结算、转资方面数业融合，强化财务管理与投资决策；让数据多跑路，人员少跑路，促进业务、数据和流程的有效融合，显著提升了业务管理的综合效能。

（三）创新点

1.创新工程现场管理的巡回监督机制

由“现场巡井+驻井监督”模式转变为“线上巡井+重点井驻井监督”模式，实现了60%巡井任务由现场巡井转为线上巡井。巡井岗位要求由2井次/天/人，提高到10井次/天/人，形成了巡井监督新模式。

2.构建工程管理前后方一体化的决策机制

通过前后方同步响应、即时决策，及时诊断钻井、作业过程中出现的各类问题。对于钻遇问题由工程、地质技术人员共同制定治理对策，形成多专业协同机制，由原来的现场“发现问题-层层申报-领导审批”的管理流程，转变为“现场发现问题-与指挥室专家集中讨论-形成决策”的模式，规范了现场施工，促进了工程运行提质增效。

三、主要价值和成效

（一）输差智能管控效果显著

强化了输差管理，实现了“信息共享，全员监督”，完成了年初制定的输差指标：2022年，分公司全年二级输差率1.47%，完成年度1.50%的目标，减少天然气外输损耗1683万立方米，分公司净收入增加2000余万元。

（二）助力效益与安全双提升

5G智能指挥平台年支持重点井98口工程作业，提高了远程诊断、辅助决策水平。通过优化压裂方案，节约压裂材料，直接经济效益300万元；通过精准监督，优化钻井工期约15.8天，节约施工费用90万元，节约现场往返、住宿费用约20万元。线上监督巡检+智能抓拍报警累计发现违章问题118项，提高了安全管理质量和效率。

（三）实现管理流程数字化再造

实现检维修业务线流程信息化，提升检维修工作效率50%；实现井下作业一体化的业务流转审批和全流程资料管理，细化关键环节的管理，提高井下作业全流程流转效率60%，材料归档率100%；实现业财融合，建立项目结算、转资流程，实现了财务管理线上留痕、便于管理与追踪，提高财务流转效率20%。

四、展望

推动物联网、大数据、人工智能技术与业务深度融合，实现现场作业设备、生产设备等的全面状态感知。利用视频监控平台、融合通信、北斗、卫星和6G技术实现现场和前方的高效沟通。借助大数据分析和人工智能，建立油藏开发、生产管控、工程管理、安全管控等智能模型，为辅助决策、预警分析提供有效支撑。探索勘探开发、经营管理、生产运行、用户服务、财务管理等领域智能化应用，不断提高智能管控、智能服务水平，切实促进公司运营安全可靠、效率效益提升，为智能化运营和新经济发展赋能赋智。

联系人：张巧堂　邮箱：zhangqt.dbsj@sinopec.com

第四篇 炼化企业

基于数字孪生的催化裂化智能安全平稳运行

——齐鲁分公司

案例综述：随着大数据、云计算、人工智能等新一代数字技术的飞速发展，引入数字技术开展催化裂化装置的数字化转型，全面提升风险感知、综合分析、智能决策的能力，对保障催化裂化装置的绿色低碳平稳高效运行具有十分重要的意义。齐鲁分公司围绕催化裂化装置开展智能管控系列技术研究，在状态感知、集成分析、超前预警与优化决策等技术环节取得重大突破，首次构建了催化裂化装置智能管控平台并实现工业化应用，有力推动了装置的智能化提升。

一、背景和目标

（一）案例背景

数字化转型对推动石化行业高质量发展具有重要意义，壳牌、BP、中国石化等陆续开展了企业级的数字化转型和智能化提升，在安全、经济方面取得良好成效。但由于工艺、设备、安全、环保等多专业域的高度耦合，导致缺乏成功的装置级数字化转型范本。

（二）建设目标

在工业大数据背景下，面向催化裂化装置，融合相关数据、业务模型和技术成果，建立催化裂化装置智能化安全、环保运行管控平台，有效实现装置数据、工艺机理、智能模型与专家知识的聚集和共享，提升面向大数据和云环境的信息服务能力，支撑“数据+平台+应用”的企业数字化转型建设的新模式，实现对催化裂化装置的智能监控和优化指导，促进催化裂化装置安全平稳、绿色环保、长周期运行。

二、主要建设内容、实施方法及创新点

（一）主要建设内容

1.生产过程多元数据融合技术

研究催化裂化装置生产过程多元数据采集、交换和融合规范，对装置的结构化和非结构化建立统一的数据标准，形成数据采集、交换和融合规范，开发秒级的工业多源数据采集网关设备，安全地采集各种来自OPC、Modbus等主流接口的数据，并具备数据清洗等边缘计算功能，以减轻服务端运行负荷。

2.安全环保平稳指标评价体系

从催化裂化装置的工艺平稳性、设备完整性、安全风险监测和环保监测等方面入手，建立能够全面衡量装置健康状态的综合指标体系。设置多级量化指标，以各指标最优状态为基准，结合专家经验，形成评价规则。

3.基于工业互联网的智能化管控平台

应用“云端+边缘端”的方式，搭建面向催化裂化装置的智能化安全环保平稳运行平台，在多源异构数据有效集成的基础上，支撑反应机理、数据分析、专家经验和人工智能的深度融合，实现数据、模型、知识的聚集和共享。

（二）实施方法

1.工业过程大数据读取、传输、存储和预处理方案

面向催化裂化装置现有的各类系统，开发相应的数据接口，建设秒级实时数据库，实现各类在线监测或周期检测数据的快速获取，并进一步开展清洗、降噪、时间对齐等预处理，建立数据融合标准规范。

2.基于“云计算+边缘计算”模式的大数据运算平台

云端提供大量的计算资源，以支持海量历史数据挖掘、离线模型训练等功能。边缘端则在装置处，用以部署各类训练完成的模型，并进行在线运算以保证实时性。

3.标准化的智能应用开发环境

为保障各功能模块和应用模型的一致性，平台提供统一且规范的开发环境，支持机理模型、大数据挖掘、人工智能和专家系统等的开发工作，且对主流科研/商业软件所开发的应用模型具有良好的兼容性。

4.直观的可视化展示平台

建立装置的三维立体模型及可视化引擎，将各功能模块的计算结果与立体模型的相应位置进行绑定，提升数据展示的直观性和可读性（图1）。

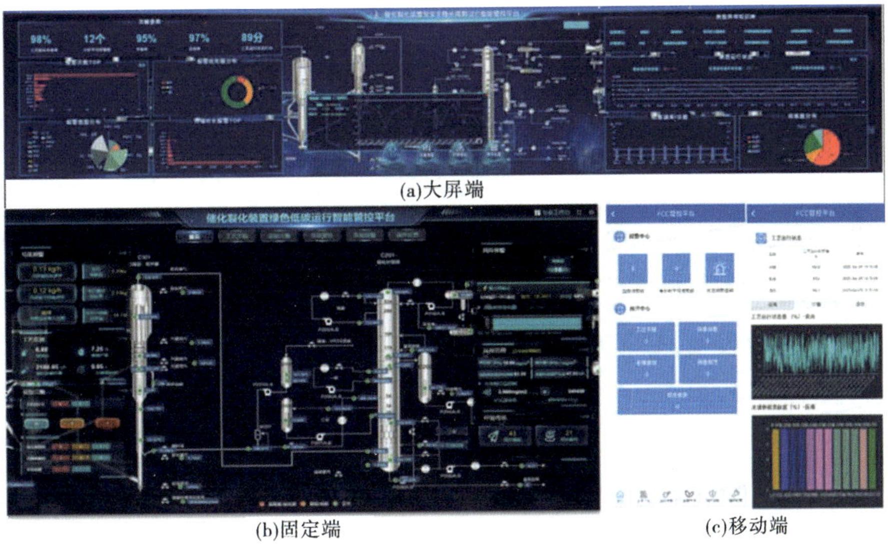

(a)大屏端

(b)固定端　(c)移动端

图1　装置三维立体展示

（三）创新点

1.涵盖生产全要素的“装置级”数字孪生映射体系

建立机理与数据协同驱动的工艺在线演变模型，实现装置调整的超实时演变和关键参数多步预测。开发高精度立体几何模型高效加载及渲染镜像技术，实现孪生体表层框架及各类数据、信息的归属索引和可视化展示。

2.工业互联网架构的装置级智能管控平台

基于“数据+平台+应用”的标准工业互联网架构搭建催化裂化装置智能管控平台，实现对催化裂化装置的智能监控和优化指导（图2）。

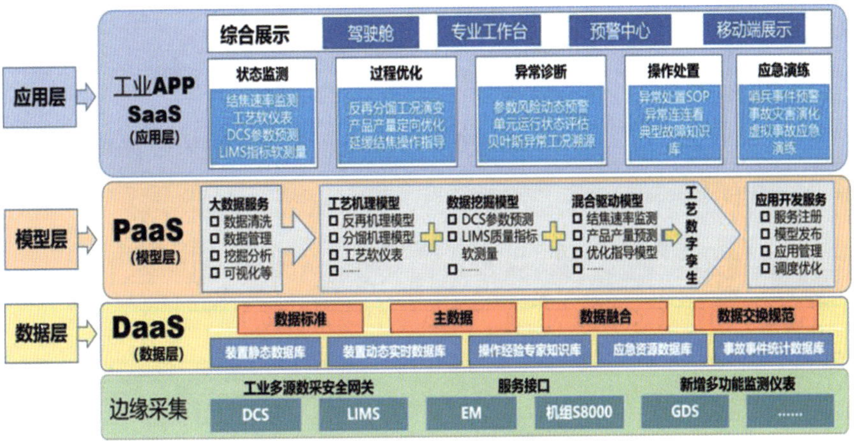

图2　催化裂化装置智能管控平台

三、主要价值和成效

（一）经济价值

催化裂化装置智能管控平台运行后，在增产催化汽油、降低蒸汽和催化剂用量、避免非计划停工和事故损失等方面发挥了重要作用，依托智能管控平台开展现场应用，一次性投入平台开发费131.1万元，按10年折旧，每年成本为13.11万元，预计新增经济效益1924.12万元/年。

（二）社会经济价值

该成果涵盖工艺、设备、安全、环保等方面，能够辅助操作人员及时发现工艺、设备异常和环保排放不达标等信息，并提供相应的操作培训和指导，促进了装置绿色、低碳、高效、平稳运行，提高了装置的智能化运行水平，减少非计划停工及人身事故的发生，符合催化裂化装置未来的发展方向。

四、展望

催化裂化装置智能管控平台自投用以来，各项功能指标达到了预期目标，装置总体运行平稳，未发生生产波动和非计划停工，产品质量、环保排放均达标。该平台在装置减少污染物排放、降低蒸汽使用量、提高装置关键产品收率、实现装置风险早期预警等方面发挥了良好作用，对于催化裂化装置的绿色、低碳、高效运行具有十分重要的意义，符合催化裂化装置未来的发展方向。

联系人：朱　正　邮箱：zhuzheng.qlsh@sinopec.com

全链条白油销售数据追溯防范税务风险

——齐鲁分公司

案例综述： 齐鲁石化生产的轻质白油及有机热载体的直接销售商共有三家，均为改制企业。为了防止齐鲁石化销售的白油产品流入成品油市场，避免承担追缴税款的责任，由信息中心自主开发了全链条白油销售链监控系统，可以按其销售链追溯到下游的三级销售商，为财务部门管理人员提供了白油销售链条的监控手段。

一、背景和目标

（一）案例背景

2022年，齐鲁石化财务部接到总部紧急通知，为了防止中国石化各企业销售的白油产品流入成品油市场，要求各企业对白油销售链进行严格监控，否则将承担追缴税款的责任。在中国石化企业中，还未有单位实现信息化白油销售链全链条数据监控。齐鲁石化以ERP数据为核心集成税务系统，开发了基于销售业务的白油销售全链条监控系统，借助信息化手段实现白油销售监控目标。

（二）建设目标

齐鲁石化的轻质白油及有机热载体的直接销售商共有三家：山东胜炼化工股份有限公司、山东齐胜工贸股份有限公司、山东锐博化工有限公司，均为齐鲁石化改制企业，再由这三家公司将白油销售到全国各地，其销售链可以追溯到三级销售商。

各企业购买白油产品后，其用途可以分为生产原料和销售产品。当系统追溯到该企业购买的白油作为生产原料时，则停止对该销售链条的追踪；如果该企业购买的白油作为产品继续进行销售时，则需继续追踪下一级销售商。

二、主要建设内容、实施方法及创新点

（一）主要建设内容

白油销售链监控系统共分为4大功能模块：销售信息查询、销售数据获取、基础信息维护和系统信息设置（图1）。

图1　白油销售链监控系统

（1）实现了自ERP系统中获取白油及有机热载体销售信息，包括订单信息、产品信息和销售信息。财务人员无须再进入ERP系统进行人工销售数据的统计，打通了本系统和ERP系统的信息互通，消除了信息孤岛（图2）。

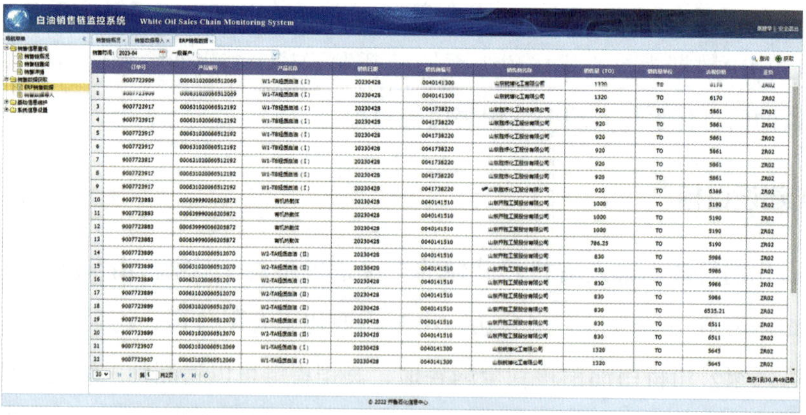

图2　自动获取ERP销售数据

（2）实现了齐鲁石化白油销售链信息监控。山东胜炼化工股份有限公司、山东齐胜工贸股份有限公司、山东锐博化工有限公司为齐鲁石化三家白油下游销售企业，这三家改制企业可向下追溯两级销售商；根据这一现状，本系统实现了齐鲁石化白油销售的三级销售商追踪，实现了总部对白油销售链进行严格监控的目标，杜绝了齐鲁石化销售的白油产品流入成品油市场（图3）。

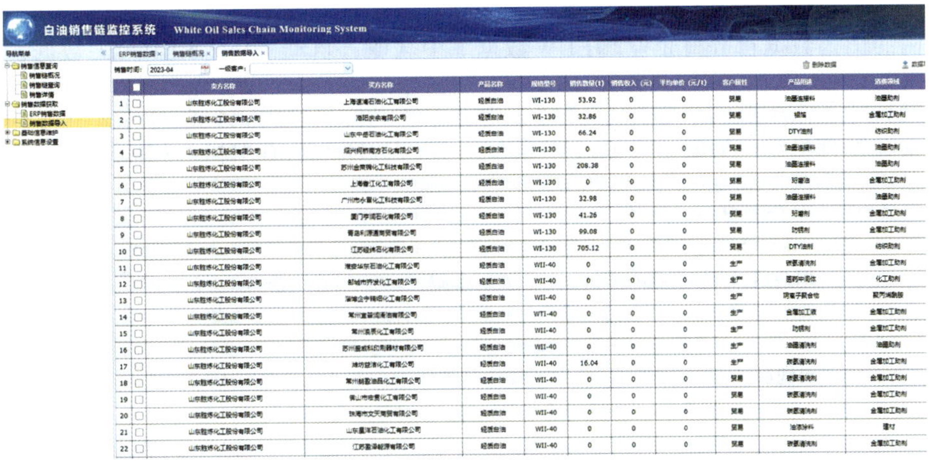

图3　白油销售链监控

（3）按照中国石化网络安全要求，实现了用户统一身份认证。本系统所有用户均使用统一账户登录，集成至公司门户系统，实现了单点登录。为山东胜炼化工股份有限公司、山东齐胜工贸股份有限公司、山东锐博化工有限公司开通了VPN账户，既解决了网络安全问题，又实现了统一账户的管理。

（4）实现了白油销量和售量的对比统计。系统自动统计齐鲁石化月销售量、三家改制企业月销售量，并进行对比，各销售公司是否大量囤积、是否已正常销售，本系统提供的数据一目了然，为财务部人员提供了有力数据支撑（图4）。

图4　白油销售量概况

（二）实施方法

本系统使用Visual Studio 2017开发平台和C#语言，采用三层架构设计，以EasyUI为前端开发框架，结合JS、Ajax、JQuery等，通过丰富并且美观的UI界面提升用户体验。白油销售数据自齐鲁企业端EDW数据库中获取，自动采集了ERP相关数据，并对数据进行处理，关联下游的销售情况。系统采用Oracle数据库，部署在齐鲁石化私有云，系统管理员统一管理。集成了总部统一身份认证，具有严格的权限管理机制，符合网络安全的相关要求（图5）。

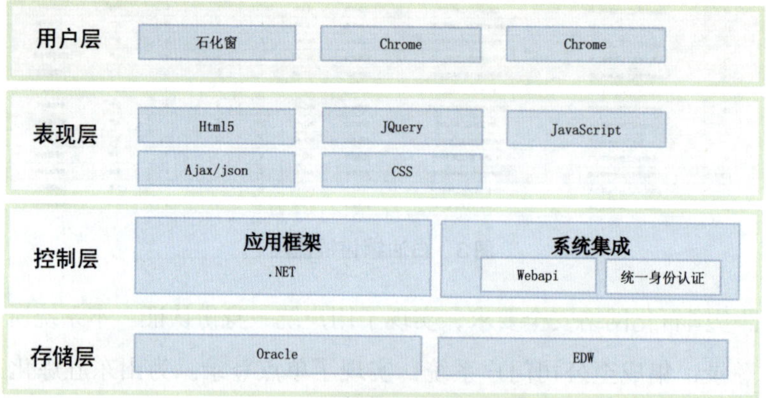

图5　白油销售链监控系统结构

系统投入运行后，三家改制企业迅速响应，建立了各单位管理员。各改制企业将原本的纸质的统计台账上传至本系统，经过系统的统计分析，为财务部门管理人员提供了白油销售链条的监控手段。

（三）创新点

（1）中国石化首创。财务部与信息中心联合自主研发白油等多用途化工产品销售链监控系统，进一步加强了消费税风险防控，实现中国石化首创。此系统以公司白油销售数据为起点，通过对改制企业金税系统数据的清洗、整合，自动筛选白油产品销售数量、流向，建立多层级的白油销售链条管控体系，为公司进一步掌握白油产品全链条流向提供了智能化监控手段，大幅提升了公司和改制企业的消费税风险防范能力。

（2）以最小设计实现系统功能。白油产品销售链条的实际情况非常复杂，三家改制企业自齐鲁石化购买后，进行拆分销售，下游买家多且不确定；销售层级延伸至多级，并且也不确定。这些不确定性造成了系统开发困难。最终在财务部和信息中心的共同探讨下，确立了齐鲁石化下游追溯三级销售商的监控目标，并且将白油销售类别作为追溯的重要判断条件，大大降低了系统开发难度，以最小的设计完成了系统功能，5人开发团队仅用12个工作日实现了系统主体功能开发，2个月实现了系统全面试运行。

三、主要价值和成效

此平台于2022年4月完成自主开发，进行试运行。

（1）平台运行稳定可靠，可以完成白油销售链信息监控。

（2）解决了用户统一身份认证、系统权限等问题，明确了各用户的访问权限和数据范围，杜绝了各企业的销售信息泄露。

（3）打通了与ERP系统的数据互通，解决了财务人员依靠ERP导出台账进行筛选、统计的现状。

（4）现了齐鲁石化白油销售链条的监控，杜绝白油产品流入成品油市场，避免了齐鲁石化被追缴税款的风险。

四、展望

增加销售发票图片识别技术，自动识别关键信息，同步增加至系统，减轻改制企业工作负担。

继续发挥自主研发优势，增加移动端功能。将部分功能在移动端进行开发，给用户提供使用系统的第二种途径。

联系人：张建华　邮箱：zhangjianhua1.qlsh@sinopec.com

数据治理助力计量数据监控分析效率提升

——茂名分公司

案例综述：茂名分公司在油品管输质量流量计贸易交接过程中，长期以来通过人工比对观察数据变化来分析流量计运行状态及油品计量数据异常情况，方法落后、效率低下，为解决上述问题，公司以数据治理及数据资源中心试点项目建设为契机，开展了计量主题域数据试点应用，开发质量流量计数据监控分析应用，对流量计关键参数的数据进行分类提取、整理和分析，实现了油品计量过程中的异常信息快速捕获，有效提升了计量过程管控和数据偏差根原因分析的能力。

一、背景和目标

（一）案例背景

以往在做流量计运行状态及计量数据监控分析时，通常采用“单表分析法”，即对单台流量计某一时间段内多个参数进行取点分析，由于比对的数据来自不同的系统，需要花费大量的精力去找寻数据，同时缺乏数据应用手段，需要手工逐一分析相关计量数据的差异，不仅数据分析工作量大、耗时长、效率低，而且数据样品覆盖不够全面，不能满足快捷高效的需求。

（二）建设目标

质量流量计数据监控分析应用的开发，运用自动数采及编程技术的“数采编程法”，及时发现流量计故障或数据异常情况，替代之前的“单表分析法”，减少了大量的人工劳动，实现对计量过程和数据异常状况的全面监控。

二、主要建设内容、实施方法及创新点

（一）主要建设内容

质量流量计数据监控分析应用由数据源、计算公式、运行信息库等多个模块组成。它以质量流量计业务对象为支撑，结合实时数据，实现对质量流量计关键参数数据的提取、比对、监控、汇总及分析等功能，对计量过程流量计运行状况及测量数据准确性进行监控，为流量计预防性维护、计量纠纷处理提供有力的数据支持。

（二）实施方法

1.数据源的搭建

以企业数据资源目录计量主题域下的计量数据管理、测量过程管理等数据资源为基础，明确支撑计量分析的数据来源，结合实时数据自动采集技术，从实时数据库系统中获取所需的数据并整合成用于计量主题域分析的数据源，用于流量计数据监控分析的共享数据，包括流量计关键参数、数采测点配置等内容。

（1）关键参数。

质量流量计常用关键参数包括累计流量、瞬时流量、活零点、温度、密度、驱动增益等，通过对这些参数的实时数据监控和历史趋势分析，可以及时掌握流量计零点是否漂移、测量是否稳定、介质是否满管等运行状况及数据异常情况。

（2）数采测点配置。

将质量流量计各参数名称与实时数据库系统数采测点类型一一对应，按照测点命名规则编制数采测点代码，此代码是流量计参数在数据源中的唯一身份标记，用来表示数据的位号名称。

2.数据模型运行信息库设计

按运行指标从数据源采集信息，对相关数据进行分析计算，按照预先设置的阈值和判断条件，对流量计运行状况进行甄别和预判，并将预判结果在“运行信息”栏显示，如表1所示。

表 1 运行信息库

运行指标	计算公式	判断条件	阈值	运行信息
瞬时流量	瞬时流量平均值	大于（>） 等于（=） 小于（<）	0t/h	流量正常 停送 流量反向
零位差率	（瞬时流量 – 活零点）/ 活零点 ×100	小于或等于（≤） 大于（>）	±0.20%	零位正常零位异常
温度波幅	（温度最大值 – 温度最小值）/ 温度平均值 ×100	小于或等于（≤） 大于（>）	40%	温度正常 温度异常
密度波幅	（密度最大值 – 密度最小值）/ 密度平均值 ×100	小于或等于（≤） 大于（>）	10%	密度正常 密度异常
增益波幅	驱动增益最大值	小于或等于（≤） 大于（>）	30%	驱动增益正常 驱动增益异常
温度波幅 密度波幅	（温度最大值 – 温度最小值）/ 温度平均值 ×100 （密度最大值 – 密度最小值）/ 密度平均值 ×100	大于（>） 大于（>）	40% 10%	通信异常
密度波幅 增益波幅	（密度最大值 – 密度最小值）/ 密度平均值 ×100 驱动增益最大值	大于（>） 大于（>）	10% 30%	工况异常
温度波幅 密度波幅 增益波幅	（温度最大值 – 温度最小值）/ 温度平均值 ×100 （密度最大值 – 密度最小值）/ 密度平均值 ×100 驱动增益最大值	大于（>） 大于（>） 大于（>）	40% 10% 30%	工况 / 设备异常

（三）创新点

1. 快速预判并锁定油品输送工况异常的时间及原因

通过质量流量计数据监控分析应用对进、出厂物料计量点每月运行情况进行监控，发现碳八芳烃流量计10月26日运行信息提示“流量反向”。数据显示在物料输送前12：50—14：45，流量计出现反向流量，平均反向流速8.733t/h。经与岗位操作记录核对，确认为输油罐区于12：00时完成输油流程切换，输油管线阀门均为打开状态，而收油单位于12：50时将进罐阀打开，处于待收油状态，由于收油单位地势高于输油罐区，导致收油罐内物料随管线反向流动，经流量计回流至输油罐区17.430t。

2. 多参数采集助力计量过程监控分析准确可靠

9月8日，生产车间反映基础油外销输油罐检尺量1098.855吨，交接流量计量1103.578吨，罐表比对差率0.428%，超过±0.2%允差，客户提出异议。

通过质量流量计数据监控分析应用对该批次基础油输送数据进行复核，发现流量计测量密度与罐分析密度差异较大，流量计测量密度换算为标准密度为842.6kg/m^3，比罐分析标准密度839.8kg/m^{3}大2.8kg/m^3，影响计量误差达到0.66%；输油罐付体积量1310.243m^3，流量计体积量1309.668m^3，体积差率0.04%。如果使用流量计测量密度核算罐检尺量为1102.570吨，与流量计量的差率仅-0.09%。说明差量原因为油品存在分层现象，样品密度测定不具代表性。

三、主要价值和成效

（一）验证数据盘点成果

利用数据资源盘点结果，结合数据分析模型建设，实现了数据来源、数据监控分析及数据应用的全链路贯通，有效验证了前期盘点成果，为深化利用数据资源提供了场景参考。

（二）取代人工提高效率

按照传统的人工“单表分析法”，至少需要一周或更长时间才能发现一个表的问题及查明差量原因，运用“数采编程法”，发现问题后只需半个工作日，即可实现对公司802台贸易交接的计量数据进行全面、全过程、全时段（时、日、周、月）的随时监控分析，及时发现数据异常，确保计量数据的准确可靠。

（三）过程监控核查追溯

对流量计的现场巡检只能看到表头的瞬时数据，无法判断其运行状态是否稳定且满足计量要求。当计量数据比对超差时，到现场检查流量计也看不到其各种参数的历史数据，而实时数据库系统可实现对流量计计量过程运行状态参数的核查与追溯，可以还原流量计的计量过程，有助于发现异常状况或异常数据。

（四）分析方法准确有效

通过搭建数据源、配置数据模板、运行分析指标、计算公式及阈值判断条件，输出运行分析报表，通过编程输出批量运行分析报表，高效实现各计量点流量计关键参数的数据分析，可对流量计计量过程及计量结果的可靠性做出评价，查找问题原因，确保结果准确可靠。

四、展望

下一步，在当前数据应用成果的基础上，依托数据资源目录的快速共享和服务作用，深入利用资源盘点结果和分析模型，拓宽数据管理的分析方法和思维模式，深化物料、能源计量数据的应用场景。

（一）数据分析组件拓展应用

深入开展计量监管分析应用，构建灵活组件，结合进出厂物料智能管理系统管输计量单流量计运行情况、诊断异常数据、支撑计量数据审核，实现逐单监控、实时诊断、即时报警及结算溯源功能，实现数据共享应用的系统化、规范化。

（二）完善运行信息库

将更多的经验数据或案例拓展补充、固化到计量监管分析应用的运行信息库中开展共享应用，满足质量流量计复杂模型的监控、计量比对，快速排除各种因素影响，提升比对的准确性。

联系人：林家旭　邮箱：linjx.mmsh@sinopec.com

构建数据仓库 打破数据壁垒 实现数据共享

——天津分公司

案例综述：天津分公司经过2018年智能工厂集中集成ODS数据仓库的建设，实现了系统间数据的集成共享，提升了企业的数据应用效果，支撑了企业应用建设数据需求，改善了企业应用间数据共享的效率和可操作性。

一、背景和目标

（一）案例背景

随着企业数据量的不断增长，数据仓库作为一种有效的数据存储和分析技术，已经成为企业进行业务决策的重要支持工具。本文将探讨数据仓库的典型应用及其在业务决策中的价值。

在当今高度信息化的时代，数据已经被视为一种新的资源，对于企业的发展具有至关重要的作用。如何有效地收集、存储、管理和分析这些数据，成为企业面临的重要挑战。数据仓库作为一种专门用于数据存储和分析的技术，为企业提供了解决方案。

（二）建设目标

（1）按照中国石化智能工厂建设项目的要求，依据企业信息化现状，继承和完善企业信息化沉淀的信息资源，建立标准化体系和集中集成平台，贯通总部标准化MDM至企业应用，以数据资产作为企业战略目标，规范数据管控流程，确保数据的唯一性、准确性和及时性，提升数据价值。

（2）实现企业实时、准实时异构数据整合，其中包括SMES、能源管理、操作管理、LIMS、计量系统、PIMS等32个系统的源数据。

（3）提供10类业务主题数据的整合，包括计划、调度、物料、能源、操作、质量、安全、环保、设备、经营。

（4）建立智能工厂模型，实现企业生产运营全业务域数据视图，切实做到一次建模，全局共享。

（5）提供基于智能工厂模型和业务主题数据的共享数据服务，支撑智能化综合应用。

二、主要建设内容、实施方法及创新点

（一）主要建设内容

天津分公司经过2018年智能工厂集中集成ODS数据仓库的建设，实现了系统间数据的集成共享，通过5年的积累，累计集成41个系统数据，采集数据表701张，形成数据处理模型260个，共享数据服务368个，支撑数据应用51个。通过多年ODS数据仓库的建设和积累，部分用户已可以独立完成数据的集成共享与维护，持续地完善和丰富数据仓库的集成内容。提升了企业的数据应用效果，支撑了企业应用建设数据需求，改善了企业应用间数据共享的效率和可操作性。经过了5年的应用，多个应用已在数据流通共享、数据价值挖掘方面有了一定程度的应用效果。

（二）实施方法

ODS通过智能工厂的总体调研、初步设计、详细设计、到实施方案的敲定及实施，了解了天津分公司的应用系统运行数量、状态和数据交互的情况。根据当前数据交互的需求和未来可能存在的数据需求，由信息及业务部门配合进行数据的梳理和确认，并开展数据的采集工作，随后将采集数据入仓，数仓实施人员和技术人员进行数据的整合及清洗，形成基础数据处理模型，随后封装数据服务并给予需要的应用授权使用，最后需要配合应用的需求调整及实际业务要求，进行配合联调及处理，虽困难重重，但目标明确，干劲十足。

（三）创新点

通过ODS的建设，支撑了天津分公司数据应用51个，下面以生产计划和日效益分析为例进行说明。

1.天津石化智能工厂－生产计划管理

天津石化计划经营部在每月月初下达月生产计划后，需随时关注计划完成率及偏差值，包括原料进厂计划、装置投入产出完成计划、产品产量及出厂完成计划、产品

期初期末库存等执行情况，以便及时调整后续生产计划，保证月配置计划的完成；天津石化智能工厂生产计划管理应用以实现计划的全流程跟踪为目标，通过ODS数据仓库集成MES实际生产数据，包括原料进厂、装置加工、产品产量出厂、产品期初期末库存等日生产实际数据，通过建立数据分析模型，每日自动测算计划完成率和偏差值，并对偏差较大的指标进行报警，计划部门针对报警数据及时与生产部门沟通，采取生产调整或计划变更等措施保证月生产计划完成，生产计划管理应用实现了原料进厂、装置加工到产品出厂的全过程计划闭环管理，提高了企业计划完成的准确率（图1）。

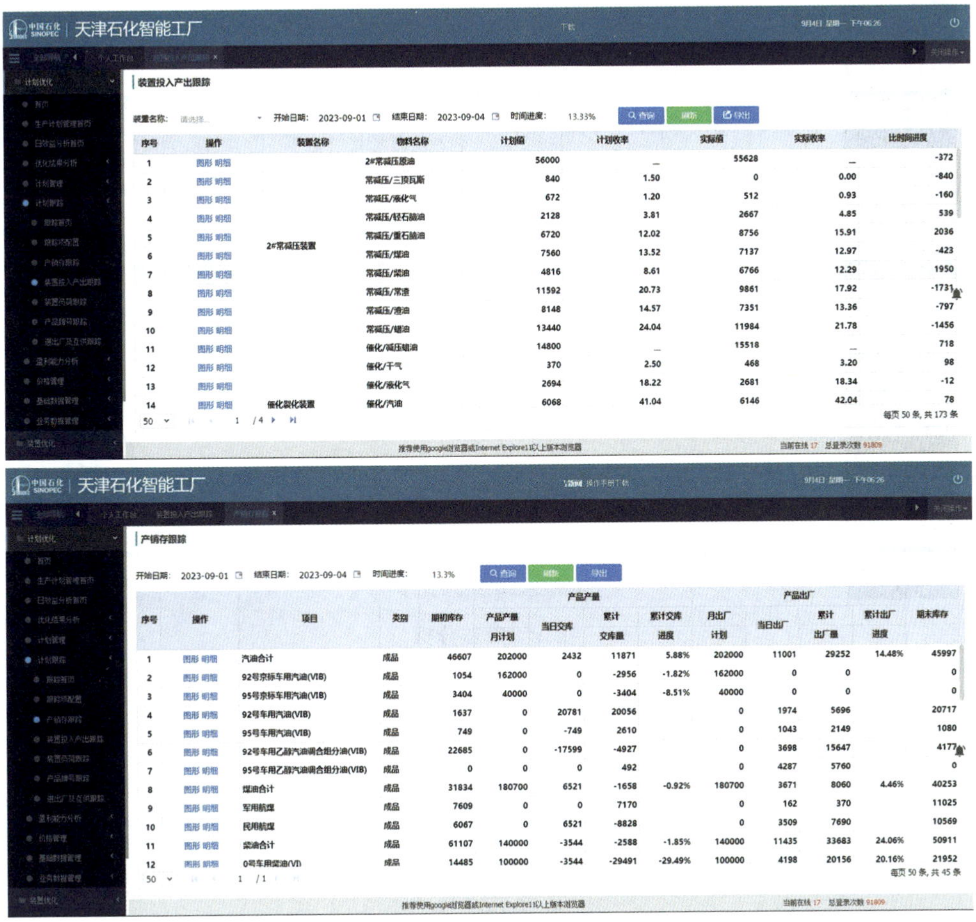

图1 生产计划管理

2. 天津石化智能工厂－日效益分析

天津石化智能工厂日效益分析应用以提高运营质量和效益监控为目标，通过建设日效益数据分析模型和边际效益数据分析模型，由ODS数据仓库集成MES装置实际生产数据、价格数据等，每日自动测算装置日效益及产品边际贡献，在线监测企业各级盈利能力动态，并进行偏差分析和装置盈利能力排序，准确定位装置成本、收入和变动费用的变化，结合市场价格走势和装置负荷变化分析装置效益构成。通过分析影响装置效益构成的因素，掌控装置效益制约瓶颈，为下一步生产方案优化、技改技措实施、变动费用控制、新产品开发等提供数据支撑（图2）。

图2　效益分析

三、主要价值和成效

（一）提高决策质量

ODS数据仓库能够通过为经营计划应用提供准确、及时、全面的数据，帮助企业做出更明智的决策。

（二）监控生产风险

ODS数据仓库可以通过为生产、设备提供运行数据，帮助企业及时发现业务中的潜在风险，从而采取相应的措施，避免或减少损失。

（三）创新业务模式

通过ODS数据仓库为应用提供的经营及生产历史数据分析，企业可以发现新的业务机会和模式，从而开拓新的市场。

（四）深化数据应用，降低开发成本

通过ODS数据仓库为应用间数据集成和共享提供又一解决方案，提升企业应用间数据共享，降低接口开发成本，从而进一步提升企业数据的应用效果（图3）。每年可节约接口开发成本约50万元。

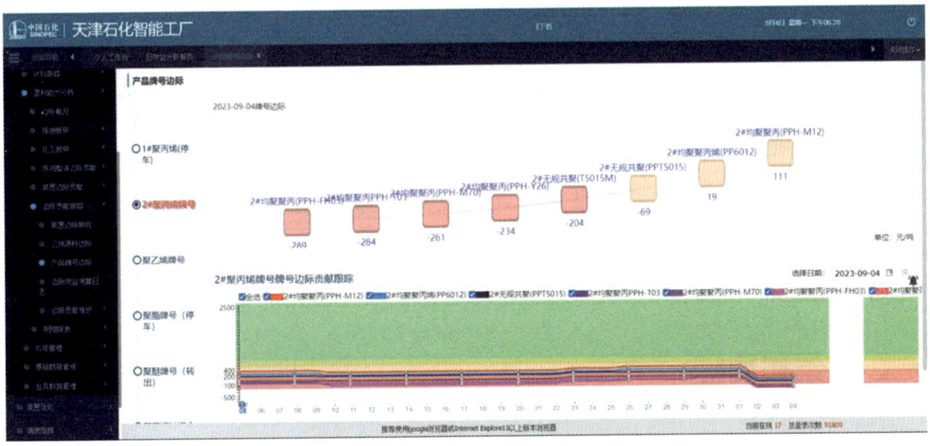

图3　ODS数据仓库价值应用

四、展望

ODS数据仓库已经成为天津石化企业进行业务决策的重要支持工具。利用数据仓库，企业可以更好地理解市场需求，优化资源配置，监控设备运行，创新业务模式，从而提高业务效率和竞争力。因此，企业应该重视数据仓库的建设和应用，以适应日益复杂和激烈的市场竞争环境。

下一步，天津分公司将紧跟总部建设思路，提升完善数据仓库建设，规范主数据标准，提升数据使用效率，加大数据集成范围，并在未来期望开展数据治理等更深层次的建设和提升。

联系人：杨　昕　邮箱：yangxin1.tjsh@sinopec.com

以提升仪表设备预防性维护能力为目标的仪控状态监测平台建设

——中石化（天津）石油化工有限公司

案例综述：仪控状态监测平台通过打开设备“黑盒子”，建立仪控“数据仓库”，实现对现场仪表及控制系统状态的实时监控、故障诊断、缺陷预警等功能，开创了仪控专业工作的新模式，能够及时发现潜在问题，治疗设备亚健康状况，实现仪控设备维修方式从故障维修向预知性、预防性维修转变，切实提升仪表可靠性。

一、背景和目标

（一）案例背景

在生产装置运行过程中，仪表设备的高可靠性是整个工厂安全平稳运行的关键。当前，传统的仪表维护方式主要是故障事后维修或定期维修，仪表设备的维修管理主要处于被动式维护，而智能设备中海量的基础数据无人统计与分析，导致仪表设备的健康状态不能被实时掌握，对其全生命周期的管理缺乏落实的手段。因此，如何实时掌握仪表设备的健康状态，提高仪表设备的完好性，大幅减少因设备意外故障导致的非计划停车，提高中国石化炼化企业仪控专业完整性管理水平，以创新和变革催生新的发展动能，促进智能工厂的发展，成为现代炼化企业仪表设备智能管理的发展趋势和共识。

（二）建设目标

仪控状态监测平台的建立，旨在打开设备“黑盒子”，采集设备内部参数，实现仪控设备运行状态的全面监测、故障实时诊断、挖掘设备潜在隐患。同时，建立仪控专业“集中数据、集中管理、集中监控”的新模式，实现“先工艺发现，先工艺排查，第一时间联合工艺消除风险”的目标。逐步改变仪表设备传统管理方式，完成从事后维修、过修欠修、以换代修等运维方式向预知性、预测性维修的跨越式转变。

二、主要建设内容、实施方法及创新点

（一）主要建设内容

仪控状态监测平台建立了包含数十万条信息的“数据仓库”，是现场自动化控制设备与管理层之间的信息纽带。平台主要包括控制系统状态监测、现场智能仪表设备状态监测、仪表伴热温度监测、环保排放数据监测及联锁回路摘投情况监测等12大功能模块。通过对智能仪表设备详细设备标签、智能仪表配置参数、控制系统各类硬件状态信息、环保分析仪表数据信息等海量数据的统一配置、组态、收集汇总工作，最终完成了10092台检测仪表以及2125台执行仪表的智能管理，52套DCS系统、30套SIS系统、26套CCS系统、25套GDS系统中硬件信息等共计11084点位、联锁仪表状态3781点位、环保监测数据332点位的状态监测。开发了调节阀高级诊断算法、有毒可燃报警器零漂报警、环保排放数据横值、变化率等多种报警策略，实现以数据为支撑来发现仪控设备性能下降的趋势和故障先兆，提升对仪控设备可靠性、安全性的监控能力，科学分析、合理开展预防性维护工作（图1、图2）。

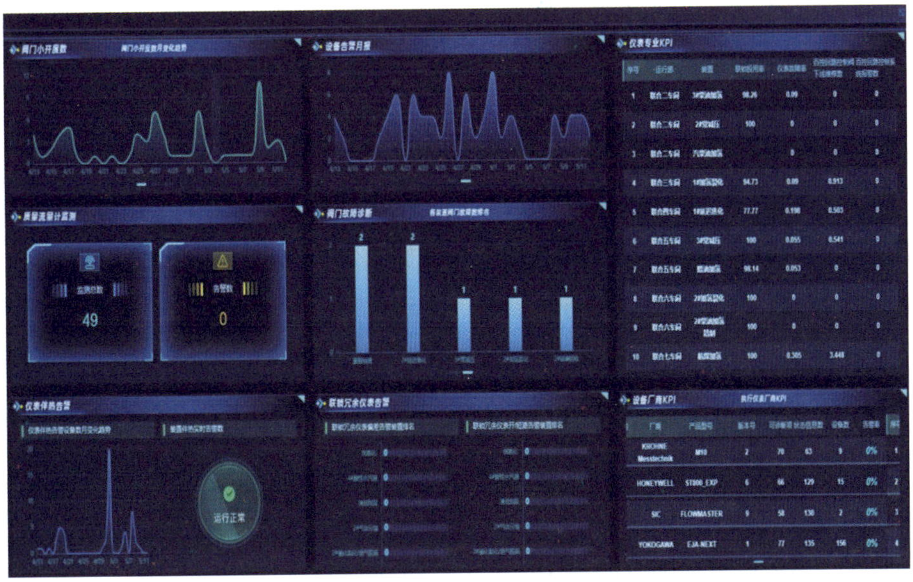

图1 天津石化仪控状态监测平台数据监测大屏

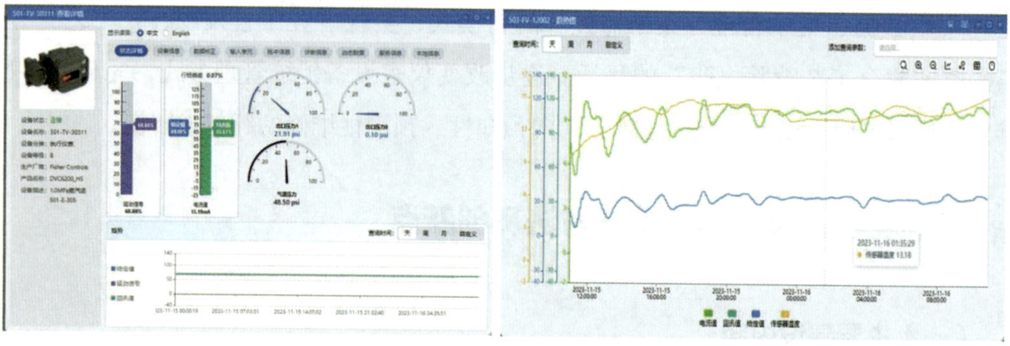

图2　仪控状态监测平台运行数据及趋势

（二）实施方法

仪控状态监测平台基于工业物联网、HART总线、现场总线、OPC通信协议等技术，完成对数据的采集，通过在工厂网络操作监控层中布置一台数据服务器，实现对数据处理、数据清洗、分类分级、数据缓存等功能，完成对数据的高效分析。并以此为基石，结合个性化、多样化的预警策略实现设备的高级诊断、状态预警，以及报警分级分类管理等数字化、智能化的功能，完成了对仪控设备运行数据的感知及应用。

建立“仪控监测中心”，依托天津石化电仪部推行的“专业+区域”网格形式，分散管理权限，充分利用区域网格人员贴近现场和力量大的优势，利用仪控设备运行数据及诊断结果，开展仪控设备隐患排查，开创了仪控专业“集中数据、集中监控、集中管理”的新模式。

（三）创新点

由于Hart设备采用轮询读取数据的方式，很难实现多设备同时响应，仪控状态监测平台为打破数据采集频率的技术瓶颈，不断探索建立起多连接、多通道、并行读取的三种通信方式，并采用对数据进行加密、高级压缩、大数据清洗、分类分级方法降低了数据处理量，提高了数据采集频率，以满足现场设备的高级诊断需求。

仪控状态监测平台不断利用大数据分析辅以专家预估策略等对各模块报警策略进行优化，开发了属于天津石化的个性化报警策略，如调节阀高级诊断算法、有毒可燃报警器零漂报警、伴热温度突变报警、环保排放数据横值、变化率等，在符合现场实际运行情况的同时实现缺陷识别、故障诊断。

三、主要价值和成效

通过对海量数据深入分析，以及预警逻辑的不断开发、优化，初步实现了关键仪控设备的高水平故障预警推送。平台运行以来，及时发现并且推送各型仪控设备关键报警数量如下：控制系统卡件、电源、网络设备等关键控制系统相关因素报警78次，及时处置了关键调节阀报警105次，环保仪表预报警15次，防冻防凝期间仪表伴热温度报警140个，真正开辟了仪控专业“先工艺发现、先工艺分析、第一时间联合工艺消除风险”的运维新模式。

随着关键仪控设备突发故障率明显降低以及仪控设备可靠性的提高，生产控制更加安全、平稳，能够有效避免因仪控设备故障导致的非计划停车带来的物料及效益损失、生产异常后续可能引起的火灾、爆炸，人员伤亡等次生事故可能造成的经济损失（图3）。

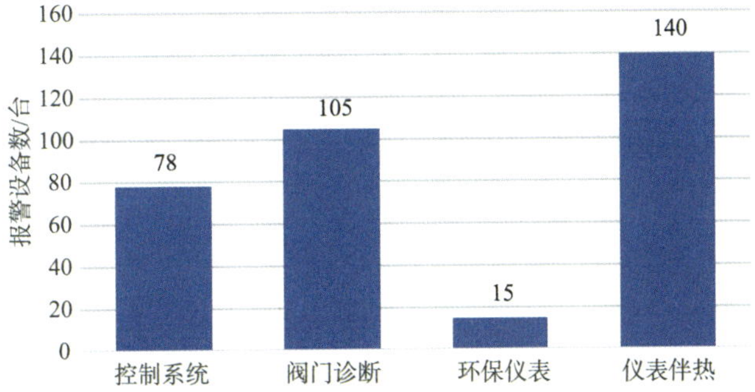

图3　关键报警数量

以下是平台诊断出的典型实例。

（1）热电部8#炉烟尘折算值出现超标预警，运维人员进行检查，发现工艺介质较脏导致粉尘仪光学镜片污染，进行清理后设备恢复正常运行，避免了因仪表异常造成的“假”超标事件发生（图4）。

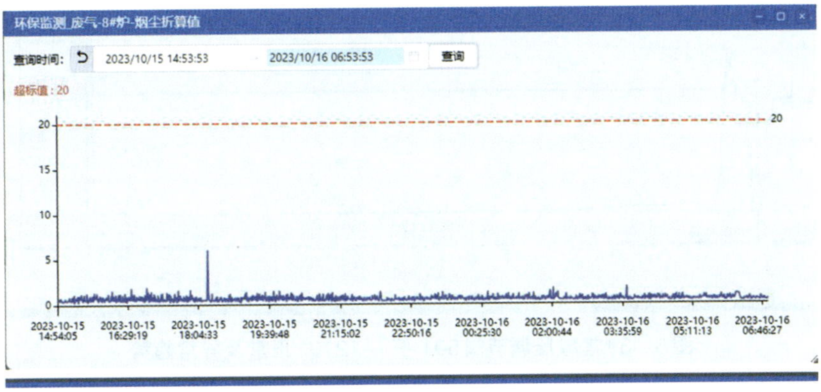

图4　8#炉烟尘折算值正常及异常趋势

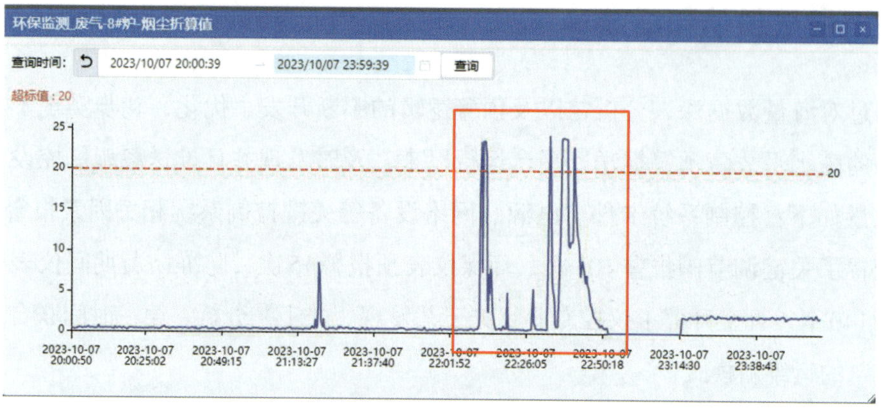

图4　8#炉烟尘折算值正常及异常趋势（续）

（2）3#常减压调节阀501-FV-12101行程偏差异常，该阀正常运行时长期处于65%开度附近，但报警时给定值归零，阀门回讯值未及时跟踪，现场检查发现，阀门阀芯套筒进杂质导致卡涩，下线维修后设备运行正常（图5、图6）。

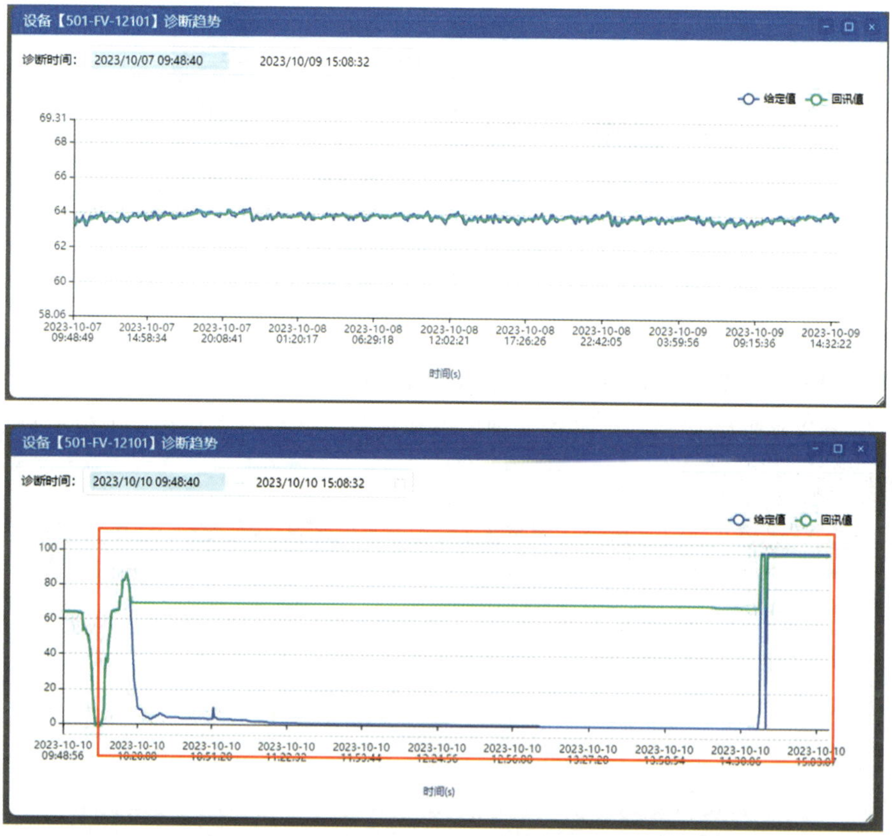

图5　3#常减压调节阀501-FV-12101正常及异常趋势

图6　3#常减压调节阀501-FV-12101现场情况

（3）国庆假期期间，重整抽提左侧控制器下线，平台报警产生后，运维人员及时检查，发现由于控制器通信接口故障导致，紧急进行处理、更换控制器后恢复正常运行，避免了单控制器运行造成的安全降级（图7、图8）。

6	已处理	张涛	2023-10-05 18:18:01	1次	FCS0203控制器 左CPU卡状态 异常	2023-10-05 18:28:34	1	重整抽提
7	已处理	张涛	2023-10-01 07:46:58	1次	FCS0203控制器 左CPU卡状态 异常	2023-10-02 14:02:41	1	重整抽提

图7　仪控状态监测平台报警记录

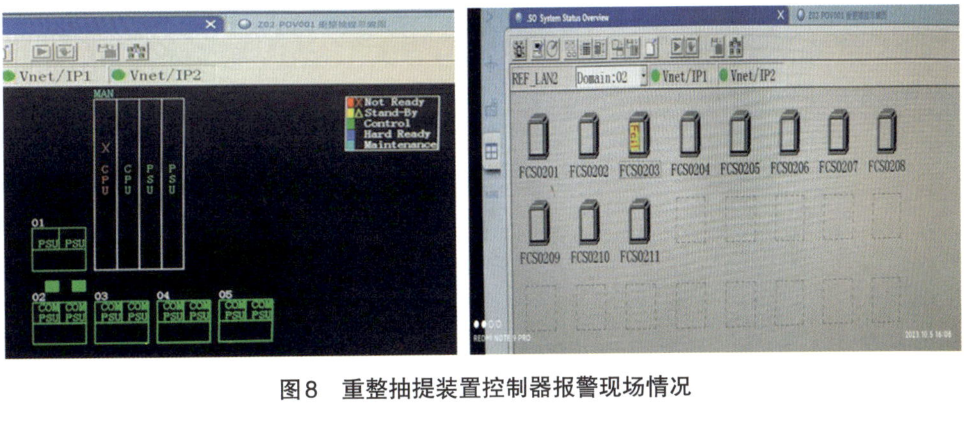

图8　重整抽提装置控制器报警现场情况

四、展望

仪控状态监测平台将扩大监测数据覆盖面积作为基础工作，将目前采集范围进行拓展，利用“数据湖”思维，以数据为导向，实现任意来源、任意速度、任意规模、任意类型数据的全量获取、全量存储、多模式处理与全生命周期管理。在此基础上，深挖故障诊断策略，如开发仪表断电报警等功能，探索仪表运行数据的智能化应用，如伴热温度报警限值自学习功能，以此做到更加全面预测仪表运行问题，更科学地指导仪控专业预防性维护工作。

联系人：李文才　邮箱：liwencai.tjsh@sinopec.com

综合应用销售管理数据　提升销售管理数据分析水平

——高桥石化

案例综述： 高桥石化为更好利用信息化手段提升业务绩效，发挥数据要素价值作用，为公司生产经营、安全管理赋智、赋能，推进企业数字化转型，依托总部统一的经营管理数据服务平台，搭建高桥石化数据分析应用系统，提高效率并为基层减负，推动由统计业务员向数据分析师的转型，并促进业务员由“坐商”向“行商”的转型，从而提升销售管理数据分析水平，促进业务数字化转型。

一、背景和目标

（一）案例背景

在销售环节中，业务系统逐渐成熟，但数据分析在不同的业务系统中，缺乏统一的数据分析手段以支持综合分析及决策；同时，随着管理思路的不断更新，管理力度也在逐渐增强，在直销率、客户考核等业务领域缺乏有力的报表支撑，还多以手工统计为主要报表获取途径，存在众多盲区。

高桥石化为更好利用信息化手段提升业务绩效，发挥数据要素价值作用，为公司生产经营、安全管理赋智、赋能，推进企业数字化转型，依托总部统一的经营管理数据服务平台，搭建高桥石化数据分析应用系统，提升销售管理数据分析水平，促进业务数字化转型。

（二）建设目标

高桥石化围绕销售分析、客户分析、价格分析、市场分析四大模块，搭建了22张分析报表及可视化驾驶舱的高桥石化销售数据分析平台。

二、主要建设内容、实施方法及创新点

（一）主要建设内容

构建高桥石化统一的数据分析平台，对目前分散在各业务系统中的零星分析功能进行高度集成，促进数据指标口径的统一。在基础层、逻辑层、集市层和企业应用层开发实施了共计60个视图、24个模型、27个API接口。除了系统内部和自采集的数据，实现了与内部生产执行系统（MES）、ERP的SD模块、MRO模块、FI模块、CO模块、石化e贸和外部咨询公司市场接口数据联动，实现了不同系统间的数据共享，减少企业重复数据重建的工作。

（二）实施方法

销售管理数据分析平台实现了数据采集、整合、加工、共享的标准化和可视化。

（1）可视化驾驶舱：包括产品销售进度量价分析、价格走势分析、自销产品合约完成率、高附加值产品增效及产品销售流向的可视化展示。

（2）价格管理：原油与销售均价表、自销产品量价配合表、自销产品价格预测、主流产品价格日报表、中准价格建议表。

（3）销售管理：自销产品直销率分析、加氢工业白油增效统计、5#工业白油增效统计、自销产品竞价分析。

（4）销售监控：产品计划执行监控表、产品计划执行监控表-自销产品、库存监控表、炼销组日报。

（5）销售统计：销售收入预算统计表、产品单价月度统计表、进销存月度统计表、销售收入预算汇总表、销售对账表。

（6）客户管理：自销产品客户评价、自销产品客户流失预警、自销产品新增客户清单。

（7）企业对标：用户可通过选择报表内的指标和需要对标的公司，进行当期或累计的对标。

（8）外部市场价格查询：可提供5号工业白油、加氢工业白油、高沸点芳烃溶剂、基础油的每日价格查询及历史趋势图表。

（9）产品商情周报：用户根据需求上传高桥石化产品商情周报，由系统归档并给相关用户提供下载功能。

（10）文档管理：为用户提供多元化的文档管理服务。

此外，系统中配置了日志管理、配置管理、权限管理等功能，方便用户对系统进行灵活管理。

（三）创新点

通过销售管理数据的分析应用，促进业务转型发展，涉及销售管理的部分业务流程由线下调整到线上。一是利用统一的数据服务平台，集成了内部生产执行系统（MES）、ERP系统、石化e贸和外部咨询公司市场接口数据，实现数据一体化分析。二是原本涉及财务、销售、统计等各方面跨部门协作的收入预测、对账等方面工作通过系统中配置的数据上报功能，实现跨部门的线上工作。这大大减少了线下数据整理、汇总的工作量，在进一步提升业务人员的工作效率的同时，推动统计业务员向数据分析师的转型，并促进业务员由“坐商”向“行商”的转型。三是原本由线下发布的每日价格日报表、每周商情报表、月度中准价格报表等也从线下转移到线上发布，统一发布平台和长期的数据积累，不仅可以方便查询实时价格，还便于对前期价钱和市场情况进行跟踪和回顾。

三、主要价值和成效

（一）全面掌握各方信息

销售经理通过形式多样的驾驶舱数据页面及时掌握每日的销售全局情况，包括全部产品月销售进度、自销产品合约完成进度、高附加值增效等销售关键指标。同时销售业务员可以对销售进度、价格走势、销售区域等方面情况有直观清晰的掌握，具体如图1所示。

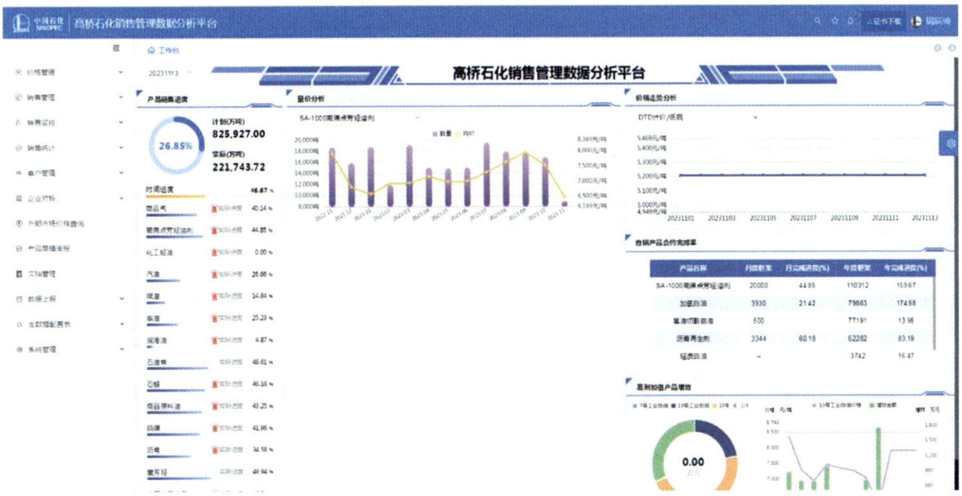

图1　可视化驾驶舱展示（有修改）

（二）快速生成业务指标

价格管理部门通过统销产品价格比价等关键经济活动分析指标的直接引用和展示，直观了解高桥石化该产品在兄弟企业中的销售水平，为进一步提升销售的价格水平提供了依据，详见图2。

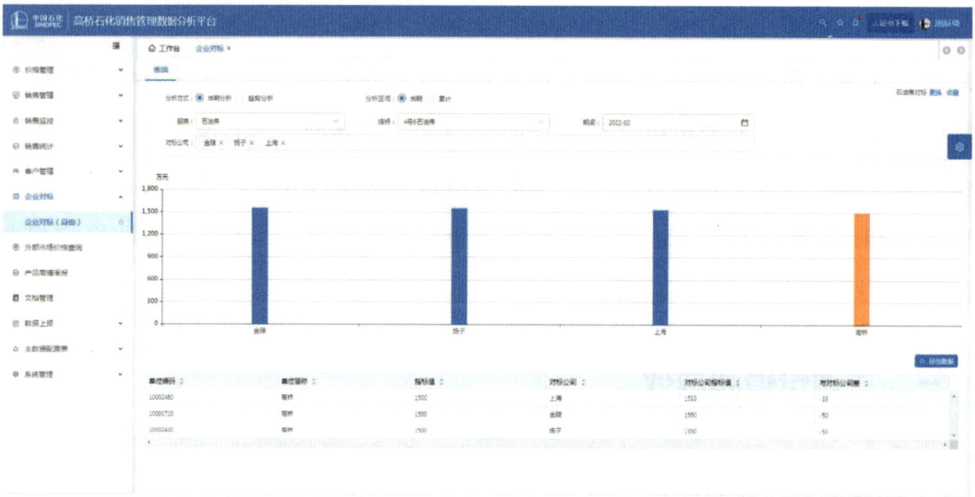

图2　企业价格对标展示

针对自销产品的定价情况，通过与外部市场价格的实时联动，可以对自销产品的定价水平进行实时评估并调整价格策略，详见图3。

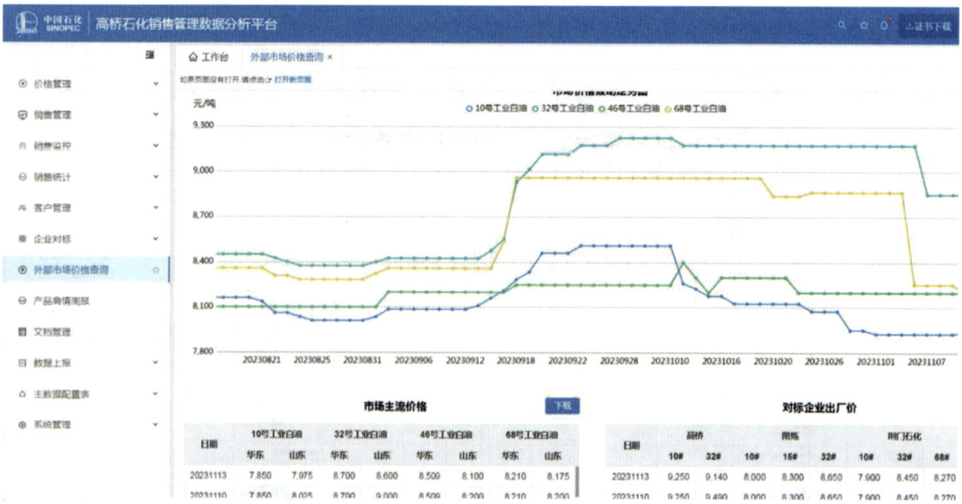

图3　外部市场价格展示

（三）提升效率为基层减负

通过与ERP、MES、石化e贸和外部咨询公司市场接口数据集成的销售数据，自动生成各项报表，大大减少了线下数据分析的工作量。原本由销售业务员每日线下汇总的产品计划执行监控表、库存监控表、销售日报等日常报表实现了线上自动生成，为业务员减轻相关的台账整理工作，为基层减负。针对高附加值产品的增效情况、自销产品直销率、自销产品竞价情况等自销产品的关键管理指标，销售分析员在系统中直接查询并获取，替代了原本的线下手工台账的记录和大量的数据整理工作，大大提升了工作效率。

四、展望

高桥石化将继续做好数字化转型工作，将数字化与业务紧密结合，通过数据的统一集成，以节俭、高效为价值趋向，实现降低成本、高效管理的目标，为传统石化业务赋能。

联系人：郁剑昕　邮箱：yujianxin.gqsh@sinopec.com

基于数据分析的聚乙烯生产排产建模与优化

——中国石化扬子石油化工有限公司

案例综述：建立聚乙烯生产排产建模与优化系统，在扬子石化两套聚乙烯装置4条生产线设计52个常见牌号的生产模型，收集最近2年各牌号转产时间和过渡料数量等历史数据2652组，系统与ERP、MES集成将与聚乙烯生产相关的订单、库存、物料、价格等相关数据共享，根据生产计划、能力、库存情况，优化计算最佳聚乙烯牌号生产顺序、生产组织，降低生产原材料的损耗、减少过渡废料，提高产品合格率，降低生产成本，提升公司效益。

一、背景和目标

（一）案例背景

扬子石化聚乙烯装置包括1PE和2PE，有4条生产线，生产牌号多、批次生产量不大，且承担专用料新品开发和生产工作，生产方案切换频繁，其过渡过程不可避免会减少有效生产时间，产生过渡废料，造成原材料损耗、产品质量不稳定等问题，产生巨大的经济损失。

近年来，塑料产品盈利能力不强，如何降低塑料产品生产原材料的损耗，减少过渡废料，提高产品合格率，降低生产成本，提升公司效益，是公司急需解决的问题。

（二）建设目标

建立聚乙烯生产排产建模与优化系统，根据生产计划、生产能力、库存情况，实现合理组织聚乙烯生产，优化计算最佳聚乙烯牌号生产顺序；降低聚乙烯生产牌号切换过程中产生的过渡料或者过渡时间，降低生产成本，提升公司效益。

二、主要建设内容、实施方法及创新点

（一）主要建设内容

通过建立聚乙烯生产排产优化系统，对聚乙烯生产相关的订单、库存、物料、价格等相关数据的采集与集成，构建聚乙烯生产排产调度模型，通过高性能的优化算法完成生产排产调度的优化，指导聚乙烯的生产组织和调度。

（二）实施方法

1.依托企业数据资源中心实现动态数据共享

聚乙烯生产排产建模主要集成企业数据资源中心的塑料产品价格行情数据、ERP订单、MES原料及产品投入产出、进出厂、库存等数据，实现数据集成共享（图1）。

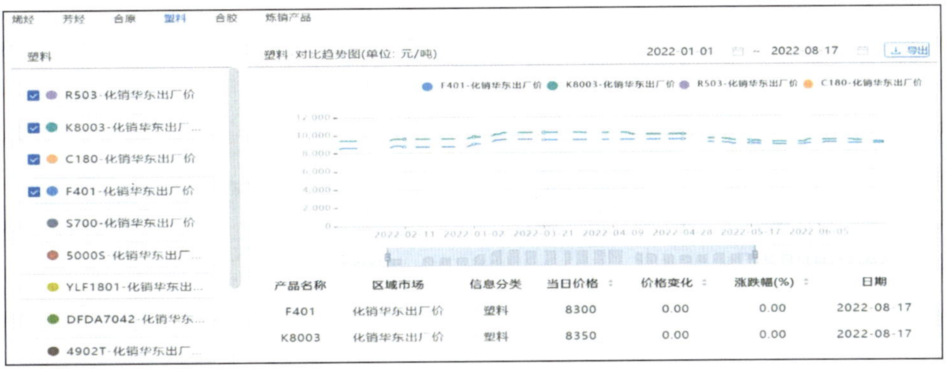

图1　动态数据共享

2.聚乙烯生产排产软件

Aspen SCM是由Aspen公司开发的用于企业生产排产应用场景的软件，由三层调度计算模式组成，Plant Scheduler提供产能和库存调度模拟；Plant Scheduler－EA用于创建最佳的短期计划，确定生产的精确时间和顺序；Plant Scheduler－EO用于订单实际发生变化时，在不改变企业长期生产计划的同时，为工厂制订最佳的短期转产计划。

通过Aspen SCM建立聚乙烯生产排产优化系统，集成框架如图2所示。

3.功能设计

系统的主要功能包括基础信息维护、生产排产优化、生产排产报告、生产对比分析、生产排产仿真等。

（1）基础信息维护集成原料、产品、生产能力等静态数据和库存、订单、原料价格等动态数据，其中动态数据由企业数据资源中心统一提供ERP、MES、IC接口，Aspen SCM使用ASCC套件实现数据高速共享。

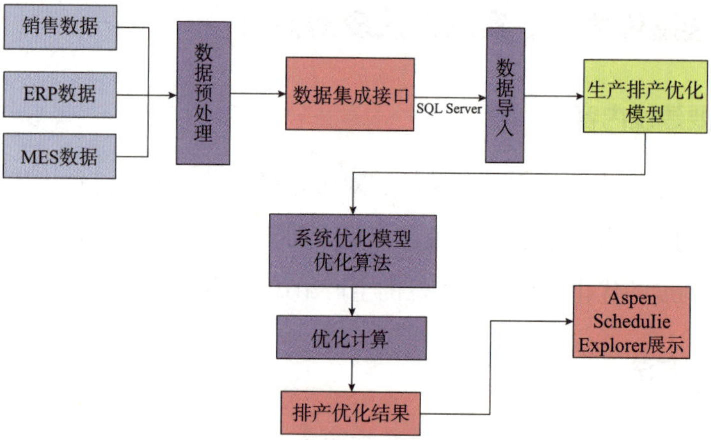

图2 集成框架

（2）生产排产优化使用Plant Scheduler可视化建模，对订单、不同生产线、不同时间周期的排产进行配置、组态、建模，识别计划和调度安排中可能出现原料供应不及时，或中间品或者产品库存过高的风险，可视化建模界面如图3所示。

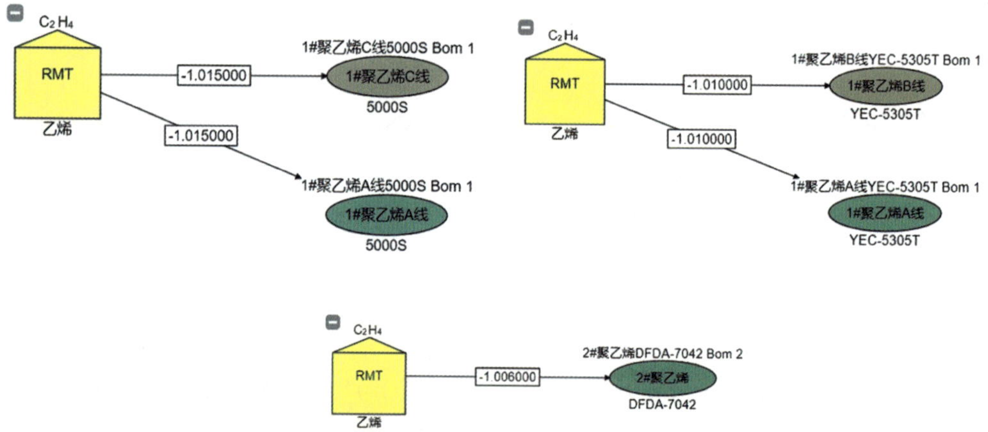

图3 可视化建模界面

XPRESS求解器对复杂大规模的多变量混合整数规划模型具有较快的解算速度，优化排产结果界面如图4所示。

（3）生产排产报告针对每次生产排产结果，提供甘特图、柱状图、条形图、趋势图、结果列表等直观的优化排产报告及警告信息，排产报告包括产量报告、产能利用率、库存分析、问题报告等。

（4）生产对比分析可实时查看计划与调度安排和每个生产批次的牌号信息，包括当前和历史牌号生产情况、切换情况，将生产实际执行数据和计划数据进行对比、成本分析等。

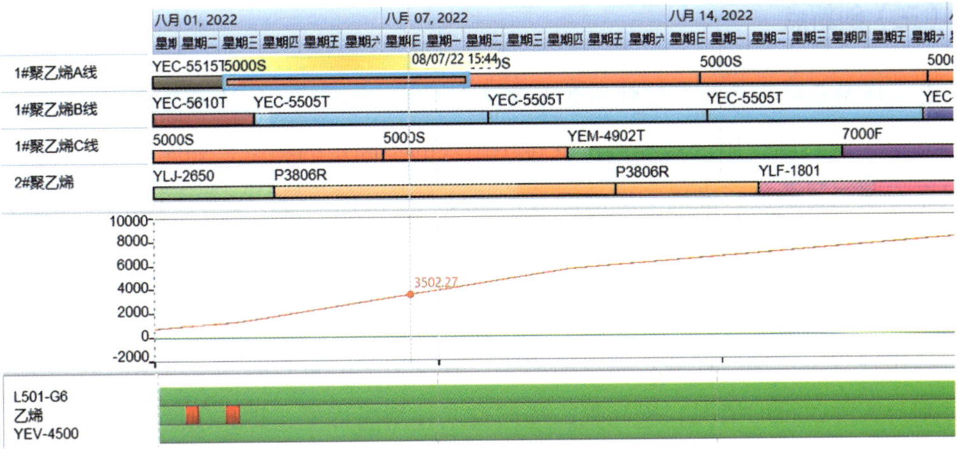

图4　优化排产结果界面

（5）生产排产仿真通过集成的动态数据和导入的静态数据以及可视化的建模形式，进行模拟测算，实时得到生产排产仿真结果，提高对客户要求的响应，提高客户订单的达成率。

通过生产排产仿真，可以测算多种生产排产调度方案，给出多方案的对比分析结果（图5）。

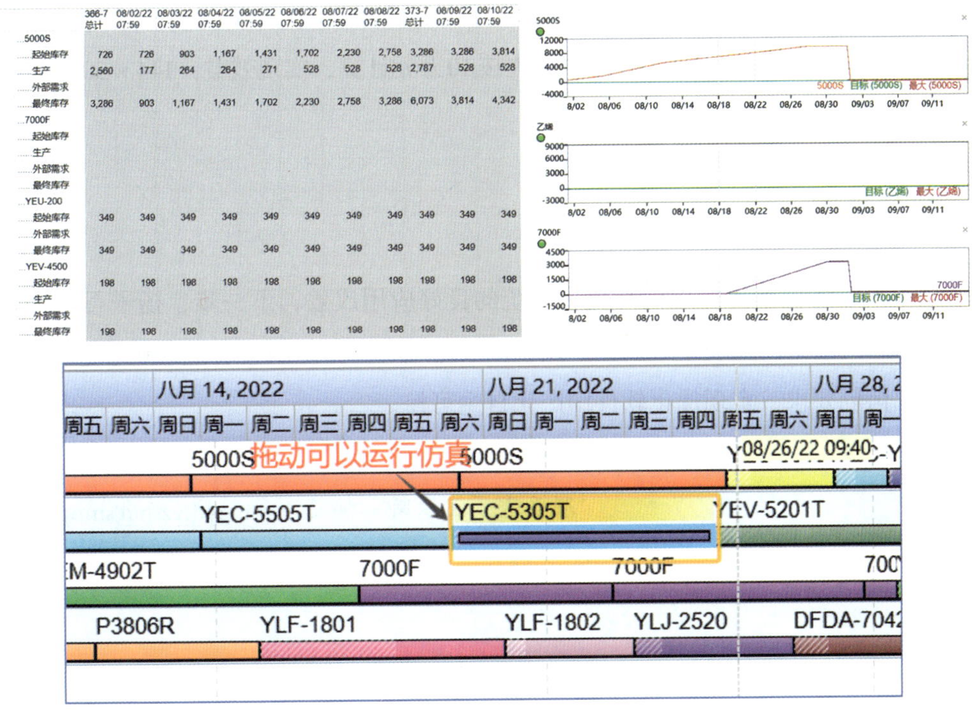

图5　生产排产仿真

（三）创新点

1. 实现聚乙烯生产的实时计划和调度

系统实现自动指出计划和调度安排中出现的不满足的场景，如库存预警；同时系统具备对紧急订单进行准确响应的能力，通过调度模拟，可以测算多种生产调度方案；可视化展示计划与调度的安排。

2. 实现聚乙烯生产优化

优化牌号生产排产计划，通过缩短生产牌号切换的备料时间、准备时间，实时监控计划与实际执行的情况，提高聚乙烯的排产计划执行率，提高生产能力与效率，获取可观的经济效益。

三、主要价值和成效

系统包含两套聚乙烯装置4条生产线52个常见牌号的生产方案，与最近2年各牌号转产时间和过渡料数量等历史数据2652组牌号相互切换的时间和过渡料（造成经济损失）数据计划优化前后进行对比分析，优化后1PE牌号切换的备料时间平均减少4.8%，预计全年提高有效生产时间6天144小时，减少切换次数6次，负荷按30t/h计算，每吨利润按0.056万元计算，每次切换综合损失按10万元计算，实现效益：$144 \times 30 \times 0.056 + 6 \times 10 = 301.92$万元/年。

四、展望

基于聚乙烯生产排产建模与优化系统的良好应用成效，下一步，扬子石化计划将应用推广到两套聚丙烯装置三条生产线（36万吨/年）、一套EVA装置（10万吨/年），并根据总部信创要求，实现优化软件国产化自主可控。

联系人：王永卿　邮箱：wangyq.yzsh@sinopec.com

挖掘检测数据价值
提升特大型项目质量管控

——中石化湖南石油化工有限公司

案例综述：主要利用特大型项目现场检测数据，通过数据共享，实现施工质量齐抓共管。深度分析检测数据，通过预判控制现场质量：一是应用焊接合格率，从源头抓好质量，以数据分析抓考核焊工，充分发挥其主观能动性，发现不良数据，有针对性地采取措施。二是应用片/口合格率，督促做实过程管控，一旦发现片/口合格率低，分析原因，马上采取措施进行纠偏。三是应用数据分析结果，优化资源配置。

一、背景和目标

（一）案例背景

己内酰胺产业链搬迁与升级转型发展项目（以下简称“己内酰胺搬迁项目”）属于特大型建设项目，投资规模大、实施周期长、工程量大、施工技术复杂。施工质量管控具有检测项目多、检测机构多、检测数据量大、检测数据流转时间要求高等特点，如何通过深挖检测数据价值，提升项目质量管控十分必要。

（二）建设目标

通过增设检测数据模块和数据共享，深挖检测数据价值，减少数据流转时间，实现检测数据信息化；通过数据偏差报警，指导焊接过程纠偏，提高焊接合格率的目标，优化施工资源配置。

二、主要建设内容、实施方法及创新点

（一）主要建设内容

己内酰胺搬迁项目从项目伊始就开发投用了项目管理系统，该系统按照“平台+数据+应用”路线，部署在石化智云上，提供互联网服务，项目参建各方均可访问。通过构建工程质量检测数据资源库，推进数据信息共享，提升管理效率，实现质量检测数据的深度分析和质量管控，指导工程过程纠偏。

（二）实施方法

1.构建工程质量检测数据资源库

从源头上规范检测数据录入标准，组织检测单位、施工承包商、监理单位、项目分部技术管理人员进行培训，全面收集质量检测数据，收录桩基检测数据6300条，射线检测数据867168条，其他无损检测数据12340条，土工检测数据23000条，变形监测数据1800条，构建覆盖整个项目的工程质量检测信息数据资源库，为数据分析奠定基础。

2.推进数据信息共享，实现现场质量齐抓共管

检测单位当日录入检测数据，施工承包商、监理单位和项目分部第一时间即可获取检测结果信息。施工承包商可以立即着手不合格焊口的返修及相应扩探工作。监理机构快速审定返修处理、扩探焊缝的无损检测委托手续。职能管理部门同步查询第一手检测信息，及时纠偏。

3.深度分析检测数据，通过预判实现过程纠偏

（1）应用焊接合格率结果，从源头抓好质量。特大型项目中，焊工作为个体往往会在多个标段中流动，抓好焊工个体的焊接合格率，就能保障整个项目焊接质量。根据焊工焊接合格率数据，每月评选“优秀焊工”，给予物质奖励，充分发挥焊工主观能动性；个人水平确实有限的，及时采取提醒、清退等措施予以干预。同时通过分析不良数据产生原因，对于因气候或管理原因导致的，采取防风、防潮等技术措施和加强现场督查等管理措施，确保焊接合格率保持稳定。

（2）应用片/口合格率结果，督促做实过程管控。可按时间维度、单项工程或施工单位分类统计区域检测合格率统计表，实现信息统计实时化、透明化，加快质量检测信息传递、加工和处理速度。利用检测数据进行偏差分析，制定纠偏措施等控制手段，使合格率恢复正常水平。

（三）创新点

通过对工程质量检测数据库的挖掘分析，实现服务施工统筹管理。如项目全厂外管导致施工进度受到制约，施工进度跟不上，而施工方强调其人力资源投入已足够。通过焊工号在工程质量检测数据库进行数据挖掘，发现施工单位每周焊工变化数量与其申报的人员增加变化率不匹配，制约进度的要素是总人数投入满足了，但焊工投入不足，施工人力资源投入不合理。用翔实的数据与施工单位对接优化施工人力资源投入，推进项目实现（图1）。

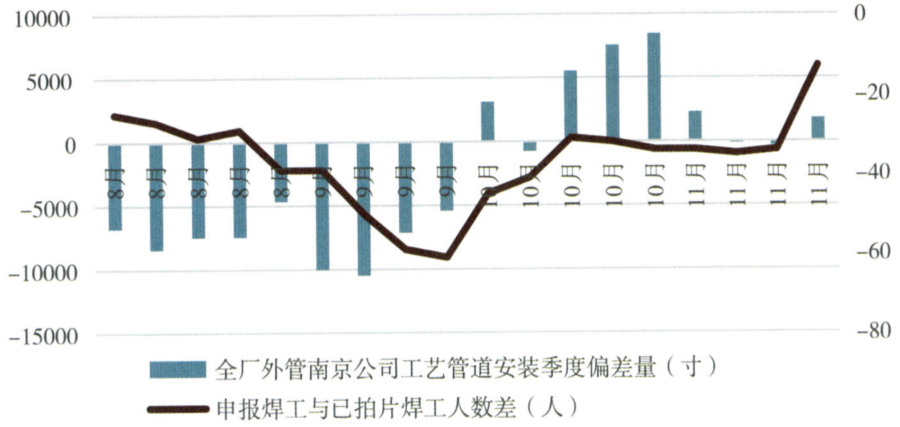

图1　工艺管道进度偏差与焊工申报偏差图

三、主要价值和成效

（1）提高管理效率、促进质量提升。检测数据全部实现网上流转和多方共享，减少人工送检资源消耗，通过提前预判、及时纠偏、齐抓共管保障现场质量检测，优化施工资源配置，促进施工质量提升和进度受控。

（2）实现质量管理过程纠偏，提高焊接合格率。现场焊接合格率达到98.35%（按片计），超过总部要求的优质工程焊接一次合格率96.5%（按片计）以上的要求。

（3）取得良好经济效益。按照8个检测单位每个单位每天花费1个人工时送签检测结果信息计算。每月按25天计算，每月可减少检测单位200个人工时。按每个人工时200元计算，主施工期12个月，可节约人工费48万元。超过中国石化平均先进水平1.85%，按现有86万张射线底片，提高焊接合格率1.85%可减少探伤底片16043张，可减少扩探底片32086张。按每张底片50元计算，可减少施工检测费用240多万元。

四、展望

（1）检测数据模块可向检测委托计划录入和监理点口方向向上延伸，后期增加检测报告单输出功能，直接从检测基础信息源库取数，生成检测报告，减少中间人工传输环节和纸质消耗，提高检测单位的数据录入积极性。

（2）远期扩展施工单位的管道信息录入，形成试压包基础资料，提高数据应用场景。

（3）通过知识经验的积累、借鉴，构建企业知识交流和共享平台，助力公司乙烯炼化一体化项目建设。

联系人：王　婷　邮箱：wangt2096.hnsh@sinopec.com

炼化企业日效益管理的数字化应用

——金陵分公司

案例综述：近年来，炼化行业已经进入微利时代，倒逼企业调结构、求转型，依靠技术进步和管理创新不断挖掘内部潜力来提升经营的质量和效益。公司依托数字化技术，探索出日效益的创新性精细化管理模式，建成企业级经营服务数据中台，对不同生产方案进行效益测算，寻求最优方案，生成调度指令下达执行，并核算日效益结果，实现对效益、优化、执行的全流程管控，为企业优化生产提供及时准确的数据支撑，推动企业生产运营工作向数字化和科学化迈进。

一、背景和目的

公司坚持以市场为导向，以价值最大化为目标，形成了“把每一滴油都炼出效益”的理念，实行了日效益管理。炼化企业原油加工流程及炼制过程千差万别，需要综合应用数学、计算机、管理、化工工艺等多个领域的技术和先进理念与方法，利用数字化手段，实行统一规范的效益核算和评价体系，使效益可视、可追溯，提高优化方案的可行性和方案的执行力，提升决策的科学性。

二、主要建设内容、实施方法及创新点

公司创造性地提出并实施了日效益数字化管理模式，依托企业经营服务数据中台，建立一整套完整的日效益管理方法和优化体系，优化方案是在效益、模型基础上生成的，生产执行是在优化、智能调度基础上进行的，生产执行结果又直接影响效益的好坏（图1）。

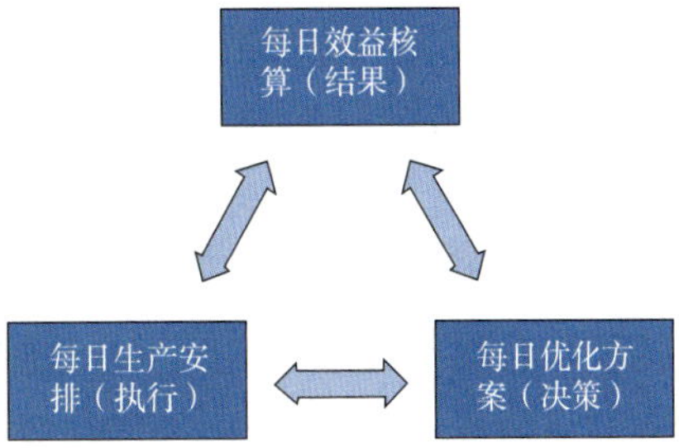

图1　日效益闭环管理模式

（一）建立企业经营服务数据中台

公司按照“数据+平台+应用”模式，整合企业数据资源，实现数据采集、数据建模、数据研发、数据计算、数据治理、数据服务等全链路一体化管理，为日效益管理的数字化应用提供技术支撑（图2）。

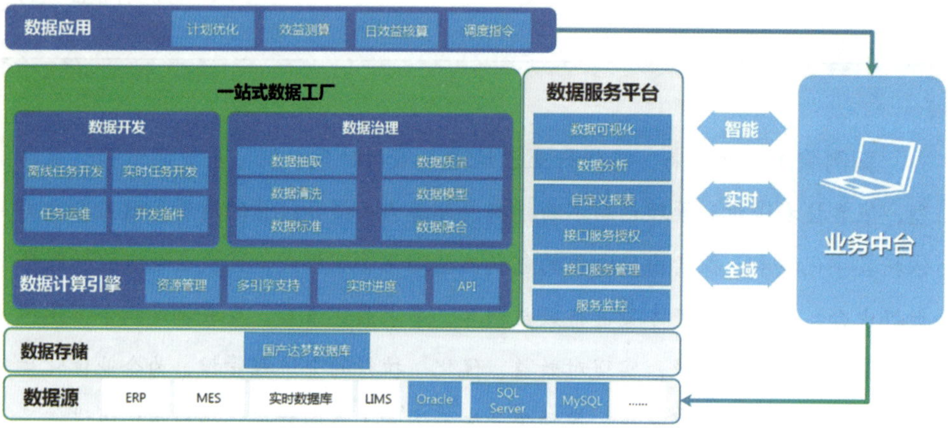

图2　数据中台架构图

（二）创建多套价格体系下的加工方案效益测算

公司以每日生产动态和外部环境变化为基础，及时给出反馈并进行测算，从而生成公司日优化生产方案。首先，利用企业数据中台，每天自动从金凯讯获取最新行情数据，进行国际市场原油价格等各类价格数据分析。同时，构建产品价格预测模型，预测产品价格，通过对比预算价格与结算价格，调整偏差，提高财务预算的准确度。最后，构建不同加工方案、原料采购等效益测算模型，根据最新价格、月累计价格及上月结算价格三种价格体系，测算公司低硫船燃生产等30余项加工方案的成本、效益，通过对不同方案进行效益测算、对比分析，寻求最优方案，为公司生产优化提供依据，从而调整生产结构。

（三）创建多套价格体系下的日效益核算

公司每日从企业数据中台获取日效益核算所涉及生产装置的投入、产出、能源消耗及物料移动关系等实时生产数据，以及所有生产装置的辅材、人工、折旧等固定类费用的财务数据，同时，根据原料、半成品、成品的实际价格，以及公司中间产品定价体系，生成当日各装置投入、产出产品的核算价格，通过各类计算模型和自校验模型，及时计算生成公司所有装置的当日效益总额和吨油效益，进一步汇总生成装置级、板块级、公司级日效益。

公司在此基础上，又创新性构建多套价格体系下日效益核算，实现在多套价格体系下，自动计算出实际价、最新价对应的公司、装置日效益和装置效益排名，以及不同期间、同类型不同装置间效益差异的因素分析等，如图3所示，管理人员能够自行调整加工方案和油品价格进行效益测算，根据当期产品市场价格测算最新效益，为原料采购、装置调整、生产优化提供理论依据。

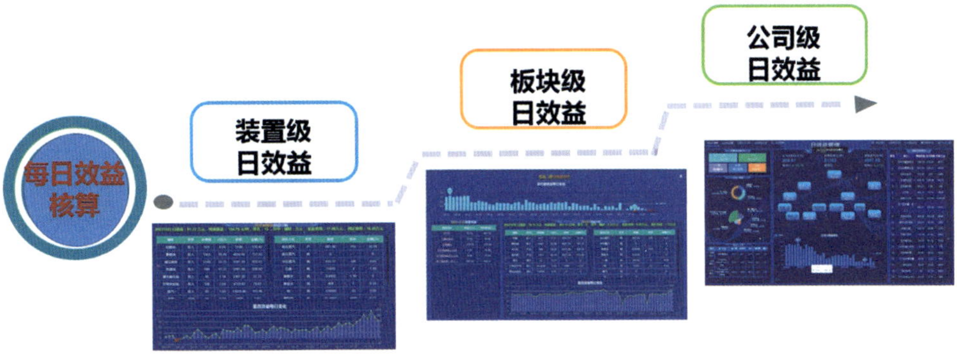

图3　各层级效益计算分析

根据日效益核算结果，形成日优化方案。通过对日优化目标的跟踪，可以确定实际生产是否按照日计划执行，如果有偏差，可以分析效益损失点及损失原因。

（四）生成调度指令

根据日优化方案，生成调度指令，将每日优化方案以生产指令的形式在线下达到生产一线，全面细化日生产计划安排，有效发挥系统各部门功能，达到提高全局效益的目的。同时，利用短信平台将当日重点生产优化指令发送到装置主管人员，确保装置及时接收到指令要求，提高装置执行指令的及时率。

三、主要价值和成效

通过日效益数字化管理模式的贯彻执行，公司汽油、航煤、低硫船燃等高附加值产品产量不断增加，2022年，公司生产经营平稳，营业收入创历史新高。

2023年8月，针对高低硫价差持续倒挂，低硫重质船燃价格持续走高，公司通过日效益平台，测算采购南美部分低硫油生产船燃效益，共测算了基本方案、增加2万吨低硫油产船燃等4套生产优化方案，分别测算各方案的主要原油和外购料、主要产品、成本及效益，测算发现，增加5万吨希皮尔替代巴士拉现货增产低硫船燃效益最高。公司结合产品市场变化，及时优化调整原油采购品种和产品结构，按照最优效益测算方案进行生产，2023年10月，该生产方案实现增效700余万元。

四、展望

炼化企业生产特性决定了物料移动的复杂性，有装置直接互供的、有边进边付的，造成物料跟踪非常困难，对二次加工装置原料对应的原油组成的跟踪分析较难实现，如果能够准确计算出二次加工装置原料对应的原油组成，就可以分析出各种原油对效益的影响，从而从占公司成本90%以上的原油的采购时就进行优化，确保企业效益的最大化。

联系人：吴　铮　邮箱：wuz.jlsh@sinopec.com

激活量价数据　打造智慧引擎

——中国石化仪征化纤有限责任公司

案例综述：为了驱动经营管理、生产运营等业务管理创新，围绕“成本效益核算”核心需求，梳理各类影响要素和计算逻辑，提炼核心算法，结合各系统数据整合和测算分析的可视化展现，搭建“智慧经营”平台，保障经营管理决策及时性和有效性，提升追溯评价水平，实现业财融合、价值引领、科学决策和高效协同。

一、背景和目标

（一）案例背景

目前，“成本效益测算与分析”主要依赖ERP各模块已有业务，通过生产与财务人员进行事后统计分析展开。此项工作与生产经营活动高度相关，涉及各专业管理部门，业务复杂，影响要素繁杂，追溯评价难度大。

为了支撑经营管理、生产运营等业务，为公司的经营发展赋智赋能，打造“智慧经营”平台，解决了效益测算体系单一、量价结合不密切、业财融合不深、难以适应决策的及时性、有效性的问题。

（二）建设目标

（1）建设“仪征化纤智慧经营平台”，围绕“成本测算与分析”核心诉求，结合生产经营业务实践梳理计算逻辑，提炼核心算法，实现数据深度利用与灵活的可视化展示。

（2）按照平台化系统建设思路，开展跨域多系统数据集成实践，促进基础与过程数据的规范性与质量提高。

（3）系统“日测算”与“日还原”数据出具与横、纵向对比分析功能，为各层级用户实施过程分析，定点纠偏，并为决策提供管理工具与数据支撑。

（4）实行多维度的数据权限管控机制，使得各层级用户系统操作严格受控。

二、主要建设内容、实施方法及创新点

（一）主要建设内容

基于数据赋能管理提升的需求，从多系统数据整合集成与可视化应用两个层面建设“仪征化纤智慧经营平台”，加强业财融合和系统集成；强化共享应用，驱动业务创新发展；开展经营数据的治理和应用，实现数据共建、共享、共用，支撑业务管理创新。

（二）实施方法

1.整合业务资源，深化集成应用

通过跨域跨系统集成、数据共享设计算法模型，实现价值量和实物量的有机结合，建立量化评价体系，研判产品边际贡献等关键指标，发现不同阶段的“明星”产品，保证公司生产资源向“明星”和“现金牛”产品有效分配，实现经营的日跟踪、周优化、月总结，为持续优化产品结构奠定基础（图1）。

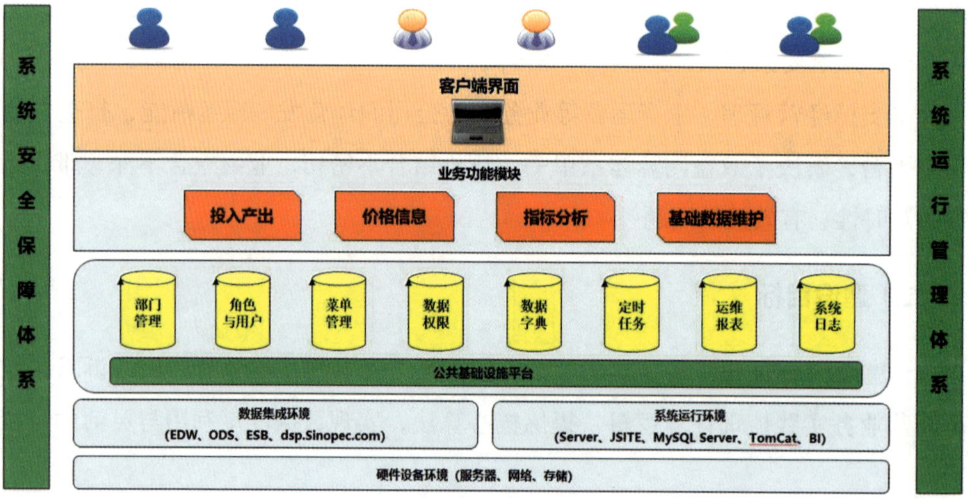

图1 功能架构设计图

2.开展理论建模，细化效益分析

集成产品价格与成本信息，应用协整理论，将传统的经济变量组合提升为平稳序列的建模分析。

（1）以运行部、时间、产品牌号为基础，结合生产经营业务实际，多维度测算、分析各项生产、成本、效益指标。

（2）对模型计算结果进行可视化展示、对比分析、数据钻取，提高业务人员分析数据、查找问题的能力。

①通过日效益分析，了解市场行情动态趋势及其对效益的影响（图2）。

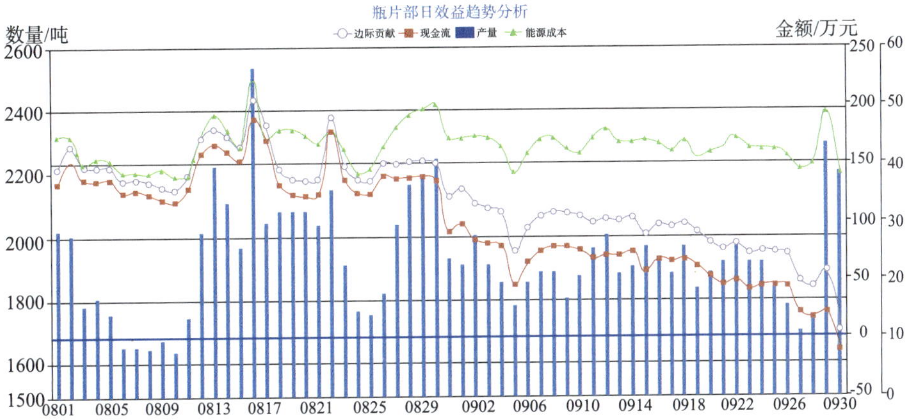

图2　某运行部日效益趋势分析图

②通过分品种产品效益排序，为优化产品结构提供决策依据（图3、图4）。

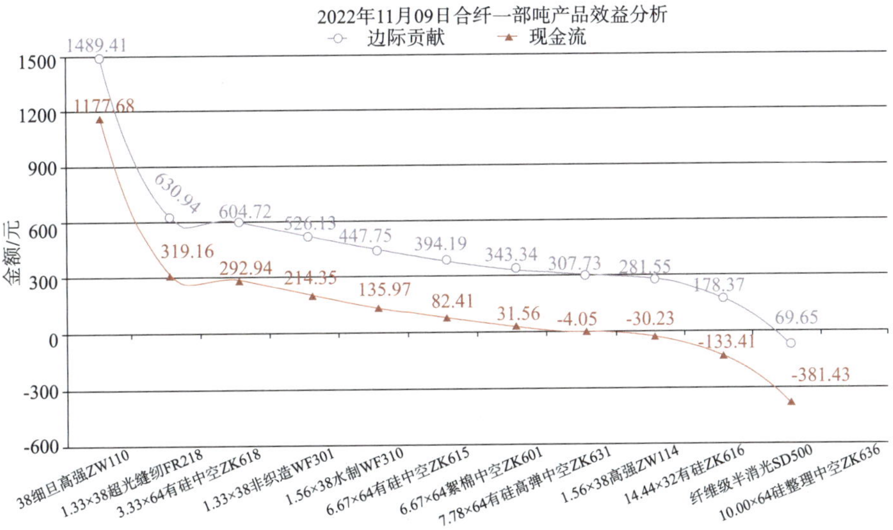

图3　某运行部日产品效益分析图

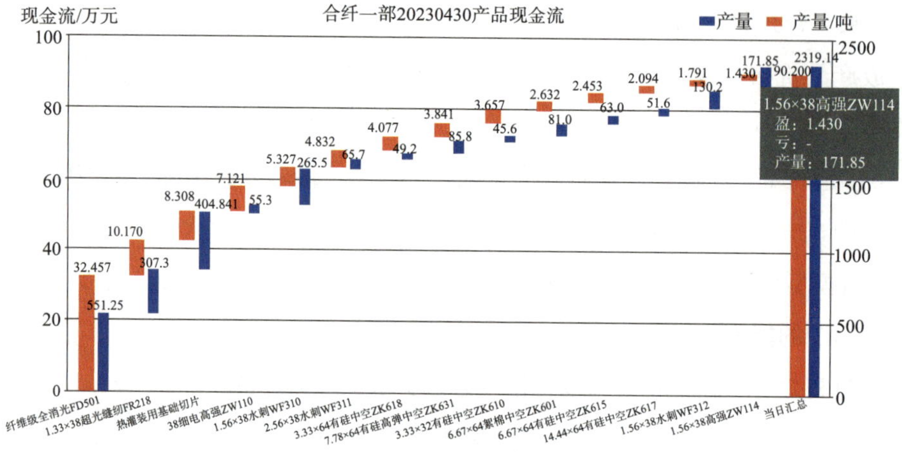

图4　某运行部产品现金流分析图

③追溯各品种在不同运行部间的产量、现金流、变动成本、能源成本等数据，寻找提质增效、降本减费措施（图5）。

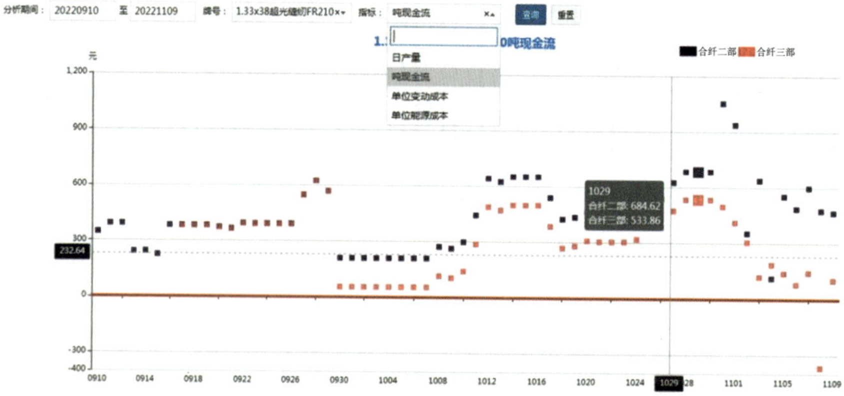

图5　某产品在不同运行部间吨现金流对比图

3.运用情景分析，优化产品结构

运用“What-if”多情景分析功能进行决策结果灵敏度分析，判断目前决策是否处于最优状态（图6）。

通过拖拉鼠标改变生产成本因数（上图红圈中的滑块），观测目标函数（产品单位边际和单位现金流）相应变化，测算出预计最终利润及边际效益，进行产品结构优化。

4.打造数据引擎，驱动业务发展

打破传统测算方式，将ERP、MES、能源管控、数字调度等业务管理系统数据经ESB集成到平台，利用数据分析工具，对数据进行合理挖掘利用，形成有价值的知识，驱动业务运作。

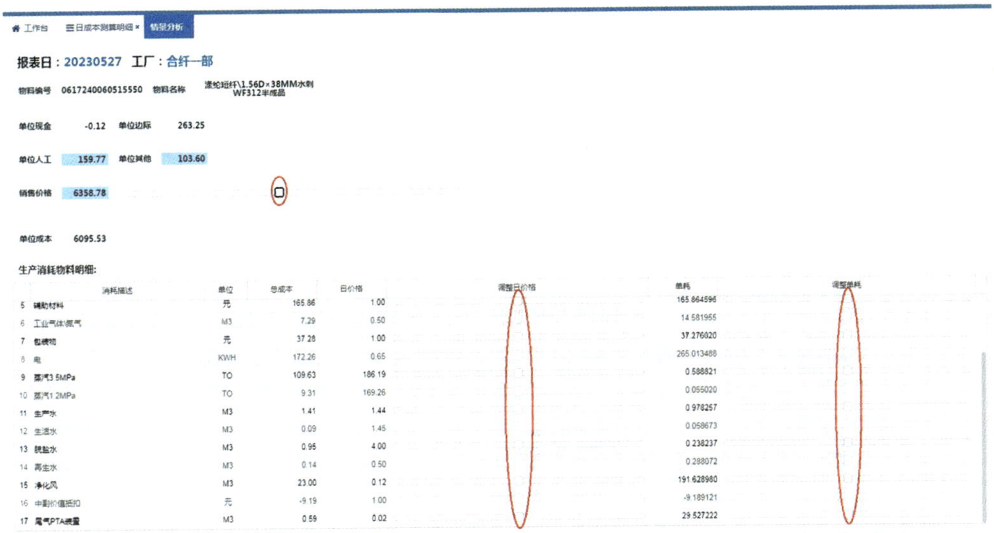

图6　某运行部情景分析系统功能截图

5.深化基层应用，激发创新活力

在各运行部推广智慧经营平台深化应用，让更多基层管理人员参与其中，引入“赛马机制”，设立最大贡献奖、最大进步奖等考核指标，推动“比学赶帮超”，提高全员降本增效意识，激发创新创效活力。

6.协同数据共享，促进业务变革

以平台化系统建设思路，围绕效益指标测算及可视化展示进行功能设计，以ODS系统为核心整合跨域多系统数据集成应用，拓展数据应用的广度与深度，发挥数据对经营管理业务的支撑作用。

（三）创新点

（1）传统成本效益测算分析工作依赖生产与财务人员进行事后统计，无法做到每日成本效益测算并根据市场变化及时调整装置生产。平台上线后能紧贴市场变化、紧盯加工区间和边际效益、狠抓产品结构优化，实现生产动态调整、资源优化配置，实现生产效益最大化。

（2）原生产经营创新创效活动基层管理人员参与度不高，平台上线后，基层管理人员积极参与其中，引入“赛马机制”，设置贡献、进步等考核指标，提高全员降本增效意识，激发创新创效活力。

三、主要价值和成效

（一）激发内生活力，促进“三基”建设

平台的数据维护和使用人员包含基层各业务人员和各层级管理人员，模型系统涵盖采购、销售、生产、消耗、能耗数据，财务数据和业务数据自动集成，促进了数据质量的提升，促进了“三基”工作的深入开展，实现业财深度融合，提升了不同业务之间的协同工作能力，提高了降本增效、成本费用管控的主动性和积极性。

（二）优化产品结构，促进效益提升

“日测算”“月还原”模型使公司获取成本效益数据更便利、更直接，为各层级管理人员进行过程分析、成本成因分析、定点纠偏提供有力工具。智慧经营平台通过紧贴市场变化，紧盯加工区间、边际贡献等指标，狠抓产品结构优化，及时调整装置运行，实现生产动态调整、资源配置优化和生产效益最大化。系统投用以来，结构优化创效2500万元以上。

（三）数字驱动引领，促进业务转型

智慧经营平台，以数据应用为核心，以流程优化为基础，以集中集成为手段，深度挖掘数据价值，优化整合业务流程，实现跨域多系统数据集成，充分发挥了数据对生产经营决策的支撑能力，实现数字驱动业务。

四、展望

下一步，各单位将加强BI（商务智能）应用，实时进行数据监控和应用支持，加强自主分析能力，开发产品效益试算前端组件，实现成本效益情景在线分析；不断优化“赛马”各项指标，针对性优化考核指标对比分析功能，加强纠偏，更好地支持敏捷制造，优化月度部门固定成本取数逻辑，提升效益模型有效性。

智慧经营平台紧盯效益、秉承现金为王的经营理念，不断提高数据集成度和数据质量，保证实际生产运行状况得到真实反映，不断提高平台所展示结果的准确性，实现功能的持续优化与迭代。

联系人：俞　颉　邮箱：yujie.yzhx@sinopec.com

构建装置模拟利润闭环管理体系
助力企业效益目标最大化

——广州分公司

案例综述：广州分公司装置模拟利润应用项目自2022年10月启动，2023年4月正式上线运行。其目的是通过装置模拟利润应用，融合生产计划、财务预算、生产执行等数据，将财务指标与技经指标结合，建立“生产计划刚性执行，计划调整响应及时，考核奖惩一目了然，开源节流主动作为”的闭环管理体系，将公司挖潜增效目标下沉到装置生产中，确保挖潜增效目标完成，最终实现企业效益目标最大化。

一、背景和目标

（一）案例背景

当前全球经济环境复杂多变，确保企业效益目标最大化是企业的发展方向，公司跟踪市场变化，年度及月度都提出多项挖潜增效措施，但在实际执行中，出现目标无法下沉，装置基层不了解公司增效要求背后的原因，生产缺乏主动性的问题。因此，为了更好发挥财务管理的作用，适应新时期企业高质量发展目标，我们尝试以数字技术与财务管理深度融合为抓手，固根基、强职能、构建装置模拟利润闭环管理体系，支撑服务企业发展战略，提升企业经济竞争力、创新力、控制力。

（二）建设目标

装置模拟利润建设通过信息技术融合装置各种数据，直观展示公司增效目标、财务指标、技经指标与装置生产的关系，构建“生产计划刚性执行，计划调整响应及时，考核奖惩一目了然，开源节流主动作为”的闭环管理体系，从而助力企业实现效益目标最大化。

二、主要建设内容、实施方法及创新点

（一）主要建设内容

装置模拟利润依托企业成本费用智能管理系统及绩效考核系统，搭建模拟利润分析与模拟利润考核两个模块：模拟利润分析包含装置预算实际对比明细表、装置模拟利润汇总表、装置单位模拟利润汇总分析表、装置模拟利润汇总趋势表、中间物料价格分析等内容，模拟利润考核包含装置考核规则维护、考核结果计算发布等功能。

装置模拟利润基于企业数据资源中心，集成来自智能工厂生产计划专题、生产执行MES、原油在线调和、ERP等系统数据，实现了模拟利润“价格周发布、进度旬跟踪、结果月考核”（图1）。

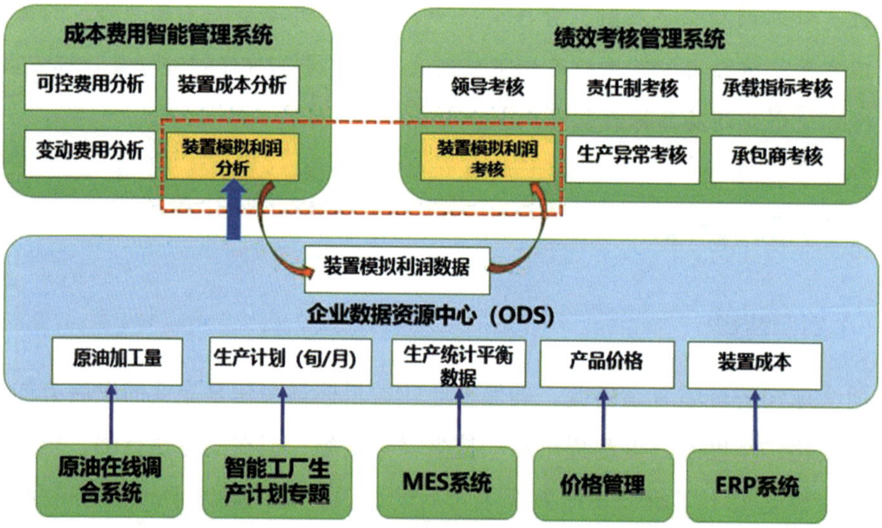

图1　广州石化装置模拟利润集成架构图

（二）实施方法

装置模拟利润项目的应用主要是通过“预算、计划、实施、评价、回归完善预算”的PDCA循环实施，促进管理理念的转变，让装置基层人员认识到自己所熟悉的产品收率、加工损失率、能耗物耗等技经指标如何影响公司效益，从被动转为主动，主动配合公司挖潜增效目标并提出相应措施确保完成，最终实现效益管理信息化、智能化。

具体做法是：首先公司计划部门把挖潜增效项目与计划生产流程结合，落实到各

装置排产计划中，然后通过赋予装置产出中间物料价值量，再综合考虑装置变动费用（辅、燃、动）及固定费用，计算得出装置全口径模拟利润。最后发挥绩效考核的导向作用，引导装置朝效益最大化方向努力。

日前，中间物料价格是按物料主要组分构成，考虑后续加工费用，与最终产品销售价格关联计算得出物料价格，上游装置产出的中间物料模拟销售价格同时作为下游装置投入物料的成本价格。

考核规则是月度考核，比较每月实际实现的模拟利润与月度预算利润，装置利润增利加分，减利则扣分，加分和扣分标准同时考虑装置规模及难度，尽量确保考核公正。

（三）创新点

通过装置模拟利润，基层人员直观地看到装置的各项技经数据是如何与企业效益关联的，为了提升自己的绩效得分，努力方向就是增加装置加工量、减少损失率、减少费用、调整产品结构等，因此调动大家开源节流的积极性，从而确保公司挖潜增效目标的完成。

2023年4月正式运行以来，装置人员逐步转变观念，积极探索各项增利措施，目前主要在做大加工量及调整产品结构两个方面。10月，根据价格导向，发现聚丙烯装置新牌号产品价格比常规牌号高200—300元/吨，装置工艺员主动与计划编制部门沟通并积极配合研发部门调试生产，成功生产2717吨无规、三元、软质聚丙烯，比计划安排多产557吨，增利18万元。

三、主要价值和成效

装置模拟利润应用着眼于计划流程全流程管控，从事前计划、事中监控、事后跟踪分析，全方位确保挖潜增效项目顺利落地，其实施效果主要体现如下：

（一）管理效益

装置模拟利润：2023年4月上线以来，现炼化板块共有6个作业部35套装置参与模拟利润考核。根据模拟利润数据，生产作业部可直观地感受装置生产与公司效益之间的关系，明确优化生产方向，如焦化装置，约40%的产品收率是相对低价格的石油焦，上线后积极提出建议，加强精细管理，生产高品质石油焦，2023年生产3C品质以上的石油焦超4000吨，创效5万元。

在管理上实现了及时传递市场压力，调整生产安排，提升生产管理的精准率，让生产作业部积极参与市场化生产优化运作，强化挖潜增效和生产创效的管理理念。

（二）经济效益

2023年4月以来，广州石化实现盈利14.75亿元，超额完成利润目标，按装置模拟利润考核贡献比千分之五测算，该项目投用后每季度为公司创效超500万元。

四、展望

通过装置模拟利润应用，已经在公司内部树立“成本效益，人人相关”的管理理念，通过查找执行偏差，改善装置效益，初步达到优化调整生产，实现公司效益最大化的目标。下一步，考虑提升平台功能，一方面融合更多业务数据，构建更全面的装置模拟利润闭环管理体系，另一方面深化分析功能，深入分析和挖掘应用数据的价值，据此发现业务流程中的瓶颈和问题，进行优化和改进，进而帮助公司做出更明智的决策，争取公司效益最大化。

联系人：郑淑超　邮箱：zhengshuchao.gzsh@sinopec.com

“智能工厂”助力企业创效 “日效益”优化牌号生产

——广州分公司（计划经营部）

案例综述：广州分公司应用“智能工厂－日效益”模块，优化化工塑料牌号生产计划安排。在经济效益方面，2023年塑料牌号的优化方面平均每月创效约5万元；在管理效益方面，计划管理人员及装置管理人员通过该模块了解装置目前的效益情况，及时调整生产偏差，提高计划准确率及装置效益。极大地降低了管理成本，提高了管理效率。

一、背景和目标

（一）案例背景

在工业经济发展“新常态”背景下，当前石化产业发展面临严峻挑战。原材料、人力资源和生产成本的上升导致企业盈利能力持续减弱，严重影响企业的发展。目前，急需研究多种应对方式推动石化产业高质量可持续发展，在石化行业能够面对价格竞争和成本压力时，实现企业效益的提升。

以前，分公司的盈利情况只能通过财务核算后在每旬的生产经营例会中给出，对于公司整体效益及各装置的盈利概况没有一个以日为单位，监控到整体盈利情况的系统。

对于中间物料边际、化工塑料产品牌号边际、乙烯原料边际等优化测算方案需要在每旬的生产经营例会、每月的计划讨论会之前进行测算。该测算频率和测算速度没法保证在价格体系发生变化时及时得出最优的生产建议。

（二）建设目标

原本的测算模式难以适应实际生产和市场发生的变化，企业没法及时调整偏差，提高计划执行的准确率及装置效益。由此急需利用技术手段整合各类生产及市场数据，为企业快速应对市场变化，提供可靠的最佳优化建议。

二、主要建设内容、实施方法及创新点

（一）主要建设内容

基于每日外部市场、内部生产情况，在线监测每日企业、板块、主要生产装置、主要原料及产品牌号的边际效益，为快速应对市场变化以实现持续优化提供可靠依据。对不同来源的原油、原料、产品等相关价格数据源进行标准化统一管理，形成完整的测算价格体系，满足日效益测算和优化应用的需要。

（二）实施方法

广州分公司“智能工厂–日效益”模块分析应用企业数据资源中心集成MES，以装置投入产出的日校正确认量、日调度平衡量和日统计平衡量为依据，集成MES能耗统计模块装置日公用工程消耗量，集成TBM预算价格，完成搭建装置日效益测算模型和价格模型。从四个不同维度（计划量、校正确认量、调度平衡量和统计平衡量）测算全公司主要生产装置的日效益，并进行装置日效益排序、效益偏差分析和对比，使生产管理与生产计划人员能够掌握每个装置的日效益概况及日效益随市场价格的变化趋势，并能对比每日实际完成效益与当日计划效益间的差距，掌握生产节奏，并根据实时变化的产品价格而引起的装置效益变化及时调整生产方案，保证生产效益尽量最大化。

（三）创新点

边际贡献子模型实现了测算优化方案快速出结果，以化工塑料产品牌号测算为例。

（1）2023年5月，按照日效益模块塑料牌号测序结果，及时调整聚丙烯1#牌号生产及销售计划，创效5.2万元。

聚丙烯1#装置PPR–4220产品原计划产销量为5130吨，CJS700产品原计划产销量为1930吨。月初根据产品实点价测算，该两产品效益均不太好。月初测算结果如图1所示。

月度中旬之后，根据市场价格及行情的变化，该两产品均效益变好，但是PPR–4220产品效益好于CJS700，中下旬测算结果如图2所示。根据测算结果及时调整牌号产销量，创效5.2万元，提升了公司效益。

对5月份PPR–4220和CJS700的价格走势图进行比分析（图3）。从中可以看出，5月份CJS700是经历过三次降价的，这也是中旬之后效益不如PPR–4220的主要原因。

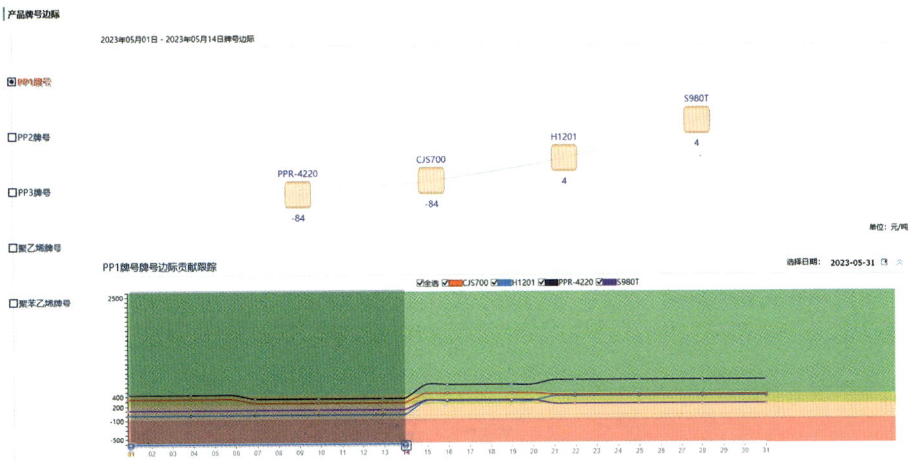

图1 PPR-4220和CJS700 5月初测算结果

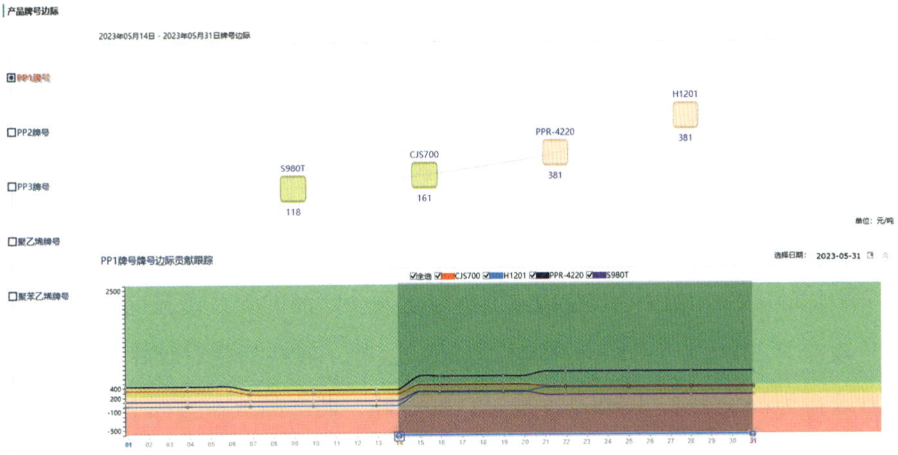

图2 PPR-4220和CJS700 5月中下旬测算结果

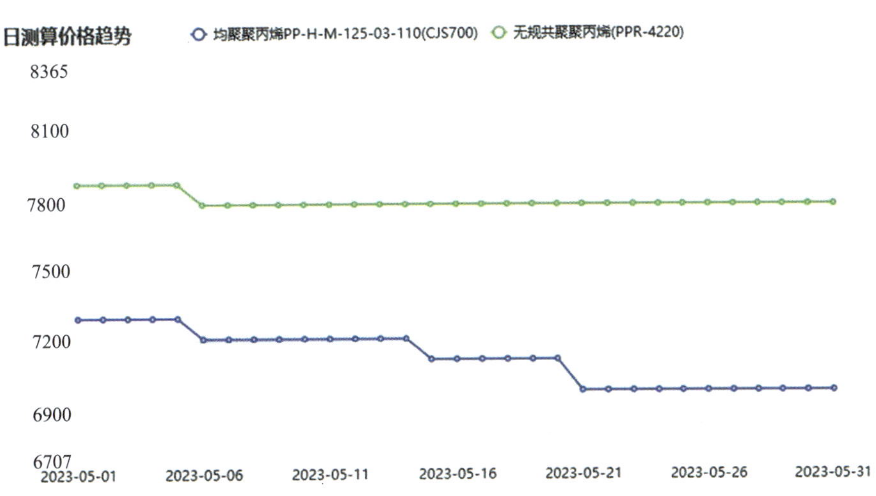

图3 5月份PPR-4220和 CJS700价格走势

（2）根据2023年7月日效益模块塑料牌号的测算结果，调整聚丙烯3#牌号生产及销售计划，避免效益损失4.2万元。

聚丙烯3#装置K8003产品原计划产销量为4200吨，K8009产品原计划产销量为4120吨。月初根据产品上月末实点价测算，K8003产品效益好于K8009。月初测算结果如图4所示。

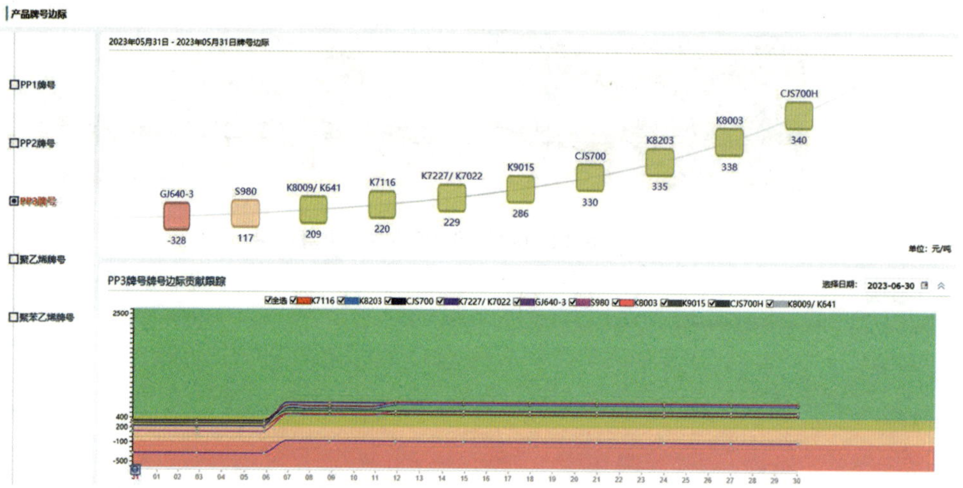

图4　K8003和K8009 7月初测算结果

从7月上旬开始，聚丙烯效益整体下行，这两个产品的效益情况也发生了变化。月初K8003效益为338元/吨，K8009效益为209元/吨，效益都相对较好，但是，上旬之后K8003效益为26元/吨，K8009效益为114元/吨，两产品效益虽都下降，但是K8009相对更坚挺。根据测算结果，做出两牌号产销量的计划调整，并按照计划执行生产，避免了分公司的效益损失4.2万元。7月上旬测算结果如图5所示。

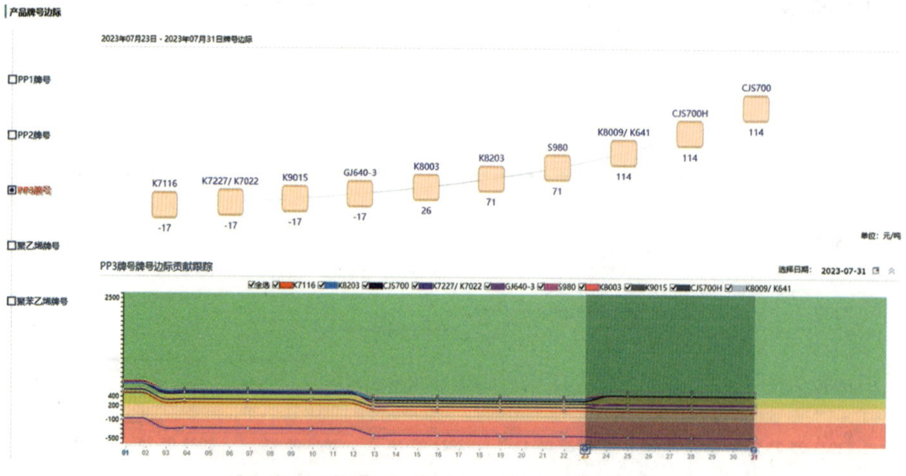

图5　K8003和K8009 7月上旬测算结果

三、主要价值和成效

（一）经济成效

在塑料牌号生产优化方面，日效益模块有优势，可以将原来相对烦琐且频次低的测算简化成以日为单位的快速测算。在2023年塑料牌号的优化方面，平均每月创效约5万元。

（二）管理成效

在日常管理过程中，计划管理人员及装置管理人员通过日效益模块了解装置目前的效益情况，及时调整实际生产偏差，提高计划准确率及装置效益，极大地降低了管理成本，提高了管理效率。

四、展望

目前日效益模块，对于炼油中间物料的价格定义比较简单，基本采用某一种产品价格乘以固定系数的方法，该方法虽然对化工聚烯烃装置的日效益计算相对便捷、快速、准确，但是对于计算炼油装置日效益准确性较差。下一步，要找到相对科学可靠的方法用于描述炼油中间物料的价格，并实施应用，让"智能工厂–日效益"模块在炼油优化测算方面发挥更大的作用。

联系人：陈晓龙　邮箱：chenxl.gzsh@sinopec.com

直柴加氢装置硫含量在线预测模型的建立与应用

——洛阳分公司

案例综述：利用实时数据库中工艺过程历史数据及LIMS系统中化验数据，开展基于人工多层神经网络机器学习的建模与预测技术研究，建立柴油加氢装置反应器的多层神经网络模型，开发神经网络模型训练/测试系统和在线实时预测系统，实现直柴加氢装置反应器硫含量在线实时预测，帮助操作工对精制柴油产品中硫含量进行准确控制，保证产品质量并减少能耗和物耗。

一、背景和目标

（一）案例背景

直柴加氢装置操作工调整反应器的反应深度都是通过对比在线分析仪和LIMS化验数据进行的，由于在线分析仪安装在装置出口处，它的测量值滞后反应器约1.5小时，LIMS化验分析更是每天只做两次，操作工根据这些有限的数据很难准确判断调整参数高低，只能在长期的工作中积累经验，通过经验来调整反应深度，并且很难实现质量的卡边操作。

（二）建设目标

开发直柴加氢装置反应器出口硫含量多层神经网络模型，实现硫含量在线实时预测，预测一个半小时后的硫含量，指导操作工对精制柴油产品中硫含量进行准确控制，在保证产品质量的前提下，通过卡边操作减少物料和能源消耗。

二、主要建设内容、实施方法及创新点

（一）主要建设内容

对直柴加氢装置中可能影响反应器出口硫含量的相关仪表测点数据及化验分析数据进行分析，最终确定需要获取数据的测点编号。从实时数据库中提取相关测点的历史数据，对数据进行预处理，剔除异常和无效的数据后，作为模型训练和测试的数据样本集。基于所获得的样本集，进行多层神经网络建模训练与测试，并对模型结构及参数进行优化。利用训练好的多层神经网络模型，用从实时数据库中采集到的相关测点的实时数据进行硫含量在线实时预测，并在装置中进行实地验证，根据验证结果再对神经网络的模型结构和参数进行优化，直到获得符合生产实际、比较理想的验证结果。

（二）实施方法

1.系统架构设计

系统采用微软最新 Core平台，提供统一的工厂模型，形成从数据模型到交互模式的直接映射，以软件的实用性、安全性、可扩展性和易维护性为目的。系统总体架构如图1所示。

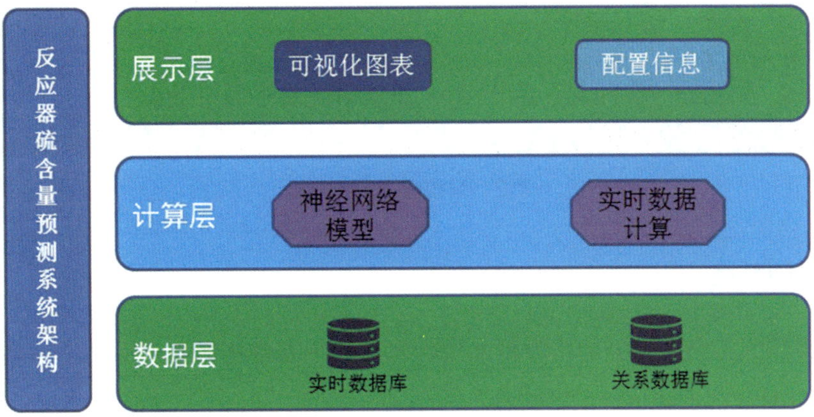

图1　系统总体架构

2.实现过程

（1）通过实时数据库和LIMS系统分析筛选影响精制柴油硫含量的数据。深入调研直柴加氢装置工艺流程，查找影响硫含量的39个测点，从实时数据库中提取并过滤出有效数据4500万条，从LIMS数据库中提取化验值1143条。

（2）利用4年的历史数据进行多层神经网络建模，可以得到准确反映反应器脱硫过程的多层神经网络模型。装置测点的历史数据都保存在实时数据库中，现在已经积累了4年多的运行数据，这些数据能够很好地反映装置的动态运行过程。

（3）模型通过实时数据进行硫含量预测，并将预测值与实际化验值进行比较，实现模型自学习自修正功能。采用循环神经网络方法，适合应用于复杂工业过程的动态建模、系统辨识和控制、数据分析和故障诊断等方面。且系统将具有自学习和训练模块，在装置投入运行后，可设置定期进行模型训练，自动更新，进而适应生产调整的变化。

（4）根据预测值及时有效地调整反应器的反应深度，实现精制柴油产品硫含量控制的卡边操作。系统模型从2020年初部署到洛阳石化公司集中控制室直柴加氢操作岗位后，目前操作工已经熟练掌握该系统模型的应用，并根据预测值进行生产调整。图2为系统模型预测画面。

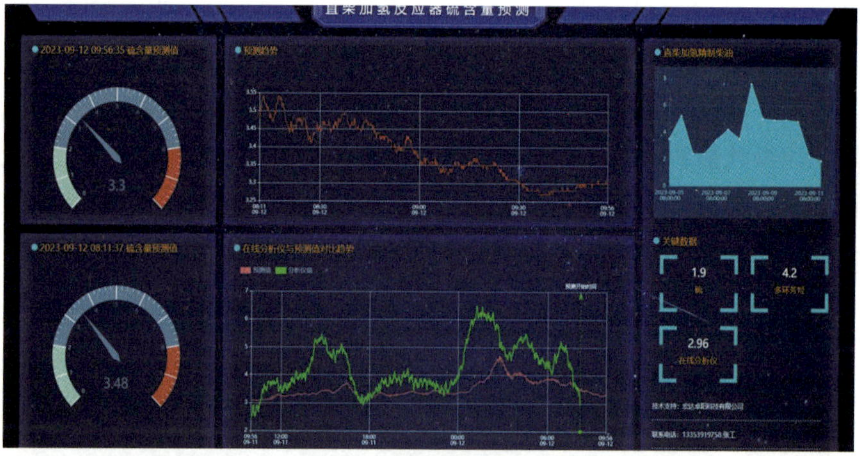

图2　系统模型预测画面

（三）创新点

（1）采用人工多层神经网络数据建模技术，比现有常用的以反应机理为基础的建模技术，具有对复杂系统更好的适应性。

（2）具有自学习和训练模块，在投入运行后，可定期进行模型训练，自动更新，进而适应生产调整的变化。

（3）实现硫含量提前1.5小时预测，从而指导生产，实现卡边操作。

（4）利用人工神经网络技术建立在线实时预测模型，是石化行业同类生产装置中的首次应用，在炼化企业生产中具有一定的推广价值。

三、主要价值和成效

（一）预测效果

模型可以预测90分钟后的硫含量，预测值和在线分析仪趋势比对如图3所示，其中蓝色为硫含量预测的值，黄色为在线分析仪的值，从图中可以看出，预测的值和在线分析仪的值趋势基本吻合，具有较高的实用性，随着数据的积累，模型预测的值将更加准确。

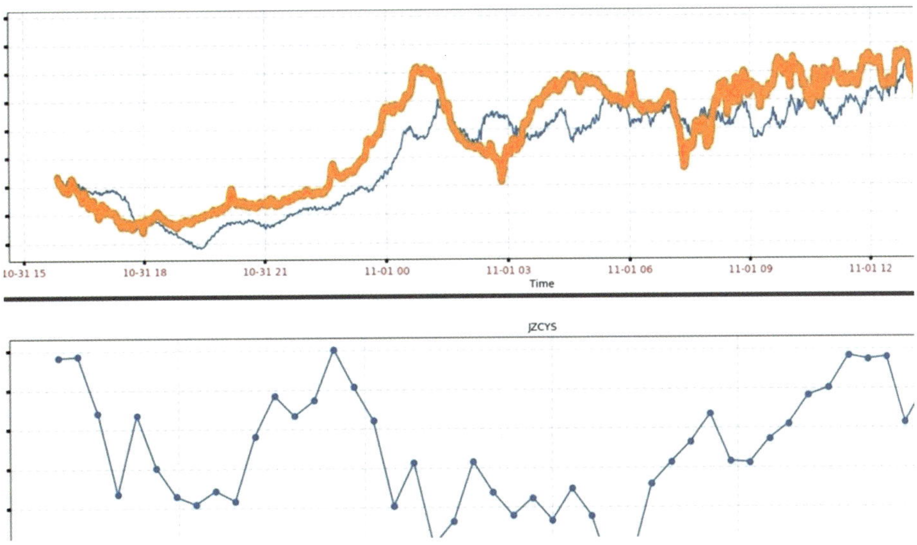

图3 预测值与在线分析仪趋势比对

（二）经济效益

实现精制柴油硫含量卡边后，反应器入口温度平均可以降低2℃左右，氢气消耗可以节约800m^3/h，按照当前氢气价格1.13元/立方米，节约904元/时，月节省904 × 720/10000=65.1万元。

新氢压缩机C3401A为无级气量调节，压缩机设计负荷26200m^3/h，功率1250kW，节省的氢气可以通过无级气量调节系统调节，每小时可节省电量38.2千瓦，月节省费用38.2 × 720 × 0.6/10000=1.65万元。

反应器入口温度降低后，出口温度同步降低，热高分顶部空冷负荷减少，空冷变频风机开度降低，每小时可节省电量12千瓦，月节省费用约12 × 720 × 0.6/10000=0.52万元。

本周期催化剂的使用寿命是4年，反应温度降低后，催化剂使用周期将会延长，按照当前催化剂月度消耗费用，节约费用105万元/月。

综合以上，可节约成本172.27万元/月，具有很好的经济效益。

四、展望

随着装置生产工艺和加工负荷的变化，输入参数可能超出预测模型数据训练的范围，对模型精确度有较大影响。为了保证模型计算结果的精确度，后期每隔3—6个月，需对预测模型进行调整和增补训练，以便使预测结果更贴近真实值。基于人工神经网络的直柴加氢反应器硫含量在线系统模型的应用，为企业节能降耗、挖潜增效提供很好的支撑作用。下一步，将积极探索利用神经网络模型预测催化裂化产品分布方面的应用。

联系人：郭文彬　邮箱：guowb.lysh@sinopec.com

开展设备动态可靠性分析　支撑预防性维修决策

——安庆石化公司

案例综述：转动设备DCPM故障预测与维修决策系统是在RCM理论基础上的创新拓展，系统对全厂主要机泵设备平均无故障运行间隔期及设备关键性、使用性后果进行数据融合和分析计算，再依据综合逻辑判断策略，实现对设备运行状态和运行趋势的分析，引入威布尔函数对机泵设备进行可靠性分析，输出以可靠性为基础的设备动态预防性维修大纲，指导设备预防性工作顺利开展。

一、背景和目标

（一）案例背景

石油化工行业设备预防性维修的重要性不容忽视，缺乏预防性维修手段可能会引发诸多问题。首先，生产工艺高度连续，生产装置日趋大型化和自动化，设备的突然故障可能会导致生产波动甚至停产，这会对企业的经济效益产生直接影响，据统计，石油化工企业设备故障维修和停机损失费用已占到生产成本的近四成；其次，在役设备往往处于高温、高压、易燃、易爆、易中毒的生产环境中，重要生产设备失效往往造成严重的安全事故、环境污染；此外，缺乏有效的预防性维修手段还可能导致设备的使用效率降低和设备的寿命缩短。

（二）建设目标

预防性维修主要是指根据装置内设备的实际性能情况，提前确认设备现状，从而在相应故障出现之前就做好防范工作，维护设备状态的良好，做到“防患于未然”，以减少设备故障的发生，保障生产的稳定运行，提高设备的使用效率，延长设备的使用寿命。

二、主要建设内容、实施方法及创新点

（一）主要建设内容

以可靠性为中心的维修（RCM）是目前国际上通用的、用以确定资产预防性维修需求、优化维修制度的一种系统工程方法。安庆石化转动设备DCPM故障预测与维修决策系统是在RCM理论基础上的创新拓展，系统对全厂主要机泵设备平均无故障运行间隔期及设备关键性、使用性后果进行数据融合和分析计算，再依据综合逻辑判断策略，实现设备运行状态和运行趋势分析，引入威布尔函数对机泵设备进行可靠性分析，输出以可靠性为基础的设备动态预防性维修大纲，指导设备预防性工作顺利开展。

（二）实施方法

1.建立设备基础数据库

融合现有的各类信息化系统数据，如ERP系统设备台账数据、ERP系统开停机及检维修数据、DCS集中数采数据、设备在线监测数据、设备点巡检数据等，在DCPM中建立设备台账、设备检修、设备点巡检、设备在线监测、设备关键性评价等数据模型（图1）。

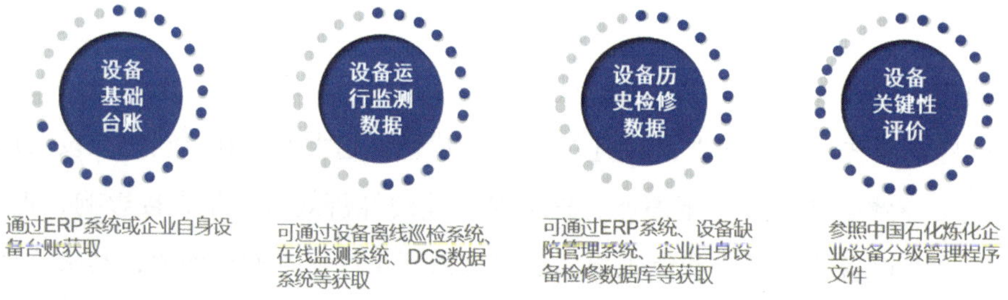

图1 设备基础数据库

2.实现设备运行时间分析与可靠性分析、设备关键性分析、报警状态及运行趋势分析

（1）根据设备台账基本信息和工艺数据，对设备进行不同维度分类，分析同类设备相关信息。

（2）通过设备检修数据库，计算设备平均无故障间隔周期，建立同一位号设备的威布尔可靠度函数，并且对于具备数据基础的机泵设备通过可靠度与时间关系拟合曲线进行可靠度的定量分析。

（3）利用设备工艺关键重要性、环境健康安全因素、设计成熟度因素、维修经济性复杂度等，综合量化关键性评分。

（4）通过设备运行数据，分析每台设备运行即时状态和运行趋势是否达到预警值。

3.依据风控矩阵，建立数据分析逻辑，推送每台设备的维修策略

系统将设备运行状态及趋势判断、设备整体可靠性状况以及设备风险状态研究，三者综合一体考虑，并通过专家团队制定的分析逻辑，得出设备维修策略，根据不同的设备维修策略，结合设备运行状态及趋势分析，可以制定相对合理的维修大纲，如维修内容、维修级别、类型等。

4.实现转动设备的预防性管理工作流程线上管理和综合查询

包括转动设备月度预防性计划信息、运行趋势信息、可靠度分析信息、历史检修信息、历史推送状态信息等。

（三）创新点

DCPM系统中的可靠度分析、设备关键性评价、风险评估及实现的预防性工作决策与设备完整性体系高度契合，是建立设备完整性体系的基础之一，同时基于ERP、设备监测、点巡检、实时数据库的数据融合应用，在兄弟企业均有较好的应用基础，投入少，可推广性强。

三、主要价值和成效

安庆石化DCPM系统投用至今，管理设备数量2956台，正常运行2851台，关注运行105台，建议检维修设备0台，DCPM系统主界面如图2所示。

图2　DCPM系统主页面

从推行结果看，该系统能有效指导安庆石化转动设备制定科学合理、准确预测的设备预防性维修策略，实现维修资源有效利用，降低设备突发故障，确保装置长周期安全平稳运行。同时，实现设备大数据的有效融合与共享，让数据创造价值，提高了设备管理水平，降低了故障率，寿命延长指标得使用一年后才能持续评估。

四、展望

DCPM系统在投用之后，可产生的直接经济效益包括降低维修成本和延长设备使用寿命。在降低维修成本上，通过预测性维护，可以避免突发故障导致的高昂紧急维修费用。项目实施后预计每年可节省约4.5%的设备维护成本。在延长设备使用寿命上，优化的预防性维护有助于减缓设备老化速度，可能延长设备使用寿命5%—10%，相当于节约部分设备更新换代的资金投入。

在管理效果上，可以精细化运维决策，系统提供实时设备状态监控和预测性维护建议，使管理层能够在科学依据下做出决策，提升运维管理水平。此外，可以优化资源配置，有效调度人力与物力资源，减少无效劳动和资源浪费，提高设备维保的工作效率。

联系人：马云剑　邮箱：mayj.aqsh@sinopec.com

深入开展报警数据分析　提升报警管理水平

——中原石化

案例综述：报警管理是炼化企业生产管理的重要一环，报警后及时有效地响应可以将异常波动带给装置的损失降到最低。2023年以来，中原石化公司通过狠抓报警管理，开展报警数据分析及全流程跟踪，不断提升报警管理水平。通过自主建设报警数据专项应用，对报警数据综合汇总及跟踪分析，定期开展应用通报，加大考核奖惩力度，在减少高频报警、陈旧报警，提升报警响应率等方面取得良好成效。

一、背景和目标

（一）案例背景

中原石化公司因历史原因存在报警设置不合理、响应不及时、处置方式不正确、报警泛滥等报警管理不当问题，长此以往可能会导致企业对报警关注度降低，导致生产工况发生异常时不能及时纠偏，工艺过程安全性管理降低，严重的甚至会导致事故发生。

中原石化公司已建立先进报警系统，该系统通过接口实时抓取DCS报警事件，实现对公司主要生产装置工艺、设备、安全等各专业报警情况进行分类汇总及结果统计。但在报警综合管理如异常分析、考核评比、综合展示、报警溯源等统计分析层面，不能完全满足企业精细化管理需求。

（二）建设目标

基于先进报警系统扩展报警数据来源和类别，建立报警数据分析专项应用及报警推送平台，加强企业报警管理力度，实现报警信息综合统计分析，使生产、设备、安环等专业管理人员能够第一时间掌握装置的生产异常情况；装置工艺操作人员通过报警平台实时查看报警状况及统计结果，最大限度地减少因生产异常带来的负面影响。

二、主要建设内容、实施方法及创新点

（一）主要建设内容

基于中原石化公司数据中台，获取先进报警系统、报警推送系统、实时数据库系统数据，对抓取数据进行汇总、清洗；依托数据分析平台建立报警数据专项分析应用，通过获取中台数据形成报警台账，基于台账数据实现不同维度分析展示，对于各类展示信息均可通过点击进行详情穿透关联查询，通过报警考核提升各层级人员报警敏感度；通过报警分级推送实现对各层级人员主动提醒，进而提升报警整体管理水平（图1）。

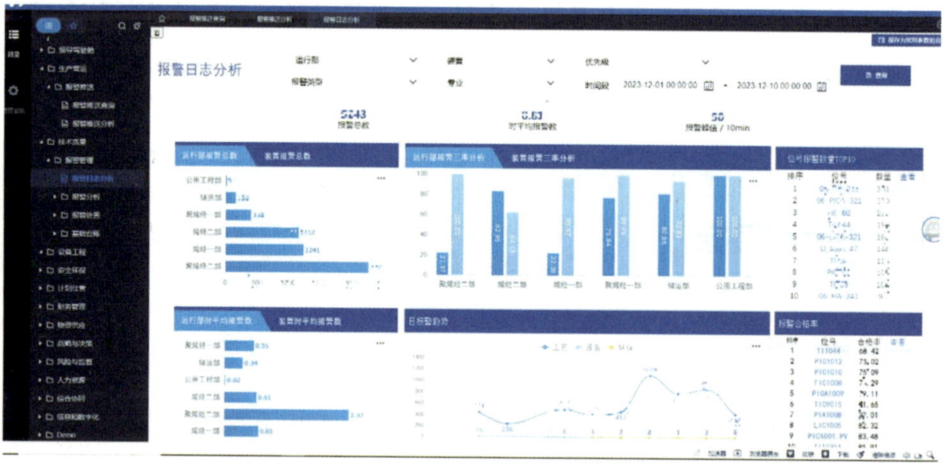

图1 报警分析

（二）实施方法

（1）借助公司在用的数据分析与应用平台，充分利用先进报警系统、实时数据库等数据进行分析，确保进入系统的报警信息实时抽取、数据质量完整有效，实时数据库数据按需抽取对比。在数据准确、完整、有效的前提下，采用专有的数据分析工具进行建模。

（2）优化报警推送平台功能，对于具备OPCAE装置直接抓取报警事件，同时补全报警推送信息，按照报警推送制度，划分报警推送专业、等级、类型等关键参数，按照规则实现精准推送。对于不具备OPCAE装置采取实时数据库采点判断，通过抓取报警上、下限值判断是否发生报警并推送报警信息。

（3）数据分析应用平台抓取到相关报警数据后，进行数据清洗及关联分析，形成报警信息台账。基于报警台账通过各类图表实现不同维度分析展示应用，实现“宽到边、深到底”，在保证数据完整的前提下对结果统计分析，建立报警台账、报警管理、报警分析、报警处置、报警推送、报警考核等模块，全面覆盖报警全流程管理。

（三）创新点

（1）通过报警监控汇总各类报警数据，工艺管理人员随时关注报警数据、报警曲线，通过设置单位号报警次数、报警持续时长、报警响应时长等指标，加强对陈旧报警、高频报警及报警响应的管理力度，指定专人对TOP榜数据进行跟踪分析，逐步实现陈旧报警消除，同时通过高频报警数据分析为部分位号合理设置上、下限值提供优化方案。

（2）对于报警抓取事件形成报警日志，在页面可直接与实时数据库通信，穿透底层调取报警点前后1小时数据趋势，显示每一次报警的具体信息，同时获取报警上、下限值，使报警原因分析更直观、高效（图2）。

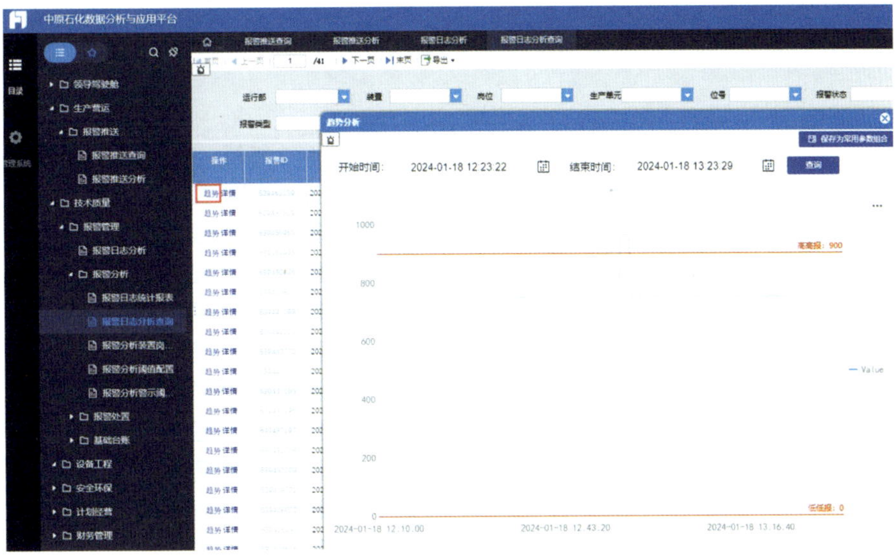

图2　报警日志分析查询

三、主要价值和成效

（1）通过数据分析应用，解决原报警系统多项推送策略不合理情况。通过划分单元及岗位实现按单元精准推送；对分级报警只统计一次，同时可以统计到报警推送的最高等级。根据报警统计结果对各运行部报警情况进行综合排名，对发挥报警推送价值起到巨大作用。

（2）通过报警数据分析，公司范围内发生报警推送数量、持续时长及短信推送条数等均大幅降低。日均发生报警数量及未及时消除导致升级推送报警数量均呈总体下降趋势，在规范报警管理及提高报警响应及时性上发挥了重要作用。通过加强报警管理，实现陈旧报警基本消除，报警合格率达99%以上，时平均报警数控制在2个以内。推送报警数量较系统上线初下降95%，日均推送短信数量下降92%，报警响应及时率提升30%。

四、展望

（1）发生装置停工时会产生大量无效报警。下一步，公司将基于停工期间重要参数历史数据，配置合理的停工自动判断条件，在采集关键位号数值达到配置条件时，自动判定装置为已停工状态，并自动对报警停工期间报警统计予以例外处理。

（2）增加排班信息及对应班组条件判定，把报警信息对应划分至具体班组，各班需对本班内报警进行原因分析并填写报警处置结果。

联系人：李本标　邮箱：libb.zysh@sinopec.com

强化数据分析应用　提升经营优化水平

——中原石化

案例综述：面对愈发严峻复杂的化工市场形势，石油化工公司为保持盈利能力，同时应对化工原料、技术的多样化、复杂化，逐渐加大了化工生产经营优化的难度，如何整体优化化工原料的采购、销售、供应和配置，挖掘最大化的效益，成为化工企业计划与决策的重要工作。

一、背景和目标

（一）案例背景

生产经营优化是企业管理的重要职能，是生产经营运作的核心部分。化工企业具有物料种类繁多、工艺技术复杂、市场变化快等特点，生产经营优化在企业中的地位和作用更加重要。近年来，中原石化为充分挖掘数据利用价值，设置经营优化专岗，加强对生产经营数据的分析研判，通过对公司生产经营全流程建模与优化，为公司的计划排产、生产牌号切换、生产检修安排、资源采购优化、蒸汽动力优化等提供指导和数据支持，助力公司提质增效。

（二）建设目标

从需求出发，结合企业自身的特点和现状，及时根据市场变化优化调整企业的生产经营活动，使生产方案、产品结构和产品质量等各方面更符合市场实际要求，实现企业经济效益最大化的目标。

二、主要建设内容、实施方法及创新点

（一）主要建设内容

1.收集数据信息

2023年，中原石化秉承闯市场，抢效益的理念，充分发挥“雷达”作用，对主要化工市场信息及上、下游客户相关信息进行集成整理，争取掌握原料、产品、市场、产业链、客户第一手信息，捕捉市场需求、市场变化、市场方向、客户预期，为公司提供有效市场信息和研判。

2.建立测算模型

建立生产经营全链条优化测算模型，对相关信息数据分析测算，通过测算不同化工原料品种的边际效益和不同产业链产品效益，不断完善公司原料采购优化、计划排产优化、装置检修优化、产品牌号切换优化等方案，指导资源采购和装置排产，通过整体优化实现在既定资源条件下原料产品结构最优组合，实现经济效益最大化。

3.数据跟踪分析

建立数据分析及优化线上审批流程，实现生产经营决策快速高效审批下达执行，抢抓市场机遇。且线上流程可以对数据的高效跟踪，实现对数据的再分析、再研判、再优化，实现生产经营闭环管理。

（二）实施办法

（1）通过对市场信息数据分析研判，利用GROMS软件对月度、年度生产经营计划进行模拟测算，统筹安排装置生产（图1）。

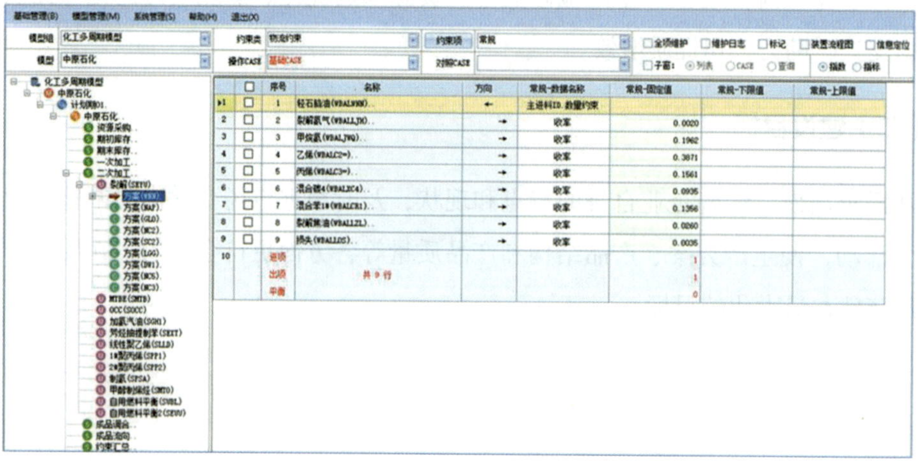

图1　对全厂生产进行模拟测算

（2）根据对装置实际生产数据的分析，建立不同工况下不同装置测算模型，优化装置开停工和运行负荷（图2）。

工况			乙烯产量490t/天（10月21日生产数据）				乙烯产量520t/天（11月10日生产数据）				乙烯产量540t/天（8月27日生产数据）			
装置	项目/时间		数量（t/天）	价格（元/吨）	燃动+辅材（元/吨）	金额（万元）	数量（t/天）	价格（元/吨）	燃动+辅材（元/吨）	金额（万元）	数量（t/天）	价格（元/吨）	燃动+辅材（元/吨）	金额（万元）
乙烯	投料	石脑油	408.69	4653.83	658.00	217.09	416.37	4653.83	588.00	218.25	511.75	4653.83	555.00	266.56
		C_5	240.97	4428.30	658.00	122.56	260.53	4428.30	588.00	130.69	240.97	4428.30	555.00	120.08
		新鲜C_2	30.00	3209.39	658.00	11.60	30.00	3209.39	588.00	11.39	30.00	3209.39	555.00	11.29
		MTO乙烷	6.00	4782.24	658.00	3.26	6.00	4782.24	588.00	3.22	6.00	4782.24	555.00	3.20
		C_3/C_4	318.37	4516.26	658.00	164.73	309.94	4516.26	588.00	158.20	474.88	4516.26	555.00	240.82
		混合碳六												
		粗丙烯												
		粗丁烷												
		众旺乙烷	110.99	5175.45	658.00	64.75	148.78	5175.45	588.00	85.75	70.50	5175.45	555.00	40.40
	产出	乙烯	482.75	6793.96		327.98	524.13	6728.75		352.67	540.13	6689.30		361.31
		丙烯	148.00	6466.77		95.71	149.34	6466.77		96.57	186.13	6466.77		120.37
		混合碳四	85.24	5741.98		48.94	86.57	5741.98		49.71	99.14	5741.98		56.93
		混合苯1#	143.09	5084.06		72.75	147.48	5084.06		74.98	172.71	5084.06		87.81
		乙烯焦油	31.08	3778.76		11.74	32.80	3778.76		12.39	62.56	3778.76		23.64
		甲烷氢	218.91	2050.00		44.88	226.27	2050.00		46.39	268.01	2050.00		54.94
		氢气(t)	2.16	19228.32		4.15	2.07	19228.32		3.98	2.85	19228.32		5.48
			总边际（万元/天）			22.15	总边际（万元/天）			29.19	总边际（万元/天）			28.11

图2　不同工况下单套装置效益测算分析

（3）根据对原料市场变化分析，实时测算原料加工边际，及时优化装置投料结构（图3）。

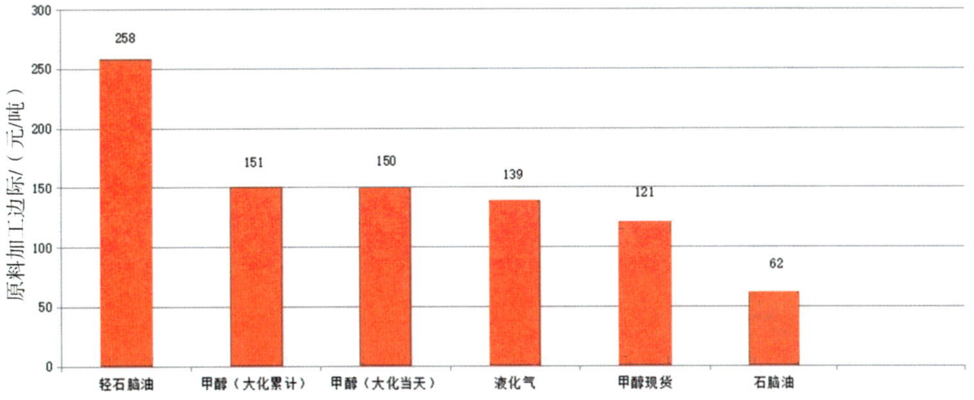

注：1.所有原料加工边际均按照加工乙烯、汽运乙烯外售加权平均计算。
2.甲醇（大化当天）效益按照2285+65元/吨测算。
3.甲醇（大化累计）效益按照2348元/吨测算。
4.甲醇（现货）效益按照11月3日招标价2335+47元/吨测算。
5.石脑油效益按照当天出厂价5066元/吨测算。
6.液化气α值按照450测算。
7.考虑3#苯消费税影响。

图3　原料结构优化测算结果

（4）根据掌握的产品市场变化及成本数据，对不同产品链效益测算对比，及时优化产品排产方案（图4）。

（5）建立高效的线上沟通审批流程，实现数据跟踪分析和闭环管理（图5）。

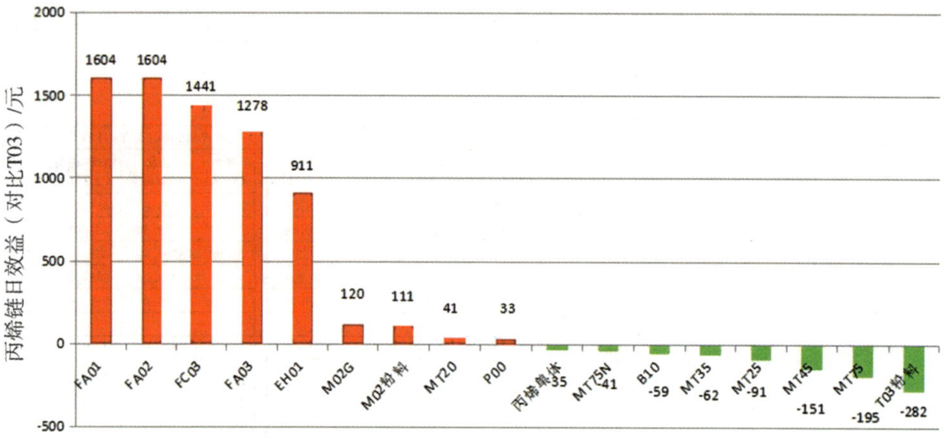

注：1.测算影响装置负荷的牌号效益时已按增加丙烯外售综合考虑。
　　2.丙烯外售按照6800元/吨测算效益。

图4　丙烯链产品结构优化测算

发起审批　查看数据

编号	调整内容	产品	原计划（吨）	调整计划（吨）	调整量（吨）	备注	审批结果	审批状态
JH2023第027号	当前MT20效益略好于T03，且客...	PPH-T03	4900	4700	-200	-	--	终止
		PPR-MT20	400	600	+200	-		
JH2023第026号	根据市场需求对2#聚丙烯装置1...	PPH-T03	4900	4820	-80	-	审批通过	已结束
		PPH-FA01D	0	80	+80	-		
JH2023第025号	根据市场需求对10月份1#聚丙...	PPB-M02G	3900	3600	- 300	-	审批通过	已结束
		PPB-MH02	2200	2500	+300	-		
JH2023第024号	根据当前市场情况对聚乙烯装...	PE-L M2750	2000	3000	+1000	相应减少DFDC-7050产量	审批通过	已结束
		DJL2650粉料	300	600	+300	相应减少DFDC-7050产量		
JH2023第023号	根据市场需求情况对10月份2#...	PPH-T03	5200	2800	-2400	-	审批通过	已结束
		PPH-FA02	0	3000	+3000	跨月连产		
JH2023第022号	根据化工事业部聚乙烯新产品...	DFDC-7050	12700	12100	-600	-	审批通过	已结束
		PE-L M2770	0	400	+400	-		
		PE-L M2780	0	200	+200	-		
JH2023第021号	由于9月份生产电工膜料较多，...	PPR-MT75N	800	0	-800	-	审批通过	已结束

图5　实现全部线上审批

（三）创新点

（1）设置市场信息、经营优化专职岗位，加大对市场和生产经营信息收集，强化数据测算分析结果应用，建立日、周、旬、月生产经营优化机制，实时动态优化装置运行和原料产品结构，装置经营性开停车和结构优化创效显著。

（2）分析原料期货、现货市场，探索“现货+期货”保供模式，保障原料稳定供应（图6）。

11月14日市场行情						
	现货			期货		
品种	11.13	11.14	变化	11.13	11.14	变化
PE	8200	8150	-0.61%	8100	8042	-0.72%
PP	7600	7600	0.00%	7670	7653	-0.22%
甲醇	2290	2290	0.00%	2468	2461	-0.28%
PE-3MA	1330	1280	-3.76%	696	659	-5.32%
PP-3MA	730	730	0.00%	266	270	1.50%

收盘简析:

今日上海原油期货2312主力合约低位反弹1.68%至604.7元/桶，聚烯烃期货价格今日小幅反弹，甲醇期货今日偏弱调整，价格目前跌至20日均线附近。动力煤市场产地价格小幅上调，供应稳定。焦煤期货价格今日高位调整，现货供需维持紧平衡。

巴以冲突还在持续，以色列表示哈马斯已失去对加沙地带的控制。地缘政治因素弱化后在消费淡季预期下原油期货此前连续大跌，最近有所企稳。化工品的成本支撑显著减弱，聚烯烃期货价格近期震荡下跌，目前转弱迹象较强。基本面来看聚烯烃前期检修装置陆续恢复，下游需求逐渐减弱。甲醇受到低库存支撑，现货需求偏弱，煤价提供成本支撑，目前期货价格震荡走低。

综合来看，国内宏观刺激因素有减弱迹象，聚烯烃期货价格逐渐回归淡季基本面逻辑。随着聚烯烃后期消费逐渐转淡以及装置重启，期货未来将震荡下跌。甲醇-聚烯烃现货加工差短期保持震荡，靠近年底将震荡下行。

备注:

PE现货：中原聚乙烯7050，PE期货：2401合约

PP现货：中原聚丙烯PPH-T03拉丝，PP期货：2401合约

甲醇现货：华中河南甲醇国标，甲醇期货：2401合约

期货价格为收盘后结算价

图6　对甲醇产业链现货、期货市场跟踪分析

三、主要价值和成效

（1）中原石化以公司效益最大化为核心导向，以生产经营数据分析为支撑，建立了乙烯裂解装置计划优化模型，实现了不同工况不同化工原料组合的测算与优化。2023年，根据测算分析结果及时打通系统外优质资源采购流程，优化装置运行和投料结构，中原石化乙烯装置产品收率连续位居系统内同类装置第一，全年原料结构优化创效超3000万元。

（2）近年来，秋冬季节甲醇市场价格连续上涨，MTO装置加工效益受到较大影响。通过对近五年装置生产和市场数据对比分析和近期市场跟踪测算分析，中原石化积极探索甲醇“现货+长约”“现货+期货”的保供模式，优化调整煤化工路线经营策略，保障MTO装置长期稳定运行。

（3）中原石化通过优化测算模型对产品成本、牌号切换等全产品链进行测算对比分析，降低产品牌号切换成本，优化调整排产计划，确定最优生产方案。2023年前三季度根据成本分析和效益测算结果共实时优化产品生产方案64项，累计增效1730万元。

四、展望

利用信息化、智能化手段充分挖掘数据库价值，持续跟踪分析化工市场，完善优化测算模型，动态优化生产经营活动，探索建立以效益为中心的全链条柔性生产经营管理体系，不断提升经营优化创效水平。

联系人：郭　聪　邮箱：guoc.zysh@sinopec.com

数据共享为业务赋能　装置班组核算助力业财融合

——沧州分公司

案例综述：为进一步强化数字化转型和价值引领理念，全面深化效益和成本费用管控，推动战略性集约化财务管控体系建设，进一步推动生产经营优化、促进班组精细化操作，深化业财融合，助力公司挖潜增效，按照“以效益为核心，上承公司、下接班组”的工作思路，沧州炼化公司建设了装置班组核算系统。

一、背景和目标

（一）案例背景

（1）深化数字化转型工作的需要，借助数字化应用改善业务流程，提高效率，创造更大的价值。

（2）落实国家“双碳”战略目标的需要，做好科技降碳的同时，强化基础管理工作，从源头降低能耗，减少碳排放。

（3）落实集团公司强化“三基”工作要求的需要，班组核算是抓“三基”的一项重要工作。

（4）深入挖掘增效潜能，提升绩效水平的需要，解决班组管理评价手段不足的问题。急需对标开展装置班组的成本效益评价，量化班组职工创效能力。

（二）建设目标

（1）建立完整的数据治理体系，提升企业数据管理水平。

（2）建立装置及班组成本效益核算模型，实现装置及班组层面成本效益对比与分析。实现装置、班组指标综合展示，包括关键指标数据统计及图形展示。

（3）构建以效益为核心的绩效管理体系向装置班组延伸。

（4）培育覆盖全员的成本效益文化。

二、主要建设内容、实施方法及创新点

（一）主要建设内容

（1）通过ODS系统集成企业生产营运层核心业务数据和经营管理层核心数据，建立企业服务总线，规范数据标准。确定数据共享范围。

（2）构建生产运行指标、技术经济指标和经济效益指标，开发应用“日、月、年效益”管理报表，将生产经营指标、技术经济指标价值化，实现各层级成本效益对比分析。动态、实时地综合展示各项指标，有效支撑各层级人员的管理决策，提升生产运行和管理水平。

（3）建立装置层面的预算指标考核体系和班组层面的成本效益评价体系，满足公司及运行部深层次成本费用和提质增效管理需要，实现效益责任可追溯、绩效考核有依据。

（4）建立起公司、装置及班组“三位一体”的效益管理模式，持续强化各层级优化运行、效益管控能力，提升广大干部员工的成本意识和效益文化。

（二）实施方法

（1）通过数据共享，完善业务及财务数据融合，做到一次性取值，“让数据多跑腿”，集中展示装置运行的投入、产出、能耗、三剂及成本发生情况，由结算订单的结果向前端延伸，明确整体投料及结转流程，实现对生产业务流及MES、ERP核算等系统操作流的整体把握。

（2）搭建指标池，归集和定义班组关键指标，细分原材料、辅料、人工等各项成本，构建标准化核算模型，每个装置确定3张装置表、5张班组表，8项展示指标。5个运行部24个装置单元共创建报表500余张，优化驾驶舱指标展示192余项。

（3）搭建完备的考核评价体系，根据集团公司对各装置的评价指标及公司内部绩效考核指标，细化建立各装置预算指标评价体系，包括效益、能耗、收率等方面的指标。班组评价方面，以量化指标调动各班组操作运行，结合小指标竞赛等构建起系统化的评价体系。

（4）全流程细化梳理各套装置物料投入及产出、各流程点能源动力消耗等，建立了公司、装置和班组三级效益报表模型，实现“公司、装置、班组”三位一体的价值管理模式。

（三）创新点

（1）实现业务数据贯通，打造一体化数据分析评价体系。系统采取“数据+平台+应用”的模式，集成相关业务数据，实现各业务数据互连、互通，无须再次录入数据，提高系统协同应用和数据共享能力。实时呈现装置班组成本效益、经济技术及操作类指标，横向上将财务指标、经济技术指标、生产运行指标和操作类指标相结合，纵向上涵盖“公司、装置、班组”，形成了全面、有效的数据分析评价体系。

（2）打造特色管理模式，促进成本效益文化更快落地。实现公司、装置及班组成本效益“三位一体”，数据实时展示公司效益与运行部、班组，以及个人间的关系，从而促进了成本效益文化更快落地。

三、主要价值和成效

（1）沧州炼化公司借助装置班组核算系统的实施建立了有效的数据管理和分析模式，推动提升了企业两化融合新型管理能力，提升了数据贯通能力。

（2）各运行部充分利用现有的数据资源，强化班组节能降耗意识，强化班组间的对标分析和绩效应用，采用班组重点绩效指标比看板等手段大力开展装置班组对标与绩效考核，深入推动降本增效工作。2023年1—10月，公司动力单耗较预算降低10.06元/吨，折合费用2334万元，较上年同期降低9.89元/吨，折合费用2296万元。主要装置的公用工程消耗同比均有大幅降低，班组间操作差距也逐步缩小，经保守估算降费约600余万元/年。

四、展望

（1）优化数据采集和分析体系，继续完善数据采集和整合工作，提高数据的准确性和完整性。加强数据分析能力，优化数据分析模型，以更好地支持决策制定。

（2）扩展数据类型，深化系统功能。一是将财务预算数据纳入核算模型；二是做好主要装置班组边际效益模型的应用，逐步推行班组和个人量化价值积分的应用。

联系人：高洪锐　邮箱：gaohr.czsh@sinopec.com

挖掘客户大数据价值　加速客户全管理进化

——中国石化润滑油有限公司

案例综述：近年来，随着数字化能力逐步成为国际竞争的核心要素，围绕数字技术、产业生态、行业标准的国际竞争日趋激烈。中国石化润滑油有限公司认真贯彻国家和集团公司整体部署，围绕“数字长城、智能润滑”数字发展战略，以“一体化优化、价值引领”为数字化转型目标，利用数字生产力重构企业核心实力，不断激活数据要素价值，深挖数据产业潜力，强化数据整合治理能力，推动内外部数据流通，以数据应用为价值转化抓手，促进数据高价值释放，推动企业建立新的业务发展模式，提升企业差异化竞争优势，有效促进企业现有业务发展，推动企业拓市增效。

一、背景和目标

（一）案例背景

中国石化润滑油有限公司（以下简称：“润滑油公司”）作为“互联网+智能化”现代科技型润滑油脂专业公司，拥有集研、产、销、服为一体的完备产业链。2000余种产品全面覆盖中国工业体系，多元销售渠道涵盖经销商、大客户、石油公司等不同客户，灵活营销政策紧跟市场动向。全品类多渠道的销售服务体系带来大量客户数据，但数据分散让分析难击痛点，对精准赋能营销政策作用有限；外部数据未与现有客户数据集成利用，客户开发智能决策支撑不足，使新客开发工作受限；客户开发过程与质量未系统跟踪，易让客户管理后续乏力。

（二）建设目标

以数字化转型整体规划为指导，以“打造全方位智能客户关系管理，挖掘客户价值，提升客户满意度”为重点任务，搭建客户大数据应用，通过潜客开发与客户画像两大模块提供高效灵敏的智能决策指导，实现数据精准赋能营销政策、有效提升客户全管理。

二、主要建设内容、实施方法及创新点

（一）主要建设内容

为解决当前问题，实现建设目标，润滑油公司牢抓数字化转型框架，深锚企业业务发展提升需求，紧盯客户数据价值开发，以优质数据与大数据算法为基础，构建客户大数据应用，整合分析内外客户数据，建设潜客开发与客户画像两大功能模块。

（二）实施方法

客户大数据在融会贯通的润滑油数据资源中心基础上，深刻承接以问题为导向的数据共享与价值挖掘需求，全面优化、升级技术与算法。选用spring boot+vue前后端分离技术搭建系统应用框架；依托经营管理数据服务平台，以润滑油潜客挖掘、客户画像等实际业务需求为出发点，采用维度建模思想构建润滑油数据分析模型专区；借助Adata、Btable平台沉淀工具实现数据可视化展示及自助报表分析。采用数据领域优质算法，优速高效分析数据。利用基于SVD的协同过滤，降维分解数据矩阵，提取隐藏信息，挖取、推荐潜在目标客户；利用基于梯度提升决策树的XGBoost算法快速挖掘客户整体交易趋势；利用图算法挖掘客户关系，建立展示客户企业关联图谱；利用文本挖掘检测客户司法风险信息。

（三）创新点

润滑油公司以整合高质量数据为抓手，全面支撑多元应用，夯实数据基础，驱动业务精益增长。

1.搭建整合贯通的润滑油数据资源中心

按照“数据+平台+应用”的新模式，充分利用中国石化数据服务平台资源搭建润滑油企业数据专区，在做强专区能力的基础上，着重数据分析、数据服务的建设，推动人人分析和数据运营发展，全面提升数据服务能力。专区建设主要采用HANA+Hadoop混合架构，以API服务的模式实现算法、算力能力输出，通过统一数据

资源门户实现了数据算法模型、数据资源资产的可视化管理，整合了ERP、CRM、生产营运、订单物流、天眼查等内外部138大类数据资源，按照统一治理体系进行数据接入和加工处理，解决转型前数据分散联动不足、数据价值挖掘不深、数据贯通共享不畅、数据应用口径不一、数据准确及时性不高等问题及痛点，激发数据资产的业务价值潜能，切实提升润滑油数据专区的数据服务能力。

2.以问题为导向的数据共享及价值挖掘

对外，为拓宽潜客数据源，客户大数据复用统一数据资源中心功能，主动集成天眼查系统17个主要用油行业99万家客户数据，与现有存量客户数据贯通分析，从参股关系、注册地址、供应链上下游关系等维度进行深度挖掘，梳理潜客优先级清单，按照地域自动匹配至对应销售分公司，做好潜客推荐精确指导。同时，动态跟踪客户开发各阶段情况，可视化展示客户开发6SP全过程，并从客户转化、成交情况等多维视角监测客户开发质量，实现客户开发动态跟踪与全过程分析，与潜客推荐共筑潜客开发模块，形成客户开发与管理全方位数字推力（图1、图2）。

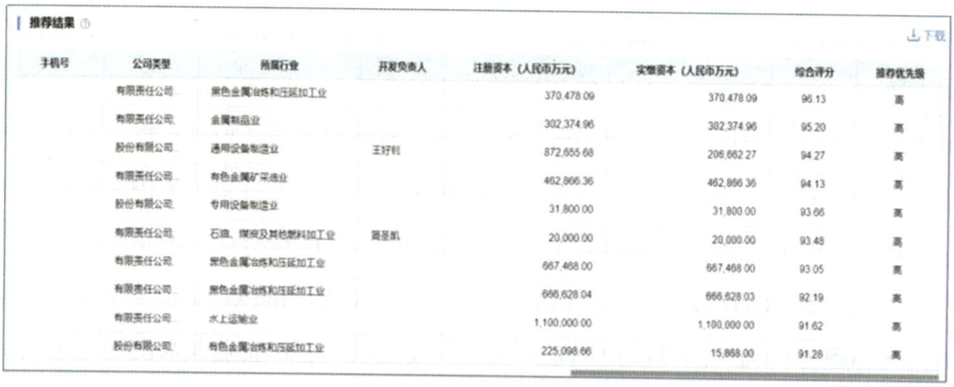
推荐结果　下载

手机号	公司类型	所属行业	开发负责人	注册资本（人民币万元）	实缴资本（人民币万元）	综合评分	推荐优先级
	有限责任公司	黑色金属冶炼和压延加工业		370,478.09	370,478.09	96.13	高
	有限责任公司	金属制品业		302,374.96	302,374.96	95.20	高
	股份有限公司	通用设备制造业	王好钊	872,655.68	206,662.27	94.27	高
	有限责任公司	有色金属矿采选业		462,866.36	462,866.36	94.13	高
	股份有限公司	专用设备制造业		31,800.00	31,800.00	93.66	高
	有限责任公司	石油、煤炭及其他燃料加工业	简圣凯	20,000.00	20,000.00	93.48	高
	有限责任公司	黑色金属冶炼和压延加工业		667,468.00	667,468.00	93.05	高
	有限责任公司	黑色金属冶炼和压延加工业		666,628.04	666,628.03	92.19	高
	有限责任公司	水上运输业		1,100,000.00	1,100,000.00	91.62	高
	股份有限公司	有色金属冶炼和压延加工业		225,098.66	15,868.00	91.28	高

图1　潜客推荐结果

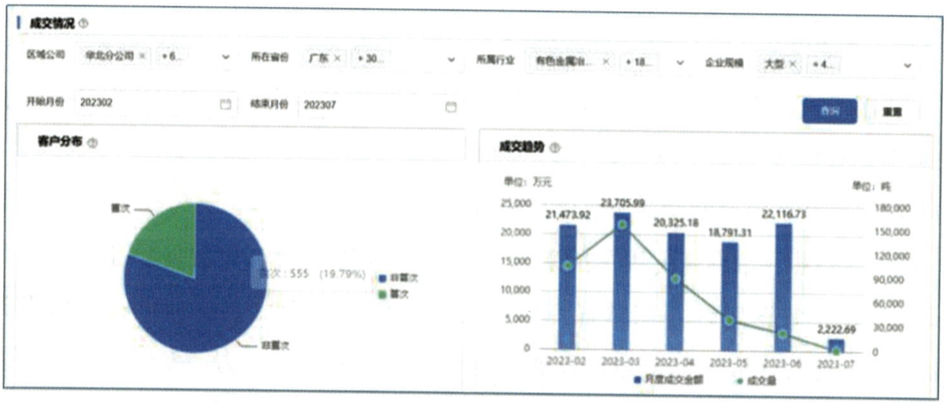

图2　客户成交情况监测

对内，深挖客户交易行为等数据，识别客户交易行为习惯、进货偏好、营销活动参与度、商品结构占比、信用风险评级各维度信息，获得营销政策偏好、采购偏好等定制标签，生成标签化客户画像。支持自定义客户群体画像并进行客群多维度分析，实时洞察不同类型客群行为变化。同步建设手机移动端单客户客户画像，便利管理人员快速查阅客户标签，时刻了解客户采购趋势、采购偏好等大动向改变，结实支撑公司营销策略制定与营销政策精准投放（图3）。

图3　客户采购偏好分析

三、主要价值和成效

潜客开发集成了17个主要用油行业99万家客户数据，确定了高优先级29万家潜客清单，截至2023年10月，已成功开发潜客1.2万家，新增销量9.6万吨，为开展客户化工作提供了目标精准的数据源，为实现全年量效目标奠定了坚实基础。客户精准分类画像洞悉客户行为趋势与需求变化，为公司营销措施的分类施策、营销政策的精准投放提供数据支撑。客户大数据正成为高效工具，协助员工合力分配时间与精力，更有针对性地开展全品类经营、拓市拓销工作，辅助再增客户销量5万吨，提升高汽、高柴扫码率，实现总体经济效益900万元。

四、展望

客户大数据正基于统一数据资源中心，安全无缝获取其他平台及系统间的数据信息，萃聚高质量数据，通过潜客开发消化新数据源，智能指导潜客开发，形成新客开发拉力；畅通共享内外数据，巧用客户画像，精制符合市场动向、直击客户需求要点的营销政策，形成客户管理推力。最终形成挖掘数据再生新数的数据发力循环，构建起市场客户数据矩阵，搭建起一体多面新型客户关系平台，为精细客户管理服务提供智能化支持，配合价值引领理念，供能横纵贯通的一体化数字运营体系，迈开润滑油公司全产业链优化第一步。

联系人：张邵洁　邮箱：zhangshj.lube@sinopec.com

班组经济核算信息系统使用共享数据构建效益管理体系

——青岛石化公司

案例综述：青岛石化公司为深入贯彻落实集团公司财务转型重要部署精神，突出价值引领和数字化转型，全面深化效益和成本费用管控，进一步提升公司管理创效能力，在做好生产经营信息系统深化应用的基础上，谋划搭建业务及财务数据融合信息平台，以效益为切入点，以装置及班组为核算对象，依托生产工艺流程，推进核算管理精细化、精益化，构建“公司、装置、班组”三位一体的价值管理模式。

一、背景和目标

（一）实施背景

炼油行业不断向规模化、大型化、集群化、一体化、智能化发展。加之替代能源的技术进步，世界炼油能力将出现结构性过剩，优胜劣汰即将到来，在国家推进供给侧结构性改革和各类地方民营炼油企业发展势头迅猛的大环境下，青岛石化公司受规模所限，面临转型发展的挑战和机遇。

（二）建设目标

打通“价值管理最后一公里”，不断提升生产经营过程中的价值创造能力，切实增强抓好效益提升工作的责任感和紧迫感，向全员成本管理要效益，保证公司战略落地生根。

二、主要建设内容、实施方法及创新点

（一）主要建设内容

通过信息化实现公司、装置、班组等层面关键指标数据统计及图形综合展示，有效支持公司领导、职能部门、作业部和班组人员以动态、实时图表的形式查看效益、成本费用、能耗、产品收率等主要指标的运行趋势，提供系统化管理界面支持，同时实时关注最新的通知公告，从而有效支撑各层级人员的管理决策，促进调度排产，强化效益导向，提升生产运行和管理水平提升。

（二）实施方法

搭建价格管理模型和数据仓库，推进财务、业务信息数据融合。结合价值管理需求，集成贯通ERP财务核算信息系统及MES、LIMS系统、能源管理系统等生产经营类信息系统，建立涵盖全生产链的数据服务仓库，实现业务数据和财务数据有效融合，消除信息孤岛，全面深化成本效益数字化管理，为深入挖掘各类数据资源价值、做好经营分析诊断和决策支持提供数据基础。通过集成MES、INFOPLUS21、ERP、原油价格等外部数据，建立公司的价值流程模型和价格模型，实现对公司装置班组效益核算，并通过层层汇总计算出公司全厂效益，并以图形化、可视化方式对公司各类日效益数据进行展示跟踪和统计分析。

建立装置及班组成本效益核算模型，助力生产经营管理决策。在系统具体建设目标方面，主要包括装置及班组成本效益核算模型搭建、预算执行对比分析模型构建、中间产品价格体系梳理嵌套、关键指标图形化综合展示定义、绩效管理体系细化延伸等。结合管理实际，整体统筹系统建设，突出实效抓提升，在做好系统建设的同时，补齐管理短板，提升关联系统数据质量，实现专业管理与信息化建设同步梳理、同步改进、同步提升。通过对公司效益核算和关键指标分析，实现全厂效益和运行装置效益可视化展示，为企业生产经营管理决策提供技术支持。

（三）创新点

完善装置效益考核指标，构建“三位一体”的效益管理体系。依托班组经济核算系统建设，完善装置效益考核指标，指导作业部建立效益评价模型，推动生产经营优化向纵深开展，将价值管理的责任细分到每一个单元，构建起公司、装置、班组上、中、下“三位一体”的效益管理模式。

三、主要价值和成效

首先，推动财务转型，促进了管理提升，构建起业财融合下的管理会计应用体系，充分发挥财务管理的中心作用；融合业务管控，提升了专业管理水平，整合各类财务及生产经营信息，实现对各装置投入产出、能源动力、化工三剂及修理费等成本管理关键要素的实时展示，为专业部门单元化精准管控及分析提供数据支撑，促进专业管理水平。

其次，提升车间管理水平，提高基层管理效能，以指标为准绳推动装置实现平稳运行，同时优化班组操作，实现精益管理，将各班组运行情况以效益指标的形式量化，推动班组间“比学赶帮超”质量提升，促使劳动竞赛有动力、评价指标有依据、自动计算有效率，进而推动班组精益管理水平提升。

再次，依托班组经济核算，建立“财务指标→技术经济指标→工艺操作参数”二次逻辑转换关系，实现各专业资源共享与信息互通，以班组关键性生产指标排名作为结果展示及考核依据，以排名为起点，以装置技经指标为桥梁，班组人员可以追踪查询影响成本、利润的具体操作参数，强化班组对关键操作参数的关注与控制，实现成本控制由抽象到具体的转化、从财务语言向操作参数的转化，实现源头控制生产成本和降本增效的目的。

四、展望

进一步完善成本管理体系，推行班组经济核算，实现成本管理重心下沉、全员成本意识的持续培养和成本管理方式的不断改善，并以开展班组“比学赶帮超”为手段，推动现场优化操作，进一步完善公司、装置和班组三个层面的成本管理体系。

聚焦企业全生产流程价值最大化这一主线，层层深入分析各单元创效能力，在做好生产经营信息系统深化应用的基础上，进一步完善业务及财务数据融合信息平台，做到一次性取值，“让数据多跑腿”以促进“三基”建设。

提升全覆盖的效益和成本费用管控文化，深化全员效益理念，细化评价单元，以数据及时量化劳动，增加员工价值创造责任感，激发价值创造活力和创新创效能力，形成“人人关注效益”的效益管理文化，使“以价值创造为目的”的工作理念成为员工的行为自觉。

联系人：张　平　邮箱：zhangping.qdsh@sinopec.com

基于实时数据分析　加强三小指标监控报警管理

——中国石化青岛炼化公司

案例综述：介绍一种基于企业实时数据库平台建设的三小指标监控报警功能模块，该模块针对装置现状，尽可能全面收集各项工艺、设备、安全等小指标参数信息，通过“实时数据+逻辑算法”深度融合，实现单点、组合、复杂场景下的报警触发，并通过报警页面展示、报表统计、弹窗报警等模式，使企业管理人员能够实时掌控装置各项细微参数变化，迅速决策指挥。该模块的应用有效降低了装置红黄报警数量，提高了装置运行平稳率，间接降低了设备因生产波动增加的维护成本。在“三大职能部门+七个运行部”通力协作下，现已完成大量报警界面和监控报警点的配置落地使用。该模块有效利用了装置实时数据，通过优化一系列上层算法逻辑，并支持用户自定义页面展示报警，从而贯彻众创理念，使用户可以便捷开发符合自己需求的系统功能，助力企业生产营运管理水平迈上新台阶。

一、背景和目标

（一）案例背景

三小指标，即小偏差、小异常和小波动，是衡量炼化装置运行过程是否平稳的重要指标。小偏差主要是指实际参数值与期望之间的差异，小异常指的是运行过程中出现的意外情况，小波动则是指装置运行过程中的不稳定性和随机性。在装置总体平稳的情况下，这些指标往往易被操作人员忽视。然而，随着装置生产效益要求的不断提高及安全管理力度的持续增强，企业对于装置生产小指标的高标准要求愈发凸显。

（二）建设目标

基于近年来日益涌现的企业管理需求，青岛炼化信息专业管理部门协调业务用户及实时数据库供应商，基于国产化的实时数据库应用平台服务，合力打造三小指标监控报警集成功能模块。该模块针对装置现状，尽可能全面收集各项工艺、设备、安全等小指标参数信息，通过“实时数据+逻辑算法”深度融合，实现单点、组合、复杂场景下的报警触发，并通过报警页面展示、报表统计、弹窗报警等模式，使企业管理人员能够实时掌控装置各项细微参数变化，迅速决策指挥。

二、主要建设内容、实施方法及创新点

（一）主要建设内容

建设一个融入多系统业务实时数据的广泛应用数据平台，采用不同算法实现了现场控制指标的多维报警机制，并支持报警页面动态展示、报警统计、报警逻辑自主编辑、报警内容个性化定制、移动端查询等功能，得到用户广泛应用及认可。

（二）实施方法

企业组织将各业务系统数据尽可能全面地引入实时数据库平台，并参照行业标准进行梳理，通过引入多种逻辑算法，实现了现场控制指标的简单报警、组合报警、复杂报警。积极组织用户培训及技术探讨，贯彻众创理念，降低系统应用门槛，使更多非信息专业人员能参与到系统应用建设中。

（三）创新点

以青岛炼化生产技术部牵头制作的紧急放空阀开关动作监控为例，该项监控使用了单点及复杂场景报警机制，将各装置紧急放空阀的阀位数据引入监控清单，预设各阀位参数数采频率为每10秒一次，当阀位开度超过0.2%时，触发阀开报警，此时，监控界面相应阀位参数指示由绿色变为红色，同时触发弹窗告警，生产调度可第一时间获知各装置放火炬状态，从而精准定位装置异常节点，快速进行处置。

在阀开监控报警的基础上，系统还为阀开累计时间做了监控和报警，当某一放空阀开启时，相应计数器自动开始时间累计，连续超过8小时放空阀仍未关闭，再次进行弹窗报警，提醒管理人员及时处置，从而尽可能避免用户对小异常长时间存在的忽视，防止小问题逐步扩大化。

紧急放空阀监控是企业用户利用三小指标监控报警模块开展简单计算应用的探索案例，得益于企业拥有足够高的系统响应速度、数采频率和数采完整性，生产调度可

以仅依靠简单的一个画面实现企业全套系列装置紧急放空阀动作把控，从而节省了大量的人工查询时间成本，提高管理效率。

再比如公用工程部制作的环保及工艺指标监控，则是利用了单点及组合场景报警机制，在高数采频率的实时数据基础上，通过模拟多个仪表同时超限的场景，优化逻辑，可以实现多取二或多取三等报警状态，以提高报警信息的真实性。通过将实验室LIMS数据引入监控画面，对多项循环水指标每次检验结果进行后台记录，可以实现连续多次单个以上参数超标触发报警的监控目标。

此外，通过融合多种场景报警机制，用户可以自行构思，开发更多有专业针对性的报警监控画面，比如设备专业构思的加热炉热效率指标监控，储运专业构思的油罐温度压力监控、罐区双液位计指示偏差监控，以及各装置构思的关键部位高压串低压状态监控等，均已在三小指标监控报警模块上得到实现。

三、主要价值和成效

三小指标监控报警在企业的成功应用，有效减少了装置红黄报警数量，提高了装置运行平稳率，间接降低了设备因生产波动增加的维护成本。在“三大职能部门+七个运行部”通力协作下，现已完成49幅报警画面，合1005个监控报警点的配置。该模块有效利用了装置实时数据，通过优化一系列上层算法逻辑，并支持用户自定义页面展示报警，从而贯彻众创理念，使用户可以便捷开发符合自己需求的系统功能，助力企业生产营运管理水平迈上新台阶。

四、展望

在现有的系统功能建设基础上，企业将继续完善报警内容，通过补采引入电力、水务、仪表在线分析和用户操作记录等数据，开发出更多贴近装置一线应用的报警逻辑内容，并承接总部有关报警管理的制度规则，对系统进行适应性修改，引入报警闭环管理机制，落实用户报警处置及销警管理，并根据系统内置统计报表进行绩效考核，全面规范系统应用，助力装置平稳运行和效益提升。

联系人：王晓杉　邮箱：wxs.qdlh@sinopec.com

大型石油化工企业设备健康管理数据智能化应用实践

——镇海炼化

案例综述：镇海炼化在“十四五”时期提出深化数字化转型的改革战略，启动智能工厂3.0建设。设备健康管理中心通过联通监控平台、汇集专业数据，评估健康指数、推送异常信息，实现专业数据入湖，智能分析登台，异常信息上云，为提升设备专业管理提升插上数字化、智能化的翅膀。

一、背景和目标

（一）案例背景

镇海炼化为动、静、电、仪专业构建了多个设备监控平台来支撑专业管理。但还存在以下痛点：

（1）设备信息分散在DCS、LIMS、EM等各异构系统中，存在“信息孤岛”，导致信息传递不及时、信息汇总不全面、数据智能应用不够，设备管理人员无法实时掌握设备的总体运行状态和风险状态。

（2）设备管理人员无法第一时间收到设备运行异常数据，不能及时发现设备问题。

（3）现有的报警管理系统智能化程度有限，存在多种无效报警信息，无法有效地指导设备运维管理，急需升级。

（4）设备检修维护依赖专家经验，数据价值未充分挖掘，无法根据设备运行情况，综合地评价出设备的运行状态，未能实现智能化设备维护。

（二）建设目标

搭建统一的设备健康管理平台，以大数据深化应用为设备完整性管理提供支撑，打通运行环境管理要素、过程质量控制要素、缺陷管理要素、ITPM等要素执行环节的最后一公里，实现可靠性与经济性并重、定时性与预防性并进、信息化与智能化并行的运行模式，聚焦运行风险评估及健康预警预测，确保运行、风险与健康状况的互补，实现信息化助力管理、数字化融入体系。

二、主要建设内容、实施方法及创新点

（一）主要建设内容

一是汇集数据实现信息化助力管理。设备健康管理平台通过汇总DCS、EM系统、腐蚀监测系统等异构系统的数据，梳理出复杂的设备故障、风险等信息，通过智能计算，将问题定点推送给具体负责人，实现由“人找信息”到“信息找人”的革命性变革。

二是利用数据实现数字化融入体系。开发千人千面、月报编辑器、设备驾驶舱、异常监控台、管理九宫格、健康体检单等功能，积极拓宽数字化范围，激发数字化转型新活力，实现了由全面管理向精准管理的革命性转变。

（二）实施方法

1.创新突破，开拓设备健康管理新思维

技术员、操作工、维保单位使用“蘑菇头”实时上传机泵、电机状态监测数据，平台进行全天候实时监控。每周15万条机泵、机组数据转至线上，有效提高巡检数据记录的准确性和可靠性，实现机泵、电机的高效、全面、精准监测，持续向智能化管理迈进。

在传统门限报警监控的基础上，结合应用场景开发八大类高级报警功能，精准锁定设备运行异常状态、精确感知设备运行异常环境，平台报警功能于2023年9月上线使用，9—11月平均月度报警数量为5.4万条，其中多数为重复报警、无效报警，经使用高级报警功能，12月报警总量为1.2万条，降幅达77%。

2.拥抱数智，创造设备智能管理新方法

通过搭设以完整性体系要素和关键KPI指标为基础的模型算法，算出每台设备的健康度，以及每套装置的“健康指数”，最终计算出公司的“健康指数”，实现数据的精准引导、故障的精准预测。已完成43082台设备的“健康度”和118套装置的“健康指数”的评估。

3.引领变革，推动设备管理进入新赛道

将设备运行状态、关键参数、留存缺陷、检验检测、预防性维修等信息，以驾驶舱仪表盘的形式进行展示，通过指示灯颜色预警相关信息；将定时性事务和预防性工作引入平台，实现任务自动触发、过程自动监控、结果自动闭环，如机泵定期切换，通过监控电机运行信号，实现该项工作自动确认、闭环，专业管理精准度和效率显著提升。

（三）创新点

一是展示创新，运用物联网、云计算和神经网络等多项先进信息技术，联通DCS、SIS、LIMS、状态监测等20余套异构系统，打造一个“千人千面”的设备健康管理平台，实现100余套装置、超70万条数据个性化展示。如不同运行部的管理人员、技术人员可以看到自己想看的数据统计、报警接收等内容。

二是功能创新，开发月报生成器，一键生成专业月报，以前需要半天写的月报，现在只需要5秒，数据自动编辑达98%以上；平台实时计算不同耗能设备的能效，出现运行异常或能源过度消耗时，及时对设备进行预防性维护，避免设备故障，减少成本投入。

三、主要价值和成效

（1）能联通监控平台。完成20余套异构系统数据互通互享，实现设备管理人员实时掌握设备运行和风险状态，消除了“信息孤岛”。

（2）全面汇集专业数据。完成118套装置、52万台动静电仪设备的54154条运行参数、超70万条设备基础数据集中管理，建立了设备专业数据湖。

（3）精准推送异常信息。将公司100余套装置、超70万条数据进行个性化视角展示，实现数据统计、报警接收、专业管理等全系统的“千人千面”功能。将异常信息分层级、个性化推送至135名设备员、35名专工、25名管理人员，第一时间在云端形成合力，实时解决现场问题。

（4）综合评估健康指数。实时计算3493台耗能设备能效，综合评估43082台设备的“健康度”和118套装置的“健康指数”，为设备和装置长周期安稳运行定制专属“体检表”和“评估值”。

四、展望

镇海炼化将持续推进设备专业管理与信息化数字化的交叉融合、相互渗透、一体推进，全面实现由管设备向管运行延伸、由预防性向预知性迈进、由控风险向保健康升华，为中国石化高质量发展提供强有力的专业支撑。

联系人：孙爱玲　邮箱：sunal839.zhlh@sinopec.com

数据资源管理系统应用案例

——上海石油化工股份有限公司

案例综述：本案例以安全环保一体化管理管控平台、承包商管理平台和现场安全管控平台的数据为对象开展数据治理工作，解决安全环保业务域的信息孤岛问题，提供自主灵活分析数据工具，为业务赋能。通过案例研究探索了一些数据治理的关键方法和策略，帮助公司提升数据治理能力。

一、背景和目标

（一）案例背景

随着信息技术的飞速发展，数据已成为企业的重要资产。安全环保部作为公司安全生产的守护者，将安全环保一体化管理管控平台、承包商管理平台和现场安全管控平台等信息系统的使用融入日常工作，虽然各系统产生了大量业务数据，但信息孤岛问题日益凸显，整合不同系统中的相关数据进行统计分析较为困难。此外，随着业务要求的不断变化，各系统建设的固定报表逐渐不能满足使用要求，缺乏自主灵活分析数据的手段。

（二）建设目标

结合安环部相关专业业务现状，搭建符合业务分析的数据仓库，梳理相关元数据层次架构，构建数据资源目录体系，并通过自助式、可视化展示界面实现数据报表的灵活分析。在为业务赋能的同时，促进企业的数字化和智能化转型。通过数据应用，实现企业运营的持续优化和创新。

二、主要建设内容、实施方法及创新点

（一）主要建设内容

建设数据资源管理系统，梳理安全环保数据资源目录，按业务需求建设综合分析报表，同时梳理元数据，搭建灵活报表平台，提供自助灵活分析数据的工具。

（二）实施方法

基于安全环保部现有源系统数据，利用数据仓库技术，有效地集成分散在各业务系统模块的数据，经由数据处理工具转换后加载到数据仓库的数据模型中，通过成熟的自助式、可视化展现工具为安环部提供灵活、准确、及时的数据报表，以及预警推送、移动应用等服务。同时，基于元数据构建安全环保部数据资源目录。

本系统充分借助业界成熟的J2EE企业级应用架构，采用B/S架构应用模式，旨在提供方便的系统部署和用户使用体验。在J2EE的集成层次上，通过ETL工具与数据源的连接，实现了与安全环保一体化管理管控平台、承包商管理平台和现场安全管控平台等信息系统的高度集成。这种集成性确保了系统能够无缝地与企业的其他业务系统、数据库和服务进行交互。

（三）创新点

承包商作业数据价值挖掘：通过多维度分析承包商数据和作业票数据，管理人员能够全面了解承包商的用火情况、作业完成情况和装置风险情况等信息，加强了施工现场的安全管控。

承包商施工人员管控数据价值挖掘：通过多数据库的综合梳理和差异分析，系统能够提高对承包商人员、进出厂区和作业流程的管控要求，进一步规范了施工人员的作业行为。

上述归纳和概括的实践与经验，在数据资源管理方面具备一定的参考价值。例如，通过多维度分析承包商管理平台、现场安全管控平台、门禁系统数据，有助于深入了解承包商的实际情况，从而加强施工现场的安全管理；通过报表平台的灵活运用，用户能更为便捷地查询和分析数据；为用户提供更为便捷的数据服务。这些实践和经验在数据资源管理领域为我们提供了有益的借鉴和启示。

三、主要价值和成效

数据资源管理系统完成内容包括数据仓库的建设、数据资源目录的建设、自助式报表建设和业务源系统数据管理建设。包含经过数据清洗后的数据表共157张（环保88张、消防2张、职业卫生8张、安全37张，通过数据资源管理系统应用案例给安环部提供了固定式报表22张），并实现了每日监测点位邮件告警推送、移动端随时获取数据等功能。

2023年6月完成了环保组雨水、污水报表开发，数据主要从LIMS系统、实时数据库取数；将73个水质水量检测点位数据从线下转移至线上；通过定时任务发布每日雨污水报表及预报警邮件。既提高了办公效率，又提供了数据快速分析的渠道。

数据资源管理系统开发了以安全、环保、职业卫生、消防等业务的自助式、可视化报表。系统建设了移动端应用，接入企业微信安全环保一体化平台，实现随时获取部分环保数据。

项目建设了数据资源管理系统，通过数据收集、数据分析，发挥现有数据价值，让用户了解数据、使用好数据，极大地提高了数据推送的准确性和及时性。通过自助式报表建设功能为用户提供数据分析工具，挖掘数据价值，丰富管理手段。

四、展望

深挖安全环保专业数据的价值，以数字化方式辅助安全环保部的日常经营管理工作，加强灵活报表平台的应用推广力度，提高部门的管理工作效率，并且以数据的呈现方式协助领导者做更加快速、精准的管理决策。

将本系统逐步拓展至生产域、设备域等其他专业，结合总部数据治理七步法，加强数据治理实践，提高数据质量、数据安全和数据价值。

联系人：张　悦　邮箱：zhangyue.shsh@sinopec.com

能源管理系统数据应用案例

——中韩（武汉）石油化工有限公司

案例综述：能源管理系统是覆盖中韩（武汉）石油化工有限公司（以下简称“中韩石化”）炼油、化工片区水、电、汽、风、燃料气等介质供应、生产、输送、转换、消耗全过程的能源管理系统，系统能帮助企业数据达到“能源说得清，管得住，省得下”的管理目标，同时，创新地在企业实时应用中搭建基础数据平台，实现了能源运行、能源统计模块、能源考核等的数据共享流通和数据价值挖掘，实现中韩石化能源管理业务全过程管理，提高企业能源管理的精细化水平，加强对企业能源损失、能源不平衡、节能相关报告的精准把控与管理。

一、背景和目标

（一）案例背景

为实现企业能源数据的源头统一，以提升数据质量、业务赋能和运营优化为目标，在建设能源管理系统的基础上，在实时数据库系统中创新地构建了涵盖企业能源、物料、操作管理等仪表基础数据平台。

（二）建设目标

通过建立完善的企业仪表管理体系，在实时数据库系统中引入了能源、操作管理等系统仪表，确保企业数据实现同源性。这一举措旨在为各个业务系统提供规范的基础数据来源和标准数据接口，推动业务创新，为企业各项业务活动提供精准、可靠的基础数据支持。

二、主要建设内容、实施方法及创新点

（一）主要建设内容

在实时数据库系统中，通过将仪表数据细化至早班和晚班，并实施层层确认机制，确保了数据的高准确性。这一过程涉及多岗位的数据确认，确保每个数据点都经过了严格的验证。系统经过精心优化，实现了仪表数据的自动计算，并对仪表数据算法进行了优化，以降低仪表数据波动可能带来的影响。

（二）实施方法

能源管理系统通过与企业实时数据库系统的集成，实现对炼油、化工片区所有供、产、输、转、耗全能源业务流程范围内的仪表数据进行实时采集和确认。系统确保采集的数据源经过确认且唯一，以保证数据的准确性和可靠性。

在能源仪表计量方面，系统对当日无法实时采集到的数据进行提示，并在预计值的基础上增加平均值，从而确保在缺失数据的情况下仍能够计算出相对准确的仪表数据。这一功能显著提高了数采效率，确保了数据的完整性。

（三）创新点

能源管理系统不仅通过与企业实时数据库的集成，完成高效的数据采集和多层确认机制、提高数据的质量、保障数据的唯一性，还通过历史趋势展示功能为用户提供了更全面的数据分析工具，帮助其更好地理解和管理能源业务流程中的仪表数据。

能源管理系统考核管理应用通过实时获取企业实时数据库数据，对各运行部、装置、班组进行全面的能源考核评分，实现数据价值的充分利用。其中，系统关注装置调节阀开度控制、回流罐温度控制、节能设备投用情况、加热炉效率、回流比控制及其他节能方面的工作。

三、主要价值和成效

实现企业能源数据的源头统一意味着将来自各种能源供应和消耗的数据整合为一个统一的数据源，包括但不限于电力、水、天然气、燃料等各种能源类型的数据。这一统一源头的建立不仅能够提高数据的准确性和可信度，还能够为企业提供更全面、系统化的能源管理方案，并为未来的数据分析、预测和决策提供更为可靠的基础。

能源管理系统能源考核模块的建立，实现根据设定的节能工作评分标准，采用相应的公式计算每个节能考核项目的得分，并综合这些得分生成装置的综合得分。将这一得分作为装置在能源管理方面的整体表现。最终，根据综合装置得分，系统形成各个运行部的能源考核得分。

系统不仅对整个装置进行考核，还对班组进行个别考核。通过数据将节能工作的具体要求和标准落实到位，系统确保了能源管理的全过程管理。这种全面的考核机制有助于提高企业能源考核的精细化水平，确保企业在能源管理方面取得更好的绩效。

四、展望

中韩石化能源管理系统未来希望成为一个集成数据分析、智能化设备与传感、能源管控与监测的综合能源管理平台。为企业带来更加精细化、智能化的能源管理方案，助力其在能源利用效率和成本控制方面取得更大的突破和优势。

联系人：曾　亮　邮箱：zengliang.zhsh@sinopec.com

挖掘关键机组数据　提高故障诊断水平

——中韩（武汉）石油化工有限公司

案例综述： 关键机组在线监测人工诊断多，智能预警、智能诊断少，缺乏专家系统支持；关键机组状态监测系统对维修决策支持能力弱，还无法满足总部和企业的关键机组远程诊断及检维修策略服务管理需求。根据国家“十三五”规划，集团公司和企业需建立统一的关键机组远程诊断及检维修策略服务系统，该案例的信息系统能够对机组上传数据进行有效筛选、梳理、存储与管理，并通过数据挖掘、分析，向用户提供日常运行维护、在线检测、预测性维护、故障预警、诊断与修复、运行优化、远程升级等服务。

一、背景和目标

（一）案例背景

2015年，中国石化召开了设备管理工作会议，明确要求“抓好关键机组管理，关键要做好状态监测数据采集和分析工作，提高其状态监测、故障诊断水平”。基于装置停工分析和离心式压缩机、往复式压缩机、烟气轮机故障原因统计分析结果，关键机组突发故障造成装置停工、机组损毁、安全和环境事故发生等，带来的经济损失巨大。加强关键机组的监测诊断管理、做好关键机组预知维修工作十分必要。

（二）建设目标

企业建立统一的关键机组远程监控及诊断服务系统，建立中国石化统一的关键机组故障诊断案例库，收集各设备厂家的关键机组数据，实现关键机组的智能预警和智能诊断。

二、主要建设内容、实施方法及创新点

（一）主要建设内容

关键机组远程诊断及检维修策略服务系统平台主要功能模块包括设备信息查询、智能预警、智能诊断、关键绩效指标评估、决策建议、知识库和管理者信息共7个功能模块。

（1）建设国内一流、国际先进水平的智能化监测诊断决策支持系统平台。

（2）实现中国石油化工股份有限公司关键机组监测诊断分析全覆盖，在一个系统平台下能够同时监控旋转类关键机组（如离心压缩机组、轴流压缩机组、汽轮发电机组等）、往复类关键机组（如往复压缩机组）、关键机泵（如离心泵）、大型电机等机组类型。

（3）实现关键机组故障智能预警、智能诊断和辅助维修决策，为关键机组安全、稳定、可靠和高效率运行提供重要技术支撑。

（4）建设中国石油化工股份有限公司关键机组远程诊断及维修策略服务系统中心级平台、分公司监测预警及故障诊断系统，建成网络化的中国石油化工股份有限公司关键机组远程诊断及维修策略服务系统平台，实现关键机组的可视化决策及维修管理。

（二）实施方法

关键机组远程诊断及维修策略服务系统采用分层融合式体系结构，该结构兼有集中式和分布式体系结构的优点，在较低的分公司监测预警及故障诊断系统层次上，各分公司监测预警及故障诊断系统采集、接收用于本地中心实时预警、诊断、状态评估的所有信号，并做出快速预警和故障隔离，同时将状态监测、故障预警和状态评估等有效数据和信息上传到高层次的集团中心，建立集团中心级的知识库、案例库等，完成综合报表统计、智能故障诊断。

从ERP系统获取的数据包括设备档案数据、可靠性数据、维修数据、应用OPC等专用协议获取工艺测点数据，通过协议配合、直接接口、只读数据库等方式，实现与BH5000C系统等状态监测系统接口。

关键机组远程监测系统平台在原企业级监测系统的基础上进行了升级，新增了智能预警和短信报警推送功能，智能预警模块包括状态评估和趋势预测两个子功能模块。基于振动监测诊断分析、工艺监测诊断分析等数据实现智能预警功能。智能预警采用报警形式把信息推送给设备管理人员。同时，还引入了与机组相关的267个工艺量参数，丰

富了大机组故障诊断所需的数据，对关键机组的运行状态的监测分析起到很好的作用。

关键机组远程监测系统将大机组的振动数据和工艺量数据上传至总部平台，充分利用了集团公司的技术优势和人力优势。关键机组远程诊断中心（天津石化装备研究院）中对中韩石化14台大机组进行状态监测分析，每月出监测月度报告，对中韩石化大机组状态监测是一个很好的补充。针对机组出现的异常状况，也能通过该平台做会诊分析。2022年，针对中韩石化裂解气压缩机组带静电的问题，由总部组织多家企业，就利用该平台的数据进行了分析。

（三）创新点

1.智能预警

系统支持基于振动监测诊断分析、工艺监测诊断分析等数据实现智能预警功能。报警方式：常规报警、智能动态阈值报警、智能快变报警等。

2.大数据存储和传输技术

智能决定稀疏与密集存储，辨别关键数据与非关键数据；智能关键数据预存入热区，加快处理速度。大数据存储速度、调用效率和大数据分析计算速度至关重要。平台采用先进的分布式文件系统和分布数据库实现数据存储，采用计算集群和并行运算技术实现大数据高性能计算。系统采用大数据窄带传输技术，能够分辨关键数据与普通数据，按照优先级别传输，根据关键数据按照带宽与网络情况，自适应带宽，支持断点续传；系统支持根据业务特征，采用无损压缩方式传输关键数据。

3.智能故障诊断

基于可组态的规则推理诊断，允许专家级用户自行在系统中组态故障诊断规则，以便非专家用户共享诊断推理规则，以人机交互问答推理方式实现故障诊断。在过往大量故障案例数据基础上，提取故障特征，形成故障模式库，新产生的故障与故障模式库进行自动匹配，相似度最高的为故障智能诊断结论，结论支持专家级用户确认。若故障为新发生故障，则允许经专家级用户确认后作为新故障模式数据存储于故障库中。以此实现故障库和故障诊断的不断迭代更新。

三、主要价值和成效

将设备指标集中化趋势报警进行了优化，提高了关键机组的运行安全性、可靠性、可用性和高效率，对备品、备件、检维修及应急检修的管理工作进行了技术性指导，避免非计划停机或停工事件发生造成的经济、安全、环境损失，自2020年4月投用至今，监测的14台大机组未出现一起因设备原因引起的非计划停机事故，对比前3年的停机情况，大机组停车减少4起。

四、展望

根据企业的发展情况，将更多不同设备类型数据加入系统，完善案例库，优化故障模型，提高大数据分析算法，加入AI机器学习，把平台打造成一个可以自主学习、优化、不断自我改进的设备服务平台。

联系人：张学斌（设备）　邮箱：zhangxb.zhsh@sinopec.com
胡　亮（信息）　邮箱：huliang.zhsh@sinopec.com

第五篇　销售企业

停（复）业加能站分流引流营销策略

——北京石油分公司

案例综述：通过对加能站固定客群洞察、定向营销策略制定、执行触达、营销效果监控及策略的动态调整，实现停业站客群定向分流至系统内其他站点，成功率36%，分流站点销量整体增幅12%；实现复业站流失客户回流，成功率最高达50%，同时日均销量快速恢复至最高83%。

一、背景和目标

（一）案例背景

根据中国石化数字化转型战略和“十四五”信息化发展规划，北京石油遵循总部要求，正在全面提升数据要素的资产化管理能力，并将数据作为企业的战略资产，驱动日常业务创新、推进数字化转型，实现高质量发展目标。

北京石油以“顶层设计+实践创新”为指导，采用“数据+平台+应用”模式，全面借鉴行业先进经验，充分利用已有系统建设成果，在各部门的协同配合下，将油品、非油、会员等数据进行整合治理，构建具有北京石油特色的大数据平台，初步实现各业务领域数据要素的集中、逐步使数据资产化管理和价值化创造成为企业经营管理的核心业务。

北京石油在数字化转型实践创新中，数字精准营销是其中一项重要业务创新工作，停（复）业加能站分流引流是其中比较有代表性的业务场景。

（二）建设目标

利用大数据技术精确定位停（复）业加能站固定客群，分析客户消费偏好，实现客户分流引流的主动引导，提升客户归属感，降低客户流失率。

二、主要建设内容、实施方法及创新点

（一）主要建设内容

对于停业站：一是建立客户洞察，运用大数据优势，通过对站点历史交易记录的深度挖掘，精确定位固定客户群体，并对此类客户进行精准化的站点偏好标签分类，业务部门通过分类对站点固定客户群的消费行为及异常情况进行全方位的跟踪分析；二是因地制宜地制定营销策略，结合站点地理位置、竞争态势，以及客户消费行为特点，制定推券客群、优惠券张数、优惠力度、活动有效期；三是执行及触达，从地理便利性原则出发，以特定力度定点优惠券方式，将停业站固定客户群提前精准分流到系统内其他站点；四是营销效果监控，每日跟踪营销活动效果，监控客户分流情况，并对引流率进行持续分析，如发现固定客户流失率超过40%，且客户在停业后一个月内未在中国石化的加能站加油，可通过高德平台了解客户流失去向，结合价格敏感值，精准推送升级力度的优惠券，据此引导客户回流。

对于复业站：一是利用客户站点偏好标签，锁定原固定客户群，并结合市场整体态势，对标周边竞争对手情况，对不同站点采取力度不同的定点优惠券方式，通过短信触达对复业站固定客户群进行精准回流召回；二是进行营销活动效果的每日跟踪，对回流率进行持续分析，并据此对营销优惠力度进行敏捷调整。

（二）实施方法

选取部分停（复）业站作为试点，根据业务场景逐步探索相应营销流程，通过精准分流、提前引流的方式，稳定客户消费，减少客户流失。

（三）创新点

充分运用大数据分析的优势，定位停（复）业站固定客群，根据客户偏好定向制定营销策略，并监控营销效果，对流失及回流情况持续分析，实现营销策略的动态调整。

三、主要价值和成效

对于停业站，以安固加能站为例：用0.2元/升优惠力度，将固定客户群定向分流到附近的青云店等加能站，引流成功率为36%，同时根据对分流站销量监控，较之前整体增幅约12%（图1）。

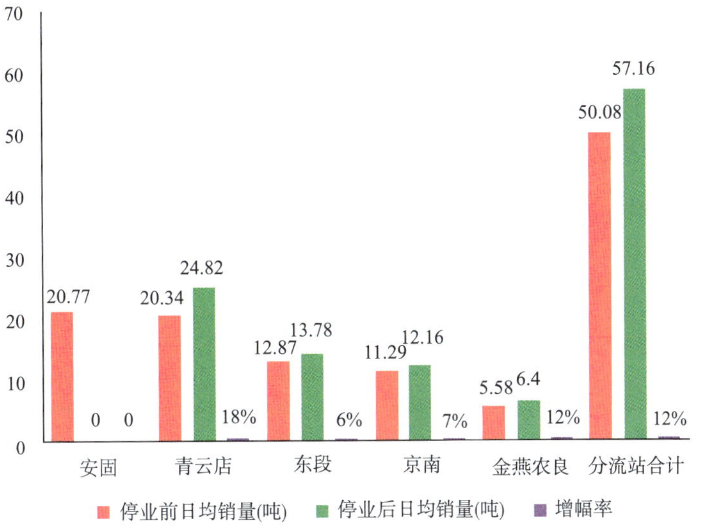

图1 安固停业改造分流销量情况对比

对于复业站，以东大桥加能站为例：复业后一个月销量恢复约61%，加之用0.2—0.3元/升优惠力度，对固定客户群进行回流召回，召回成功率35%，日均销量较活动前增幅23%，并恢复至原日均销量的83%（图2）。

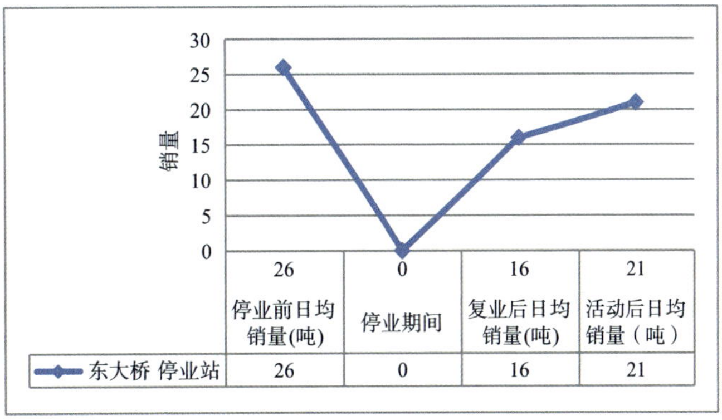

图2 东大桥停业站销量情况对比

以郁花园加能站为例：复业后一个月销量恢复约61%，加之用0.4元/升优惠力度，对固定客户群进行回流召回，召回成功率50%，日均销量较活动前增幅26%，并恢复至原日均销量的83%（图3）。

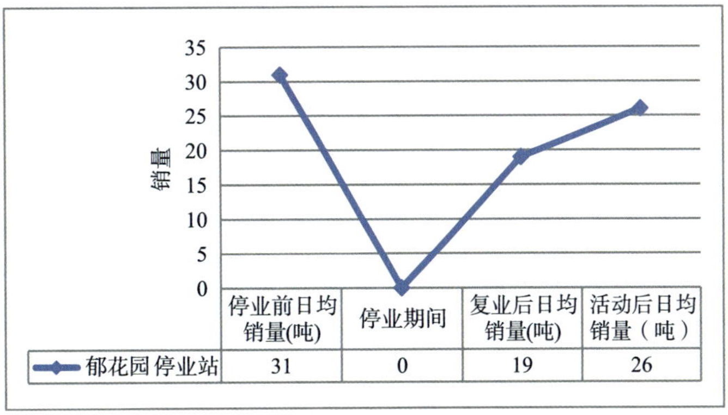

图3 郁花园停业站销量情况对比

四、展望

从上述数据可以看出，精准分流引流活动达到预期效果，同时根据此次试点实践（表1），也确定了停（复）业精准营销流程，可依据此扩大针对加能站精准分流引流活动策划引导召回工作。

表1　点对点召回营销试点情况

客户梳理	试点站	首轮营销策略（对标周边竞争对手）	效果跟踪	过程跟进调整（结合回流效果）
流失客户	郁花园	0.4 元 / 升	召回成功率：50% 吨油成本：215 元 / 吨	力度不变，扩大客群，限制站点继续推券
流失客户	东大桥	0.2—0.3 元 / 升	召回成功率：35% 吨油成本：163 元 / 吨	提高力度 0.1 0.2 元 / 升
固定客户	安圃	0.2 元 / 升	召回成功率：36% 吨油成本：106 元 / 吨	力度不变，扩大客群，限制站点继续推券

联系人：沈　冰　邮箱：shenb.bjsy@sinopec.com

天津石油分公司客户分析系统
——客户分类分级 精准化营销

——天津石油分公司

案例综述：为在激烈的市场竞争中实现高质量发展，天津石油专注于终端市场，采取精准发力的策略，最终成功开发了包括基本属性、消费属性和分析属性，涵盖综合、汽油、柴油三个大类等五大属性的天津石油直分销客户标签体系。通过系统的支撑，制定合理的管理策略和措施，使得天津石油在直分销业务中取得显著成效，在客户稳定率和客户满意度方面表现尤为出色。不仅提高了直分销业务整体的竞争优势，还推动了业务更加规范化、信息化和智能化的发展。通过精准的客户标签体系，更加有效地满足客户需求，提升客户体验，为天津石油直分销高质量增长奠定了坚实的基础。

一、背景和目标

（一）案例背景

近几年，随着激烈的市场竞争，营销的内涵与外延不断扩展，然而整体的营销理念、营销行为远未呈现出多样化、特色化、丰富化的特征，加之直分销客户粗放式的管理模式，降低了客户的忠诚度。数据应用方面依然存在“多、乱、散、旧、闭”的顽疾，没有数据的支撑将会导致一个政策出台后仅依靠人工处理数据，不仅费时费力，而且无法有效保证数据的准确性，造成一定程度的客户数据没有被深度挖潜，在不清楚客户的具象特征的情况下，最终导致客户流失或是降低采购份额等不利结果。

（二）建设目标

通过对直分销客户各类属性形成标签，进行画像分析，与客户建立良好的沟通机制，将客户销售数据与业务深度融合，提升客户服务体验、增强客户黏性，抢抓直分销市场机遇，从而提升客户的忠诚度，实现精准营销的目的，促成直分销线条增量创效的局面。

二、主要建设内容、实施方法及创新点

（一）主要建设内容

天津石油以客户分析为突破口，形成基本属性、消费属性、分析属性等五大属性，综合、汽油、柴油三个大类共132个客户标签，建成了天津石油直分销客户标签体系，打造“平台+营销+客户+服务+管理”的新营销模式，实现多元化发展、差异化竞争，在未产生任何费用、未借助任何三方技术力量的前提下，实现数据库、软件代码等的完全自主，在把核心技术牢牢掌握在自己手中的同时，持续驱动天津石油数字化转型高质量发展。

（二）实施方法

（1）直分销客户标签的建立是基于ERP系统中各模块的数据，以及部分外部数据。数据包括客户的基本信息、购买历史、库存情况、财务状况等维度。

（2）实时将上述数据采集至ClickHouse数据库中，将客户编码作为客户唯一标识，同时对数据进行合并和清洗操作。清洗出的数据可以用于构建客户画像，分析客户的购买行为、偏好和需求，为客户提供更加精准和个性化的服务。

（3）基于ClickHouse的列式存储方式，将数据按列进行存储，大大提高了数据的压缩率和查询效率。借助ZooKeeper进行ClickHouse数据库集群化管理。实现多节点同步存储和管理数据，节点发生故障后，其他节点可自动接管，确保系统与数据的一致性、完整性及稳定性。

（4）根据业务需求，利用Bitmap高效的位图数据结构技术对客户标签进行存储，通过数据AI学习，不断优化、打磨算法，形成五大属性的客户标签132组。天津石油成为销售企业中首家直分销客户标签的设计单位。

（5）采用Java+Python+React、前后端分离的方案进行BS架构的数据平台搭建，可以有效地提高系统的可扩展性、可维护性和性能（图1）。

图1 数据查询平台

（三）创新点

1.了解客户特征，实现精准画像

天津石油利用客户标签能够收集直分销客户销售数据的基本信息，对客户进行精准画像，了解客户需求和特征，准确勾勒客户轮廓，及时掌握客户需求变动、购买节奏、补货时机等，针对不同客户特点，采取“一户一议”“一户一策”的经营策略，实行“一对一”“点对点”服务，实现全程跟踪营销，提高客户稳定率和客户满意度。以客户“天津南开区长江道环宇联合石油加油站”为例，对其实行精准画像后，采取针对性营销政策，2023年上半年采购量同比增幅30.7%。

2.做好数据分析，建立预警机制

（1）建立预售未提预警机制。定期对客户预售未提数量及期限进行梳理与分析，在到期前一个月开始提示客户加快未提库存实物出库。按照《天津石油分公司预售未提管理办法》要求，根据开单天数设置时间周期，将未提油品细分“无超期风险、即将超期、超期一档、超期二档”四类，对客户进行分级提醒，自动计算超期代保管费。

（2）建立异常客户监控机制。对终端客户、分销客户分别设置不同的日均购油量、日均提油量及同品种同日提油频次基准线，重点监控超过基准线客户，防止发生经营风险。

（3）建立客户减量预警机制。以客户月度购买量低于前3个月平均量的百分比为预警线，其中对首次超警、连续三月降量预警，及时督促指导地市公司对潜在流失客户进行定点走访、需求收集、原因剖析、精准施策的营销闭环管理。

三、主要价值和成效

天津石油直分销客户标签体系成功整合了全口径直分销客户数据，系统运行稳定，报表查询方便迅捷、功能齐全。系统涵盖企业性质、所属行业、购油量、提油量、购油笔数等多项标签，有助于公司针对不同类型客户开展有针对性的营销活动。2023年5月，公司曾利用数据标签筛选出年均采购量达到一定标准的客户，开展直分销线条的“限时秒杀”营销活动。通过标签快速、精准的筛选，成功锁定客户354个，活动整体油品销售达到429吨。充分印证了直分销客户标签发挥了“千人千面”、精准营销的显著作用。

与此同时，结合数据标签衍生的客户预警功能，天津石油通过优化管理策略和举措，成功实现了精准营销政策的制定。解决了以往的“一刀切”式的粗放营销，不仅有效降低了营销费用，更为客户经理有的放矢地开展主动服务提供了便利。这一策略提升了客户的忠诚度和购买频率，使得天津石油在直分销线条中的客户稳定率、客户满意度等取得显著成效，提升了公司整体竞争力。

四、展望

下一步，天津石油将依托搭建的直分销客户标签，持续深化体系向纵深应用，根据业务需求不断优化算法逻辑，将计划建立零售客户、加油卡大客户等新业态的客户标签，利用丰富的标签种类，实现各类型客户信息资源的共享，提升客户综合价值。持续加强整体培训宣贯，以提高标签的实用性和适配性。通过采取一系列举措旨在促使天津公司零售、直分销、非油品等各项主营业务更加规范化、信息化、智能化，为天津石油的高质量发展贡献力量。

联系人：刘　皓　邮箱：liuhao.tjsy@sinopec.com

基于大数据应用的销售企业管理风险数字化防控探索

——江苏石油分公司

案例综述：筑牢风险防线作为企业经营管理的关键工作，政府对合规管理要求愈发严格，违规处罚力度逐年增大，因此一直备受销售企业关注，江苏石油近年来持续通过多项专项整治工作提升风险管理能力。在工作推进的过程中，江苏石油深刻认识到发挥数据价值赋能管理的必要性及重要性，尤其是在数质量管理、证照管理、合同管理等风险管理方面，积极探索总部“数据+平台+应用”数字化转型新模式的企业落地路径，通过拓展数据平台已有内容、融合数据治理符合业务需要、分析研究构建数据算法模型、全面应用精准触达推送，从而真正挖掘并发挥数据资产潜在价值并实现数据共享互通。

一、研究背景与目标

1.常年的数据沉淀与应用，提供较为完备数据基础

总部端已通过顶层设计、统一建设经营数据服务管理平台，对数据集中、数据建模提供支撑；企业端通过多年的信息系统建设及应用积累大量数据，为数据应用提供基础。

2.业务领先、管理规范，拥有数字能力转化优势

江苏石油多年来不断在风险管理方面深入研究，形成了比较先进的管理方法，为数字逻辑转化提供了良好的商业逻辑；同时，一直坚持流程的标准化、规范化、线上化，为数字价值挖掘提供可行性。

3.主要在数据整合、数据计算、数据推送等方面存在问题

一是信息与数据孤岛仍然存在，各系统间的风险提示不统一、预警内容过多、消

息不对等；二是数据资产价值挖掘不充分，因系统建设时间较长，存在上线初期原有逻辑多年未做调整，但管理要求调整多次，造成数据未释放有效价值；三是风险管控的数字化手段应用不足，原有风险管控多依靠人工统计方式，效果不佳，极易造成损失。

二、主要建设内容、实施方法及创新点

1.以数据高效流通为目标，提高证照风险防范能力

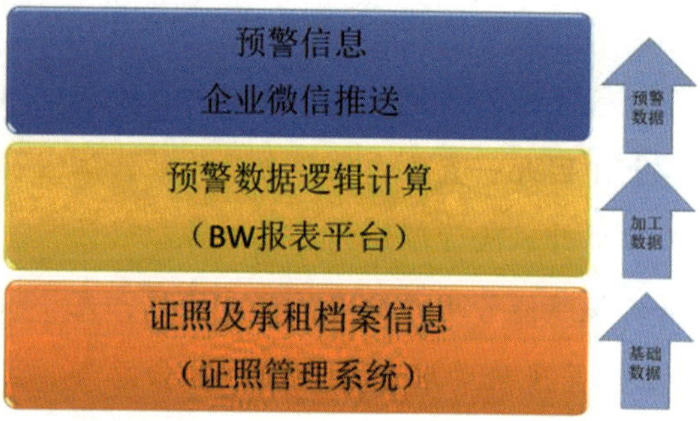

图1　证照预警数据流向

建成证照数字化预警体系，提前感知相关风险，实施预警提示后，形成工作督办，实现临期、逾期等事项的动态监控直至完成，从而降低管理违规风险。具体做法为利用经营管理数据平台加工数据逻辑，将证照管理系统的数据传递并加工，形成预警推送数据，具体数据流转过程如图1所示。

通过数据推送实现数据共享，借助企业微信应用推送预警信息，从而实现精准触达与高效防控，如图2所示。

图2　证照预警数据推送界面

2.以数据分析应用为手段，提升数质量风险防控能力

江苏石油基于液位仪平台大数据，开展业务逻辑梳理及优化、数据治理、数据建模、数据应用、管理提升等。

（1）基于大数据分析的加油机防作弊风控。一是加强数据治理，对液位动态数据、销售数据、管理数据等进行数据汇聚、梳理数据映射关系表，搭建数据底座；二是应用数字化技术，全天候自动轮巡实时分析，确定初步风险清单；三是复盘液位历史数据，构建数据分析模型，自动校验风险清单，核查形成异常报警数据；四是风险数据自动推送，匹配权责分级，自动进行数据比对，将风险分类，推送至责任人（图3）。

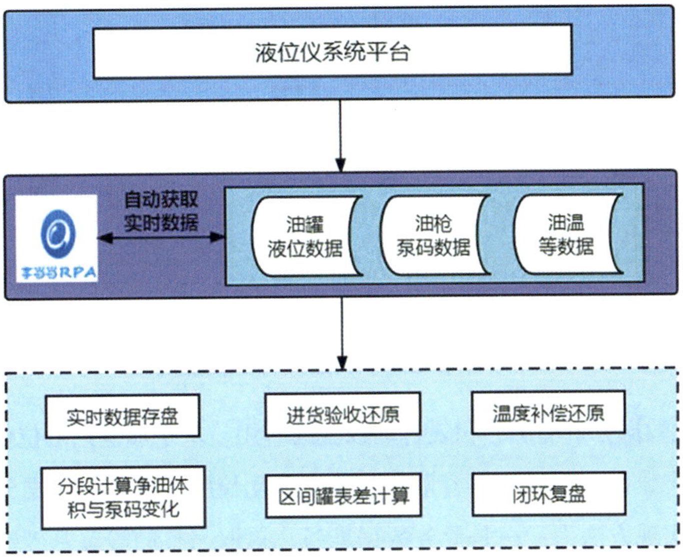

图3　加油机防作弊数据分析逻辑图

（2）利用科学算法赋能特许加盟站私自进货风险监管。基于液位仪的历史液位曲线，研究构建数字化科学算法模型，自动判断设备在线状态、自动分析识别进货差异风险并推送、实现对特许加盟站私自进货风险的数字化监管。其中构建数据科学算法，提升精准度，主要做法为：一是数据收集，整理液位仪系统中的液位、时间向量，准备客户信息、液位仪系统液位数据、ERP发货等数据；二是数据清洗预处理，分客户角色、分加油站、分油罐以及分品种号进行梳理，达成数据标准化；三是关键算法构建，对液位仪原始液位数据使用卡尔曼滤波算法（Kalman filtering）调整过滤，判断液位波动起始点，数据匹配逻辑、异常检测算法、预测模型等方式分别对最优进油量、卸油次数、起止时间、异常液位进行输出；四是运算数据应用及输出，分别输出真实卸油明细、发货明细、异常报告、液位故障情况等数据内容（图4）。

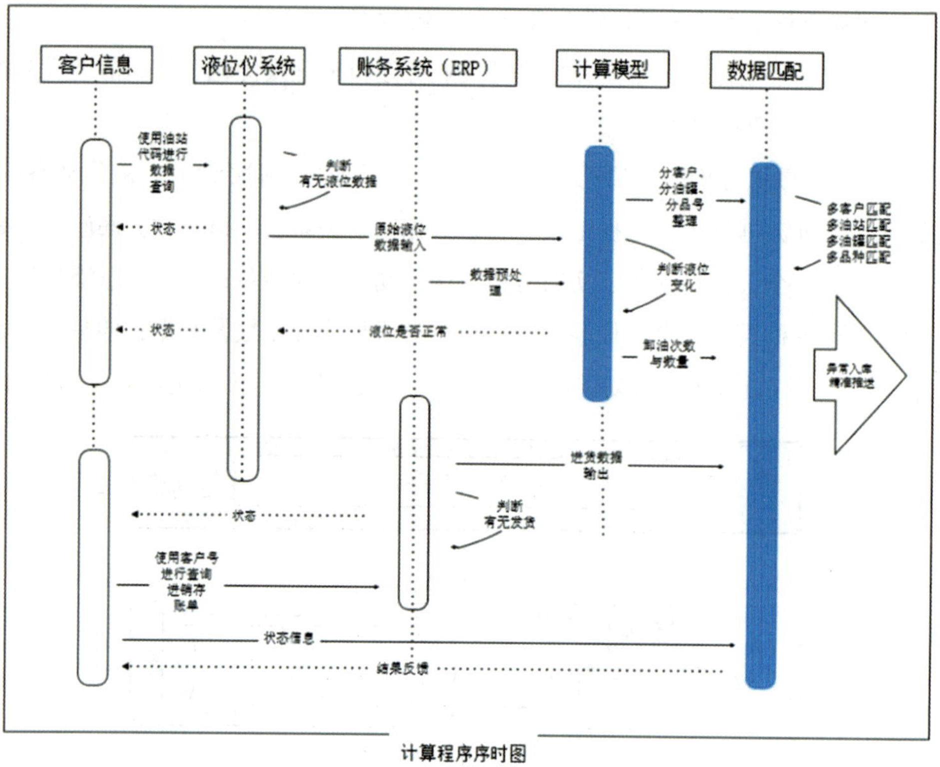

图4　特许加盟站私自进货风险数据分析图

（3）探索大数据分析油罐容积表自动校验的应用。基于加能站液位仪平台的油罐库存与加油机销售数据，开展油罐容量表在线自动化校验，通过大数据分析与运算，自动出表。具体实现方法为：一是业务数据准备，提取完整的静态基础数据，匹配油罐液位与油机销售数据；二是罐容数据自动计算，通过进行液位与容量对应的数据关系拟合计算，拟合公式，自动通过大数据计算并输出罐容表；三是数据应用，推送系统数据异常和在用油罐容量表准确性分析数据。

三、主要价值和成效

（一）管理价值

公司的风险防控能力显著提升。在证照风险防控方面，对重点证照进行预警及分析，有效减少因证照办理延期而影响经营的情况发生；在数质量风险防控方面，以技术手段赋能管理边界扩展，提升管理效能，实现原有人力无法完成的工作，也提高风险防控准确度和方向性。

（二）效益价值

在成本节约方面，油罐容量表自动校验，节约费用为500万元/年，原有线下方式每罐每次5000元，按每年整体更新计算全年约500万元；在人工方面，通过大数据分析完成约14人的工作量，折合成本约280万元/年。

四、展望

风险防控作为企业常抓不懈的基本管理内容，通过数字化赋能是精准防控的有力手段之一，目前以证照管理、数质量管理为点，探索合规管理的全生命周期数字化，从而助力精益管理。同时，针对本文提到的所有项目，后期将持续在数据精准度、业务契合度、价值提升度上不断深入研究。

联系人：沈　妍　邮箱：sheny.jssy@sinopec.com

浙江石油智能防脱销预警平台助力油站油品保供

——浙江石油分公司

案例综述：为增强成品油销售企业二次配送任务精准执行，及时制止和避免加油站脱销断档现象出现，提高成品油零售市场资源保供能力，通过对加油站进销存数据进行科学合理采集分析和对油站销量进行科学合理预测，形成高效精准合理的油站防脱销预警模型，通过设置预警条件，系统自动触发脱销断供，对脱销站点进行多层面预警提醒，实现油站脱销预警的自动化和智能化，对及时制止和避免加油站脱销现象有积极意义，达到不断提升加油站管理水平和企业经营效能的目的。

一、背景和目标

（一）案例背景

加油站零售成品油是目前成品油销售企业的核心业务，销售企业成品油二次配送是影响成品油销售企业零售业务一个非常关键的核心因素。加油站的加油业务能否正常开展完全依赖于二次配送任务的精准和及时执行，所以做好加油站的二次配送业务是提升加油站管理水平，提高企业经营效益的有效手段。而在日常生活中，加油站的加油量受到时间、天气、环境、政策等多种因素的综合影响，综合考虑每日加油量数据波动，脱销现象难免发生，发生脱销情况后往往会引起市民、媒体、政府的多方关注，容易引发对企业不利的舆情事件。在内部管理上，发生脱销情况后，脱销加油站及周边油站均容易出现加油车辆排队拥堵等情况，存在较大安全隐患，甚至引起客户流失，直接影响企业提质增效。

（二）建设目标

高度关注油站可供加油的库存管理工作，创新性地开发预警功能，真正实时高效地实现油站脱销预警的自动化和智能化，避免脱销现象发生，真正挖掘企业管理效益，促进企业提质增效。

二、主要建设内容、实施方法及创新点

（一）主要建设内容

基于上述背景及现实需要，前期深入调研、充分对加油站日常业务数据进行科学合理采集和分析，依托浙江石油微信公众号平台，开发移动端的“浙江石油油站智能防脱销预警平台”。

（二）实施方法

以企业ERP系统为后台，ERP系统根据准实时同步的液位数据和加油机提枪数据，每3分钟对全量油站逐罐进行库存计算，计算过程实时比对设定的预警值。当液位高度大于600毫米时，根据油站油罐当前实际库存量和准实时销量，综合考虑脱销罐容库存，计算出有效营业库存持续时间，实时显示，供加油站管理人员参考。准实时销量在预留油罐罐底300mm罐底油的前提下，以每罐前1小时的分时出油量与前两天平均分时出油量取大值推算后续的分时出油量，从而预计出该罐可供的加油时长。当液位高度低600毫米时，触发预警，向各层级管理人员发送短信和微信预警消息，并计算出油站成品油“可卸量”，并报送分公司物流部追加计划。当液位低于300毫米时，触发脱销报警，通知油站人员立即停止加油，等待补油。

（三）创新点

具体构建模型框架如下：

情形一：液位H>600mm，预测有效营业库存持续时间。持续时间T=（油罐实际库存V−脱销罐容V_1）/准实时销量P动态；其中，P动态计算逻辑：在预留油罐罐底300mm罐底油的前提下，以每罐前1小时的分时出油量与前两天平均分时出油量取大值推算后续的分时出油量。A站95号油罐实际液位变化如图1所示。

情形二：300mm<液位H≤600mm，触发脱销预警，可以通过预警罐容，计算出油站成品油“可卸量V_3”。

$$V_3=V_{总}\times(1-10\%)-V_2$$

注：根据政府部门监管要求预留10%安全空容；V_2为预警时的剩余罐容。

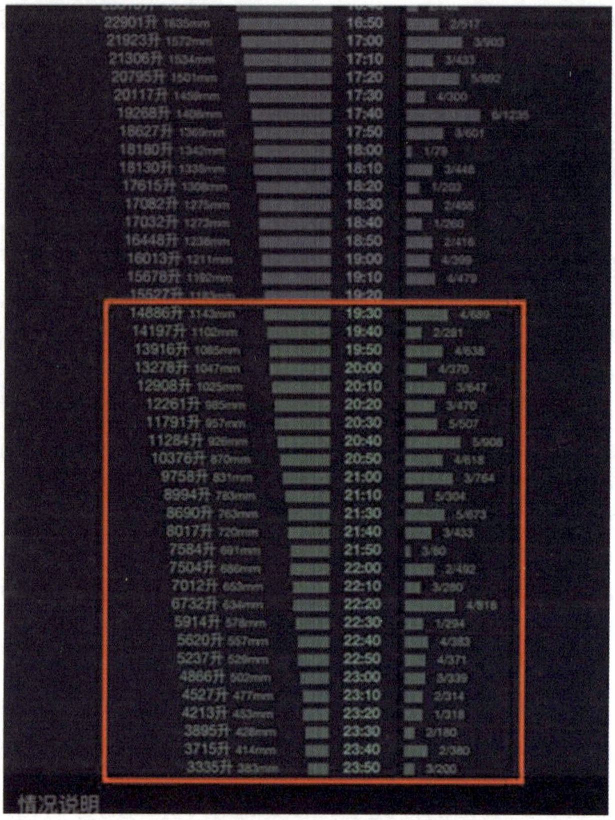

图1　A站95号油罐实际液位变化图

油站预警触发点如图2所示，油站预警提醒如图3所示。

情形三：液位$H \leqslant 300$mm，触发脱销报警。油站报警点液位如图4所示。

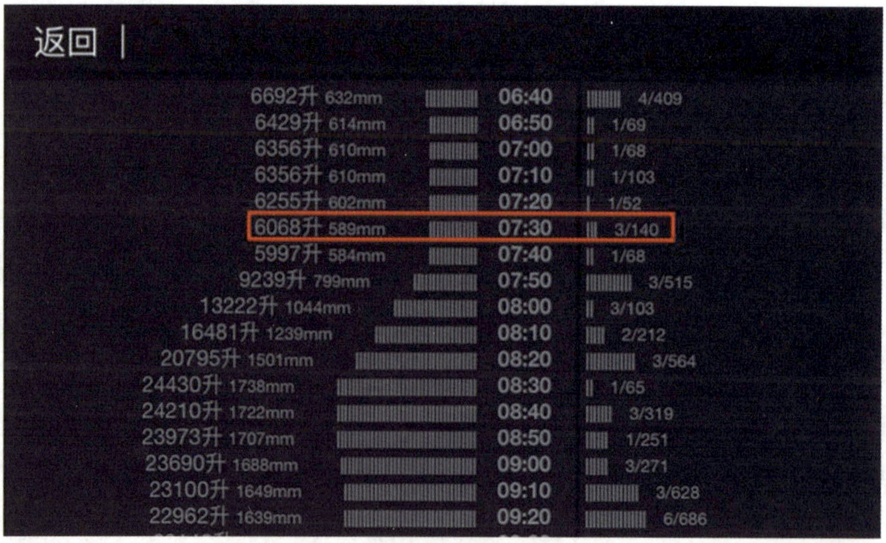

图2　油站预警触发点

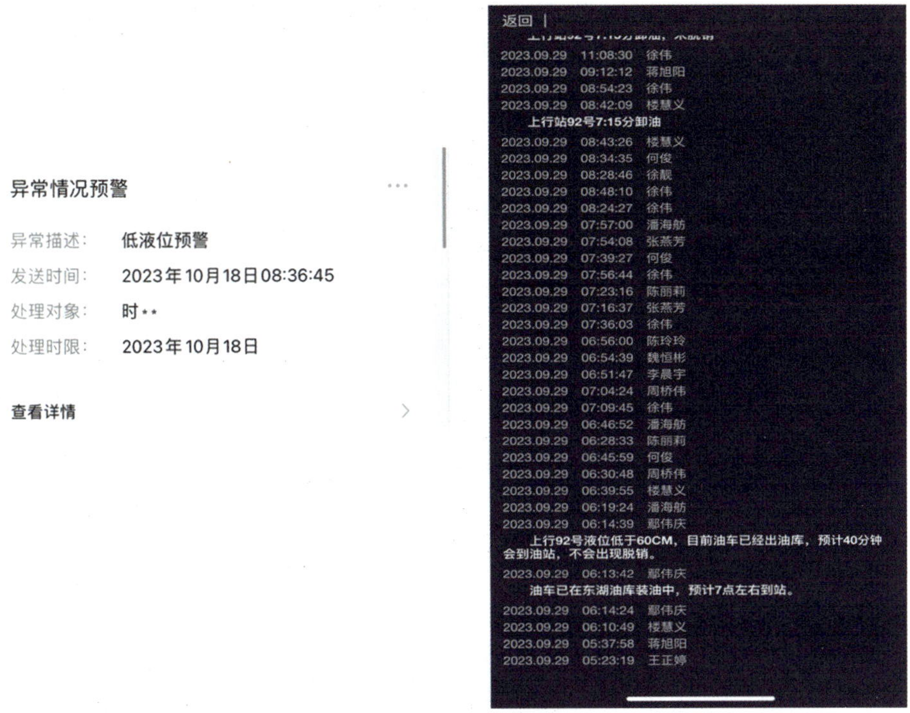

图3　油站预警提醒图

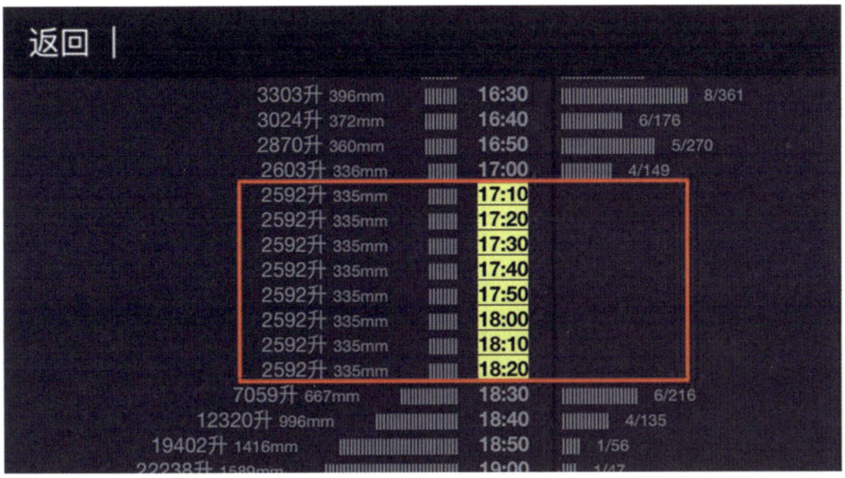

图4　油站报警点液位图

在加油站防脱销预警模型的基础上，进一步构建分公司和省公司的统计分析模型，主要对“脱销站数、脱销预警站数、脱销油品、脱销持续时间、脱销日历”等数据进行分类统计，方便管理人员对加油站实时情况的了解和掌握，实现“一屏统揽、实时掌控”“异常报警、督促检查”“数据统计、研究分析”等综合应用功能。经营管理层加油站防脱销预警数据监控如图5所示。

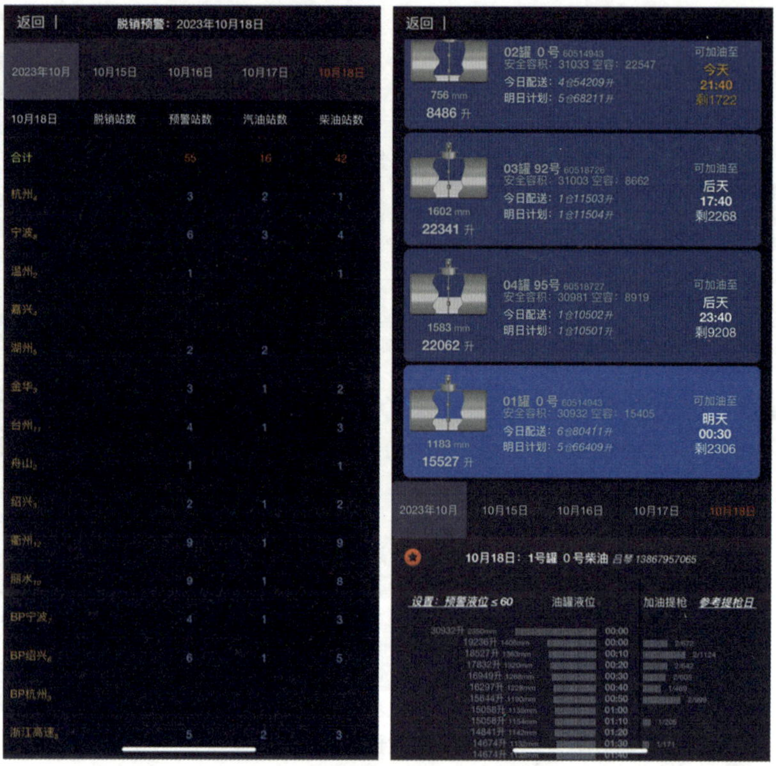

图5　经营管理层加油站防脱销预警数据监控图

三、主要价值和成效

（一）提高加油站的管理成效

智慧管理，物联集成，提高油站经营管理成效。油站防脱销自动预警功能，可使油站员工和省、市两级管理人员都能及时收到预警信息，在预警预留时间内可以及时采取对应措施有效避免油站脱销事故，提升油站运营服务效率，最终实现油站管理提质创效。

（二）提高成品油销售企业的管理成效

挖掘数据价值，服务精益管理。加油站防脱销预警模型运用大数据分析技术，通过精准预警提醒，可以有效预防油站脱销。一方面强化了公司内控管理制度在日常经营管理活动中的刚性执行，保证了内控制度进一步落到实处，另一方面充分展示了信息化系统带来的高效、智能和便捷，进一步完善了企业内控管理治理环境，提高了内控管理效率，规范了业务操作流程，降低了企业经营风险，提升了企业风险治理效能。

四、展望

信息化和数字化技术延伸“触网”到加油站业务领域，加油站防脱销预警，进一步向社会展示智能化加油站新内涵，有利于企业全面构建高价值生态圈，打造国内一流的现代化综合服务商，使加油站综合竞争力和企业品牌影响力得到进一步提升，给企业带来较大的经济效益、品牌效益和社会效益。

联系人：时丽玉　邮箱：shily.zjsy@sinopec.com

基于数据洞察的零售量效评估模型体系建设

——福建石油分公司

案例综述：在成品油零售企业中，销量和盈利是两个核心指标，直接关系到企业的生存和发展，如何实现销量与盈利的平衡成为省、市公司最为关注的焦点。本案例通过搭建零售量效评估模型体系，挖掘数据价值，从海量数据中洞察销量与盈利的内在关系，实现营销活动“事前评估预测、事中跟踪管理、事后评估分析”的全生命周期管理，持续优化营销活动策略，强化“量效兼顾、量价双收”的经营思维，推进零售业务高质量发展。

一、背景和目标

（一）案例背景

2022年初，福建石油在全省范围内实现了量效模拟日报的日常推送，为地市公司在营销策略上的及时调整提供了有价值的参考，但同时也观察到在精细化量效管理上缺乏进一步的抓手，地市公司为应对竞争激烈的市场变化，主动或被动采取灵活多变的促销策略，这些营销策略如何实现整体上的量效兼顾成为开展营销活动的难点，存在营销活动策略与实际情况脱节、缺乏有效的跟踪机制、缺乏后评估分析和反馈等主要问题。

（二）建设目标

通过建设零售量效评估模型，对营销活动进行“事前评估预测、事中跟踪管理、事后评估分析”的全生命周期管理，持续优化营销活动策略，强化“量效兼顾、量价双收”的经营思维，推进零售业务高质量发展。

二、主要建设内容、实施方法及创新点

（一）主要建设内容

按照营销活动开展全流程设计“事前预测模型”“事中跟踪模型”“事后评估模型”“销量预测模型”，对数据进行充分挖掘探索，并尽可能实现可视化，使用户更好地理解数据分布和变量之间的关系。各个模型既可以单独使用，也可以结合应用，相互作用提高整体效率（图1）。

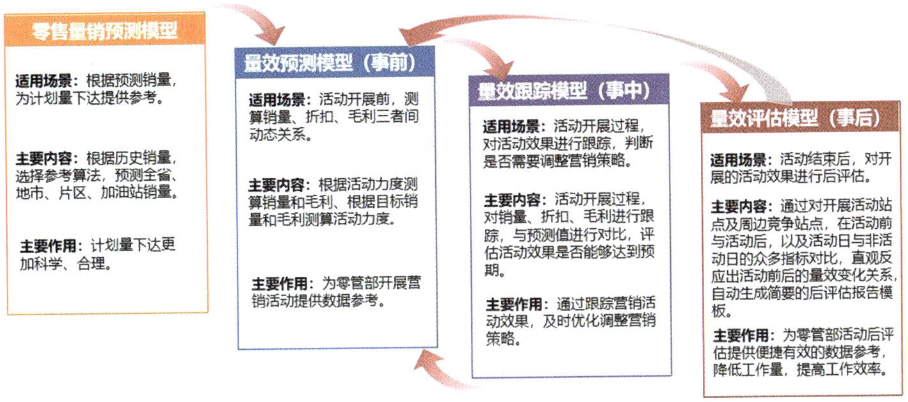

图1　量效模型架构

1.零售量效事前预测模型

利用统计学等方法，建立销量数量与毛利之间的函数关系，通过分析零售销量、价格、折扣、毛利四者之间的平衡关系，综合考虑活动类型支付方式占比，以及活动期间活动方式的占比增减、内部影响站点的销量增减等多个影响因素，搭建资源顺推差价零售量效预测模型。

模型主要基于盈亏平衡等式（平衡销量 × 预测或实际吨差价 − 折扣 = 对标毛利），根据实际的使用场景，演变为不同的变量求解，从而实现多场景的预测。具体的适用场景如图2所示。

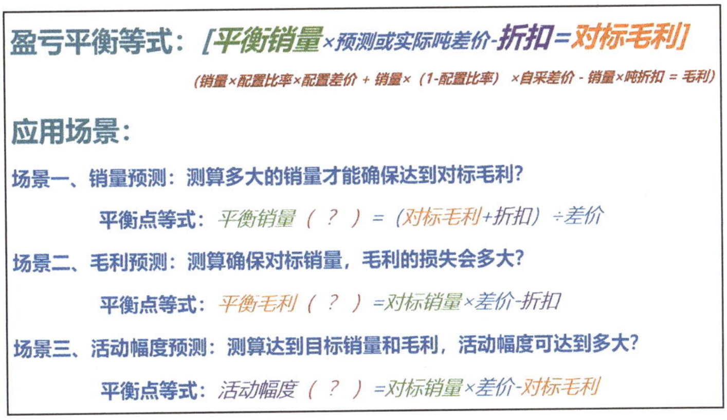

图2　零售量效平衡等式原理及应用场景

2.零售量效事中跟踪模型

对活动站点、活动区域、片区、地市等多个层级进行活动效果的跟踪监督，通过与目标值进行对比，直观展示活动的投入产出效果，研判是否要调整活动幅度或增加宣传措施（图3）。

统计区间：20230701 —— 20230831　查询

023年07月01日 至 2023年08月31日　　单位：吨，元

单位名称	[illegible]	片区	分公司	油品	01	02	03	04	05	06	07	08	09	10	11
龙岩新罗天天站	MSA	龙岩新罗片区	福建龙岩分公司	汽油小计	16.35	14.65	14.88	15.72	17.07	15.46	13.91	17.05	16.52	16.26	13.80
				0#	6.30	4.67	5.99	6.02	5.63	6.11	6.28	6.45	5.71	5.76	4.96
				92#	12.38	11.02	11.55	11.75	12.55	11.13	10.31	13.01	12.21	12.54	10.26
				95#	3.89	3.55	3.15	3.85	4.41	4.18	3.50	3.97	3.78	3.56	3.49
				98#	0.08	0.08	0.18	0.12	0.11	0.15	0.09	0.07	0.53	0.16	0.04
				天然气	0.00	0.00	0.00	0.00	0.00	0.00	0.00	0.00	0.00	0.00	0.00
龙岩新罗天宏站	森美金资租赁	龙岩新罗片区	福建龙岩分公司	合计	27.92	12.79	15.71	15.42	31.28	14.36	15.11	27.22	17.27	19.49	13.68
				柴油小计	8.19	6.14	5.79	7.54	8.83	7.46	7.28	8.28	9.81	9.13	7.15
				汽油小计	19.73	6.65	9.92	7.88	22.45	6.90	7.83	18.94	7.46	10.36	6.53
				0#	8.19	6.14	5.79	7.54	8.83	7.46	7.28	8.28	9.81	9.13	7.15
				92#	17.81	5.17	7.63	5.50	20.09	5.35	6.18	17.01	5.77	7.78	4.78
				95#	1.91	1.48	2.29	2.38	2.36	1.55	1.65	1.93	1.69	2.58	1.75
				98#	0.00	0.00	0.00	0.00	0.00	0.00	0.00	0.00	0.00	0.00	0.00
				天然气	0.00	0.00	0.00	0.00	0.00	0.00	0.00	0.00	0.00	0.00	0.00
龙岩新罗天顺站	森美金资租赁	龙岩新罗片区	福建龙岩分公司	合计	20.30	10.71	10.29	18.22	20.55	10.97	17.00	20.24	11.02	10.82	17.15
				柴油小计	1.12	1.52	1.39	1.29	1.47	1.15	1.67	1.90	2.32	1.50	1.69
				汽油小计	19.18	9.19	8.89	16.92	19.07	9.82	15.33	18.34	8.70	9.32	15.46
				0#	1.12	1.52	1.39	1.29	1.47	1.15	1.67	1.90	2.32	1.50	1.69
				92#	14.29	7.66	7.22	12.31	13.71	7.42	11.70	13.53	7.22	7.51	11.04
				95#	4.89	1.53	1.68	4.61	5.36	2.40	3.63	4.80	1.48	1.81	4.42
				98#	0.00	0.00	0.00	0.00	0.00	0.00	0.00	0.00	0.00	0.00	0.00
				天然气	0.00	0.00	0.00	0.00	0.00	0.00	0.00	0.00	0.00	0.00	0.00
龙岩新罗小池[illegible]站	MSA	龙岩新罗片区	福建龙岩分公司	合计	7.52	7.37	8.80	7.29	7.55	7.60	8.30	8.21	8.48	10.09	8.82
				柴油小计	3.10	2.12	2.96	2.08	2.67	1.92	2.65	2.70	2.74	3.45	3.75
				汽油小计	4.42	5.25	5.63	5.21	4.87	5.67	5.65	5.51	5.74	6.64	5.07
				0#	3.10	2.12	2.96	2.08	2.67	1.92	2.65	2.70	2.74	3.45	3.75
				92#	3.66	4.31	4.49	4.22	3.74	4.65	4.73	4.09	4.80	5.21	4.12
				95#	0.77	0.94	1.15	0.99	1.14	1.03	0.92	1.43	0.95	1.44	0.95
				98#	0.00	0.00	0.00	0.00	0.00	0.00	0.00	0.00	0.00	0.00	0.00
				天然气	0.00	0.00	0.00	0.00	0.00	0.00	0.00	0.00	0.00	0.00	0.00

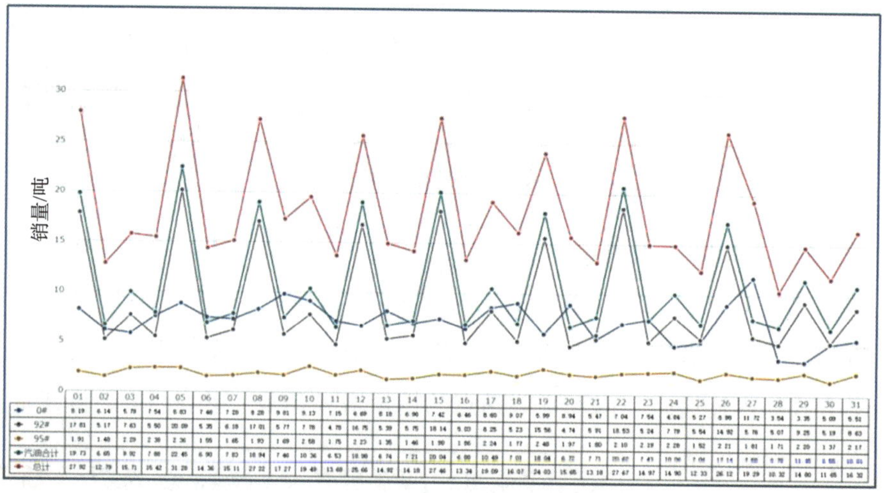

图3　零售量效事中跟踪模型

3.零售量效后评估模型

采用综合指标对比，通过横向和纵向展示不同的指标在活动前、活动后、活动日和非活动日的数据变化，通过日均销量及日均毛利的变化评估营销活动效果（图4）。

零售量效后评估的指标值除了作为评估报告的参考值，还作为经验值，在量效事前预测模型中作为影响因子，提高预测的准确性（图5）。

4.零售计划销量预测模型

采用周权重指数法及历史数据加权平均算法测算出月销售计划，通过预测销量占

比，将计划量分解到油站，给计划量的下达提供参考，同时可作为量效事前预测模型的目标销量的参考值（图6）。

零售量效后评估模型

（活动前：2022-06-01 到 2022-06-30 活动期间：2023-07-01 到 2023-07-31）

其中 活动日：2023-07-02 （星期日），2023-07-07 （星期五），2023-07-09 （星期日），2023-07-14 （星期五），2023-07-16 （星期日），2023-07-21 （星期五），2023-07-23 （星期日），2023-07-28 （星期五），2023-07-30 （星期日）

活动支付方式：加油卡-实体卡

生成报告模板

项目		活动站点	自有竞争站点	活动区域（含自有竞争站点）	片区	地市	全省
		1	1	平均值	平均值	平均值	平均值
活动前	油站名称	龙岩新罗天宏站	龙岩新罗天顺站	——	龙岩新罗片区	福建龙岩分公司	全省
	天数	30	30	30	30	30	30
	销量（吨）	99.80	155.72	127.76	135.93	90.75	132.93
	汽油销量（吨）	99.80	155.72	127.76	135.93	90.75	132.93
	日均销量（吨）	3.33	5.19	4.26	4.53	3.03	4.43
	汽油日均销量（吨）	3.33	5.19	4.26	4.53	3.03	4.43
	折扣（元）	12224	24625	18424	17416	11502	16384
	汽油折扣（元）	12224	24625	18424	17416	11502	16384
	吨油折扣(元/吨)	122	158	140	128	127	123
	汽油吨油折扣(元/吨)	122	158	140	128	127	123
	营业收入(元)	1233306	1926947	1580126	1669433	1116986	1639143
	汽油营业收入(元)	1233306	1926947	1580126	1669433	1116986	1639143
	毛利(元)	76795	114281	95538	103833	69447	102469
	汽油毛利(元)	76795	114281	95538	103833	69447	102469
	日均毛利(元)	2560	3809	3185	3461	2315	3416
	汽油日均毛利(元)	2560	3809	3185	3461	2315	3416
	活动支付方式占比(%)	83.50%	24.61%	59.70%	22.45%	22.36%	19.32%
活动后非活动日支付方式销量	现金支付(吨)	9.68	13.79	11.73	12.83	11.41	13.62
	IC卡支付(吨)	15.86	19.12	17.49	18.58	13.30	22.29
	车e族扫码付(吨)	4.64	28.61	16.62	13.46	12.12	26.05
	电子钱包支付(吨)	23.38	30.91	27.15	43.28	30.22	44.25
	聚合支付(吨)		3.63	1.81	14.03	4.48	4.75
	其他支付(吨)	4.89	1.63	3.26	0.59	0.41	0.47
	活动支付方式销量（吨）	15.86	19.12	17.49	18.58	13.30	22.32
	活动支付方式占比(%)	27.14%	19.57%	22.40%	18.08%	18.49%	20.03%
活动评估	日均销量变化(吨)	1.10	-0.31	0.40	0.29	0.27	0.54
	日均折扣变化(元)	2399.78	684.39	1542.09	581.51	247.78	429.59
	日均毛利变化(元)	-1414.70	-963.72	-1189.21	-325.21	-5.79	48.72
	营销效果评估	量升利减	量降利减	量升利减	量升利减	量升利减	量升利增

图4　零售量效后评估模型

营销活动效果评估报告

活动概况	活动时间	2023-08-01至2023-08-31
	活动日	2023-08-04（星期五），2023-08-11（星期五），2023-08-18（星期五），2023-08-25（星期五）
	活动站点	龙岩新罗天宏站
	自有竞争站点	龙岩新罗樟柴树站，龙岩新罗天顺站
	竞争对手站点	（略）
	活动油品	92#汽油
	活动支付方式	加油卡-实体卡
	活动效果分析	活动期间日均销量4.2（吨），比活动前日均销量4.43（吨），减少0.23（吨），活动期间吨油折扣444（元/吨），比活动前634（元/吨），减少189（元/吨），按照吨油毛利（92#汽油892元、95#汽油943元、98号汽油1132元、0#柴油835元）计算，活动期间实现毛利58383(元)，比活动前35500（元），增加22884（元），日均毛利增加738（元）。活动日日均销量比非活动日日均销量增加11.49（吨），日均毛利减少1833（元），吨油折扣增加759（元/吨），活动日的活动支付方式占比88.63%，比非活动日28.19%，增加60.44%，活动前后对比，量降利增。

图5　零售量效后评估报告模板

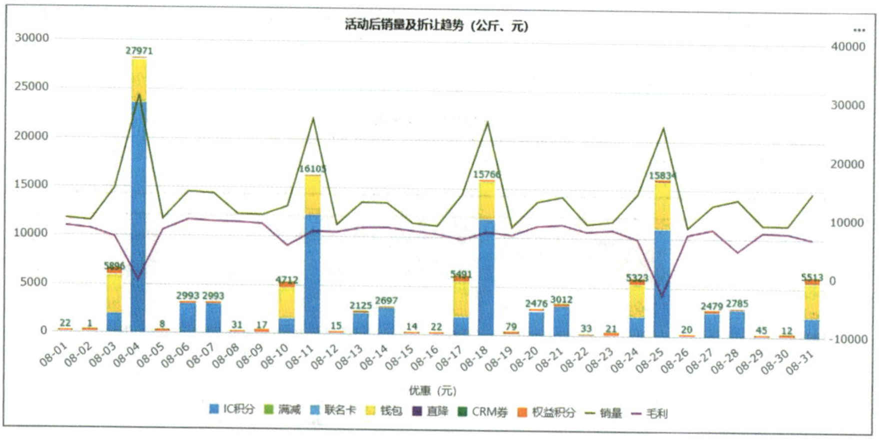

图5　零售量效后评估报告模板（续）

地市：总部　测算月份：2023-11　测算油品：92#汽油　计划量：13000　查询

说明：1、每年1月份测算由于没有当年的销售，按近3个月的移动加权平均法测算。
2、新建站由于没有历史销售数据，按近3个月的移动加权平均法测算。
3、其他有历史数据的按照月权重指数法测算。

计划销量测算模型

测算月份：2023年11月　下达计划量：13000

地市	片区	油站编码	油站名称	油品编码	油品名称	预测销量(吨)	占比(%)	计划量分解(吨)	调整数(+/-)	下达计划量(吨)
全省总计						130512	100%	13000	-10	12990
福州	福州鼓楼台江片区	32950018	福州五一加油站	60518722	92#汽油	272	0.21%	27	+50	77
福州	福州鼓楼台江片区	32950020	福州北门加油站	60518722	92#汽油	236	0.18%	24		24
福州	福州鼓楼台江片区	32950021	福州六一加油站	60518722	92#汽油	225	0.17%	22		22
福州	福州鼓楼台江片区	32950023	福州工业路加油站	60518722	92#汽油	142	0.11%	14	-30	-16
福州	福州鼓楼台江片区	32950028	福州长汀加油站	60518722	92#汽油	655	0.50%	65		65
福州	福州鼓楼台江片区	32950030	福州泉塘加油站	60518722	92#汽油	486	0.37%	48		48
福州	福州鼓楼台江片区	32950032	福州晨光加油站	60518722	92#汽油	239	0.18%	24	+20	44
福州	福州鼓楼台江片区	32952029	福州白马南加油站	60518722	92#汽油	302	0.23%	30		30
福州	福州鼓楼台江片区	35550631	福州梅峰加油站	60518722	92#汽油	83	0.06%	8		8
福州	福州鼓楼台江片区	35550767	福州鳌兴加油站	60518722	92#汽油	313	0.24%	31		31
福州	福州鼓楼台江片区	小　计				2953	2.26%	294	40	334
福州	福州长乐马尾片区	32950026	福州红山加油站	60518722	92#汽油	105	0.08%	10	+5	15
福州	福州长乐马尾片区	32950091	福州长乐联城加油站	60518722	92#汽油	224	0.17%	22		22
福州	福州长乐马尾片区	32950092	福州长乐金峰加油站	60518722	92#汽油	179	0.14%	18		18
福州	福州长乐马尾片区	32950095	福州长乐中心加油站	60518722	92#汽油	260	0.20%	26	-5	21
福州	福州长乐马尾片区	32950096	福建福州长乐江田加油站	60518722	92#汽油	153	0.12%	15	-10	5
福州	福州长乐马尾片区	32951091	福州龙门加油站	60518722	92#汽油	286	0.22%	29		29
福州	福州长乐马尾片区	32952078	福州罗星加油站	60518722	92#汽油	295	0.23%	29		29
福州	福州长乐马尾片区	32952982	福州长乐黄石加油站	60518722	92#汽油	0	0.00%	0		0
福州	福州长乐马尾片区	35550045	福州长乐鑫鑫加油站	60518722	92#汽油	113	0.09%	11		11
福州	福州长乐马尾片区	35550128	福州长乐城南加油站	60518722	92#汽油	116	0.09%	12		12
福州	福州长乐马尾片区	小　计				1732	1.33%	172	-10	162
福州	福州福清分公司	32950100	福州福清融城加油站	60518722	92#汽油	487	0.37%	48		48
福州	福州福清分公司	32950101	福州福清宏路加油站	60518722	92#汽油	87	0.07%	9		9
福州	福州福清分公司	32950102	福州福清五里桥加油站	60518722	92#汽油	43	0.03%	4		4
福州	福州福清分公司	32950104	福州福清洋浦加油站	60518722	92#汽油	476	0.36%	47		47
福州	福州福清分公司	32950106	福州福清小金山加油站	60518722	92#汽油	119	0.09%	12	-10	2
福州	福州福清分公司	32950107	福州福清景虹加油站	60518722	92#汽油	26	0.02%	3		3
福州	福州福清分公司	32950108	福州福清大真加油站	60518722	92#汽油	321	0.25%	32		32
福州	福州福清分公司	32950110	福州福清蒜岭加油站	60518722	92#汽油	68	0.05%	7		7
福州	福州福清分公司	32951039	福州福清金竹加油站	60518722	92#汽油	413	0.32%	41	-10	31
福州	福州福清分公司	32951306	福州福清城恩加油站	60518722	92#汽油	121	0.09%	12		12
福州	福州福清分公司	32951477	福州福清港头加油站	60518722	92#汽油	131	0.10%	13		13
福州	福州福清分公司	32952021	福州福清高山院西口加油站	60518722	92#汽油	192	0.15%	19	-10	-1

	1月	2月	3月	4月	5月	6月	7月	8月	9月	10月	11月	12月	年度权重指数
月权重指数	33.1601	30.0128	33.3355	32.0460	33.2502	32.2454	33.1203	33.2739	32.1806	33.1601	32.2009	33.1806	391.1664
占比	8.48%	7.67%	8.52%	8.19%	8.50%	8.24%	8.47%	8.51%	8.23%	8.48%	8.23%	8.48%	100.00%

第四步：根据已知月份销量，及月权重指数占比，预测年度销量

	1月	2月	3月	4月	5月	6月	7月	8月	9月	10月	11月	12月	合计
2023年1月到10月销量	247.13	239.52	261.26	279.35	271.65	294.75	314.53	304.50	290.58	245.02			2748.28
占比	8.48%	7.67%	8.52%	8.19%	8.50%	8.24%	8.47%	8.51%	8.23%	8.48%			83.29%

2023年销量预测	3300

*年销售量预测：已知销量/权重占比之和

第五步：根据年度预测销量，测算月度销量

2023年11月销量预测	272

图6　零售量效模板

（二）实施方法

利用福建石油数据平台及ETL工具，将散落在多个系统中的不同类别的数据进行抽取、清洗、转换，将数据按照实际的销售日期进行对齐、还原，确保数据真实可靠，在此基础上构建零售量效评估模型体系（图7）。

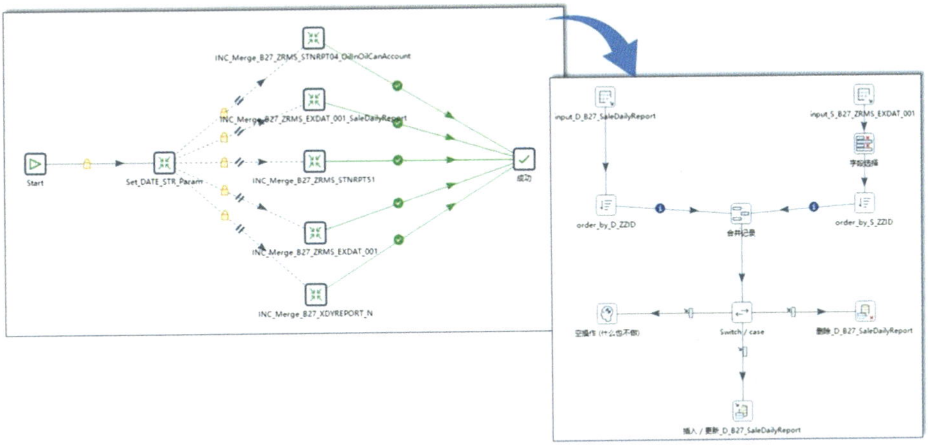

图7　数据抽取及清洗作业

（三）创新点

以某加油站为例，计划7月开展92号汽油加油卡定站积分营销活动，该活动在周五和周日开展0.5元/升的促销，预测销量达到132.1吨时毛利可达10万元（图8）。

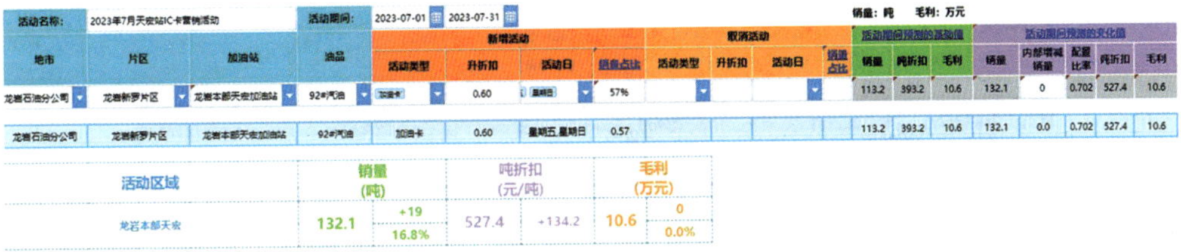

图8　营销活动预测结果（7月）

在执行过程中发现销售方式占比明显提升，将导致吨油折扣上升，从而导致毛利降低。

7月活动结束后进行评估，活动支付方式占比上升到83.5%，销量达137.36吨，略有增加，但毛利比活动前下降，评估结论是量升利减（图9）。

为此，地市公司及时调整策略，将原先周五和周日两天的活动改成周日一天，同时将预测影响因素销售占比调整为83%，8月预计销量133.5吨，预计毛利11.1万元（图10）。

零售量效后评估模型

（活动前：2022-06-01 到 2022-06-30　活动期间：2023-07-01 到 2023-07-31）

其中　活动日：2023-07-02 （星期日）,2023-07-07 （星期五）,2023-07-09 （星期日）,2023-07-14 （星期五）,2023-07-16 （星期日）,2023-07-21 （星期五）,2023-07-23 （星期日）,2023-07-28 （星

活动支付方式：加油卡-实体卡

生成报告模板

项目		活动站点	自有竞争站点	活动区域（含自有竞争站点）	片区	地市
		1	1	平均值	平均值	平均值
	油站名称	龙岩新罗天宏站	龙岩新罗天顺站	——	龙岩新罗片区	福建龙岩分公司
	[illegible]	[illegible]	[illegible]	[illegible]	[illegible]	[illegible]
	汽油日均毛利(元)	2560	3809	3185	3461	2315
活动期间	天数	31	31	31	31	31
	销量（吨）	137.36↑	151.21↓	144.28	149.37	102.19
	汽油销量（吨）	137.36↑	151.21↓	144.28	149.37	102.19
	日均销量（吨）	4.43↑	4.88↓	4.65	4.82	3.30
	汽油日均销量（吨）	4.41↑	4.88↓	4.65	4.82	3.30
	折扣（元）	87024.49↑	46661.9↑	66843	36023	19567
	汽油折扣（元）	87024.49↑	46661.9↑	66843	36023	19567
	吨油折扣(元/吨)	633.56↑	308.59↑	471	241	191
	汽油吨油折扣(元/吨)	633.56↑	308.59↑	471	241	191
	营业收入(元)	1394697.44↑	1546439.68↓	1470569	1537226	1059650
	汽油营业收入(元)	1394697.44↑	1546439.68↓	1470569	1537226	1059650
	毛利(元)	35499.73↓	88215.28↓	61858	97213	71583
	汽油毛利(元)	35499.73↓	88215.28↓	61858	97213	71583
	日均毛利(元)	1145.15↓	2845.65↓	1995	3136	2309
	汽油日均毛利(元)	1145.15↓	2845.65↓	1995	3136	2309
同环比	同期日均销量（吨）	3.45↑	5.5↑	4.48↑	4.93	3.27
	汽油同期日均销量（吨）	3.45↑	5.5↑	4.48↑	5	3
	日均销量同比（%）	28.29%	-11.29%	3.98%	-2.28%	0.73%
	汽油日均销量同比（%）	28.29%	-11.29%	3.98%	-2.28%	0.73%
	活动前后日均销量环比（%）	33.20%	-6.03%	9.29%	6.34%	8.97%
	汽油日均销量环比（%）	31.20%	-6.03%	9.29%	6.34%	8.97%
	吨油折扣环比增减(元/吨)	511.07↑	150.46↑	330.77↑	113	65
	汽油吨油折扣环比增减(元/吨)	511.07↑	150.46↑	330.77↑	113	65
	[illegible]	[illegible]	[illegible]	[illegible]	[illegible]	[illegible]
活动后活动日支付方式销量	现金支付(吨)	3.10	5.53	4.42	4.85	4.49
	IC卡支付(吨)	65.90	13.17	39.53	10.46	6.98
	车e族扫码付(吨)	1.71	11.47	6.59	5.21	4.97
	电子钱包支付(吨)	7.17	21.35	14.26	20.74	12.93
	聚合支付(吨)		1.47	0.73	5.11	1.68
	其他支付(吨)	0.84	0.53	0.68	0.22	0.15
	活动支付方式销量（吨）	65.90	13.17	39.53	10.46	6.98
	活动支付方式占比(%)	83.50%	24.61%	59.70%	22.45%	22.36%
活动后非活动日支付方式销量	现金支付(吨)	9.68	13.79	11.73	12.83	11.41
	IC卡支付(吨)	15.86	19.12	17.49	18.58	13.30
	车e族扫码付(吨)	4.64	28.61	16.62	13.46	12.12
	电子钱包支付(吨)	23.38	30.91	27.15	43.28	30.22
	聚合支付(吨)		3.63	1.81	14.03	4.48
	其他支付(吨)	4.89	1.63	3.26	0.59	0.41
	活动支付方式销量（吨）	15.86	19.12	17.49	18.58	13.30
	活动支付方式占比(%)	27.14%	19.57%	22.40%	18.08%	18.49%
活动评估	日均销量变化(吨)	1.10	-0.31	0.40	0.29	0.27
	日均折扣变化(元)	2399.78	684.39	1542.09	581.51	247.78
	日均毛利变化(元)	-1414.70	-963.72	-1189.21	-325.21	-5.79
	营销效果评估	量升利减	量降利减	量升利减	量升利减	量升利减

零售量效后评估报告

活动概况	活动时间	2023-07-01至2023-07-31
	活动日	2023-07-02 （星期日）,2023-07-07 （星期五）,2023-07-09 （星期日）,2023-07-14 （星期五）,2023-07-16 （星期日）,2023-07-21 （星期五）,2023-07-23 （星期日）,2023-07-28 （星期五）,2023-07-30 （星期日）
	活动站点	龙岩新罗天宏站
	自有竞争站点	龙岩新罗天顺站
	竞争对手站点	（略）
	活动油品	92#汽油
	活动支付方式	加油卡-实体卡
	活动效果分析	本期评估活动站点1个，该站活动期间日均销量4.43（吨），比活动前日均销量3.33（吨），增加1.1（吨），活动期间吨油折扣634（元/吨），比活动前122（元/吨），增加511（元/吨），按照吨油毛利（92#汽油892元、95#汽油943元、98号汽油1132元、0#柴油835元）计算，活动期间实现毛利35500(元)，比活动前76795（元），减少41296（元），日均毛利减少1415（元）。活动后活动日日均销量比非活动日日均销量增加6.11（吨），日均毛利减少2445（元），吨油折扣增加766（元/吨），活动日的活动支付方式占比83.5%， 比非活动日27.14%，增加56.36%，活动前后对比，量升利减。

图9　营销活动后评估结果（7月）

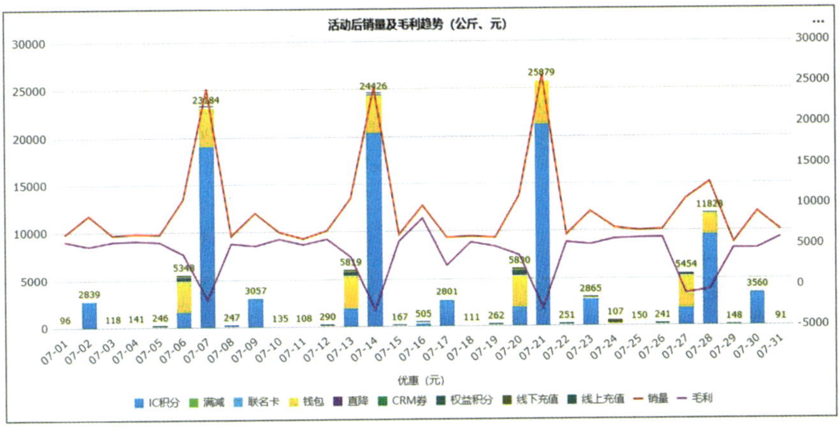

图9 营销活动后评估结果（7月）（续）

活动区域	销量（吨）		吨折扣（元/吨）		毛利（万元）	
龙岩本部天宏	133.5	-15.3 -10.3%	498.3	-86.8	11.1	0 0.0%

图10 营销活动预测结果（8月）

8月活动结束后进行评估，通过指标对比发现，8月销量为130.34吨，对比7月销量137.36吨，略有下降，对比6月销量毛利均有增加，评估结论是量降利增，在销量增幅减少时确保了毛利（图11）。

三、主要价值和成效

自零售量效模型推出以来，各地市公司积极使用量效模型对营销活动进行精细化管理，各个模型的月使用次数达941次（12月），日均使用30次。在不同的层面取得了良好成效，促进营销决策由“经验决策”向“数据决策”转变。

1.数据驱动零售高质量发展

利用零售量效评估模型，实现营销活动从事前规划、预测，事中跟踪、策略调整，到事后效益评估全生命周期的管理，更好地了解营销策略的有效性及改进空间，通过数据分析，制定更加精准、个性化的营销策略，助力零售业务高质量发展。

2.量效评估助力增量创效

零售量效评估模型是一个工具，它结合了实际数据和预测变量对营销计划进行综合评估，跟踪销售计划完成进度，评估营销活动的投入与产出成效。营销管理人员根据量效模型分析结果，紧盯市场和资源情况，“一站一策”优化营销策略，有效把握营销节奏，及时优化调整营销策略。

零售量效后评估模型

（活动前：2023-07-01 到 2023-07-31　活动期间：2023-08-01 到 2023-08-31）

其中　活动日：2023-08-06 （星期日),2023-08-13 （星期日),2023-08-20 （星期日),2023-08-27 （星期日)

活动支付方式：加油卡-实体卡

生成报告模板

项目		活动站点	自有竞争站点	活动区域（含自有竞争站点）	片区	地市	全省
		1	1	平均值	平均值	平均值	平均值
活动前	油站名称	龙岩新罗天宏站	龙岩新罗天顺站	——	龙岩新罗片区	福建龙岩分公司	全省
	销量（吨）	137.36	151.21	144.28	149.37	102.19	154.13
	汽油销量（吨）	137.36	151.21	144.28	149.37	102.19	154.13
	日均销量（吨）	4.43	4.88	4.65	4.82	3.30	4.97
	汽油日均销量（吨）	4.43	4.88	4.65	4.82	3.30	4.97
	折扣（元）	87024	46662	66843	36023	19567	30248
	汽油折扣（元）	87024	46662	66843	36023	19567	30248
	吨油折扣(元/吨)	634	309	471	241	191	196
	汽油吨油折扣(元/吨)	634	309	471	241	191	196
	营业收入(元)	1394697	1546440	1470569	1537226	1059650	1599551
	汽油营业收入(元)	1394697	1546440	1470569	1537226	1059650	1599551
	毛利(元)	35500	88215	61858	97213	71583	107395
	汽油毛利(元)	35500	88215	61858	97213	71583	107395
	日均毛利(元)	1145	2846	1995	3136	2309	3464
	汽油日均毛利(元)	1145	2846	1995	3136	2309	3464
活动期间	天数	31	31	31	31	31	31
	销量（吨）	130.34↓	158.67↑	144.51	151.14	104.46	157.70
	汽油销量（吨）	130.34↓	158.67↑	144.51	151.14	104.46	157.70
	日均销量（吨）	4.2↓	5.12↑	4.66	4.88	3.37	5.09
	汽油日均销量（吨）	4.2↓	5.12↑	4.66	4.88	3.37	5.09
	折扣（元）	57877.61↓	57475.4↑	57677	33061	17088	30502
	汽油折扣（元）	57877.61↓	57475.4↑	57677	33061	17088	30502
	吨油折扣(元/吨)	444.06↓	362.23↑	403	219	164	193
	汽油吨油折扣(元/吨)	444.06↓	362.23↑	403	219	164	193
	营业收入(元)	1427340.95↑	1707041.1↑	1567191	1640050	1141872	1725433
	汽油营业收入(元)	1427340.95↑	1707041.1↑	1567191	1640050	1141872	1725433
	毛利(元)	58383.28↑	84060.63↓	71222	101756	76087	110321
	汽油毛利(元)	58383.28↑	84060.63↓	71222	101756	76087	110321
	日均毛利(元)	1883.33↑	2711.63↓	2297	3282	2454	3559
	[illegible]	[illegible]	[illegible]	[illegible]	[illegible]	[illegible]	[illegible]
	活动支付方式占比(%)	57.07%	23.57%	38.57%	19.25%	19.70%	20.16%
活动评估	日均销量变化(吨)	-0.23	0.24	0.01	0.06	0.07	0.11
	日均折扣变化(元)	-940.22	348.82	-295.70	-95.55	-79.95	8.19
	日均毛利变化(元)	738.18	-134.02	302.08	146.57	145.29	94.39
	营销效果评估	量降利增	量升利减	量升利增	量升利增	量升利增	量升利增

活动效果分析	本期评估活动站点1个，该站活动期间日均销量4.2（吨），比活动前日均销量4.43（吨），减少0.23（吨），活动期间吨油折扣444（元/吨），比活动前634（元/吨），减少189（元/吨），按照吨油毛利（92#汽油892元、95#汽油943元、98号汽油1132元、0#柴油835元）计算，活动期间实现毛利58383(元)，比活动前35500（元），增加22884（元），日均毛利增加738（元）。活动后活动日日均销量比非活动日日均销量减少1.03（吨），日均毛利增加1071（元），吨油折扣减少449（元/吨），活动日的活动支付方式占比32.32%，比非活动日57.07%，减少-24.75%，活动前后对比，量降利增。

图11　营销活动后评估结果（8月）

四、展望

零售量效模型需要在实践中不断完善，下一步将根据应用反馈情况，通过迭代开发，不断完善模型，提升模型的应用效果。一方面通过探索销量与让利的线性关系，寻找营销资源投入与销量及利润的最佳契合点；另一方面进一步优化整合数据，增加数据量及影响因素，结合其他系统的分析结果，使模型的评估结果更加精准。

联系人：张瑞宾　邮箱：zhangruibin.fjsy@sinopec.com

"双碳"目标下销售企业充电业务数据资产的应用和管理

——江西石油分公司

案例综述：江西石油树立充电业务数据资产应用与管理的思维，建设形成新型充电业务数据资产网，将电力资源转为充电数据资产，利用数据优化充电桩投营布局；利用数据互联互通扩展生态合作圈；利用数据分析制定充电运营策略，综合提升自身盈利能力、品牌影响力、社会经济效益。

一、背景和目标

（一）案例背景

现阶段，新能源汽车市场规模日益壮大，加油业务盈利空间将逐步达到峰值，为积极应对电动革命，江西石油创新理念，树立充电业务数据资产应用与管理的思维，主动谋划油品销售企业新的盈利增长点。

（二）建设目标

通过1年的布局和探索，江西石油在以充电业务为主的"数据+平台+应用"模式下，运用互联网思维，深化"石化易电"平台数据运用，利用数据优化充电桩投营布局，直接提升盈利能力；利用数据互联互通扩展生态合作圈，拓展平台数据规模，提升品牌效益；利用数据分析制定充电运营策略，合理安排充电时间，平滑电网负荷曲线，提高社会经济效益。

二、主要建设内容、实施方法及创新点

（一）主要建设内容

江西石油立足"平台+规模"推进充电业务发展，将电力资源转为充电数据资产，

通过建设充电领域的三张网——设备网、物联网和数据网，形成新型充电业务数据资产网，发掘企业新的盈利增长点。

（二）实施方法

1.运用内外部充电业务数据，关注投入产出，构建运营设备网

组织省、市、县三级公司上下联动全方位开展市场调研，与特来电、国网、地方城投等主营充电运营商举办座谈会，充分收集内外部充电业务数据，全面分析江西市场情况。建立充电站项目投资效益评价测算模型，充分计算投入产出比，合理布局电站建站。定位公共配套设施，根据不同应用场景，结合外部成功的数据分析应用案例，合理布置快/慢充比例。

2.立足“石化易电”品牌，做大充电业务基础数据，构建物联网

第一步，自投自营，打好充电业务数据资产基础。自投自营站点全部上平台，便于我方自有平台业务数据积累。第二步，互联、互通、互补，快速扩大平台数据影响力。加强与头部充电运营商合作，双方拿出各自管理的充电桩及业务数据资产，接入双方充电平台，在获客引流的同时，丰富我方充电业务应用场景。第三步，他方设备直联平台，逐步形成强大的充电业务数据网。借助“石化易电”强大的平台数据展示优势，与地方城投和小型充电场所洽谈，他方资产入我方平台，扩展平台数据规模。

3.深挖充电数据“沉淀价值”，推动充电业务资产化管理创效，构建数据网

第一，江西石油利用“石化易电”平台多元化的数据和先进的看板展示，紧盯排名、运营和收入等关键性指标，定期分析已有站点业务、财务状况，及时调整业务流程及发展方向、复盘总结经验，截至12月底江西石油充电业务各项指标均位列全国第一梯队。

第二，通过挖掘充电数据价值，提高充电桩利用率和自身盈利能力，让充电数据成为营收的主要来源之一。利用“易电平台”客户数据，做好客户的流量扩展，引流“易捷加油APP”，拉动多业态消费。

（三）创新点

（1）从网点发展、服务运营等多维度实现“强激励”，开展“百日亮剑”“百日攻坚创效”等行动，制定“双百双千”计划（建成不低于200座充电站、不低于2000根充电枪）便于充电业务由前期“试水”阶段快速过渡到“破冰”的大发展阶段。

（2）2023年11月江西石油重点培育“充电+洗车”业态，挖掘多业态叠加效益。近30天充电频率为30次以上的顾客已从185位提升为328位。

三、主要价值和成效

（一）经济效益

截至2023年12月底，江西石油全年投营充电站217座，充电枪2340把，12月充电量502万度，月度充电收入451万元，毛利126万元，毛利率28.01%，单日服务新能源车辆6601车次，总体投资回报率8.64%。

（二）社会效益

打造了集加油、充（换）电、便利店、自动洗车、全天候停车、司机之家、光伏发电、储能、电池检测、超级充电等多种服务为一体的汽车生活驿站，使“人·车·生活”生态圈更加完善，增强客户体验感。

（三）生态效益

有效提高土地生态效率，在最小化资源的消耗和对环境负面影响的同时，最大化企业的价值。年创收入2000万元，年耗电量2040万度，二氧化碳减排4.08亿摩尔，相当于植树106万棵，生态效率增幅82%。

四、展望

推进能源供应数据化管理，实现电力资源优化创效。当充电业务设备网络规模达到一定量级，可以整合全部的电力设备资源，作为售电数据化的资产管理，探索石化特有的售电公司经营模式。利用工业互联网技术，实现分布式发电、储能系统、可控负荷、电动汽车等资源的聚合和协调优化，以打造虚拟电厂，为电网提供需求侧响应服务。根据用户个性化需求，积极拓展“售电+”模式转型，为用户提供其他增值服务，主要包括能效分析、节能服务、能源代管等，拓宽盈利渠道。

联系人：陈希艳　邮箱：chenxiy.jxsy@sinopec.com

权益会员数据分析模型的应用创效实践

——山东石油分公司

案例综述：结合权益会员积分、成长值规则与数字营销平台深化应用，建立权益会员客户分析模型。客户在注册权益会员后，钱包、加油卡交易均有成长值增加，在数字营销平台中可以采集权益会员客户消费基础信息，并进行二次加工，根据成长值变化、最后交易日期等关键信息实现对权益会员客户的消费跟踪，包含了加油卡、钱包、易捷到车消费多维度的综合分析，能够对单个客户的多种消费行为进行综合判断，可以更加精准地进行客户分析及客户识别，助力权益会员营销体系建设及精准营销实施。

一、背景和目标

（一）案例背景

目前，客户数字化进程的阶段性主要目的为客户消费的动态识别及客户精准回流的数据支撑。但目前缺少：一是钱包客户及加油卡客户的双维度分析工具，对于流失客户的精准识别造成了一定影响，客户由钱包转卡或卡转钱包也会判定为流失，易造成不必要的营销让利投入，同时对于客户的分析、真实消费情况的判断，市场分析也会造成一定的误导；二是对于权益会员客户缺少相应的分析手段，客户的黏性、消费状态等信息难以掌握，导致目前权益会员平台建设更加注重于客户的拉新，对于存量的权益会员缺少深入分析，不能充分发挥平台吸客、黏客作用；三是针对非油品零售端客户，缺少客户消费分析。在易捷到车上线前无法掌握客户非油品消费状态，上线后通过推广部分客户有较为稳定的非油品线上消费习惯，同时权益会员进一步扩大且稳定了客户群体，利用权益会员分析能够实现对非油品客户忠诚度判断，进一步结合油品实现油非互促及客户回流。

（二）建设目标

通过对权益会员客户的分析，实现对加油卡消费、钱包消费、易捷到车消费的多维度分析，实现客户的综合分析及消费数据拉取。

二、主要建设内容、实施方法及创新点

（一）主要建设内容

深化数字营销平台应用。客户在注册权益会员后，钱包或加油卡交易都可以增加会员成长值，在数字营销平台中的客户账户信息查询可以获取客户积分余额、最后交易日期、油品偏好、会员级别等关键信息，在积分产生与失效明细表中可以查询到客户未加敏手机号，通过两组数据中共有的会员ID进行匹配，建立了权益会员数据模板，包含了加油卡、钱包、易捷到车消费的多维度分析，可以做到更加精准的客户分析及客户流失识别。

（二）实施方法

通过多维度的客户分析，实现对客户或客群的综合消费状态查看，将原本隔离的加油卡消费数据、钱包消费数据、易捷到车消费数据进行有效整合，并识别客户稳定、摇摆、流失等消费状态，进行营销策划，助力量效提升。

一是可以针对积分较多但近期无消费的客户进行触达，利用积分兑换好物等方式促进客户回流，无须另外投入营销让利。

二是根据客户消费频率判断流失。权益会员客户相对黏性较高，反向转化为现金客户比例较少，利用权益会员成长值判断客户消费频率实现流失判定，精准度更高，且无须考虑客户在钱包及加油卡之间切换问题，以此策划营销方案，提高精准性，节约营销投入。

三是根据易捷到车消费状态，判定非油品零售端客户消费情况，实现对非油品客户的分析。

四是结合权益会员积分可以对摇摆客户或稳定客户进行个性化营销策划，通过积分增强黏性与积分兑换率。

五是可以结合客户消费情况，对目前统筹或个性化营销活动进行评估，针对权益会员群体单独进行效果判断，与普通客户进行对标，查找营销活动关键，提供后续策划决策依据，并且可以根据评估数据分客户开展活动，进一步提升营销精准性。

（三）创新点

山东石油在日照共结合权益会员客户分析开展了2期客户回流工作目标客户共7282人，成功回流2901人，回流率39.8%，较普通客户回流率高出近20%，带动汽油销售约119吨。

在数据资产的深化应用上，为下一步发展方向提供了思路，权益会员的体系建设不仅是营销资源的整合、客户体量的建设，营销分析、客户跟踪也是重要一环，通过分析模型的应用实践，充分证明了目前权益会员客户分析可以对提升营销精准性、扩大分析维度、增加营销方式等方面起到较大作用，助力企业提量增效。

三、主要价值和成效

权益会员客户分析模型实现了各系统间打破壁垒，整合客户钱包、加油卡消费数据的功能，实现了统筹分析、综合分析，完善了权益会员建设，提高了营销精准度及营销效果，节约营销投入，实现量利提升，同时增加了客户稳定性及权益客户黏性。

一是通过权益客户分析进行营销策划，可以节约营销成本，提升营销精准性。在权益会员积分稳客的基础上，利用权益会员成长值变化充分分析客户消费状态，有效规避因客户在卡与钱包间相互转化造成数据采集误差，避免无效让利产生。

二是首次实现对非油品零售端客户消费分析，促进非油品客户的回流、稳定，助力非油零售额增长，同时也可以带动轻油等其他业务提升。

三是通过对权益会员分析，开展营销活动，将进一步提升权益会员客户稳定性，带动客户数字化进程及增强线上客户稳定性，为精准营销提供更加有效的数据支撑。

四、展望

权益会员客户分析模型是针对系统数据的整合及深化应用，下一步权益会员作为近年大力推进的统建平台，拥有整合资源、三方合作等关键优势，是企业打破传统行业壁垒，实现转型的重要工具，可以以此为模版继续深入开发系统应用，针对权益会员搭建专属营销分析模块，针对权益会员进行专项分析及跟踪，并根据分析策划营销、提升精准性，数字化赋能提升企业营销能力，提升整体市场分析水平，助力精准营销实施，提高企业量效。

联系人：王立辉　邮箱：wanglh.sdsy@sinopec.com

盈亏平衡速算数据模型研究助力成品油营销效益最大化

——湖南岳阳石油分公司

案例综述：湖南岳阳石油为解决基层算账难、改善量效管理问题，开发了“盈亏平衡速算模型”和“优价加油站及周边站点量效关系图谱模型”。为实现量效事前控制，只需在模型中输入油品的优惠幅度，即可知道该站的增量目标，简化复杂的算账流程，使营销投入更有效；为实现量效事中调整，模型根据优价站信息，自动对比周边站量效变化趋势，评估营销资源投放效果；在此基础上提出调整建议，使营销决策更加精准和灵活，解决基层实际问题，创新了营销管理方式方法。

一、背景和目标

（一）案例背景

目前，成品油销售市场竞争激烈，若未提前测算出优价幅度的平衡点，很容易盲目降价从而陷入“价格战”。为避免非理性降价和无效竞争，在宏观层面对竞争站点的数量和降价幅度进行把控，“盈亏平衡速算模型”应运而生。

如果只在事前测算，在营销活动开展过程中缺少调整站点及优惠幅度的分析，营销效果难以达到。“优价加油站及周边站点量效关系图谱模型”通过比对优价前后该站和竞争对手销量及价差变化趋势，评价资源投放效果，及时提出增加、修改或取消优价幅度的建议。

（二）建设目标

一是适应数字化经济发展的需要，推动公司高质量发展；二是应对竞争对手营销战略的需要，为避免非理性降价和无效竞争增量，在宏观层面对各片区竞争站点的数量和降价幅度进行总体把控。

二、主要建设内容、实施方法及创新点

（一）主要建设内容

在数字化浪潮下，湖南岳阳石油率先创新数据分析的方式方法，通过使用大数据建模测算，从多维度和多元的角度，展现数据价值，支撑企业决策。目前，已形成事前做好量效平衡测算及任务剖析，辅助经营部门科学决策。事中紧跟活动站点关键指标变化，动态调整营销方案的体系，并将其运用在日调度、周平衡、月分析上，充分与日常经营工作接轨。

（二）实施方法

1.引入“盈亏平衡速算模型”

1）盈亏平衡点

盈亏平衡点计算公式：当天销售价格（元/升）–配置成本/1000×销售密度。各类油品盈亏平衡点可定义为当前开展营销活动，某类油品最大可达到的让价幅度。如果当前的优价幅度低于盈亏平衡点，可视为在持续盈利；如果高于盈亏平衡点，则意味着在亏损销售（表1）。

表 1　盈亏平衡点

4月零售						零售与年初预算比	
挂牌升价（元/升）	销售密度	吨油销价（含税）	配置成本	吨油价差（不含税）	盈亏平衡点	省公司年初预算条件（元/吨）	吨油价差差异（元/吨）
7.83	0.7525	10405	9493	807	0.69	510	297
8.32	0.7523	11059	10031	910	0.77		400
9.12	0.753	12112	9336	2456	2.09		1946
9.12	0.7475	12201	9336	2535	2.14		2025
7.61	0.8335	9130	7981	1017	0.96	523	494

2）量效平衡自助速算表

该表主要服务于两种不同类型的站点，使用流程从面到点，将测算整个公司的营销效果流程下沉到具体站点。

一种是当前正处于优价，想要调整优惠幅度的站点，速算表能帮优价站点片区管

理者自行测算优惠幅度，并向市公司提出提高或降低优价幅度的请求，以提升业财融合效果并加强市县公司联动（表2）。

表2　柴油量效平衡自助速算表

基础数据					站名	当前优惠幅度	当前日均销量	当前日均价差	调整优惠幅度									
0号车用柴油Ⅵ	销售密度	统一成本	吨油销价	不含税吨油差价					−0.2	−0.1	0.0	0.1	0.2	0.3	0.4	0.5	0.6	0.7
									需要达到的销量									
7.61	0.8335	7981	9130	1017	汨罗新市	0.2	41	32885	32	37	41	47	56	68	87	120	196	536
7.61	0.8335	7981	9130	1017	华容墨峰	0.2	9	7584	7	9	9	11	13	16	20	28	45	124
7.61	0.8335	7981	9130	1017	岳阳县岳旺	0.2	37	29575	29	33	37	42	50	61	78	108	176	482
7.61	0.8335	7981	9130	1017	京港澳羊楼司西站	0.08	21	19534	17	19	21	24	27	32	39	49	68	103
7.61	0.8335	7981	9130	1017	岳阳服务区东加油站	0.08	19	17982	16	18	19	22	25	29	35	45	61	95
7.61	0.8335	7981	9130	1017	岳阳服务区西加油站	0.08	24	22394	20	22	24	27	31	37	44	56	76	119
7.61	0.8335	7981	9130	1017	临湘羊楼司	0.08	4	3317	3	3	4	4	5	5	7	8	11	18

另一种是当前暂未申请优价，但不懂得如何测算优价后效益变化的站点，速算表能帮想要优价的站点片区管理者自行测算在申请达到优惠幅度下，需要新增多少销量才能保证不影响效益。

2.建立“优价加油站及周边站点量效关系图谱”

从做强轻油大站（对国省道沿线、高速及出入口站点加大营销资源投入，全力做大销售规模，为经营总量提供支撑）和培育轻油潜力站（对车流量大、市场开放度较高的站点，有计划、有针对性地投入营销资源，全力深挖市场，为经营总量做好补充）两方面着手，对不同经营主体、油品种类、时间维度进行分析，积极采取增量增效措施（表3、图1）。

表3　柴油量效平衡速算表

基础数据						当前销量（吨）	当前不优惠的站，选择以下优惠幅度，需达到多少销量，才能保证优价后总价差不低于优价前总价差										
0号车用汽油Ⅵ	销售密度	统一成本	吨油销价	不含税吨油价差	日价差		0.0	0.1	0.2	0.2加赠1%	0.3	0.3加赠1%	0.4	0.4加赠1%	0.5	0.5加赠1%	0.6
7.48	0.8317	8145	8994	751	751	1	1.1	1.2	1.4	1.6	1.7	2.1	2.3	3.0	3.4	5.2	6.7
7.48	0.8317	8145	8994	751	1502	2	2.2	2.3	2.8	3.3	3.5	4.2	4.6	6.0	6.9	10.4	13.3
7.48	0.8317	8145	8994	751	2253	3	3.4	3.5	4.2	4.9	5.2	6.3	6.9	9.0	10.3	15.6	20.0
7.48	0.8317	8145	8994	751	3004	4	4.5	4.7	5.6	6.5	7.0	8.5	9.2	12.0	13.7	20.8	26.7

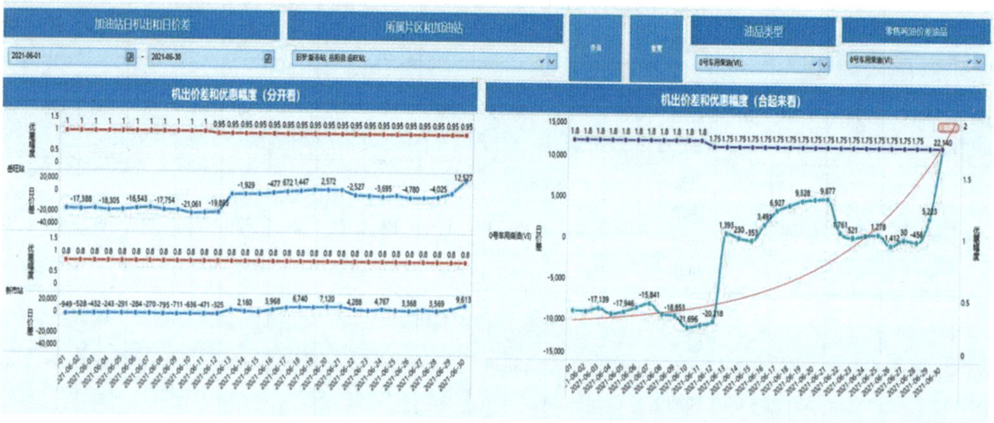

图1　加油站销量和优价幅度关系图

（三）创新点

一是数据准备方法简单快捷，具有普遍适用性。数据采集工作可利用经营分析平台、BW系统、ERP系统采集各类业务和市场数据。

二是数据挖掘工作用FINEBI、SMARTBI数据分析工具，对经营数据进行分析，寻找其中的关联性和趋势，提炼出有价值的信息。

三、主要价值和成效

（一）事前测算，支撑营销活动需求

每日测算，公布盈亏平衡点，为经营部门加油站经营决策提供参考，累计成功剔除20余个低效、负效的营销活动。

（二）动态调整，优化营销活动效果

利用模型评价营销资源投放效果，共提出38条经营建议，从而优化资源配置，提升经营效率，实现业财双向联动。

以××县公司为例，利用图谱开启稳市增量市场抢夺战35天，汽油日均增量11吨，同比增长21%，圈存客户700户，汽油充值额140万元，同时推动当地其他竞争主体共同签订稳市条例，很大程度上净化了市场环境，保住了市场份额，快速实现了以打促和的目标。

（三）科学评估，总结营销活动经验

采取数据分析、客户反馈等方式，对营销活动总结和评估，实现业务改进和确保市场竞争优势。在湖南石油公布的24个经营指标中，岳阳石油有12个指标位列前三；价差完成率超平均水平17%，位列全省第三；机出价差完成率超平均水平24%，位列全省第二；机出累月销量完成率、同比增幅均超平均水平6%，位列全省第三。

四、展望

（一）拓展数据源的获取渠道

除利用系统取数，还将通过市场问卷调查、电话等方式，了解客户的需求，分析客户消费行为和偏好，以提高模型的准确性、全面性。

（二）加强人工智能技术应用

利用数智化工具提升营销活动的精准性和效果，快速有效地响应市场变化，提高资源利用效率。同时，科学评估和总结营销活动经验将为公司决策提供更有力的支持。

未来，湖南岳阳石油将继续致力于数字化转型的推进，进一步加强内部管理、优化资源配置，实现可持续发展。

联系人：李京妮　邮箱：lijn.hnsy@sinopec.com

构建数字化重点风险防控体系 提升加能站精准风控管理能力

——广东石油分公司

案例综述：为防范加能站经营风险，尽早发现重点风险问题，广东石油借助大数据平台，打通各业务数据流，积极打造推行加能站风险“智控”体系，智能识别，闭环管控，透明化管理经营风险。通过大数据风控应用，风险管理由事后追查转变为靠前筛查和闭环管控，实现风控效能、动能双提升，进一步彰显了品牌价值。

一、背景和目标

近年来，随着销售企业数字化转型深入开展，各类线上服务平台、互联网新业务、新支付方式等，为广大客户提供了高效便捷的服务手段。与此同时，各类新业务蓬勃发展带来了新的套利手段，以及“薅羊毛”等作弊行为，正吞噬着企业效益。应用新技术加强风险防控能力，提升风险防控水平迫在眉睫。

广东石油多年数字化沉淀为“数智化”管控奠定了技术基础。打通各业务系统数据，依托大数据平台，深化数据应用，针对重点经营风险，构建“智检+智控”的风控新流程，取代传统“人盯人”的低效管理模式，是大势所趋。

二、主要建设内容、实施方法及创新点

（一）主要建设内容

打造“智检+智控”风险防控体系：一方面，利用大数据平台算力优势，打造重点风险监控平台（简称“风控平台”），甄别重点经营风险的数字特征，将各类经营数据整合加工、建模，智能筛查、识别风险，实现精准风控。另一方面，建设重点风险

监测“驾驶舱”，推行“透明化”、全闭环管理，对共性问题“源头整治”，实现对风险事件的高效处置(图1)。

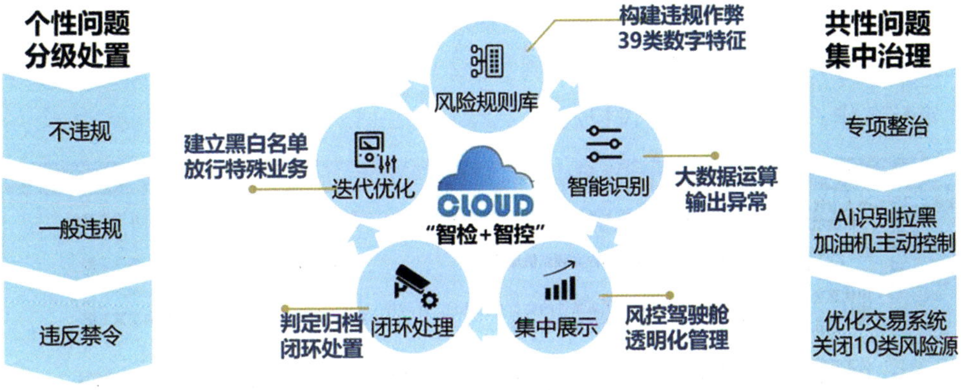

图1　“智检+智控”的经营管理风险防控体系

(二)实施方法

1.甄别风险场景数字特征，建立风险识别规则库

全面梳理零售、非油、财务三大线条在加能站层面可能存在的套利、套票、违规、资金安全等经营风险共计39项。甄别每个风险点对应的场景特征和行为特征，对可量化部分，如交易频次、用券频次、支付金额等，建立“风险参数”字典。结合正常业务场景，确定各类“风险参数”的上限和下限，进而建立了39类风险对应的规则库和规则阈值。

2.构建大数据风险监控平台，智能识别经营风险

利用风险识别规则库，构建重点风险监控平台，主动监控、智能识别经营风险。一是对零售经营风险，围绕核心支付方式开展智能监控，实现对加油卡单站消费异常、睡眠卡挂失补卡消费、石化钱包支付异常等15项风险的智能识别；二是对非油品业务风险，强化对运营场景智能监控，实现对香烟消费异常、用券异常、负毛利异常等19项风险的智能识别；三是对财务风险，聚焦发票和资金的智能监控，实现对手工开票异常、重复支付流水异常共5项风险的智能识别。

3.打造风险监测驾驶舱，全闭环“透明化”管理

一是建立重点风险监测驾驶舱，集中展示各分公司风险事件数量、审核完成率、违规定案结果等，解决风险事件不上报、处理结果不透明等问题；二是建立“加能站自查—县分公司初审—市公司复核—省公司抽查”的四级核查监督机制，推进各公司在平台内审核上报，闭环处理；三是建立“黑白名单”机制，“收放”风险事件和特殊

业务，对特殊业务客群纳入白名单，自动放行，保证客户体验。

4.针对共性问题强化智控措施，源头堵塞风险漏洞

完善站级系统控制功能，对风险源“做减法”。对共性问题，一一梳理方案，优化交易系统功能，直接关闭了10类风险源（图2），大量减少了对相关风险问题的日常判定、审核工作，进一步提升了风控效能。

序号	风险名	风险源	关闭措施
1	个人卡线上充值套增票	个人卡线上充值、线上开增票，资料无法有效审核	判断卡类型，对个人卡关闭线上开增票功能
2	线上充值加油卡洗钱	通过线上渠道，短时间内高频充值加油卡	对线上充值次设置日期、时间、频次上限
3	用优惠会员ID代替现金支付套利	现金加油时，用已达优惠条件的会员石化钱包、小程序代支付，收取现金加油全款，套差价	设定单个会员单站每日优惠加油次数上限
4	员工代收银的资金风险、套利	以加能站系统故障为借口，员工代收银，加油款和加油量累计在员工个人账户和会员ID下	开发POS应急支付功能，禁止员工代收银
5	拆单混合支付套利	使用现金+其他支付方式拆单混合支付，用个人优惠券抵扣现金部分，套取现金	在站级系统关闭所有含有现金的混合支付
6	折让不绑定车牌套优惠	折让客户未绑定车牌，用同一张卡为多车加油，达到优惠条件	在系统导入整改结果，与优惠幅度挂钩
7	收集开票码盗票、虚开发票	收集客户丢弃的开票纸质二维码，盗开、虚开发票	用微信openID的控制，谁支付谁开票
8	手工虚开发票	手工开票，虚开发票	支付20分钟以上需开手工票的，走线上审批
9	退货未红冲的税务风险	客户退款时，发票忘记红冲	强制系统检查退货商品开票数据，不红冲无法退货
10	冒用账号审批特殊业务	站长离站时，使用站长专用复核账号审批特殊业务	将特殊业务审批与站长离站审批一并关联审核

图2　对10类风险源“做减法”

（三）创新点

将大数据应用与企业风控场景结合，拓深风控手段，对经营风险“智检、智控”，推行“全闭环、透明化”管理，提升风控精度和覆盖面，抓实管控效能。

以柴油联名卡为例，2023年，建立了包含柴油单次加注量、柴油单天加注次数等风险参数的上、下限，在风险监测驾驶舱持续展示分公司联名卡风险事件和处置情况，在“比学赶帮超”中促使分公司提升管理动能，加大处置力度。一方面，实现了百分百闭环管理；另一方面，也促使柴油联名卡行业行为更加规范。

三、主要价值和成效

一是品牌价值提升。2022年，推行经营风险智能识别以来，打击站外人员套现1000余起，帮助客户挽回大量经济损失，行业行为进一步规范；客诉日报中“已被他人开票”的相关客诉由2021年的月均20余单，降至0单。客户对中国石化的品牌认同度提升。

二是业务规范性大幅提升。推广前后，加油卡异常卡和异常消费降幅分别是81%和76%；石化钱包异常消费大幅下降91%；所有支付方式异常消费笔数综合降幅63%。

三是违规作弊行为大幅受控。“全业务、全时段、全自动”智能识别管控经营风险，倒逼各单位抓实管理，让作弊人员深刻认识到“有违规，必纠察”。对比2022年，2023年查处员工违规作弊事件月均数量降幅33%。

四、展望

基于现有大数据平台及重点风控平台，未来可考虑以下优化路径：一是实现管理人员对风险参数及其阈值的灵活选择和调整，以应对复杂多变的市场环境及套利手段，提升风控平台监控的全面性及时效性；二是对于重点风控平台识别出的重大风险，借助RPA能力实现视频监控截图上传，进一步提升效率，为风控工作减负。

联系人：叶曾琪　邮箱：yezq.gdsy@sinopec.com

大监督风险预警平台助力整治“微腐败”

——广西石油分公司

案例综述：广西石油于2023年初开展销售公司大监督风险预警平台试点工作，将纪检业务与信息技术深度融合，运用科技手段、数字化为监督赋能，为加油站“微腐败”治理提供有效的解决方案。该平台通过构建预警模型对海量加油卡数据进行分析，筛选出各类异常交易数据，同时平台已实现调取加油（气）站的视频监控录像，大幅提高监管人员工作效率，进一步精准聚焦重点环节和风险较大的站点，有力提升监管的及时性、准确性。

一、背景和目标

（一）案例背景

随着成品油市场环境变化、促销手段多样化及监管措施滞后，成品油销售企业微腐败问题变得越来越多，已成为污染和破坏成品油销售企业基层政治生态的“罪魁祸首”。常见的“微腐败”行为有：利用加油卡折扣优惠套利、违规为单位客户套现、虚开发票等，这些“微腐败”问题如果监管不及时，就会造成严重后果。目前，销售企业纪检人员核实这些问题往往需要反复调阅油枪、油卡、监控等多个数据平台，多个系统反复切换、数据比对工作量大，耗时长，从而导致工作效率低下，同时大量的不准确数据预警还会增加纪检人员的工作负担。为解决上述问题，广西石油开展大监督风险预警平台试点工作。

（二）建设目标

紧扣业务流程运行监督“盲点”，以信息化科技手段为支撑，推进数字化监督改革，高效应用平台，推动微腐败治理重心向基层延伸，稳步推进全面从严治党、依法合规治企，有效遏制基层“微腐败”现象。

二、主要建设内容、实施方法及创新点

（一）主要建设内容

以充分利用平台试点为抓手，开展广西石油加油卡异常卡专项整治，实现用数据赋能监督，为监督插上科技“翅膀”。

（二）实施方法

1.高度重视，高效组织，提高政治站位

成立专门领导小组及工作小组，纪委书记亲自谋划加油卡异常卡专项整治工作，由纪检监督部具体负责统筹管理、指挥调度落实，14个地市公司积极参与、主动配合实施。

2.抓实培训，加强实战，打牢应用根基

组织全区纪检和业务部门关键岗位，集中开展大监督风险预警平台业务培训，同时通过实操，巩固培训效果。

3.深入调研，深化应用，优化系统功能

销售公司专家团队两次亲赴广西石油莅临调研指导平台试点工作的开展，深入油站调研，同时广西石油配合平台项目组根据用户提出的需求对系统功能进行优化，比如已实现视频监控平台数据接入大监督风险预警平台。

4.问题反馈，及时响应，保障顺利运行

建立问题反馈机制，用户在大监督系统测试群反映问题，系统顾问及时答疑解惑，工作小组配合系统顾问排查问题，保障系统平稳运行。

5.专项检查，分工合作，提速系统应用

组织全区关键岗位集中分成4组开展加油卡异常卡专项整治工作，对平台抽取的异常卡数据实施交叉检查。

6.通报典型，以案为鉴，强化警示教育

实施月通报制度，高悬“大监督风险预警平台”利剑。目前发布了2期7起加油（气）站员工违规违纪典型案例。

（三）创新点

与平台项目组沟通对接，实现将视频监控数据接入大监督风险预警平台，针对每笔异常交易流水都能调取到加油（气）站的视频监控录像，监督人员无须在多个系统切

换进行检查，有效提升了监督人员检查工作效率，减轻了工作负担。同时，进一步精准聚焦重点环节和风险较大的站点。

三、主要价值和成效

1.充分利用信息化手段，提升风险管理能力与工作质效

2023年以来，经平台筛选后发出预警4366条，合计交易金额超950万元，合计加油升数约125万升，异常加油卡1110张，提升精准率96%以上，根据平台提供的重点问题线索，已发现违规加油卡共180张，其中外来人员套现共158张，员工违规套现21张，加油站违规代保管加油卡1张。针对平台查出的违规数据，公司已对违规人员进行了处罚，有效降低了企业经营风险。

2.区、地、县、站四级协同联动监管，形成有效合力

广西石油加油卡异常卡专项整治工作4个检查小组集中办公，借助平台的精准靶向问题功能，就年初异常卡数据进行远程线上分析排查，对27个加油（气）站发现的问题，由广西石油纪委向9家地市公司下发《交办函》，查实16条问题，精准率59%。各地市公司对加油卡异常卡专项整治工作快速响应，并根据各自实际情况，对工作具体措施进行个性化探索。

3.及时问责，平台逐步显现震慑效果

持续推动加油（气）站“零违规”专项行动，1—5月查实违反《现场管理禁令》的案件15件，其中解除劳动合同13人，问责28人，扣减绩效薪酬17175.17元，全系统通报其中的典型案例，并要求组织学习，形成震慑效果。目前，同比去年，广西石油加油（气）站违反《现场管理禁令》问题减少15%。

四、展望

优化平台监督预警功能，针对基层“微腐败”特性，增加异常卡参与营销活动信息，同时把非油、资金、零售、直分销等业务纳入平台监管范围，充分运用信息化手段，最大限度挖掘利用优质数据资源，进一步实现规范化管理，推进全面从严治党向基层延伸，有效实现企业微腐败精准治理。

联系人：戴 戬 邮箱：daijian.gxsy@sinopec.com

基于大数据的加油站营销效益测算系统的开发与应用

——贵州石油分公司

案例综述：贵州石油立足“大数据”构建营销效益分析决策系统，紧紧围绕集团公司“数字化转型”重点工作要求开展跨行业、跨部门、跨应用的数据融合与建模，集成10余个系统并引入高德地图，推动营销评估由“经验决策”向“数据决策”转变，员工只需筛选指标即可自动输出量效分析和营销评估并指导APP的营销活动开展。

一、背景和目标

（一）案例背景

随着成品油市场竞争日趋激烈、竞争主体日趋多元，促使企业扩销增量的压力与日俱增，企业零售营销管理水平急需提升，如何提高营销精准性和量效比成为企业的重点、难点。在数字时代背景下，贵州石油积极开展直降、持卡积分返利、CRM等优惠活动。同时，围绕集团公司“数字化转型”要求开展跨行业、跨部门、跨应用的数据融合与建模。从而解决因营销活动效益评价烦琐多变导致的测算不精准、不及时、易出错、难以指导经营等问题，实现了营销资源合理分配。

（二）建设目标

以评价模型为方法，以区域、油站、客户效益核算为基础，以营销效益决策平台为工具，探索营销活动的营销投入、销量增长、效益影响、客群行为的综合分析新模式，实现营销资源合理分配，突出营销效益最大化的核心地位。

二、主要建设内容、实施方法及创新点

（一）主要建设内容

1.开展加油站和竞争域的捆绑销售分析

建立销量、趋势、幅度和渠道的平衡优化机制，针对活动前、中、后开展4项分析：

（1）销售时序趋势分析、平均数对比。时序图可视化展示销量趋势、活动变化和均值对比，以便追溯营销过程。

（2）强化活动前、中、后的销售分析。按照短、中、长期活动进行前、中、后销售变化分析，以预警销量下滑和不达标。

（3）开展销售同比、环比分析。分析活动站点、组团的同比、环比销售数据。

（4）支付占比变化趋势分析。针对非直降站，评估活动对支付占比（加油卡、石化钱包、APP）的影响。

2.开展加油站和竞争域的量效追溯分析

（1）量效评价。一是基于油气毛利、便利店毛利、营销优惠等进行量效评价；二是梳理时间、空间、活动多维指标；三是预警毛利、优惠降幅过大等风险。

（2）销售追溯。分析新客吸引、老客消费增量情况。

3.开展加油站、竞争区域、客户营销平衡点分析

（1）毛利分析。针对加油站、客户、竞争区域开展毛利降幅过大预警、优惠幅度降幅过大预警、带动不足和量效比不达标预警。

（2）营销平衡。按照加油站、竞争区域、客户等20余个维度分类筛选和对比优惠情况分布（图1）。

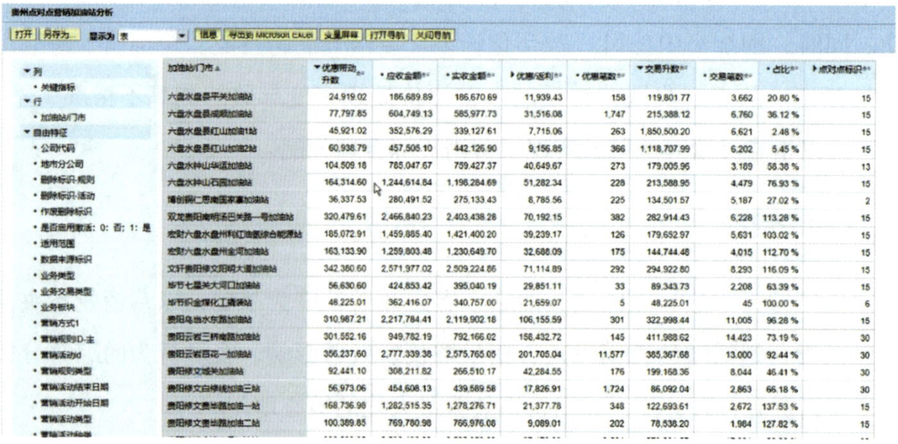

图1 点对点营销分析

4.实现地图可视化，定制营销策略和匹配产品

（1）构建营销可视化地图。

（2）指导APP活动设置，实现精准营销。实现：效果追踪（营销、带动、效果分析）→区域\油站\客户洞见（潜客挖掘、流失预警）→营销执行（图2）。

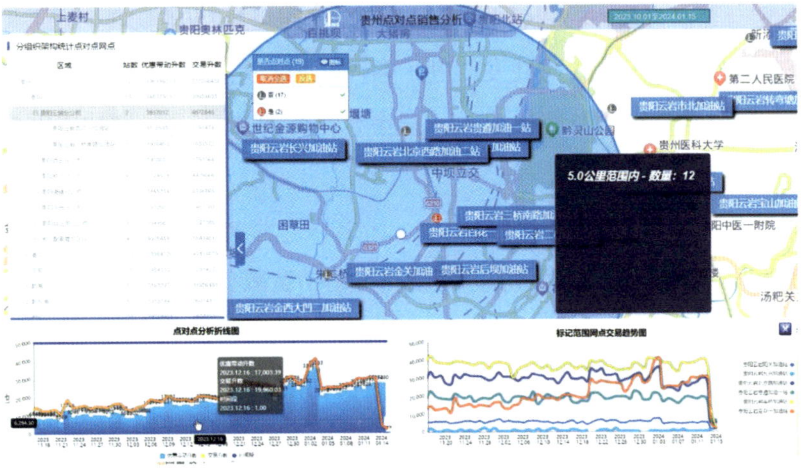

图2　营销地图

（二）实施方法

1.总体思路和实施策略

构建覆盖精准营销、客户运营、业务风控等业务体系的营销效益测算系统，有效支撑量效速算、营销动态监管、“回头看”。

2.关键技术和应用推广

系统采用高精度的PLT/ETL数据采集技术、数据深度挖掘和预警技术并引入高德地图完善道路测量，解决数据采集、融合、报警、决策分析中的共性关键问题。

（三）创新点

系统的实施和推广实现了营销从“一站一策”“一户一策”到“一区一策”“一域一策”的并列转变，推动营销评估由“经验决策”向“数据决策”优化。

三、主要价值和成效

（一）经济效益

1.有效遏制竞争

（1）有效鉴别外部竞争对手的频繁活动。如：吊堡站被竞争对手夹击导致销量下

滑，系统建议比照竞争对手开展汽油直降0.3元/升活动，4—6月共召回潜在流失客户3599个，油品销量环比增长6.01%。

（2）有效识别大客户维护不足，遭竞争对手分流情况。如：麦架站流失大客户销量约占总量的20%，其中，某运输公司消费下滑100%。系统建议参照某竞争对手补齐优惠，积极修复与客户关系，8月挽回大客户5户，挽回销量350吨。

（3）有效识别睡眠卡，针对性发放电子券。4月对全省睡眠卡客户定向发送电子券唤醒客户5万个，券带动油增量1842吨，剔除券费用48.04万元，增加销售560.5万元。

2.减少内部消耗

应对内部站活动分流资源。将白云区、云岩区、修文县划分为同组团，大坝站被同区3个站分流，按建议取消营销后，该站当月营销费减少10万且销量未受影响。

3.协商互利共赢

避免价格战造成两败俱伤。市南站附近市场已饱和，按建议与某竞争对手协商取消降价，在保销售的前提下，10月节约营销费用10万元。

（二）管理效益

（1）精选优质活动。

（2）支撑量效评估。

支撑吨油投入成本对比、辅助财务制定县公司年度利润预算，寻找效益流失点并及时纠偏，确保年度利润完成。

四、展望

下一步，系统将拓展开发加油站和竞争域的盈亏平衡速算模型、建立营销动态监管数字看板，实现：

（1）把控量价，快速决策。精准计算“让利空间”，及时开展“跟随营销”，预计可节约营销费用500万元/年。实现价差收入最大化，结合让价损失的吨油价差和弥补让价损失的增量调整活动，预计可提升销售收入800万元/年。

（2）精准开展增量、增效活动。准确识别流失客户并定向推送优惠召回，预计召回5万个，增加销售额450万元/年。

（3）实现减负增效，支撑采销联动。

联系人：王彦钧　邮箱：wangyanj.gzsy@sinopec.com

加油站地罐大数据校准技术研究应用

——中国石化销售股份有限公司华北分公司计量管理部

案例综述：加油站作为成品油销售终端是中国石化企业效益的重要构成。2022年，华北分公司面对油品销售企业计量管理精细化、数字化管理发展需求，联合天津石油分公司、安徽石油分公司，研究开发“加油站地罐容积校准技术研究”项目。从提高加油站地罐校准的本质安全性及智能化和数字化水平出发，开发基于加油站进销存大数据的全自动化远程校准技术，实现地罐大规模、远程、高效的准确标定，赋能加油站零售计量管理向智能化、数字化转变。

一、背景和目标

（一）案例背景

中国石化销售企业作为我国成品油市场主体，油品销售企业3万余座加油站目前已实现全国范围内液位仪自动计量、库存销售数量动态实时监控和系统管理，具备实现零售大数据管理良好基础。

作为油品销售企业加油站液位仪系统的基础支撑，加油站地罐标定仍存在自动化程度不高、人工作业风险、经营影响大、校准方法多元等问题，落后于液位仪系统深化应用升级实现零售大数据管理的发展要求。

（二）建设目标

针对这些问题，依靠系统大数据，综合应用数据挖掘、数学模型及智能运算等技术，研究开发基于加油站进销存大数据的全自动化远程地罐校准技术，并采用多种校准方法开展大量实际运营数据的比对研究，确定统一的校准方法技术条件，形成企业应用技术标准。研究加油站智能数字信息化管理手段，为石化销售企业零售业务提质增效、绿色发展提供有力保障。

二、主要建设内容、实施方法及创新点

（一）主要建设内容

依靠加油站销售大数据，综合应用数据挖掘、数学模型及智能运算等技术，完成常规卧式油罐的结构模型构建研究，进行算法模型拟合雕刻，使用旋转轴计算、数据分割、形体拟合方法构建出计算模型。

通过地罐液位仪、加油枪付油数据采集，搭建加油站大数据服务器中台进行集成分析处理。通过噪点识别、数据剔除进行数据清洗，形成北斗AI授时容积标定数据，生成准确地罐容积表。在石化加油站开展地罐标定实测比对分析研究，验证大数据标定方法应用实效，编制加油站地罐容量校准技术标准。

（二）实施方法

案例主要的研究内容：地罐大数据标定数据处理核心算法的研发；加油站进销存数据自动生成地罐容积表的研发；加油站地罐容积表动态监测功能模块研发；卧式油罐主体构型算法的研发；加油站地罐容量校准技术标准研究。

借助现有石化销售系统加油站日常销售/进货数据和液位仪系统数据，实现高精度、自动化远程校准目标。油罐主体构型算法分别完成卧式金属罐主体构型算法的研发；大数据标定数据处理核心算法的研发；容积表自动生成和系统实测比对。

采用加油站进销存数据北斗授时实时数据核心算法自动生成地罐容积表，同时实现动态监测功能。建立数据中台采集存储销售和液位变化的数据，通过云算力对海量数据进行噪点识别、数据剔除、清洗，形成有效数据对；研究核心算法模型并转换为容积表；根据加油站管理组织架构开发应用界面。

（三）创新点

案例研发了两种加油站地下罐自动容积标罐系统。面对精细化管理发展需要，依靠系统大数据，综合应用数据挖掘、数学模型及智能运算等技术，发布权威的加油站卧罐容积表。推动服务创新和管理创新，实现计量信息资源共享、业务协同和数据融合，为加油枪数字化校验和监管打下基础。

该技术研发完成后在油品销售企业省市公司试点应用。安徽石油上线运行大幅提高加油站地罐交接的千三验收准确率，4—11月提高5.7%。多地市提升10%以上（表1）。

表1　安徽石油上线运行效果

公司名称	4月千三损溢			11月千三损溢			提升比
	千三内	小计	损溢率	千三内	小计	损溢率	
蚌埠	1418	1998	70.97	670	801	83.65	12.67
池州	1128	1523	74.06	444	530	83.77	9.71
淮北	534	696	76.72	270	307	87.95	11.22
马鞍山	1041	1508	69.03	509	594	85.69	16.66
宣城	1519	2047	74.21	609	697	87.37	13.17

天津石油72个地罐在线校准完成后，“问题”加油站地罐交接准确率大幅提升，争议和损耗问题得到解决（表2）。

表2　天津石油上线运行效果

序号	站名	罐号	油品种类	原准确率	新准确率	提升	启用时间
1	利民道站	1#	爱跑98	45.0%	94.4%	49.4%	2023年8月16日
2	王庆坨东站	5#	92#车用乙醇汽油	51.3%	91.4%	40.1%	2023年7月6日
3	下朱庄站	5#	92#车用乙醇汽油	69.2%	95.3%	26.1%	2023年6月10日
4	津南北环站	1#	92#车用乙醇汽油	77.4%	96.4%	19.0%	2023年8月15日
5	下朱庄站	4#	95#车用乙醇汽油	82.0%	96.1%	14.1%	2023年7月26日
6	芥园西道站	4#	92#车用乙醇汽油	77.8%	91.5%	13.7%	2023年9月15日

三、主要价值和成效

通过地罐容积表的大数据远程在线标定，自动完成油罐校准测量数据采集，自动生成容积表，无人工数据干预，有效防范风险，线上标定大幅降低检定开支2500元/台。同时，通过数据中台系统对进销存大数据进行采集处理分析，研究建立具有地罐容积和加油枪准确度双向监控防作弊报警、损溢分析和预警等功能的数据逻辑模型，为液位仪系统深化应用升级打下基础。

通过加油站地罐标定时效、准确率的有效提升，有效实现加油站降耗和索赔争议判定处理。单站每实现500升降耗，可实现效益3500元以上。同时，带来加油站质优量足形象提升，连续营业时间保障，消除人为风险因素，提升数字化、智能化管理水平，形成零售端潜在创效。

四、展望

加油站地罐大数据标定技术体现了地罐校准的本质安全性及智能化和数字化水平，做到数据全环节可追溯。对于系统内外油品销售行业的加油站管理的信息化、数字化发展都具有良好的示范作用。

中国石化油品销售企业拥有加油站3万余座，由于容积表准确度引起的验收和索赔争议仍较普遍，增效提升空间很大。案例可有效实现问题加油站降耗，索赔争议顺利判定处理。单站每实现500升降耗即可实现效益3500元以上，数字赋能实现中国石化加能站的智能化管理，对于中国石化油品销售企业具有良好的经济和社会效益。

联系人：孟庆恺　邮箱：mengqk.xshb@sinopec.com

订单分析为业务管理减负增效

——化工销售华南分公司

案例综述：通过网点需求调研收集问题，开展订单管理专项分析工作，寻找影响公司订单业务效率因素，查找问题根源所在，提出整改方案并实施，为员工解决业务实际问题，提高工作效率，员工减负成效明显。

一、背景和目标

（一）案例背景

为加强公司业务管理，化工销售华南分公司于2021年10月依据化工销售公司相关制度，重新修订并下发了华南分公司ERP订单管理实施细则。细则对公司订单业务管理做了明细规定，引导业务操作规范、高效运行。

（二）建设目标

为了检验新制度的执行效果，从2022年开始，华南分公司通过多种形式深入基层收集影响业务运行效率的问题和优化建议。在2023年一季度网点调研中，业务人员普遍反映迫切需要解决的问题是降低订单修改工作量。

二、主要建设内容、实施方法及创新点

（一）主要建设内容

深入了解问题现状后，通过内部研讨，确定解决方案是通过收集订单相关业务数据，建立数据模型，开展订单修改数据分析，查找问题根源所在，提出业务调整优化方案并实施，最终解决用户需求问题。

（二）实施方法

1.数据收集

订单修改相关数据涉及ERP系统业务订单和订单修改记录、石化e贸平台订单修改申请与审批记录、协同办公系统ERP特殊订单修改申请与审批记录。2022年1月至2023年9月，通过ERP系统、石化e贸平台、协同办公系统，分别导出ERP销售订单30.5万条、ERP订单修改清单124万条、石化e贸订单修改审批记录4.4万条、协同办公系统ERP特殊订单修改审批记录161条。

2.数据分析

（1）数据分析内容。订单修改内容较多，根据华南分公司ERP订单管理实施细则规定，作废订单及修改单据日期、担保日期、定价日期、运输方式、装运类型、评估类型、过量容差、工厂、库位、数量等字段内容要执行石化e贸订单修改审批流程。相关数据分析基于上述字段的统计，已排除其他修改内容。

（2）数据分析方法。根据数据分类和分析需要，分别创建了3个表格的MySQL数据库，用于储存订单记录、订单修改记录及订单修改审批记录。数据分析方法是利用MySQL关系型数据库系统，对数据进行深加工，建立关系模型，再通过执行SQL代码统计相关分析数据。

（三）创新点

订单分析过程是以问题为导向，先整体后局部，采取循序渐进、由浅入深、抽丝剥茧的方法，通过数据分析找根源，然后制定优化方案，落实整改措施，最终解决员工实际问题。

1.开展订单管理专项分析

华南分公司计划信息部在2021—2023年期间，根据公司业务管理需要，开展了多次不同深度的订单管理专项分析工作。

（1）2021年4—10月订单专项分析。由分析数据可见（图1），延期订单数为8825单，修改订单总数为11808单，延期订单占比达74.7%，是订单修改工作量的主要来源。

（2）2022年4月订单专项分析。从分析数据可见（图2），一季度订单修改总数为23301单，其中延期订单数为12976单，延期订单占比为56%，也是订单修改工作量的主要来源。

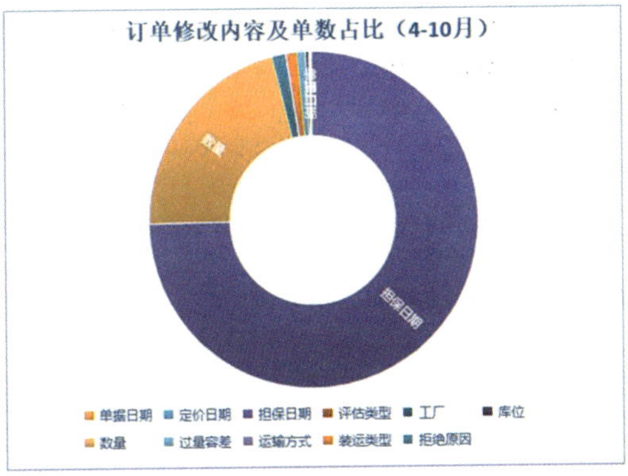

序号	修改内容	单数	占比%
1	担保日期	8825	74.7
2	数量	2528	21.4
3	拒绝原因	160	1.36
4	装运类型	128	1.08
5	过量容差	99	0.84
6	库位	40	0.34
7	定价日期	12	0.10
8	运输方式	7	0.06
9	评估类型	6	0.05
10	单据日期	2	0.02
11	工厂	1	0.01
合计		11808	100 %

图1　2021年4—10月订单专项分析数据

修改内容	单据日期	担保日期	定价日期	装运类型	运输方式
订单数	10	12976	68	3281	16
已审批	7	11716	13	588	1
后审批	0	116	8	44	0
未审批	3	1260	55	2693	15

修改内容	工厂	评估类型	库位	数量	过量容差
订单数	15	11	193	6386	345
已审批	8	0	15	4353	76
后审批	1	0	7	10	12
未审批	7	11	178	2033	269

图2　2022年4月订单专项分析数据

2. 开展订单延期专项分析

通过订单管理专项分析，从订单修改内容分类统计数据看，订单修改工作量主要集中在订单延期操作上。为此，华南分公司在2023年6月开展了订单延期专项分析工作。从延期订单的有效期分布数据看（图3），延期订单的有效期主要集中在4~6天。如果适当延长订单有效期规定，将大幅减少延期订单的产生，从而大幅降低订单修改工作量。

3. 完善ERP订单管理制度

经过订单延期数据分析发现，订单有效期的设置（规定）是影响订单延期的重要原因。制度规定的订单有效期，在实际业务中，已不能满足业务管理需要。2023年6月，华南分公司计划信息部组织各单位业务骨干、业务关键用户召开ERP订单有效期修订研讨会，会议一致建议把相关订单有效期规定延长到4~5天。相关提议经请示公司领导，最终按4天有效期试运行一年。

产品线	订单数	占比	1-3天	4天	5天	6天	7天	8天	9天	10天	>10天
合计	8283	100%	37	826	1851	2643	937	566	363	314	746
合成树脂	7711	93%	24	789	1729	2511	851	510	334	290	673
有机化工	325	4%	4	21	93	73	49	23	19	16	27
合成橡胶	187	2%	7	13	22	56	29	22	3	6	29
其他产品	60	1%	2	3	7	3	8	11	7	2	17

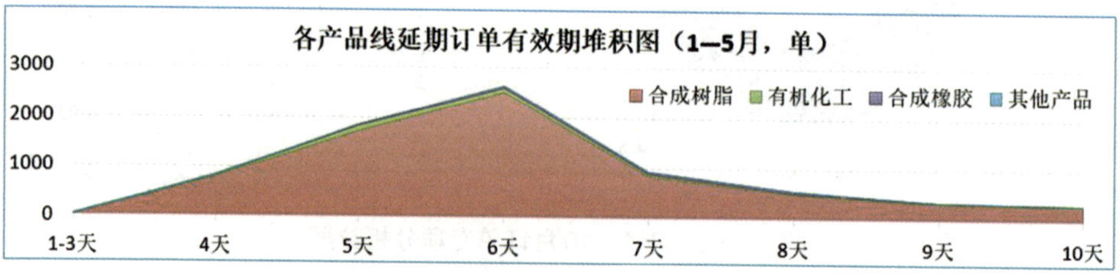

图3 各产品线延期订单有效分布数据

三、主要价值和成效

华南分公司于2023年7月11日下发了《关于订单有效期调整的补充通知》，把相关订单有效期调整为4天。经过一个季度的试运行后，计划信息部在2023年10月对1—9月订单修改情况进行了回顾，订单延期工作量（数量）总体呈现断崖式下降趋势（图4）。

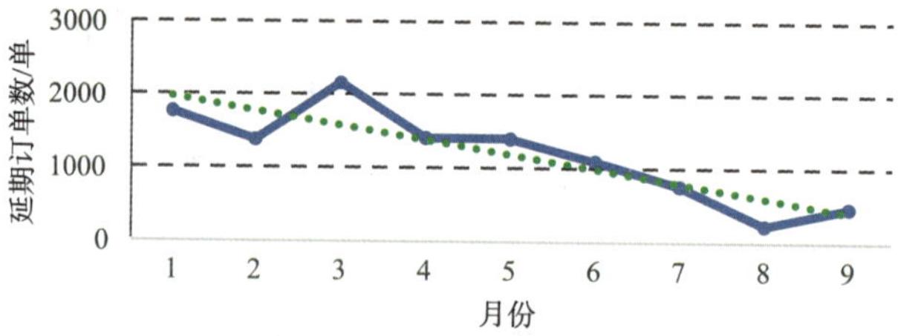

图4 2023年延期订单数情况

2023年前三季度订单延期数量分别为5328单、3925单、1470单，占比分别为50%、37%、13%。7月11日调整区内统销产品公路运输订单有效期为4天后，第三季度延期订单数量明显减少，比第二季度下降了62.5%，比第一季度下降了72.4%，订单延期减负效果明显（图5）。

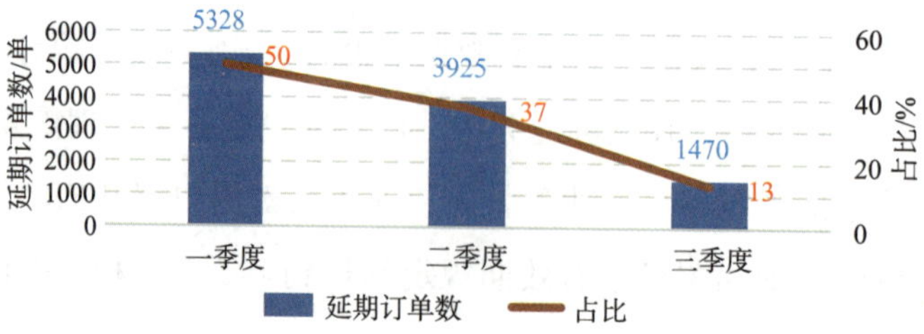

图5 2023年前三季度延期订单数

根据目前各网点订单修改工作量情况及网点需求调研情况反馈，订单修改工作量大幅下降后，大幅提升了员工工作效率。在实际工作中，订单修改工作量下降75%以上。订单分析在公司员工减负、业务提速增效方面起到很好的示范作用。

四、展望

订单修改工作是网点业务工作的重要组成部分，订单修改效率的提升，对员工减负起到至关重要的作用。订单管理制度的完善，可在源头上降低订单修改数量的产生，但影响订单修改工作量的因素较多，其中系统流程效率也是一个重要因素。下一步的工作方向是开展系统流程优化，提升订单修改审批效率，实现订单修改自动集成功能，从而解放员工双手，节省工作时间，提高工作效率。

联系人：程允桢　邮箱：chengyunzhen.hgxs@sinopec.com

创新大数据BI技术在营销智能管理中的应用

——化工销售华中分公司

案例综述：随着化工销售公司持续的改革发展，经营管理深度和广度呈现着不断延展的态势，其业务与管理数据在来源、格式、类型等方面的复杂性日益增加，我们需要借助数据化发展的趋势，利用智能化的数据技术，将数据资产管理朝着统一化、专业化、敏捷化的方向发展，加速数据价值创造，赋能公司数字化转型发展。

一、背景和目标

（一）案例背景

背景一：对于化工销售公司，产品营销策略与销售政策是营销活动开展的指引，不同产业链的营销策略与销售政策各具差异性，而差异性的区分均需通过销售订单中的销售区域、发货库位、销售数量、运输方式与客户分级等若干项不同价格条件类型组合实现。为了让不同价格类型运用规范、准确，长期以来，我们大都依靠EXCEL函数来做相关检查设定，耗时长，同时难以做到价格数据检查全覆盖。

背景二：在公司库存经营运作过程中，如何运用精准高效的智能化计算方式测算每笔库存的采销时间、价格、对应产生的费用和利润，以便更好地总结库存运作经验，提升高质量的库存运作水平。

（二）建设目标

希望通过对BI技术的学习探索，将其运用在上述两个业务场景中，促进营销策略严格执行与库存经营运作价值的提升。

二、主要建设内容、实施方法及创新点

（一）主要建设内容

1.利用BI技术搭建营销策略执行智能检查模型

针对背景一，华中分公司通过探索研究，运用BI技术，根据营销策略/销售政策内容，创建不同产品的销售区域差价/配送加价/库位差价/小订单加价/手工加价/上架调整的价格条件检查模型，实现了高效聚焦价格条件执行问题的目标，并且能将问题形象化展示出来。如图1所示，通过检查模型聚焦的销售区域差价/配送加价问题订单条件类型，能看出配送订单少加价的具体金额，并督促产品部及时在后续业务订单中挽回。

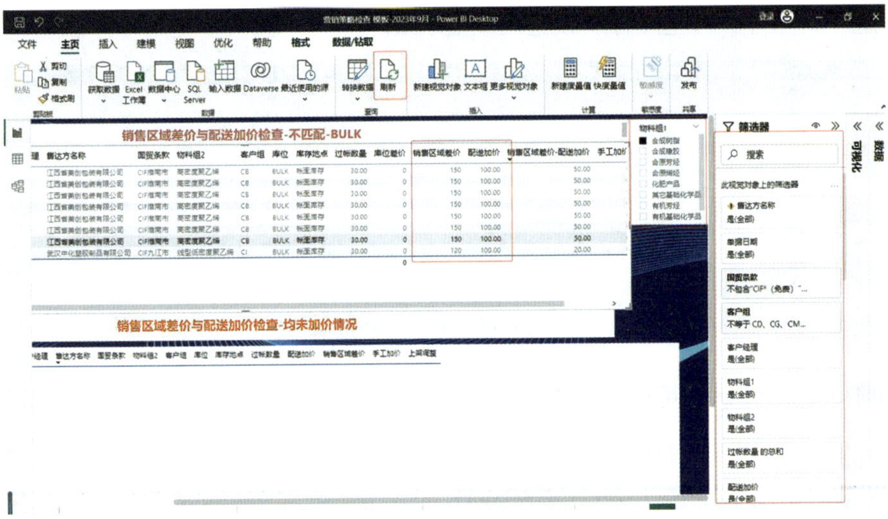

图1 “销售区域差价”与“配送加价”检查示例

又如图2所示，通过检查模型，快速聚焦上架调整出现负数的问题订单，发现4月份两张订单上架调整为–400元，查找到是因为客户经理未刷新基价，直接用上架调整来确定最终价格，属于不规范运用价格条件类型的行为，及时督促相关产品部进行了整改。

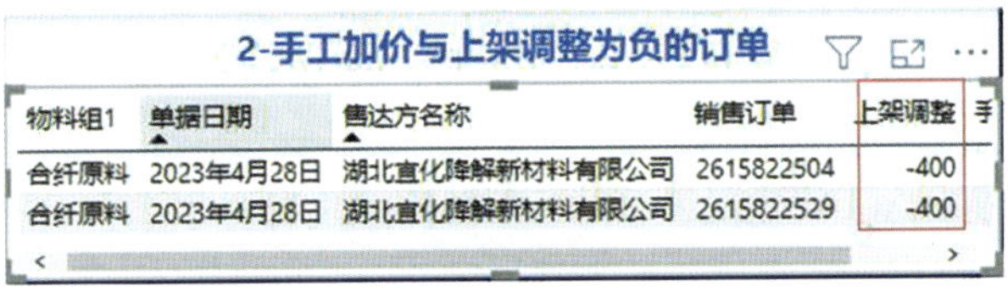

2-手工加价与上架调整为负的订单

物料组1	单据日期	售达方名称	销售订单	上架调整
合纤原料	2023年4月28日	湖北宜化降解新材料有限公司	2615822504	-400
合纤原料	2023年4月28日	湖北宜化降解新材料有限公司	2615822529	-400

图2 “上架调整”检查示例

不同条件类型均可通过搭建好的模型来高效检查，每个月，只需从ERP系统中导出含订单价格条件类型要素的订单清单，保存在数据模型中，通过BI技术中的“刷新”键，只需2~3分钟就能将所有存在问题的价格要素全部展示出来，高效而智能。

2.利用BI技术搭建库存经营自动计算与分析模型

2023年，华中分公司秉承化销年度重点工作中开展库存经营创效的指导思想，研究精准的库存创效计算方式，利用BI技术搭建了自动计算模型，并且动态个性化展示了不同维度的库存创效，用以指导库存经营行为。

探索建立用BI技术对产品库存相关要素进行自动匹配的模型：用产品批次判定是否属于库存产品，同时用批次自动匹配库存产品的采购价格；用销售订单的评估类型、库位自动匹配其采购入库成本（进货成本）；用库位匹配仓储费、装卸费、销售运费、销售价格，根据库存储存时间自动计算资金成本，所有要素与订单销售数量、价格、运费对应，自动计算每笔库存所创造的效益（图3）。

产品批次	[illegible]	[illegible]	产品库存所属...	过帐数量	判断是否库存量	配送加价仓储费	销售运费	销售月份计算	应开发票单价	装卸+仓储费用...	资金占用成本	库存创效
202212BL	01	统销	12	5,899.39	11	0	0	1	1,162.81	12.6	20,008.93	-1,439,709.74
2302170018	03	自营	2	3,500.4	-1	0	0	3	5,746	0	48,053.14	181,188.06
202302SW	03	统销	2	3,100	-1	0	327,064.22	3	2,733		19,310	135,582.78
202303BL	04	统销	3	2,000	-1	0	0	4	928.22		5,478.05	-415,818.05
202305SW	06	统销	5	2,000	-1	0	183,486.24	6	2,407		10,917.87	101,855.89
2309300008	10	自营	9	1,985.43	-1	0	0	10	8,180		39,812.75	-273,278.88
2301090022	02	自营	1	1,842	-1	0	123,363.3	2	5,586.95		24,693.23	-74,781.77
202301BL	02	统销	1	1,700	-1	0	0	2	1,067.95		4,869.9	-204,483.9
2305290033	07	自营	5	1,382.73	-2	0	0	7	2,272.51	46	8,156.18	-240,901.98
202301BL	02	统销	1	1,300	-1	0	0	2	1,067.95		3,724.04	-156,370.04

图3　库存创效自动计算模型简化表

同时，用BI技术的可视化效果展现出不同维度的库存创效情况，对于创效为负值的产品，可通过图形进行层层追溯（图4）。

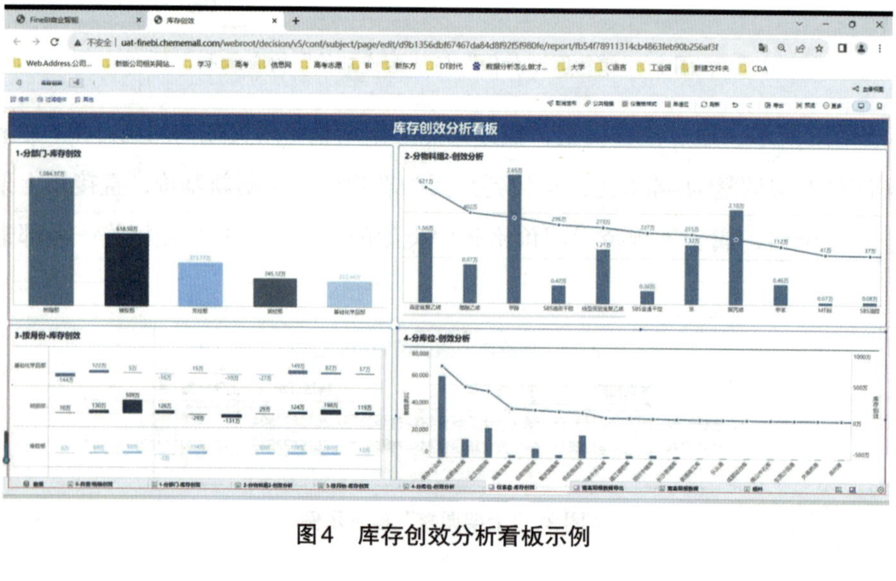

图4　库存创效分析看板示例

（二）实施方法

在整个数据运用及设计过程中，关键是通过对业务的详细梳理，厘清业务的来龙去脉，掌握承载业务关系的数据逻辑，运用业务数据的关联关系，深度结合管理需求、目前需解决的问题或攻克的难点，同时又懂得BI技术的应用，将三者有机深度融合，是我们的实施办法。

（三）创新点

总体来说，是针对现有营销业务与管理中存在的数据整理、钻取、分析瓶颈，探索利用BI技术，对分散在业务系统中的海量数据进行深度挖掘，通过搭建数据分析模型，应用在营销策略执行情况检查与库存经营运作不同维度的创效智能化计算与分析中。

模型建立，通过校验，已实现成熟、熟练使用，目前，已通过课堂培训，面向公司产品部推广应用，实现了多点突破，探索了数据驱动创新模式。

三、主要价值和成效

（1）通过建立营销策略执行检查模型，2023年，检查价格条件类型不准确问题引起的收入流失5万余元，均予以挽回。查出条件类型使用不规范的问题5类，均已要求产品部予以整改及注意。同时，对此模型设计及应用在公司范围内进行了推广。

（2）通过建立库存创效自动计算模型，每月将订单清单与产品采购价格灌入模型，即可自动获取库存创效数据，大幅提升分析效率。

四、展望

公司的营销活动，每天都产生着数以万计的数据，我们将始终秉承从数据业务端出发的初衷，利用数据全要素，强化业务动态场景数据建模，创新运用数据分析技术，提升数据洞察能力，提高业务从物理世界到数字世界的转换效率，提升智能化的业务管控与创效能力，实现数据赋能公司高质量经营发展。

联系人：李　婷　邮箱：liting.hgxs@sinopec.com

基于 ARIMA 模型的石化产品价格预测应用

——化工销售华中分公司

案例综述：石化产品的价格走势研究对石油化工行业中下游企业的经营发展具有重要意义，为探究石化产品价格预测有效方法，本团队选取2017—2022年9个有代表性石化产品市场标杆价作为历史数据，分产品建立ARIMA模型，并据此预测2023年以来的短期价格走势。研究表明，ARIMA模型具有良好的短期预测效果，模型整体涨跌预测成功率在70%左右，基本能正确反映石化产品真实的价格走向，可为石化公司科学经营提供有益参考。在应用此模型的基础上，结合经验判断，2023年化工销售华中分公司实现主动库存经营超2500万元。

一、背景和目标

（一）案例背景

石化产品是一种重要的资源性产品，其原料——石油属于不可再生能源，同时以其为原料生产的各种产品与人类生活息息相关。随着全球工业化进程加速发展，石化贸易以极高速度发展壮大。如何有效预测石化产品价格，在规避风险的同时获得相应的利润，成为石油化工贸易中广泛关注的问题。

（二）建设目标

2014年以来，学界开始关注原油及下游石化产品的价格波动和预测分析。在实际工作中，不少石化贸易的从业者也在这些关系中寻找套利机会，进而开展工作。但大部分从业者都是跟风操作，一次操作失误常常带来上亿元的经济损失。因此，建设目标是建立较准确的石化产品价格预测模型，监测石化产品价格波动，为经营决策提供有力的市场预测参考。

二、主要建设内容、实施方法及创新点

（一）主要建设内容

目前，在石化产品价格预测方面，国内外的研究主要还是集中在对石化产业链上游的各类原油价格预测的定量分析上。原油价格的主要预测方法包含混合模型、机器学习模型和各类计量模型等。其中，计量模型计算量小，其计算过程易于理解，广泛应用于原油价格预测研究的计量模型有回归分析模型、ARIMA时间序列模型、GARCH模型等（杨静凌等，2021）；而机器学习模型主要以支持向量机（SVM）和人工神经网络（ANN）为代表，但其计算量大，且计算过程不易解释，时常出现过拟合的情况。因此，本文选择石化产品中的代表性产品开展ARIMA建模，进行石化产品价格预测研究。

（二）创新点

1.ARIMA模型具有优良性质

自回归综合移动平均模型（ARIMA）是一个针对时间序列短期预测的经典模型，其充分考虑历史数据的自身规律，挖掘时间序列中连续时间数据间的自回归性，近似描述对象随时间推移而形成的未来时间序列。同时，ARIMA模型也是性能良好的线性预测模型，适合无波动聚集效应的平稳序列预测。由于石化产品价格的差分序列在大部分时间无波动聚集效应且平稳，故应用ARIMA模型预期能够产生良好的预测效果。

2.ARIMA模型具有拟合优势

一方面，相较于GARCH族类模型而言，ARIMA模型为线性模型，其模型形式更为简洁。对于石化产品价格而言，虽然其价格可能在某些时间内存在波动聚集效应，但是整体上而言，价格趋势较为稳定，且趋势性与周期性较强，适合ARIMA建模。另一方面，相较于神经网络等机器学习模型，ARIMA模型具有参数输入简介、防止过拟合的优势。ARIMA模型使用价格作为输入参数进行价格预测，而许多机器学习模型的输入参数还包括一些宏观经济变量等进行综合预测，由于参数输入较多的缘故，神经网络等机器学习模型会产生过拟合等问题，造成价格预测结果不如ARIMA模型预测结果好。

（三）实施方法

ARIMA模型将平稳序列视为自身滞后项与多期扰动项的线性组合。传统ARIMA（p，I，q）模型的表达式如下：

$$y_t=\alpha_1 y_{t-1}+\alpha_2 y_{t-2}+\cdots+\alpha_p y_{t-p}+\varepsilon_t+\beta_1\varepsilon_{t-1}+\cdots+\beta_q\varepsilon_t-q$$

式中，α_i，i=1，2，…，p为AR部分的回归系数，表示序列在多大程度上受自身过往的影响；而β_i，i=1，2，…，q为MA部分的回归系数，其表示序列在多大程度上受过往扰动的影响。

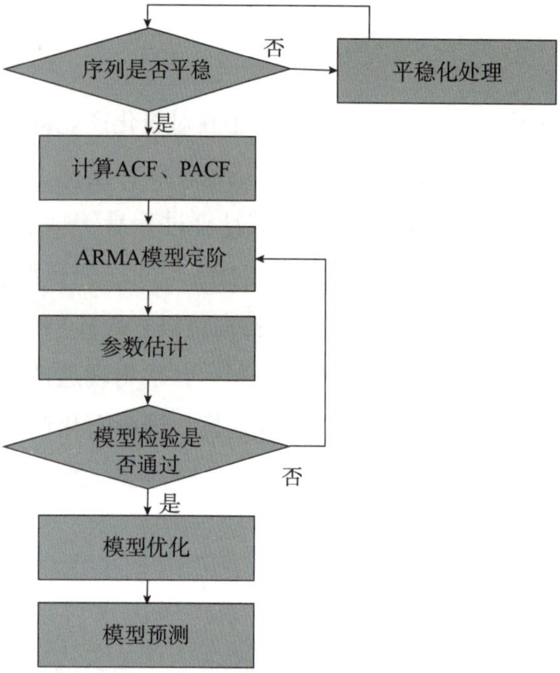

图1　ARIMA模型预测流程

使用ARIMA模型进行时间序列预测的流程如图1所示。

三、主要价值和成效

本文首先选取甲醇–西北–宁夏低端–JYD产品2017—2022年的周销售价格作为原始数据，经过构建流程，得到其ARIMA模型形式为dy_t=0.5342dy_{t-2}–0.6882ε_{t-2}–0.3790ε_{t-3}。

根据建模结果，预测2023年1—41周甲醇产品价格，如图2所示。

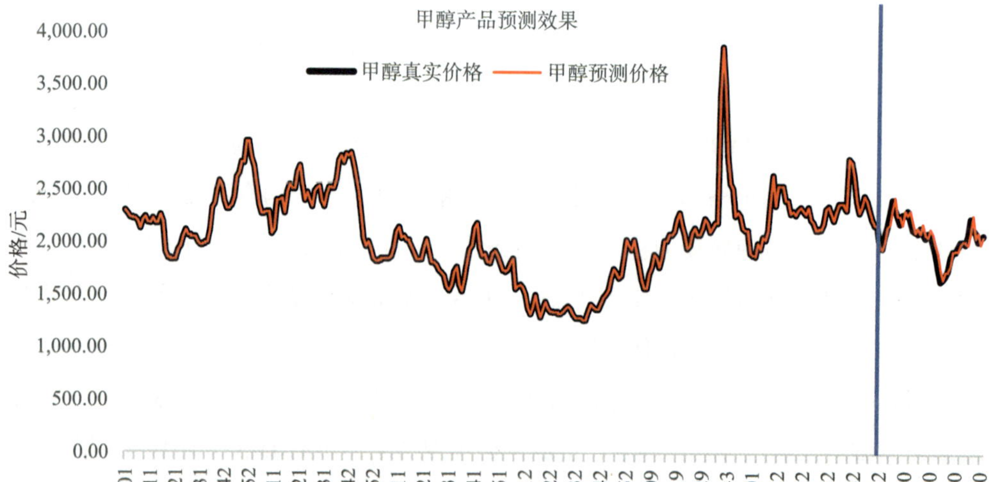

图2　甲醇–西北–宁夏低端–JYD产品模型预测图

图中红线代表预测价格，而黑线代表真实价格。蓝线后为预测结果与实际的比对，根据图像能够明显看出此模型具有良好的向前一步的预测效果，所预测的甲醇价格能基本正确地反映出真实的价格走向与价格趋势。价格的涨跌判断对经营起着指导性作用，根据模型结果，2023年1—41周甲醇的涨跌走势判断整体准确率为70.7%，对甲醇产品的适用性较强。

依照上述方法，对产品标杆分别进行ARIMA建模，据建模结果预测2023年1—41周的涨跌预测结果，如表1所示。

表1 石化产品模型预测涨跌成功率

产 品	预测周数	预测涨跌正确周数	涨跌预测成功率/%
甲苯–武汉–ZC	41	27	65.9
MX–武汉–ZC	41	26	63.4
醋酸乙烯–华东	41	28	68.3
PP粉料–武汉	41	28	68.3
LLDPE–35B	41	22	53.7
SBS道改–791H	41	29	70.7
SBS干胶–792	41	30	73.2
甲醇–宁夏低端	41	29	70.7
PVA–088–20	41	31	75.6

在利用此模型进行实时跟踪预测的基础上，结合经验判断，开展库存经营动态优化，推进库存经营创效。

四、展望

结合2023年短期市场预测ARIMA模型应用成果，深入开展需求调研，为需求方构建相应模型（短期/中期），实时智能计算模型预测结果，提供数据参考，推进库存经营创效；在深化现有经验判断法预测的基础上，探索建立库存风险因子及相关测算模型，探索以数值量化表征库存经营风险，为库存经营收紧风险“紧箍咒”，推进库存稳健创效。

联系人：裴少男 邮箱：peishaonan.hgxs@sinopec.com

基于大数据的一、二次物流优化模型应用

——中国石化销售股份有限公司华中分公司

案例综述：成品油销售企业实行“分层分离优化”的物流模式，在运行中存在一、二次物流衔接不畅、运输成本居高不下等难题，为此销售企业实施一、二次物流优化，能有效降低全环节物流成本，但主要依靠人工计算难以实现全局优化。基于大数据的一、二次物流优化模型是通过整合供应链上生产与销售企业的产、运、销、存数据，建立完善的底层数据仓库，运用贪婪算法迭代计算，构建区域内综合运费最省的一次与二次物流通道集合，实现真正意义上的物流运输一盘棋。

一、背景和目标

（一）案例背景

成品油销售企业物流分为一次物流与二次物流，一次物流主要是大区公司通过管道、铁路、水路和公路将炼油厂的成品油运输到油库的过程；二次物流主要是省市公司通过公路运输实现成品油从产地或油库到加油站或终端用户的运输过程。由于物流主体不同，存在一次物流与二次物流分别算账导致局部最优，不能实现全局最优。

为降低企业内部物流运行成本，销售华中按照全环节运费最省的原则，创新实施一、二次物流统筹优化，但优化方式主要依据业务人员经验判断，以手工计算为主，难以真正实现全局优化。

（二）建设目标

系统化考虑成品油从炼油厂到油库、油库到加油站的“产地、仓储、市场”全过程运输，建立涵盖产、运、销、存的数据仓库，引入贪婪算法对数据迭代计算，构建一、二次物流优化模型，实现全环节物流成本降低，支持企业可持续发展。

二、主要建设内容、实施方法及创新点

（一）主要建设内容

以实现“一、二次物流统筹优化”为目标，整合华中区域生产企业与销售企业相关数据，引入数学优化算法，对数据进行分析处理，建立一次物流与二次物流全环节运输通道集合，克服人工计算的局限性，实现华中片区成品油一、二次物流的整合优化。

（二）实施方法

1.利用区位优势，整合基础数据

发挥大区公司资源统筹优势，分析华中地区成品油物流格局的变化，充分挖掘遍布华中区域的管道、油库、炼油厂、加油站等网络潜力，运用先进技术手段，借助大数据分析等技术辅助优化决策，对一定区域内不同油库间一、二次物流历史数据（运量、吨油、运距等）进行交叉比对，发掘优化空间，推动实现一、二次物流统筹优化。

整合当期区内炼油厂、省市和承运企业生产、库存及经营数据，建立底层数据库（图1），主要包括：运输方式及运价数据；油库管理（油库名称、代码及对应的经纬度）；炼油厂管理（炼油厂名称、代码及对应的经纬度）；华中省市加油站数据；能力限制（炼油厂生产能力、发运能力、油库各运输方式接卸能力、加油站历史销售数据）。

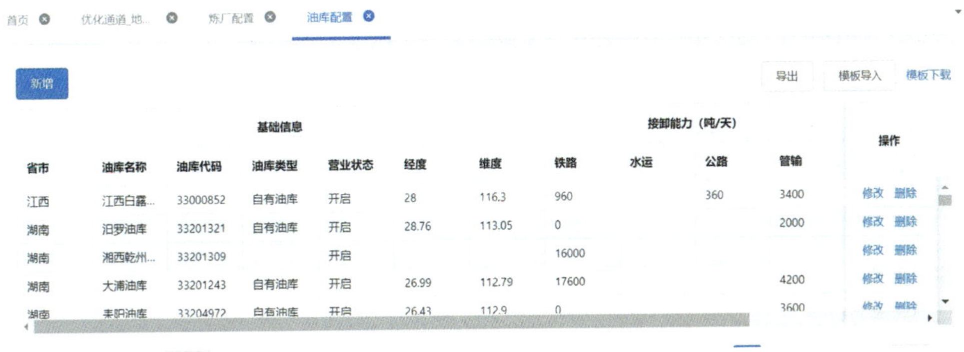

图1　一、二次物流优化模型底层数据库

2.建立一、二次物流优化模型

按照现行物流运行模式，为每个加油站找到二次物流吨油运费最小的路径对应的合理油库及到合理油库吨油运费最小的炼油厂，对应的炼油厂–油库–加油站及运输方式、运价即该加油站的原通道（图2）。

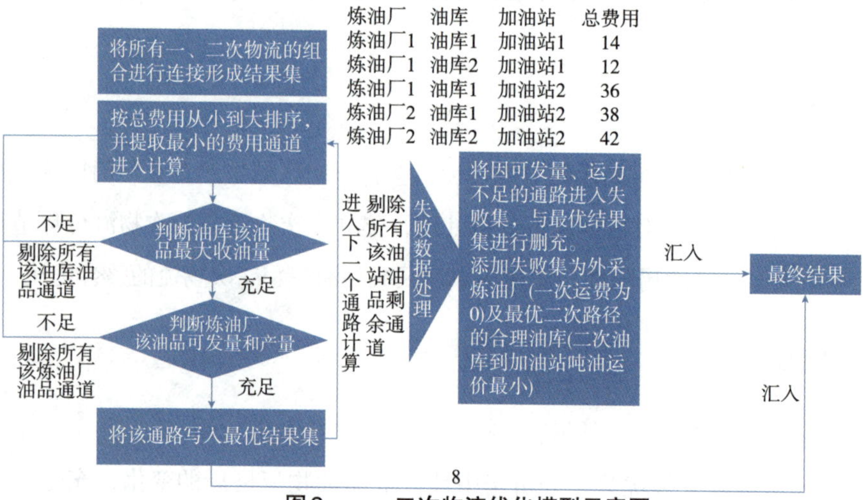

图2　一、二次物流优化模型示意图

运用贪婪算法多次迭代计算，充分考虑炼油厂生产能力、发运能力、油库最大收油量、加油站月需求量等限制条件，找出汽、柴油从炼油厂运输到油库，再运输到每个加油站的一次物流吨油运费和二次物流吨油运费之和最小的一条通道，构成全区域最优路径。

3.一、二次物流优化模型应用实例

通过应用优化通道计算结果，以湖北襄阳、十堰地区加油站为例，原合理绑定油库为黄康油库、十堰白浪油库，通过模型计算后，找出一、二次物流优化通道为襄阳余家湖油库（管道库）扩距供应原黄康、白浪油库辐射范围内加油站，优化后一、二次物流综合节约56元/吨，年均优化节费500余万元（图3）。

图3　一、二次物流优化模型应用实例

（三）创新点

在一、二次物流优化模型建立以前，石化销售企业开展一、二次物流优化以“地图画圈、人工计算”为主。建立基于大数据计算的一、二次物流优化模型后，自动形成了上万条最优运输通道，避免人工计算的局限性，真正实现全区域优化。

三、主要价值成效

（一）管理提升

通过大区公司的一、二次物流优化模型应用，有效提升了物流线条精细化管理水平，顺应了专业化、扁平化管理趋势，弥补了“分层分离优化”的不足。在月度资源计划安排上，提升了省市公司成品油资源要货上的准确性和规范性，也为生产企业生产计划安排和品种品号的摆布提供了有力支撑。

（二）经营效益

通过开展华中片区一、二次物流优化，创新了一、二次物流统筹优化手段，优化完善了储运设施条件，销售华中成品油物流运行管理水平得到大幅提升，优化成效显著，2023年实现综合节费超8000万元。

（三）社会效益

一是提升沉没资产使用效率，统筹利用产销企业仓储设施，充分发挥华中片区生产企业地付能力和上岸储运设施能力，避免重复投资；二是通过华中片区一、二次物流的统筹优化，使资源运输流向更加合理，运输过程更为安全、稳定、便捷，可进一步减低能耗和碳排放，为销售华中绿色、环保供应链管理体系建设贡献力量。

四、展望

目前基于大数据的一、二次物流优化模型主要应用于石化资源配置中，后期考虑把外采资源采购、销售及运输数据纳入模型中，全口径、全周期测算物流整体费用，实现资源最优配置。

联系人：漆正芳　邮箱：qizhf5431.xshz@sinopec.com

“模型化”的存货经营运作模式实现数据价值创效

——化工销售江苏分公司

案例综述：聚焦高质量发展的总目标，通过将数据资源整合，用数据分析化工行情走势，在营销工作中摸索产品季节特性、年度价格走势，用“模型化”的数据分析进一步助推高质量管理，特别是可售库存的风险管理，及时进行库存预警，降低公司经营风险，同时精准研判市场，指导经营操作，实现数据价格创效。

一、背景和目标

（一）案例背景

存货经营等市场运作型业务风险大、管理标准高、实际运作难，是经营型企业高度参与市场、锤炼一流营销队伍、获取市场超额利润的必备手段。但是，近年来系统内外的存货经营运作经常发生操作事故，造成大额亏损。

开展存货经营等市场运作型业务，需要探寻当期市场与长周期市场的关系，即通过当期市场价格水平与长期市场历史均价水平的对比，发现当期市场处于长周期市场的什么位置，从而确定当期市场的风险等级。

（二）建设目标

降低人为的主观的错误的判断。以模型化的相对客观性替代人为判断的相对主观性。确定不同时期的风险等级，降低存货经营的风险。使操作模型成为适应不同时期、不同产品、不同行情走势、不同宏观环境的基础架构，从而规避风险，逐步建立存货经营业务的良性运行体系。

二、主要建设内容、实施方法及创新点

（一）主要建设内容

选择公司经营量超过1万吨/年的40个品种作为模型的品种库，使模型与公司的经营品种高度关联。

汇总更新40个截取品种库自2011年以来市场主流网站价格作为模型的历史数据、历史价格和分析周期（长周期、不变量），使模型的数据积累周期足够长。

汇总更新40个品种每月固定一周的周均价作为现价（当期、变量），固定变量分析的时间段（图1）。

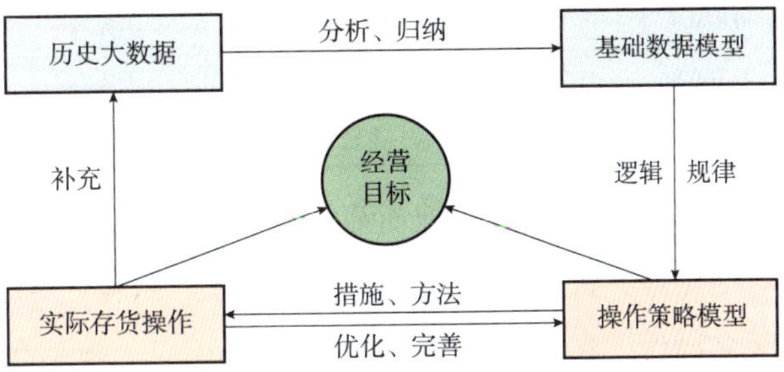

图1　“模型化”存货经营运作模式示意图

通过以上基础数据的构建，将品种、价格、行业、周期等多维指标进行融合，同时直观反映所有品种及单个品种的期间均价、期间最高价、期间最低价等基础数据。

（二）实施方法

1.模型系数

分析确定10年以上40个品种的长期历史综合平均价（设定为Y），作为模型的纬度。分析确定每月第二周40个品种的现货综合平均价（设定为X），作为模型的经度。根据X/Y的比值（简称“模型系数”），反映不同时期公司所有经营品种的市场热度，即整体的风险等级。

$$\text{模型系数}=X/Y$$

2.品种系数

分析确定10年以上单个品种的长期历史综合平均价（设定为Y_1），作为品种的纬度。分析确定每月第二周单个品种的现货综合平均价（设定为X_1），作为品种的经度。根据X_1/Y_1的比值（简称“品种系数”），反映不同时期公司某个品种的市场热度，即品种的风险等级。

$$\text{品种系数}=X_1/Y_1$$

3.操作策略模型

公司模型品种库40个品种11年来模型系数的实际历史运营区间在0.55~1.25。据此，构建不同风险等级下的存货经营操作策略（表1）。

表1　不同风险等级下的存货经营操作策略

模型系数	风险等级/市场热度	控制措施	库位水平	公司存货经营总量 K/万吨	单个品种存货经营量/中库存设为 K_1
>1.1	极热	规避	尽可能零库存	低库存（$K \approx 0$）	低库存（$K_1 \approx 0$）
1.0~1.1	热	规避为主、少量开展	低库存	低库存（$K \approx 0.5$）	低库存（$0.5K_1$）
0.9~1.0	温	选择性开展	小库存	小库存（$K \approx 1.0$）	小库存（$0.8K_1$）
0.8~0.9	中	稳健开展	中库存	中库存（$K \approx 1.6$）	中库存（K_1）
0.7~0.8	寒	适量开展	大库存	大库存（$K \approx 1.8$）	大库存（$1.5K_1$）
<0.7	冷	适量开展	高库存	高库存（$K \approx 2.0$）	高库存（$2.0K_1$）

以模型系数和品种系数为核心指标，参考当周均价、历史最高价、历史最低价、短期走势、长期趋势等基础数据，将“风险分等级，经营量设梯度”，达到“在低风险区多操作、在高风险区少操作或不操作”“规避高风险区域，捕捉确定性高的区域”的目的，实现对存货经营的风险控制，获得较大的盈利概率。

从长期看，当周现货综合平均价（X）与长期历史综合平均价（Y）的关联关系是：X围绕Y上下波动。如图2所示，Y一直呈平行直线的走势，验证了其作为X/Y的分母的基本恒定性，可视为不变量；X随着市场走势的变化不停地变动，为变量。这样，在分母基本恒定的情况下，通过分子的变动能充分反映当期市场的风险等级，从而直观地反映在某个时期应该采取的存货经营策略。

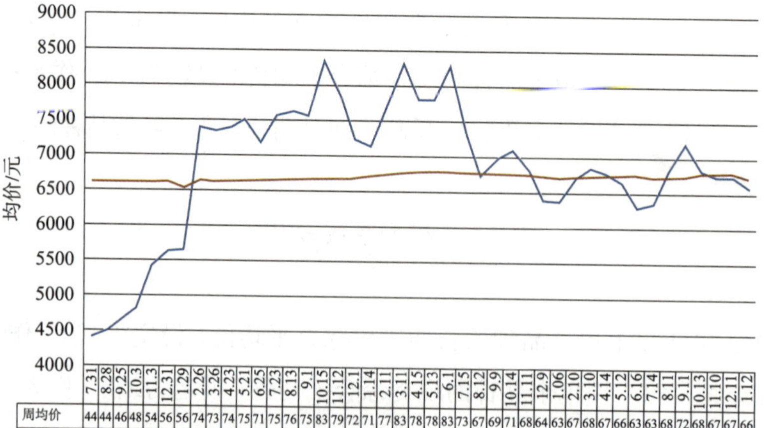

	7.31	8.28	9.25	10.3	11.3	12.31	1.29	2.26	3.26	4.23	5.21	6.25	7.23	8.13	9.1	10.15	11.12	12.1	1.14	2.11	3.11	4.15	5.13	6.1	7.15	8.12	9.9	10.14	11.11	12.9	1.06	2.10	3.10	4.14	5.12	6.16	7.14	8.11	9.11	10.13	11.10	12.11	1.12
周均价	44	44	46	48	54	56	56	74	73	74	75	71	75	76	75	83	79	72	71	77	83	78	78	83	73	67	69	71	68	64	63	67	68	67	66	63	63	68	72	68	67	67	66
历史均价	66	66	66	66	66	66	65	66	66	66	66	66	66	66	66	66	67	67	67	67	67	67	67	67	67	67	67	67	67	67	67	67	67	67	67	67	67	67	67	67	67	67	67

图2　当周现货综合平均与长期历史综合平均价关联关系

（三）创新点

1.首次将模型化应用于系统内化工品贸易领域

经过对中国石化系统内已开展业务的详细调查，在化工品贸易领域实施模型化运作尚属“首次”，具备原创性。对非化工品购销业务也具有创新示范作用和推广价值。

2.首创了模型化运作的模型和基本参数

“模型系数”和“品种系数”是化工品行业的首创。“基础数据模型”和“操作策略模型”在化工品行业虽然有类似架构，但与我们的架构有明显的差异。

3.丰富和完善了中国石化风险防控体系

首次将“模型化运作”应用于存货经营这样的高风险业务，丰富了中国石化风险防控的内容和手段，是对中国石化风险防控体系建设的有益补充和完善。

模型的构建与实施，有效地防住了风险，获得了较好的经营性盈利。经2020年8月—2023年8月行情验证，模型系数在0.95~1.15的区间运行。系数低于0.9，市场过冷，成本端介入支撑维稳价格；系数高于1.1，市场过热，供需失衡压制上涨空间，并易有政策性调控出现。

当月系数1.1以上出现14次，后市场继续上涨6次，上涨概率42.7%。当月系数1.0~1.1以上出现8次，后市场继续上涨3次，上涨概率37.5%。当月系数0.9~1.1以上出现6次，后市场继续上涨5次，上涨概率83.3%。当月系数0.9以下出现6次，后市场继续上涨6次，上涨概率100%（表2）。

表2　模型操作复盘

当月系数	出现次数	后续涨	后续跌	上涨概率
>1.1	14	6	8	42.7%
1.0~1.1	8	3	5	37.5%
0.9~1.0	6	5	1	83.3%
0.8~0.9	3	3	0	>90%
0.7~0.8	2	2	0	>90%
<0.7	2	2	0	>90%

三、主要价值和成效

2020年8月—2023年8月，公司依据模型化运作开展存货经营共61单，59单盈利，2单亏损；累计经营量4.95万吨，创效4443万元，平均盈利水平达到896.8元/

吨，吨产品平均净毛利率达到约12.8%。2单聚酯瓶片共亏损14万元，亏损幅度分别为–0.6%、–2.2%。

四、展望

（1）项目的构建与实施，丰富了经营型企业的营销手段，营销的抗风险能力、市场化运作能力和盈利能力得到大幅提升。

（2）模型化运作模式不仅适用于存货经营业务，同样适用于优化排产、统销产品库存运作、期现套保、现货购销等诸多需要开展市场化运作的商务领域（例如：2022年，公司以模型化参数为指导，优化醋酸乙烯、己内酰胺、辛醇、合成氨等产品的装置排产，为上海石化、南化公司、安庆曙光、巴陵分公司和巴陵恒逸增效9062万元），应用场景十分广阔，具有较高的借鉴和推广价值。

（3）模型主要用于总体风险和机会的研判。具体到每个产品的操作应结合政策、需求、库存、检维修、开工率、期货等综合研判。

（4）模型化运作要符合审批、效益测算、预警线、止损线、头寸、限亏等制度规范。

联系人：徐 璟 邮箱：xujing.hgxs@sinopec.com

结合数智化和物联网技术 打造全国领先的汽后服务平台

——中石化易捷销售有限公司

案例综述：易捷养车大力推进数字化发展，挖掘数据资产价值，提升省市公司汽服运营服务能力及易捷养车产品及业务创新能力，促进数据转化及用户流量变现。易捷养车立足加油站场景，通过建立服务标准化、数据资产化、数据业务化的平台业务发展模式，利用信息化技术网整合线上+线下、站内+站外服务产能，为用户提供高效便捷的洗车服务。目前，易捷养车联网管控8000余座洗车机设备，每年洗车超1.2亿台次，用户数已近3000万，已成为中国最大的自营洗车体系。

一、背景和目标

（一）案例背景

汽服业务是易捷布局的重点产业之一，在加油站开展汽服业务，是中国石化丰富油站功能、提升服务体验、增强客户黏性及构建“人·车·生活”综合生态圈的重要举措；是抢抓汽车服务市场商机，实现差异化竞争的重要方式；同时也是促进油品经营的重要手段。打造全国统一的易捷汽服专业化经营管理信息系统，将现有汽服网点整合，形成统一形象、统一服务、统一系统的易捷汽服网络，融合站外服务网点，形成站内站外综合汽服能力。

（二）建设目标

通过五位一体的业务发展模式，利用人工智能（AI）、自动化、物联网（IoT）、第五代移动通信技术（5G）、边缘计算和大数据融合等新技术，打造全国领先的汽车后服务平台。

二、主要建设内容、实施方法及创新点

（一）主要建设内容

易捷养车平台基于五位一体“智能化系统、平台化运营、标准化服务、规范化管理、品牌化运作”的业务发展模式，以现代化管理理论为指导，结合人工智能（AI）、物联网（IoT）等新技术，构建了一套覆盖全流程，集成化、数字化、标准化的业务发展架构，打造包含洗车、综合汽服、汽车用品、增值服务的全流程服务体系，构建用户全生命周期车生态圈，让用户在易捷可以享受到专业、快捷、安心的服务。

（二）实施方法

1. 易捷养车的数字化转型策略

易捷养车业务的数字化转型策略是遵循“五位一体”的业务发展模式，实现两个核心目的：一是通过数字化技术提升服务效率和质量；二是通过数据分析优化业务流程和决策。依托系统工具分析业务重点、难点、典型场景、参考案例、能力建议，以及相关的监管规定和行业标准。出台对应的管理办法及行动指南，以帮助易捷养车系统数字化落到实处。

2. 易捷养车的五位一体发展模式

针对用户洗车贵、洗车难、服务标准不统一等核心痛点，遵循智能化系统、平台化运营、标准化服务、规范化管理、品牌化运作的业务发展模式，通过搭建系统工具，规范服务质量，优化业务流程，形成包含洗车、综合汽服、汽车用品、增值服务的全流程服务体系（图1），构建用户全生命周期车生态圈，让用户在易捷可以享受到专业、快捷、安心的服务。

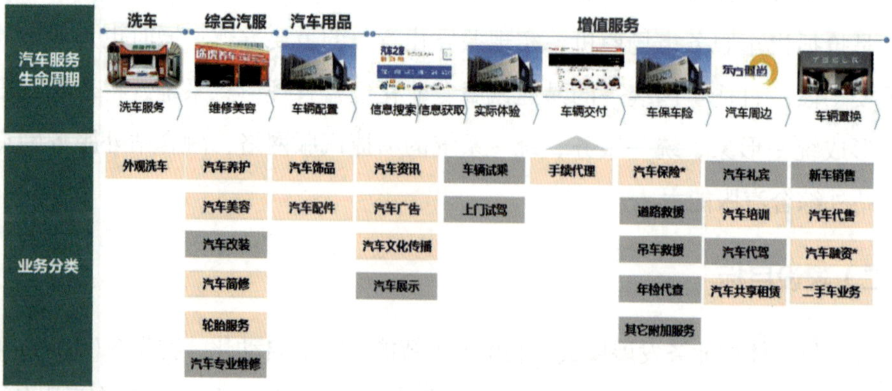

图1　易捷养车服务体系

（三）创新点

通过物联网技术实现易捷养车系统与洗车设备的智能连接，打造行业领先的“易捷养车”综合智能服务平台。这种模式有效提升了管理效率和服务质量，实现了业务流程的自动化和专业化，大幅提升了业务的核心竞争力。同时，为用户提供专业、快捷、安心的洗车服务，满足了消费者对高效便捷服务的需求，提升了用户体验和满意度。这种创新模式还推动了洗车服务产业朝着健康、有序、安全、高效的方向发展。

三、主要价值和成效

（一）经济效益

易捷养车平台于2021年投入使用，投入使用前2020年全年汽服营业额14.4亿元，2022年实现营业额19.8亿元，比2020增长5.4亿元，增幅38%。2022年洗车服务超1.4亿台次，加油洗车转化率达12.1%；汽服所在油站平均机出汽油销售量同比降幅10.0%，较全国平均同比降幅11.4%，收窄1.4个百分点，促进油品零售增长2.2亿元，对加能站油品销售促进作用显著。

（二）管理效益

易捷养车通过实现全国汽服网点联网和在线监控，实现洗车设备全生命周期管理，提高油非互促过程风险管控；易捷养车实现了门店、服务商、洗车机的统一规范化管理，提高了设备管理的效率，优化了业务流程，加强了现场管理能力，节约了运营管理成本，降低了业务经营风险。

（三）社会效益

易捷养车在中国连锁经营协会发布的中国汽车后市场连锁TOP50中排名第一，生活服务业连锁TOP100中排名第七；获得AC汽车颁布的“全国最佳人气奖”，入围“2023年第八届汽车后市场连锁百强榜”；获得《经济观察报》主办的第十二届创新峰会颁布的“乾行奖”。“易捷养车”平台建立初始，就致力于通过上游供应链控制、规范服务标准化流程、开展统一营销活动等，为消费者提供优质、高效、可信赖的汽车服务，彰显了央企的社会责任担当。

四、展望

下一步，易捷养车将继续联网站内洗车机，引入站外汽车服务网点，为中国石化的车主用户提供优质、全面的汽车服务，打造“实体+平台”的车生态业务，通过“自营+合作”的发展模式，专注服务与平台创新，构建“路网一体”车生态服务网络，将车生态业务打造为易捷新的支柱产业，强化企业核心能力，助力销售企业向“油气氢电服”综合能源服务商转型。

联系人：吴祥龙　邮箱：wuxianglong.ejxs@sinopec.com

第六篇　科研单位

基于“数字孪生”的钻井参数优化技术及现场应用

——中石化石油工程技术研究院有限公司

综述案例：针对钻井参数决策难度大、现场主要依靠专家经验的问题，研发基于大数据的钻井参数优化技术，动态接入63项工程和地质数据，建立81种物理模型和5种AI模型，构建钻井“数字孪生”，动态模拟不同钻井参数对钻井效果的影响，利用机器学习、概率统计等方法动态分析钻井速度同13种可控变量之间的关系，挖掘钻井提速规律，实时指导钻井参数优化和工艺优化，在中国石化重点井、示范井应用后，钻速平均提高10%~30%，多口井创工区铝速纪录，成果入选“2023年中国油气人工智能优秀案例”。

一、背景和目标

（一）案例背景

钻井是油气勘探开发的主体技术之一，钻井参数是钻井过程中的主要可控变量，直接影响施工速度和井下安全。钻井参数对钻井工程具有系统性的影响，传统优化钻井理论难以实现复杂地质环境、多样化钻井方式下的自动决策，且钻井过程中海量钻测录数据蕴含丰富的工业价值，没有有效的数据分析手段挖掘数据资产价值。目前，钻井参数设计和调整主要依靠专家经验、厂家推荐和现场试错调整，无成熟实用的参数优化决策技术。

（二）建设目标

形成基于数据驱动的钻井参数智能优化技术，提高随钻参数优化的科学性，挖掘钻井过程中的数据价值和降本增效潜力，助力井场数字化水平提升和智能钻井系统建设。

二、主要建设内容、实施方法及创新点

（一）主要建设内容

针对钻井参数决策难度大、现场主要依靠专家经验的问题，研发基于大数据的钻井参数优化技术，动态接入63项工程和地质数据，建立81种物理模型和5种AI模型，构建钻井“数字孪生”，动态模拟钻井参数对钻井效果的影响，反馈指导钻井参数优化，开发了基于“数字孪生”的钻井参数智能优化软件，支持配备常规录井设备的各类钻井施工作业，形成以软件为核心的远程技术支持团队和运行模式。

（二）实施方法

构建了“科学+经验”的钻井作业支持模式。基于区域邻井大数据建立钻前离线预测模型，钻井过程中动态接入现场实时信息，进行地层特性预测、摩阻扭矩分析、钻井水力计算、钻速敏感性分析等，并以“数字孪生”理念动态模拟钻井参数调整对钻井效果的影响，反馈指导现场参数调整，提高钻井参数调整的科学性（图1）。

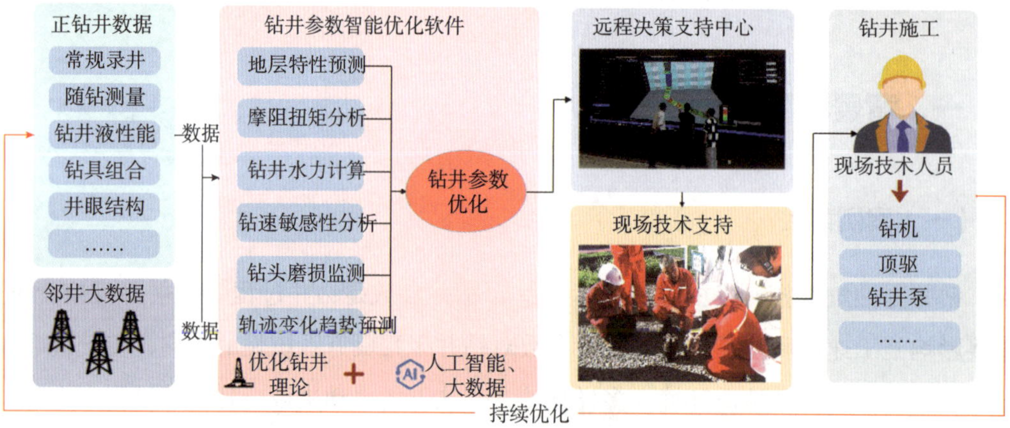

图1　基于“数字孪生”的钻井参数智能优化技术流程

形成了系列关键技术，包括地层抗钻特性动态预测技术、井下状态监测技术、钻井参数敏感性大数据分析技术、基于AI的机械钻速动态预测技术、多约束条件下钻井参数智能寻优技术。

2020年以来，在南川页岩气田、涪陵页岩气田、普光气田、顺北油田、塔河油田、中国石化地热科学探井等14口井进行了现场应用，有效提高了随钻参数优化的科学性，机械钻速平均提高15%~30%。

（三）创新点

（1）基于大数据的钻井参数敏感性分析（图2）。采用数据科学方法，动态分析47种自变量对钻井速度、破岩效率的敏感性，定量分析破岩规律，为参数优化调整提供依据。

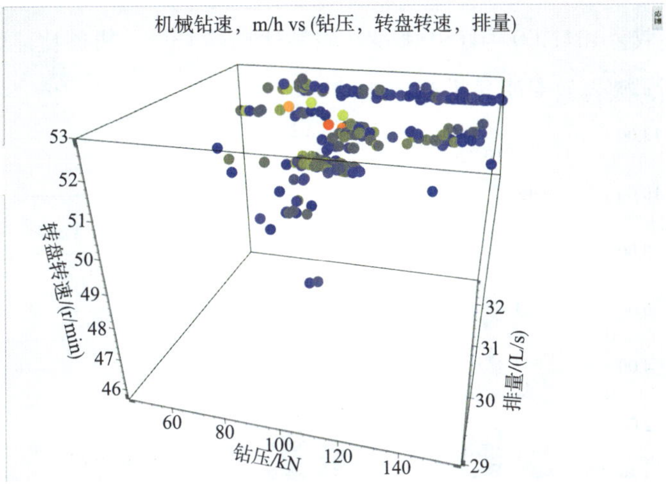

图2　钻井参数敏感性分析

（2）多约束条件下钻井参数智能优化（图3）。综合考虑4类23种约束条件，以钻速最高或比能最低为目标，实时绘制钻井参数优化控制图，动态推荐最优钻井参数和优化路径，现场应用情况表明，机械钻速可提高10%~30%。

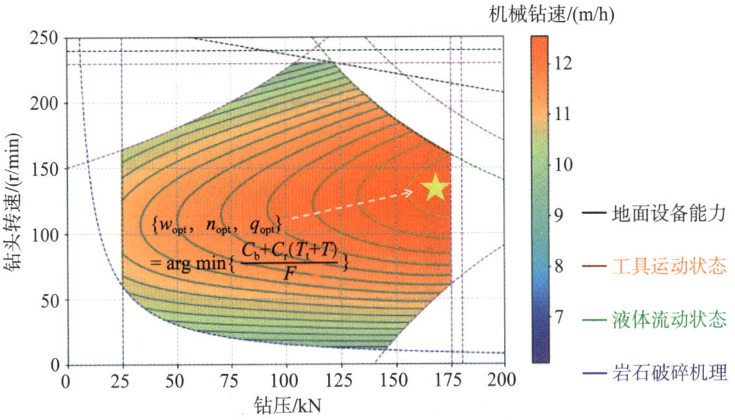

$$\{w_{opt}, n_{opt}, q_{opt}\} = \arg\min\left\{\frac{C_b + C_r(T_t + T)}{F}\right\}$$

图3　多约束条件下钻井参数智能优化

三、主要价值和成效

该技术在致密砂岩、泥页岩、深层碳酸盐岩、花岗岩地层等难钻地层中进行了应用，通过系统的大数据分析和专业仿真模拟提高了钻井参数优化的科学性，有效减少了钻井过程中的能量消耗，提高了机械钻速，典型井应用成效如下。

（一）南川页岩气田 DY2-1HF 井

Φ215.9mm定向井眼钻进至4041.00m，通过3990.00～4041.00m井段钻速敏感性分析，调整钻井参数，4041.00～4150.00m井段钻速提高13%，机械比能降低14.4%，扭矩波动降低35%，破岩效率明显提升（图4）。

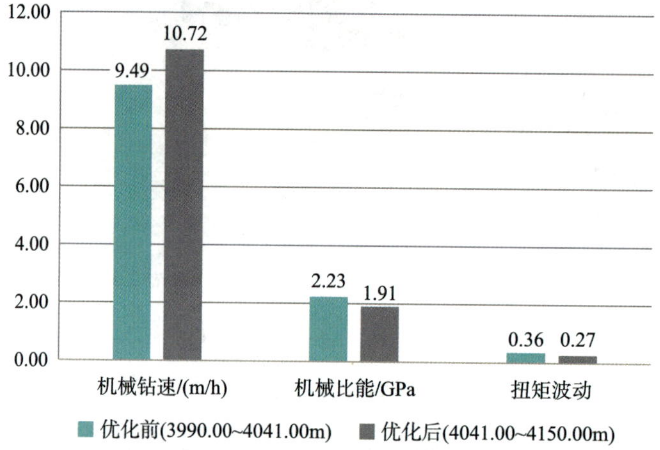

图4　M1-16H井石牛栏组地层钻井参数优化前后指标对比

水平段钻进推荐采用高钻压、控制顶驱转速的参数配合，5022.00～5160.00m井段调整转速后，机械比能降低18.5%，钻速提高14.2%（图5）。

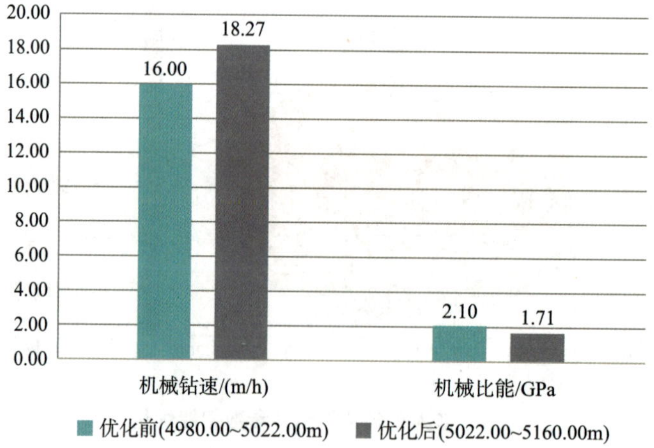

图5　M1-16H井龙马溪组地层钻井参数优化前后指标对比

（二）普光气田 M1-16H 井

通过数据驱动决策，Φ311.2mm井眼采用"高钻压-低转速-高排量"参数优化模式，有效降低钻具振动，平均机械钻速7.93m/h，较邻井平均提高63.2%；二开2趟钻完成，同比邻井相同井段平均6趟钻（图6）。

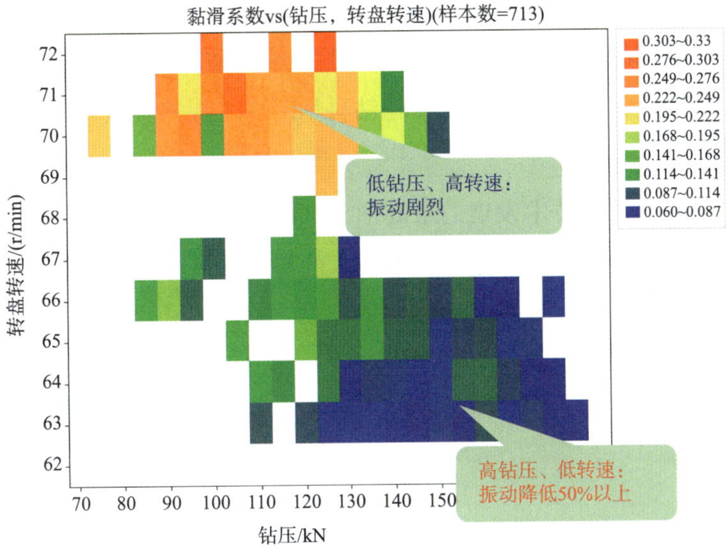

图6　数据驱动下钻井参数敏感性分析，避免钻具振动

结合钻头磨损分析，Φ215.9mm井眼采用“高钻压-降钻头转速”参数优化模式，避免研磨性地层钻头快速磨损，行程钻速平均提高40%以上，须家河组地层钻速较邻井提高16%（图7）。

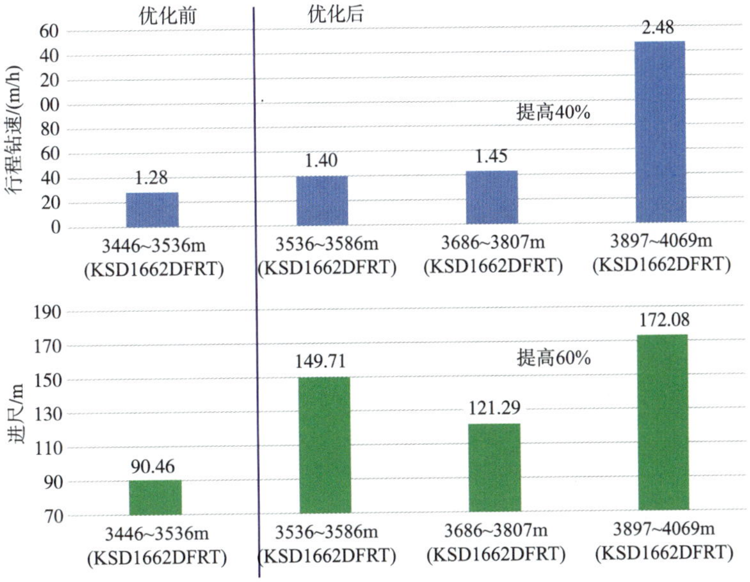

图7　Φ 215.9mm 井眼须家河组研磨性地层钻井参数优化效果

四、展望

挖掘钻井工程数据工业价值，推动优化钻井理念落地，促进油田降本增效。国内年钻井2万口左右，钻井参数优化主要依靠经验，缺乏钻井参数设计和优化手段，本技术充分挖掘地质和工程数据价值，支撑随钻科学决策，提速提效效果明显，推广应用前景巨大。

智能钻井是钻井工程技术发展的最高形态，也是石油钻井技术的未来。参数优化是智能钻井决策单元的核心任务之一，本技术的持续发展将为智能钻井系统建设提供支持。

联系人：马 帅 邮箱：mash809.sripe@sinopec.com

构建数字化、一体化的智能运营中心

——石化盈科信息技术有限责任公司

案例综述： 在全球数字化浪潮中，企业数字化转型中，智能化、数字化已成为企业经营管理的核心方式，是运营决策的重要依据，通过数据来管理，变得越来越重要。建设数字化、一体化智能运营中心，已成为公司的“运营管理中枢”，有效提升了公司精益管理水平、风险预控能力和资源配置能力。

一、背景和目标

（一）案例背景

高效的运营监控与决策分析一直是石化盈科追求的价值核心，通过信息化加强公司精细化管理。对于成熟业务、存量市场需要加强全过程成本管控，通过知识与技术复用降本增效。对于新兴业务、增量市场需要创新引领，不断寻找新的价值增长点。利用当前各类系统中积累的业务数据，深度挖掘数据价值，打通各个职能条线，提高公司运营管理的统筹能力，成为当务之急（图1、图2）。

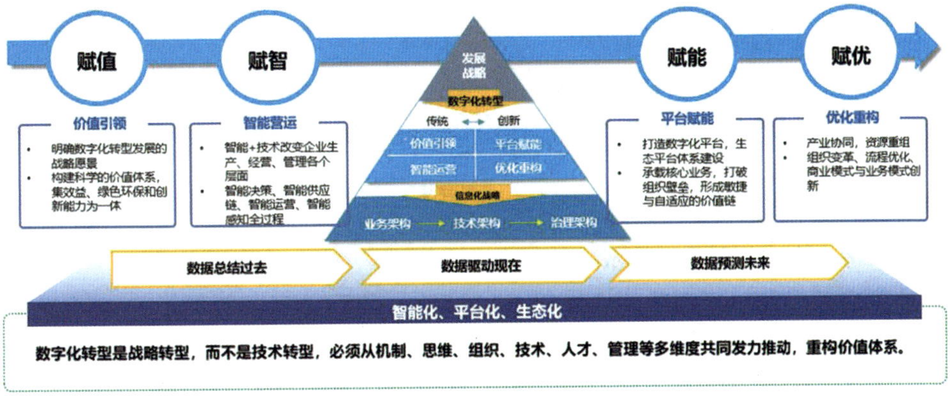

图1　智能运营中心建设背景

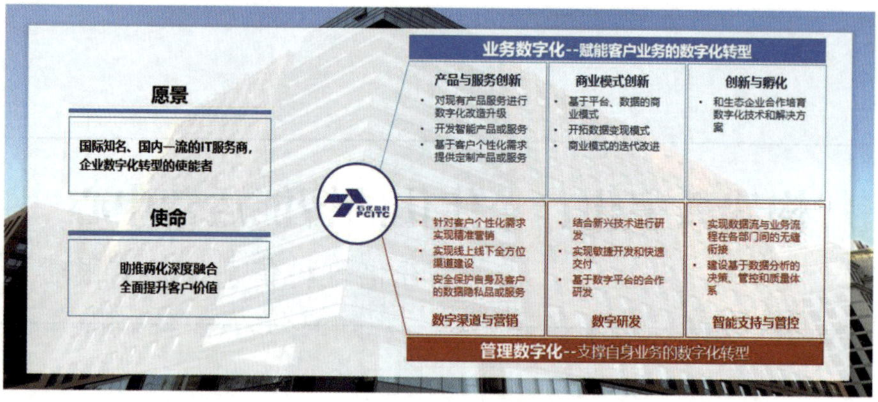

图2　公司“十四五”规划中数字化转型战略

（二）建设目标

基于一体化运营管理体系、数据治理和流程标准化的成果，搭建一体化的业务运营平台（iOC）。将“分散式”管理变为“一站式”管理，提高公司整体运行效率、支撑公司管理层决策。需满足“平台一体化、管理精细化、决策支撑化”的工作要求。

二、主要建设内容、实施方法及创新点

（一）主要建设内容

基于公司一体化运营管理体系和流程标准化的梳理成果，经过两年时间，统筹设计并建设公司数字化、一体化的智能运营中心（iOC），支撑公司和事业部两级管理层的经营分析、风险防控和科学预测（图3）。

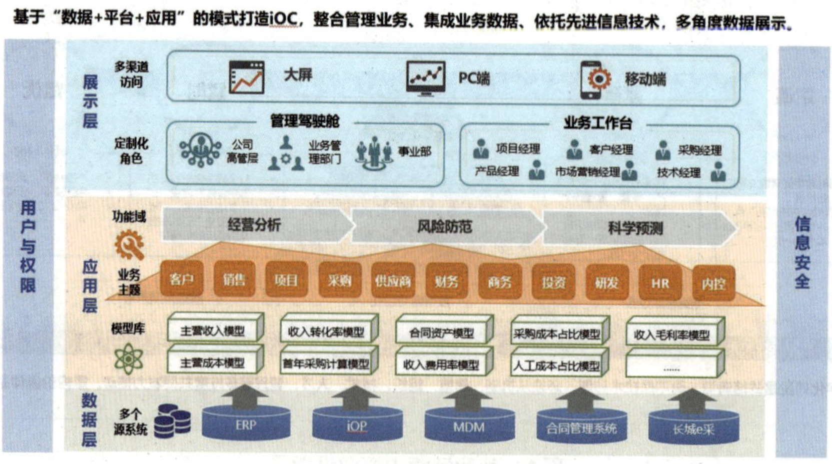

图3　iOC总体架构设计

（二）实施方法

按照集团公司“深化数字化转型、聚焦数智化建设”的总体要求，石化盈科积极响应集团公司号召，充分发挥IT行业资源优势，成立公司网络安全与信息化领导小组，结合公司实际，打造具有石化盈科特色的智能运营中心，主要做法如下：

1.夯实平台，统筹规划应用建设

通过“数据+平台+应用”的建设模式，搭建了公司数字化服务平台，沉淀业务、技术组件，为公司业务应用提供平台与组件服务能力支撑，实现组件复用、快速构建应用。打造移动应用中台，建设三大中心，沉淀核心组件、强化平台能力，为快速构建APP提供平台支撑。

2.梳理数据，建设数据资源中心

数据资源中心是数据资源目录的信息化载体，搭建了公司的主数据资源、业务数据资源和指标数据资源，建立了公司数据资源的汇集地，提供主数据分发、业务数据清洗、指标数据计算等功能，为信息系统集成及各部门间的业务协同提供数据支持。

3.友好智能，构建可视监控平台

基于运营中心建设了支持公司管理层综合查询的“驾驶舱”和业务层典型岗位操作的“工作台”，实现业务的可视化和智能化。

（1）公司驾驶舱：面向公司、职能部门、事业部三层管理者。基于整合的数据资源，按照各业务域的需求，建设了1个首页8个二级业务主题页面，每个业务主题下由多个“微表盘”构成（图4）。

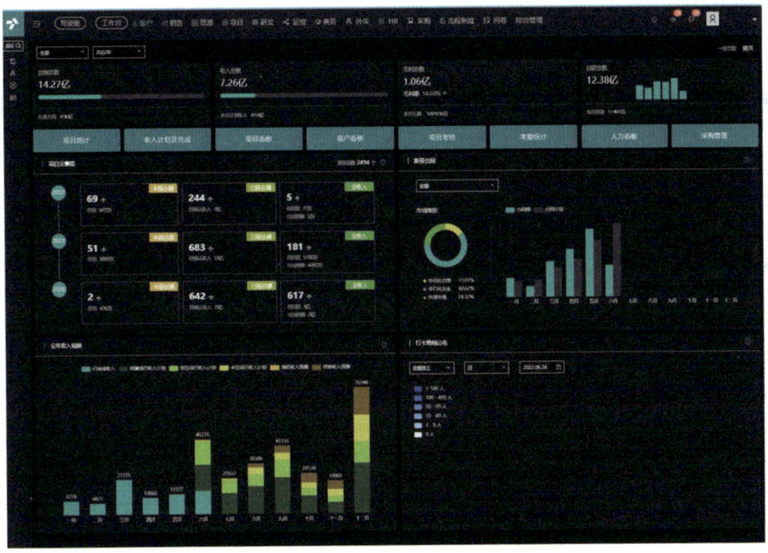

图4　管理驾驶舱首页（有修改）

（2）岗位工作台：根据各岗位实际工作内容的差异，搭建了项目经理、采购经理、客户经理工作台（图5）。

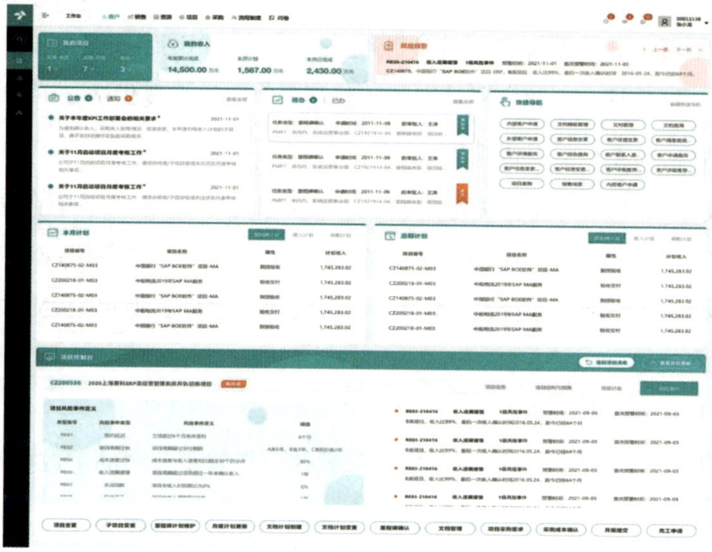

图5　项目经理工作台页面

（3）业务对象看板：面对公司最主要的业务对象，包括项目和客户，整合了项目全流程的各个业务域数据及客户全生命周期的各个业务域数据，搭建了“项目看板”“风险看板”“客户看板”。

4.移动赋能，高效支撑业务决策

考虑移动终端操作便捷、随时查看、碎片化应用等特点，将经营指标、项目看板、客户看板、营销看板等功能，在移动端部署“时时查”专栏，提供图形化展现、分析查询、业务审批、信息查询等移动应用服务（图6）。

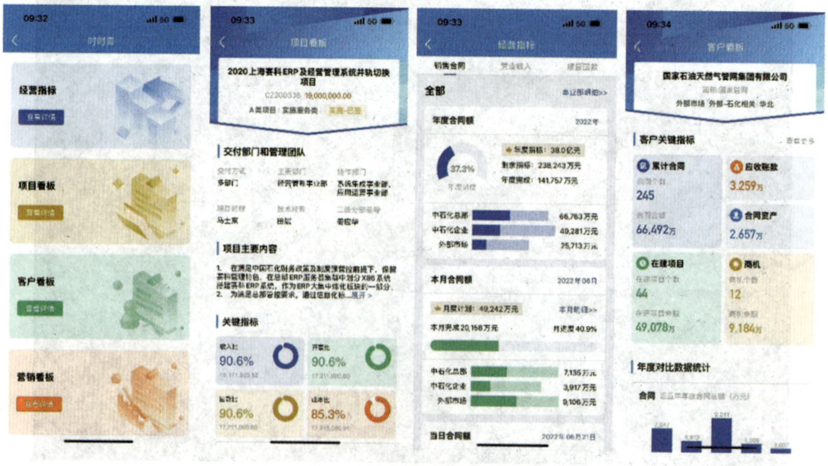

图6　移动端“小盈办公”页面举例

（三）创新点

1.基于全局视角的风险预警及防控管理

充分利用数字化运营管理体系，建立风险预警及防控机制，提高项目交付质量，防范系统性风险。开展风险防控主要包含三个方面：设计风险预警指标、执行动态监控、实施风险应对。

2.设计多维度、跨领域的风险预警指标

结合销售、项目管理、采购、财务等部门的管理要求，定义了11个风险预警指标：签约延迟、收入过慢、成本过快、无法回款、延迟完工、项目周期过长、超期合同资产、超期应收账款、付款过快、超期应付账款、民企清欠。

3.动态监控、自动预警

基于一体化运营管理体系，借助一体化运营管理平台，进行动态监控、动态预警。“点对点”将预警信息推送至责任人岗位工作台，“分层级”将预警信息推送至不同管理层驾驶舱，切实做到所有风险“有迹可循、有据可依”。

4.坚持风险闭环管理

坚持“发现问题→分析问题→解决问题”的办事路子，聚焦问题，加强项目问题及风险分析，做好风险应对，并持续改进，目前所有风险事件基本得到有效控制。

三、主要价值和成效

1.充分保障经营质量，全面提升运营效率

数字化运营管理体系的主要特点是横向协同，将职能部门整合到一起，提高各组织的协作性，通过跨部门业务流程梳理和数据标准化等工作，打破各部门“各自为战”的局面。

2.有效堵塞管理漏洞，有力防范业务风险

数字化运营中心从公司全局视角出发，关注业务部门间的管理盲区和流程间的活动断点，提升工作督办的手段，变“被动救火”模式为“主动督办”模式，堵塞管理漏洞，防范业务风险。

3.助力公司项目交付，支撑多维数据分析

数字化运营中心平台为一线项目组、公司各级管理层提供了大量跨业务、跨系统、跨部门的业务数据分析服务，支持PC、移动两种查询渠道，提供直观友好的展示界面。

四、展望

深化智能运营中心的深度与广度建设，围绕“数字平台、模型与算法、辅助AI”全面支撑公司数字化转型，打造公司端到端核心价值链，覆盖全层级、全业务、全流程，构建“数字化、一体化、智能化”智能运营中心，将公司管理体系与信息技术深度融合，借助数字化技术赋能公司高质量发展。

联系人：李振国　邮箱：zhenguo.li@pcitc.com